杭州电子科技大学"学生学习成果书籍汇编"资助项目

U0672866

# 浙江省
# 大学生统计调查方案
## Statistical Survey Scheme

## 设计大赛作品集
### Design Contest Collection

叶仁道 罗 堃 汪 丹 张 瑜 主编

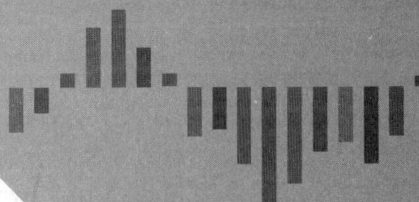

ZHEJIANG UNIVERSITY PRESS
浙江大学出版社

## 内容简介

本书收集了 2013—2015 年浙江省大学生统计调查方案设计大赛 9 个省级一等奖获奖作品,反映杭州电子科技大学在学科竞赛方面所取得的教学成果。主要作品包括:浙江省贫困残疾人生活现状及满意度调查、杭州公立医院护工生活现状及满意度调查、杭州市民对城管执法工作满意度的调查、杭州市民对"i-hangzhou"的使用现状及满意度调查、杭州市民对以房养老政策态度的调查研究、杭州市交通警察工作压力及其影响因素调查研究、杭州市民对养老服务专业认可度的调查分析、杭州市环卫工人基本生活现状及满意度的调查、杭州无障碍设施现状及改善诉求调查报告等。

**图书在版编目(CIP)数据**

浙江省大学生统计调查方案设计大赛作品集 / 叶仁
道等主编. —杭州:浙江大学出版社,2018.9
  ISBN 978-7-308-17726-9

  Ⅰ.①浙… Ⅱ.①叶… Ⅲ.①统计调查-方案设计-
汇编 Ⅳ.①C811

中国版本图书馆 CIP 数据核字(2017)第 318530 号

**浙江省大学生统计调查方案设计大赛作品集**
叶仁道 罗 堃 汪 丹 张 瑜 主编

| | | |
|---|---|---|
| 责任编辑 | 徐 霞 | |
| 责任校对 | 韦丽娟 | |
| 封面设计 | 黄晓意 | |
| 出版发行 | 浙江大学出版社 | |
| | (杭州市天目山路 148 号 邮政编码 310007) | |
| | (网址:http://www.zjupress.com) | |
| 排 版 | 杭州中大图文设计有限公司 | |
| 印 刷 | 浙江省良渚印刷厂 | |
| 开 本 | 787mm×1092mm 1/16 | |
| 印 张 | 21.25 | |
| 字 数 | 517 千 | |
| 版 印 次 | 2018 年 9 月第 1 版 2018 年 9 月第 1 次印刷 | |
| 书 号 | ISBN 978-7-308-17726-9 | |
| 定 价 | 48.00 元 | |

# 前　言

为创新人才培养模式，培养大学生的调研能力、数据分析能力和处理实际问题能力，加强各高校之间的学术交流与合作，浙江省教育厅与浙江省统计局联合举办浙江省大学生统计调查方案设计大赛。该项赛事以"深入实际，调研社会"为主题，采用自选命题的方式，分初赛、复赛和决赛三个阶段。调查方案的主要内容包括调查方案设计、调查问卷设计、实地调查、数据处理、调查报告撰写等方面。

《浙江省大学生统计调查方案设计大赛作品集》汇聚了 2013—2015 年该项学科竞赛 9 个省级一等奖获奖作品，并经过精心修改而成。本书可作为统计学、经济统计学、应用统计学、经济学、金融学、国际经济与贸易、会计学等经管类专业的本科生及研究生的实践课教材，亦可作为青年教师或者科技工作者的参考书。

本书的完稿凝聚了许多一线教师和参赛学生的心血。其中，上述 9 个获奖作品是在叶仁道教授（杭州电子科技大学）、罗堃副教授（杭州师范大学）指导下，由肖权、梅雪、冯苛苛等近 50 位同学共同撰写，最后经叶仁道、罗堃、汪丹、张瑜整理而成。本书的编写得到了杭州电子科技大学"学生学习成果书籍汇编"项目的资助，以及浙江大学出版社的大力支持，在此表示诚挚的谢意。

由于编者水平所限，书中出现错误或不当之处在所难免，恳请国内同行及广大读者不吝赐教。

编　者

2018 年 9 月

# 目　　录

# 浙江省贫困残疾人生活现状及满意度调查

肖 权 梅 雪 冯苛苛 吕 冰 孙天鸿 杨嘉楠 张浩源

《中华人民共和国残疾人保障法》(修订版)强调"国家保障残疾人享有平等参与文化生活的权利"。在党的十八大报告中,进一步强调了"权利公平",首次提出"健全残疾人社会保障和服务体系,切实保障残疾人权益"。然而残疾人的生存与发展依旧存在着诸多不足,贫困残疾人作为弱势群体中的最底层群众,各项保障尤其值得关注。

当前,浙江省残疾人数量约为 320 万人,其中约 15％的残疾人生活相对贫困,属于低保户或低保边缘户。国家统计局第二次全国残疾人抽样调查领导小组发布的第二号调查公报数据显示,我国残疾人口规模加大,社会面临的伤残风险增加,残疾人口进入快速增长时期。随着寿命和人口的伤残期延长,残疾发生风险也在逐步增大,而贫困残疾人的数量也在不断上升。在一个规模不断扩大的困难群体面前,我们理应投以更多关注。

根据《浙江省残疾人事业 2013 年度各市指标监测报告》,全省 11 个地级市残疾人的生活水平、社会保障和公共服务得到较大改善,残疾人事业发展态势良好,实现"十二五"规划目标进展顺利。但是,各市之间残疾人的生活水平、社会保障和公共服务水平差距较为显著,发展依旧不平衡。目前主要存在以下问题:一是残疾人生存状况与全社会平均水平差距明显,社会保障政策有待进一步完善和落实;二是残疾人享有的公共服务比例低,为残疾人服务的能力有待进一步提高;三是残疾人事务管理基础薄弱,服务能力有待进一步提高。而提高贫困残疾人的各项生活指标,则成为推动残疾人事业发展的重要内容。

随着我国社会建设加快,民生问题已经成为党和国家关注的焦点,而改善贫困残疾人的生活状况不仅是民生建设的关键部分,同样也是浙江省建设文明和谐城市的重要工作。那么,贫困残疾人现如今的生活状况如何? 这类残疾人各类福利政策的落实情况如何? 他们对于各自的生活是否满意? 他们是否活得有尊严,被大家所尊重? 以上这些问题都值得去关注和了解。

综上所述,本调研小组就浙江省范围展开调研,针对浙江省贫困残疾人的生活现状及其满意度进行调查,并提出改善此类残疾人生活状况、增强其生活满意度的对策与建议。

## 一、调查简介

本部分主要对调查方案设计进行介绍,以浙江省贫困残疾人的生活现状及满意度调查为主题,对其调查对象、调查范围、目的及意义、调查方式、调查内容、调查过程进行阐述。

## (一)调查对象及范围

### 1.调查对象

本次调查对象为浙江省贫困残疾人。由残疾人联合会(以下简称残联)访谈调查内容可知,在残疾人群体中,低保户及低保边缘户均可列入贫困残疾人范围。结合本次调研实际情况,本小组将家庭人均月收入低于 600 元的残疾人视为此次调查对象。

### 2.调查范围

本次调查范围为浙江省 11 个地级市,即杭州市、宁波市、温州市、台州市、衢州市、金华市、丽水市、绍兴市、嘉兴市、舟山市和湖州市。

## (二)调查目的

通过对贫困残疾人进行问卷调查,了解残疾人家庭、教育、就业、社会保障、康复服务、所受福利及社区和文体活动参与等方面的情况,从而得知贫困残疾人的基本生活现状以及贫困残疾人对现有生活的满意程度。

将问卷调查所获得的数据进行整理,对不同性别、不同文化程度、不同职业的残疾人进行具体分析,了解残疾人最需要解决的问题以及亟待改善的地方。

对浙江省各地级市残联进行访谈调查,通过访谈得知残疾人应受各类福利政策的落实情况和贫困残疾人的相关生活现状。

## (三)调查方式

本次调查主要采取问卷调查和访谈调查两种调查方式。由于经费、时间等客观因素影响,本小组无法在浙江省 11 个地级市展开全面调查,故采取分层抽样的方式,对各层中抽取的地区展开调查。

根据《2013 年度浙江省残疾人状况及小康进程监测报告》中浙江省各市 2013 年指标完成情况,可将浙江省 11 个地级市分为三个层次:

第一层次,指标实现值高于全省平均水平、处于发展较快的地区:宁波、嘉兴、湖州和杭州。

第二层次,指标实现值接近全省平均水平、处于中等发展水平的地区:绍兴、衢州和金华。

第三层次,指标实现值处于较低水平的地区:舟山、台州、丽水和温州。

因此,本调研小组综合考虑地域分布、经济发展等因素,于各层次中各抽取两个地区。抽取结果分别为:第一层次——宁波、杭州;第二层次——金华、衢州;第三层次——温州、台州,并在该 6 市进行问卷调查和访谈调查。

## (四)调查过程

### 1.问卷调查和访谈调查

本调研小组于 2015 年 1 月 25 日至 2015 年 2 月 8 日进行了问卷调查和访谈调查。

访谈调查主要针对各市或区(县)残联负责人,询问残疾人各类政策及相关福利等方面问题;问卷调查则在与各地残联进行接洽后,于残疾人福利工厂、残疾人工疗站等残疾人聚集地进行发放,采取一对一方式进行填写,帮助残疾人顺利完成问卷。

**2. 问卷和访谈资料回收**

由于本次调查对象为贫困残疾人,根据前文对贫困残疾人的定义,本小组将回收的问卷中家庭人均月收入高于 600 元的问卷进行剔除。最终,各地级市有效问卷数量如下:杭州202 份;宁波 201 份;金华 200 份;衢州 200 份;温州 206 份;台州 199 份。共计发放问卷1400 份,回收 1208 份,整体有效率达 86.29%。

访谈调查时,一位队员主要负责向被访问者提问,其余队员负责记录和补充提问。在征得被访问者同意后队员也会通过使用手机录音等方式来保证访谈内容记录的完整性。访问结束后,小组队员会及时进行交流与汇总,保证访问内容的真实与全面。

# 二、实证结果分析

本次调查涵盖贫困残疾人的生存及发展状况,参照全国残疾人小康实现程度指标体系[①]的指标划分,本小组将通过经济状况、家庭状况、受教育状况、就业状况、康复服务情况、社会福利保障情况以及社区和文体活动参与情况这七个指标对残疾人的生活现状进行衡量。

调查结果显示,在被调查贫困残疾人中,性别分布较均匀,男、女性分别占 55.8% 和44.2%;持农村户口的人数较多,共 767 人,占被调查总数的 63.5%,持城镇户口的人数较少,共 441 人,占 36.5%;年龄主要集中在 36~55 岁,占 38.2%,17 岁及以下占 10.8%;在残疾类别上,属于肢体残疾类别的贫困残疾人数量最多,共 381 人,占 31.5%。

## (一)经济状况

由《2014 年度浙江省残疾人状况和小康实现程度监测主要数据公报》(以下简称《数据公报》)可知,2014 年度,浙江省城镇家庭人均可支配收入为 23773 元;农村残疾人家庭人均纯收入为 15008 元。而本次调查主体为贫困残疾人,家庭人均月收入均在 600 元以下,家庭人均年收入则在 7200 元以下,不到整体残疾人家庭人均收入的 1/2,这与浙江省整体人均水平相去更甚,因此,贫困残疾人的生活条件更加值得重视。

本报告将通过生活来源及月支出情况这两项指标,对贫困残疾人的经济状况进行测评。

**1. 生活来源**

贫困残疾人的生活来源主要依赖外界扶持。在被调查贫困残疾人的生活来源中,最低生活保障所占比例最大,为 56.9%;其次为家庭供养和个人所得,分别占 41.1% 和 39.7%。不定期社会救助和其他生活来源依次为 19.2% 和 4.2%,如表 1-1 所示。

---

① 在全国残疾人小康实现程度指标体系中,经济与家庭状况属于生存状况,教育、就业、康复、社会福利保障和社区活动参与情况属于发展状况。

表 1-1　贫困残疾人主要生活来源分布

| 响应值 | 主要生活来源 | | | | | 总计 |
| --- | --- | --- | --- | --- | --- | --- |
| | 个人所得 | 家庭供养 | 不定期社会救助 | 最低生活保障 | 其他 | |
| 频数（个） | 480 | 496 | 232 | 687 | 51 | 1946 |
| 百分比（%） | 24.7 | 25.5 | 11.9 | 35.3 | 2.6 | 100.0 |
| 个案百分比（%） | 39.7 | 41.1 | 19.2 | 56.9 | 4.2 | 161.1 |

**2. 月支出情况**

《数据公报》显示，食品是残疾人最主要的支出，其次为生活用品。在贫困残疾人支出情况调查中，残疾人在食品方面的支出最多，占 89.7%，其次分别为生活用品、医疗保健和衣物（见图 1-1）。这与残疾人的整体情况相近，表明绝大多数残疾人的收入有待提高。因此，通过提高他们的收入从一定程度上可以增加其幸福指数。

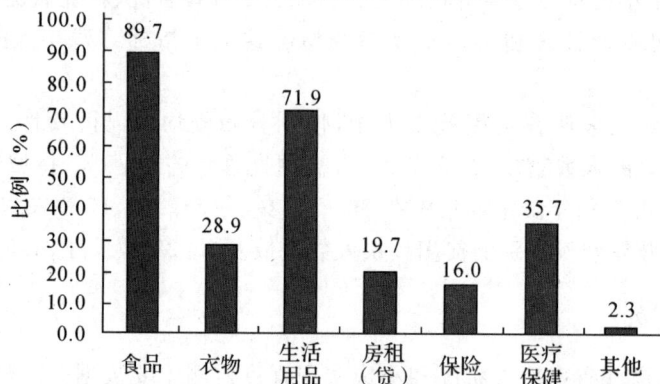

图 1-1　残疾人月支出情况分布

## （二）家庭状况

贫困残疾人的家庭状况主要通过婚姻状况、家庭规模及构成、未成年残疾人监护状况三个指标进行测评。

**1. 婚姻状况**

贫困残疾人虽然婚恋难，但一旦成婚，婚姻一般较为稳定，离婚率较低（见图 1-2）。结合从残联了解的情况分析可得，这是因为一方面残疾人更加珍视家庭，更能互相包容和理解。另一方面，能够共同生活与相互照应是贫困残疾人组建家庭的重要因素。同时，很多贫困残疾人的经济并不独立，需要人照顾和护理，这也是他们离婚率低的重要原因之一。

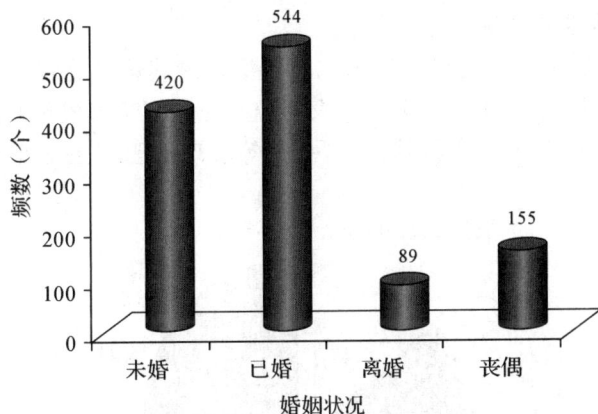

图 1-2　样本婚姻状况结构分布

### 2. 家庭规模及构成

贫困残疾人家庭平均规模较小。由《数据公报》可知，2014 年度，浙江省残疾人家庭平均规模为 3.06 人。问卷调查结果显示，贫困残疾人家庭平均规模为 2.45 人。2 人户家庭的比例为 33.2%，占比最大；其次为 3 人户，占 31.0%（见图 1-3）。同时，残疾人同住人口中配偶所占比例最大，为 28.9%；其次为父母，占 25.6%；而残疾人单独居住的比例也占到了 14.9%（见表 1-2）。

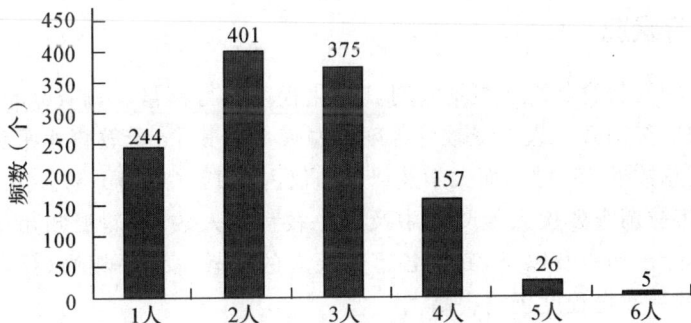

图 1-3　家庭人口（包括自己）频数分布

表 1-2　残疾人同住人口分布情况

| 同住人口 | 响应值 | | 个案百分比（%） |
|---|---|---|---|
| | 频数（个） | 百分比（%） | |
| 父母 | 421 | 25.6 | 34.9 |
| 配偶 | 474 | 28.9 | 39.2 |
| 子女 | 341 | 20.8 | 28.2 |
| 其他亲属 | 160 | 9.8 | 13.2 |
| 无 | 245 | 14.9 | 20.3 |
| 总计 | 1641 | 100.0 | 135.8 |

### 3. 未成年残疾人监护状况

问卷调查结果显示,尽管超过半数未成年残疾人由其父母监管,但由其他亲属监管的比例仍达到 13.8%(见图 1-4)。一般而言,父母监护更有利于未成年儿童成长,有助于其身心健全发展。尤其残疾儿童作为特殊群体,自卑等心理问题较正常儿童更多,更需要父母从小引导。

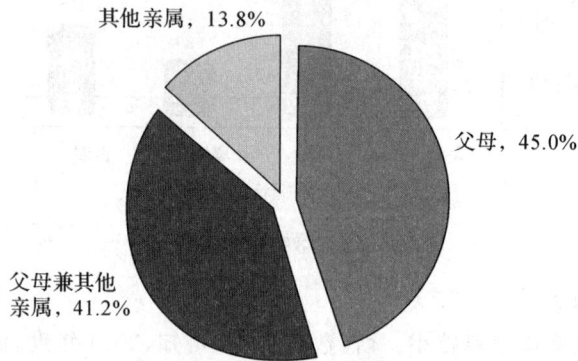

图 1-4　未成年残疾人监护状况

同时,《数据公报》显示,2014 年度浙江省残疾人家庭中,父母作为残疾儿童监护人的比重在下降。由此可见,近年来未成年残疾人监管问题应引起关注。

## (三)受教育状况

贫困残疾人的受教育状况主要通过对其文化程度进行衡量。调查结果显示,此次被调查的 6 个城市中的贫困残疾人的受教育程度普遍偏低。其中,受教育水平为小学及以下的残疾人占被调查总数的 66.1%,而大学及以上的仅占 1.1%(图 1-5)。由于地域经济文化水平差距,宁波市被调查残疾人接受初中及以上教育的人数较多,温州市被调查残疾人的受教育水平基本处于初中及以下,其余各市残疾人的受教育水平相当(见图 1-6)。由此可见,贫困残疾人的受教育程度仍需提高。

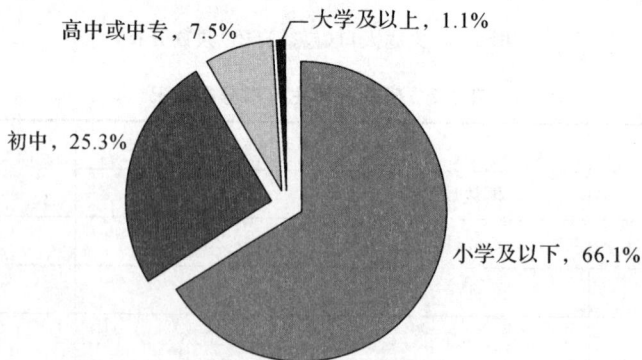

图 1-5　残疾人受教育分布

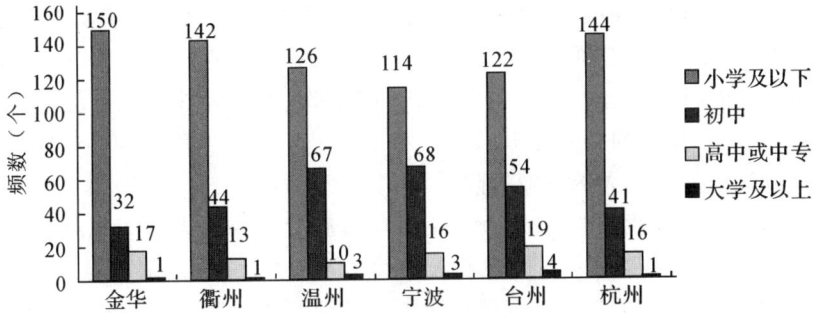

图 1-6　不同地域教育水平分布

## (四)就业状况

由《数据公报》可知,2014 年度浙江省城镇残疾人登记失业率为 7.9%,指标实现度达75.9%。而残疾人就业能够很好地推动残疾人事业的发展,并保障残疾人的基本生活状况,对贫困残疾人来说尤为重要。故本报告将从就业情况及就业类型这两项指标,对贫困残疾人的就业状况进行测评。

### 1. 就业情况

根据问卷调查结果可知,被调查贫困残疾人中失业人员与在岗职工整体所占比例较大,并且两者基本持平。如图 1-7 所示,40.0%贫困残疾人属于失业人员,39.3%属于在岗职工,这两类人群合计比例约占被调查贫困残疾人 8 成。

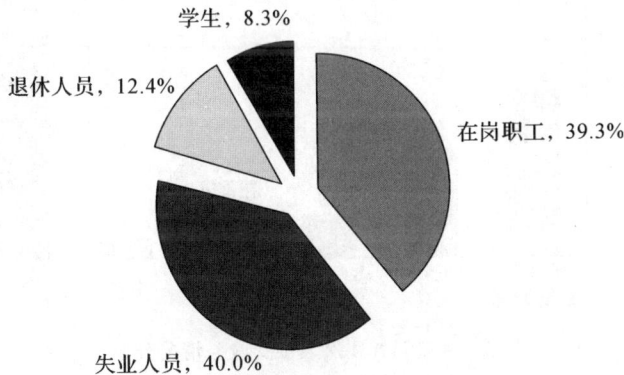

图 1-7　被调查残疾人身份分布

目前,身份为失业人员的贫困残疾人虽占 40.0%,但除去学生身份的残疾人以及生活完全不能自理的残疾人(见表 1-3),在最终有就业能力的贫困残疾人中,失业人员占 15.3%。

表 1-3　残疾人自理程度分布情况

| 自理程度 | 频数(个) | 百分比(%) |
|---|---|---|
| 完全自理 | 281 | 23.3 |
| 部分自理 | 759 | 62.8 |
| 不能自理 | 168 | 13.9 |

分析其原因,一方面,残疾人身体素质差、身体功能缺失导致无法正常工作是阻碍残疾人就业的最主要原因;另一方面,贫困残疾人的受教育程度普遍偏低,66.1%的贫困残疾人的文化水平在小学及以下,这也直接导致了部分贫困残疾人就业难的问题。另外,即使极少数贫困残疾人凭借自身的一技之长找到工作,但由于其社会竞争力相对较弱,即使就业成功,也面临着比普通人更大的失业风险。

同时,贫困残疾人对就业的需求较大,而接受过就业服务的人数却相对较少。如图1-8和图1-9所示,在社会保障方面,贫困残疾人的就业需求大,占20.9%。但1208名被调查贫困残疾人中仅有180人次接受过就业培训服务。访谈调查结果显示,政府及相关部门在近年来已积极开展了各类就业服务,且覆盖面较广,但由于残疾人接受各类信息较常人慢,且由于身心问题,参与度并不理想。

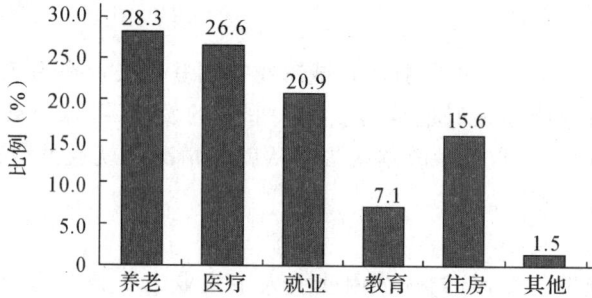

图 1-8　被调查残疾人需求状况分布

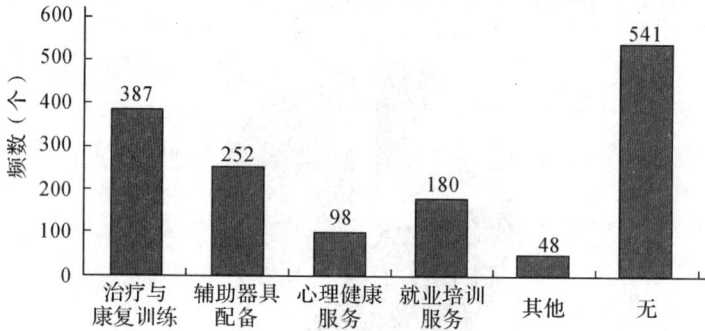

图 1-9　被调查残疾人接受服务情况分布

## 2. 就业类型

在就业类型中,按比例就业、集中就业和辅助性就业这三项是政府为帮助残疾人就业而制定的扶持政策。问卷调查结果显示,在被调查贫困残疾人中,这三种就业类型人数共占62.5%(见图1-10),说明政府的扶持政策对贫困残疾人就业起到了重要作用。但从另外一个方面来说,贫困残疾人自主就业或自主创业显得相对薄弱,所以政府有关部门在继续保障贫困残疾人就业的基础上,应加强其主观能动性的引导,充分调动其就业及创业积极性,从而进一步提高贫困残疾人的就业比例。

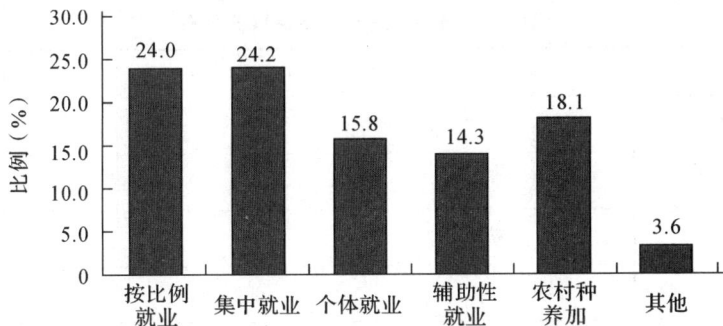

图 1-10　残疾人就业类型分布情况

### (五)康复服务情况

康复服务主要包括：治疗与康复训练、辅助器具配置、心理健康服务、康复知识普及和其他康复服务。其中,最主要且最为广泛推行的是前三项康复服务,故在此本小组大致认定治疗与康复训练、辅助器具配备、心理健康服务和其他为本问卷中康复服务的所有选项,并以此为前提进行分析。

浙江省整体残疾人康复服务覆盖率较高,但是贫困残疾人接受康复服务的比例不够理想。由《数据公报》可知,浙江省残疾人康复服务覆盖率稳步提高,由 2007 年的 25.2％ 上升到 2014 年的 71.1％。但调查结果显示,在被调查贫困残疾人中,没有接受过任何服务的数量远远高于其他选项,共 541 人次选择;其次是治疗与康复训练服务,共 387 人次选择,除此之外的其他选项被选次数相差不大(见图 1-9)。由此可见,接受过康复服务的贫困残疾人与浙江省残疾人整体水平仍有一定的差距。

### (六)社会福利保障情况

贫困残疾人的社会福利保障情况主要通过对其参保情况、参保费用补贴情况和享受福利情况这三个指标进行评估。

#### 1. 残疾人参保情况

由贫困残疾人需求状况分布情况(见图 1-8)可知,贫困残疾人对养老和医疗这两个方面最为关注,需求分别达到 28.3％ 和 26.6％,因此这两方面的社会保险工作开展情况更需引起重视。

《数据公报》显示,2011—2014 年残疾人基本社会保险参保率稳定上升。2014 年城镇残疾职工的基本医疗保险参保率达到 99.7％,与 2013 年(99.6％)基本持平;2014 年城镇残疾职工的基本养老保险参保率达到 95.9％,与 2013 年(95.1％)基本持平;农村残疾人医疗保险参保率和养老保险参保率分别为 99.4％ 和 79.1％。调查数据显示,被调查贫困残疾人的医疗保险参保率达到 98.8％,与浙江省残疾人整体情况较为接近;而养老保险参保率为 75.3％,与残疾人整体情况有一定差距(见表 1-4)。

表 1-4　被调查残疾人参保情况分布

| 参保情况 | 频数(个) | 百分比(%) | 累计百分比(%) |
|---|---|---|---|
| 仅基本医疗保险 | 297 | 24.6 | 24.6 |
| 仅基本养老保险 | 13 | 1.1 | 25.7 |
| 两者兼有 | 897 | 74.2 | 99.9 |
| 两者兼无 | 1 | 0.1 | 100.0 |
| 合计 | 1208 | 100.0 | — |

其中,医疗保险和养老保险参保率存在差距,其原因之一在于被调查者中有部分为未成年人,并不急需参与养老保险。其二是由城乡户口养老保险参与率的差距造成的。在医疗保险方面,城镇户口和农村户口的参保率都很高,分别为 98.4% 和 99.1%;而养老保险的参保情况不如医疗保险乐观,且在剔除 18 岁以下未成年人后,农村和城镇养老保险参保率仍相差近 7 个百分点(见表 1-5)。

表 1-5　不同户口参保情况比较

| 户口 | 医疗保险 | | 养老保险 | |
|---|---|---|---|---|
| | 频数(个) | 所占比例(%) | 频数(个) | 剔除 18 岁以下未成年人所占比例(%) |
| 农村 | 760 | 99.1 | 574 | 82.2 |
| 城镇 | 434 | 98.4 | 336 | 88.7 |

由于不同地区残疾人事业起步和发展速度存在差异,因此各地区贫困残疾人的参保率也不尽相同。通过比较各调查地区的参保情况可以发现,在医疗保险方面,各地参保率相差不大,且参保率较高;而在养老保险方面,杭州的参保率最高,达 81.7%,温州的参保率最低,占 67.0%。通过皮尔森卡方检验发现,$p$ 值小于 0.05,故可认为,不同地区贫困残疾人的参保率具有显著差异(见表 1-6)。

表 1-6　不同地区的参保情况列联分析结果

| 地区 | 计数及比例 | 参保情况 | | | | 合计 |
|---|---|---|---|---|---|---|
| | | 仅医疗保险 | 仅养老保险 | 两者兼有 | 两者兼无 | |
| 金华 | 计数(人) | 55 | 0 | 144 | 1 | 200 |
| | 所在行比例(%) | 27.5 | 0.0 | 72.0 | 0.5 | 100.0 |
| 衢州 | 计数(人) | 51 | 2 | 147 | 0 | 200 |
| | 所在行比例(%) | 25.5 | 1.0 | 73.5 | 0.0 | 100.0 |
| 温州 | 计数(人) | 68 | 3 | 135 | 0 | 206 |
| | 所在行比例(%) | 33.0 | 1.5 | 65.5 | 0.0 | 100.0 |
| 宁波 | 计数(人) | 44 | 1 | 156 | 0 | 201 |
| | 所在行比例(%) | 21.9 | 0.5 | 77.6 | 0.0 | 100.0 |

| 地区 | 计数及比例 | 参保情况 | | | | 合计 |
|---|---|---|---|---|---|---|
| | | 仅医疗保险 | 仅养老保险 | 两者兼有 | 两者兼无 | |
| 台州 | 计数(人) | 42 | 1 | 156 | 0 | 199 |
| | 所在行比例(%) | 21.1 | 0.5 | 78.4 | 0.0 | 100.0 |
| 杭州 | 计数(人) | 37 | 6 | 159 | 0 | 202 |
| | 所在行比例(%) | 18.3 | 3.0 | 78.7 | 0.0 | 100.0 |
| 总计 | 计数(人) | 297 | 13 | 897 | 1 | 1208 |
| | 所在行比例(%) | 24.6 | 1.1 | 74.3 | 0.1 | 100.0 |

注:$p$ 值为 0.010。

**2. 残疾人参保费用补贴情况**

在参保费用补贴方面,76.1%的被调查贫困残疾人享受了参保费用部分补贴,但仍有8.3%的被调查者并未享受任何补贴,并且参保费用全部自理(见图1-11)。由调查数据可知,全部自费的情况较多出现于非持证残疾人和失业人员这些类型中。因此,简化残疾人证申办程序、提高就业率在一定程度上能够改善残疾人生活。

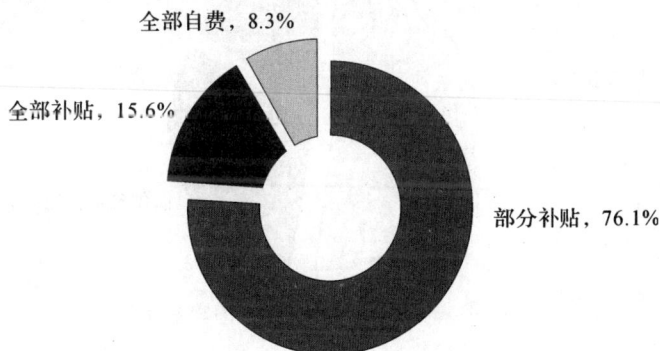

图 1-11　参保费用补贴情况

**3. 残疾人享受福利情况**

浙江省残疾人在享受福利状况方面有所提高,这与浙江省大力实施以残疾人基本生活保障、基本康复和基本托(安)养为主要内容的残疾人共享小康工程等政策有关。

由表1-7可知,被调查贫困残疾人全部都享受过残疾人福利。其中,享受过残疾人扶贫项目的比例最高,为48.8%;其次分别为街道或社区发放的福利、社会捐助物及生活物资和其他福利,这些选项所占比例分别为27.7%、19.6%和3.9%。

表 1-7　贫困残疾人享受社会福利分布

| 福利类型 | 响应值 | | 个案百分比(%) |
|---|---|---|---|
| | 频数(个) | 百分比(%) | |
| 社会捐助物及生活物资 | 394 | 19.6 | 32.6 |
| 街道或社区发放的福利 | 556 | 27.7 | 46.0 |

**续表**

| 福利类型 | 响应值 | | 个案百分比(%) |
|---|---|---|---|
| | 频数(个) | 百分比(%) | |
| 残疾人扶贫项目 | 978 | 48.8 | 81.0 |
| 其他 | 78 | 3.9 | 6.5 |
| 总计 | 2006 | 100.0 | 166.1 |

### (七)社区和文体活动参与情况

由《数据公报》可知,2014 年度,浙江省 44.4％的残疾人从未参与过社区和文体活动,而贫困残疾人参与社区和文体活动的频率更低。问卷结果显示,在被调查贫困残疾人中,从未参加过社区和文体活动的贫困残疾人数量最多,有 632 人,占 52.3％;其次是偶尔参加活动的贫困残疾人,占 32.0％;而经常参加活动的贫困残疾人数量最少,占15.7％(见图 1-12)。由此可见,贫困残疾人的精神生活相对匮乏。

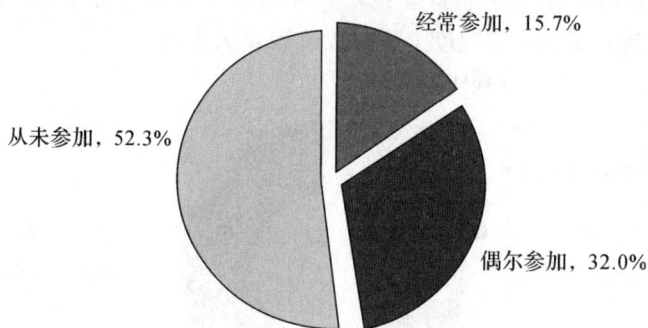

图 1-12　参加社区和文体活动的频率分布

## 三、满意度量表分析

### (一)描述性分析

由表 1-8 可见,在目前使用的辅助器具和享受的康复服务这两项中都存在缺失值,缺失量分别为 448 和 480,造成这种现象是由于并非所有残疾人都使用过辅助器具、享受过康复服务,故在填写问卷时本小组在这两个选项中注明未使用过辅助器具和未享受过康复服务的可不填写,以避免被调查者填写问卷时不必要的麻烦。但由于缺失值的存在会对接下来的分析产生一定影响,我们将使用插补法对缺失值进行填补,为后续分析奠定基石。

表 1-8　使用插补法前各因素情况分析

| 不同因素 | 频数（个） | 极小值 | 极大值 | 均值 | | 标准差 |
| --- | --- | --- | --- | --- | --- | --- |
| | | | | 统计量 | 标准误 | |
| 目前生活状况的整体满意度 | 1208 | 1 | 5 | 3.64 | 0.027 | 0.945 |
| 目前使用的辅助器具 | 760 | 1 | 5 | 3.66 | 0.036 | 1.006 |
| 目前浙江省无障碍设施的整体情况 | 1208 | 1 | 5 | 3.52 | 0.029 | 1.017 |
| 目前所享受的康复服务 | 728 | 1 | 5 | 3.53 | 0.036 | 0.968 |
| 目前就业情况 | 1208 | 1 | 5 | 3.58 | 0.029 | 0.993 |
| 目前所享受的社会保障 | 1208 | 1 | 5 | 3.59 | 0.030 | 1.027 |
| 目前社区和文体活动举办状况 | 1208 | 1 | 5 | 3.54 | 0.028 | 0.972 |
| 目前所受到的尊重 | 1208 | 1 | 5 | 3.42 | 0.029 | 1.023 |
| 有效的频数（列表状态） | 535 | — | — | — | — | — |

　　标准误用来衡量抽样误差，标准误越小，表明样本统计量与总体参数的值越接近，样本对总体越具代表性，用样本推断总体参数的可靠性越大。由表 1-9 可知，目前使用的辅助器具和目前享受的康复服务若用均值插补法，其标准误分别为 0.02295 和 0.02161；若用众数插补法，其标准误分别为 0.02469 和 0.02288。这两种插补方法的标准误都非常小，因此认为在有效样本中的均值和众数都具有很好的总体代表性，接下来将对这两种方法进行偏差分析。

表 1-9　标准误

| 不同因素 | 频数（个） | 标准差 | 均值插补法 | | 众数插补法 | |
| --- | --- | --- | --- | --- | --- | --- |
| | | | 插补值 | 标准误 | 插补值 | 标准误 |
| 目前使用的辅助器具 | 760 | 1.006 | 3.66 | 0.02295 | 3 | 0.02469 |
| 目前享受的康复服务 | 728 | 0.968 | 3.53 | 0.02161 | 3 | 0.02288 |
| 有效的频数（列表状态） | 535 | — | — | — | — | — |

　　由表 1-10 可见，均值插补法的平均绝对偏差和平均相对偏差均小于众数插补法的偏差，因此选择偏差较小的均值插补法对缺失值进行插补是合理的，对后续分析影响不大。

表 1-10　偏差分析

| 不同因素 | 均值插补法 | | 众数插补法 | |
| --- | --- | --- | --- | --- |
| | 平均绝对偏差 | 平均相对偏差 | 平均绝对偏差 | 平均相对偏差 |
| 目前使用的辅助器具 | 0.535 | 0.636 | 0.701 | 0.736 |
| 目前享受的康复服务 | 0.492 | 0.564 | 0.619 | 0.632 |

## (二)因子分析

一般认为 KMO 值大于 0.5,即可接受使用因子分析法。由表 1-11 可见,KMO 值为 0.687,故认为适用因子分析法。同时 Bartlett's 球形检验的值为 330.512,自由度为 28, $p$ 值小于 0.05。故拒绝原假设,说明相关矩阵并非单位矩阵,变量的相关系数较为显著,适用因子分析法。

表 1-11　KMO 和 Bartlett's 球形检验

| 取样足够度的 Kaiser-Meyer-Olkin 度量 | | 0.687 |
|---|---|---|
| Bartlett's 球形检验 | 近似卡方 | 330.512 |
| | df | 28 |
| | Sig. | 0.000 |

通过碎石图(见图 1-13)可以明显看出前 5 个因子可以解释大部分的方差,到第 6 个因子以后,折线逐渐平缓,解释能力不强。但结合表 1-12 可见取前 6 个因子时,提取了各原始变量的 80.557% 的信息。从理论上讲,实际社会调查中累计方差贡献率应大于 80%。此外,由图 1-13 可见,在第 6 个因子以后,特征值差异较小,折线趋于平缓。故本报告认为提取前 6 个因子即可满足需求。

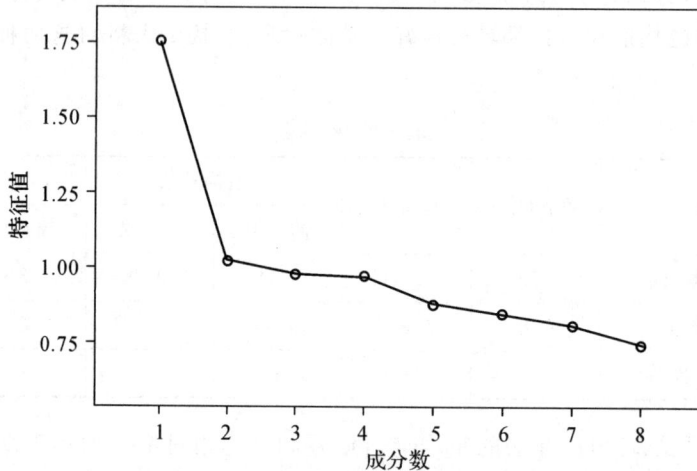

图 1-13　碎石图

表 1-12　解释的总方差

| 成分 | 初始特征值 | | | 提取平方和载入 | | | 旋转平方和载入 | | |
|---|---|---|---|---|---|---|---|---|---|
| | 合计 | 方差的比例(%) | 累计比例(%) | 合计 | 方差的比例(%) | 累计比例(%) | 合计 | 方差的比例(%) | 累计比例(%) |
| 1 | 1.754 | 21.930 | 21.930 | 1.754 | 21.930 | 21.930 | 1.154 | 14.423 | 14.423 |
| 2 | 1.019 | 12.740 | 34.670 | 1.019 | 12.740 | 34.670 | 1.128 | 14.099 | 28.522 |

续表

| 成分 | 初始特征值 | | | 提取平方和载入 | | | 旋转平方和载入 | | |
|---|---|---|---|---|---|---|---|---|---|
| | 合计 | 方差的比例（%） | 累计比例（%） | 合计 | 方差的比例（%） | 累计比例（%） | 合计 | 方差的比例（%） | 累计比例（%） |
| 3 | 0.979 | 12.241 | 46.910 | 0.979 | 12.241 | 46.910 | 1.085 | 13.565 | 42.087 |
| 4 | 0.969 | 12.118 | 59.028 | 0.969 | 12.118 | 59.028 | 1.040 | 12.997 | 55.084 |
| 5 | 0.877 | 10.966 | 69.994 | 0.877 | 10.966 | 69.994 | 1.035 | 12.934 | 68.018 |
| 6 | 0.845 | 10.562 | 80.557 | 0.845 | 10.562 | 80.557 | 1.003 | 12.538 | 80.557 |
| 7 | 0.809 | 10.116 | 90.673 | | | | | | |
| 8 | 0.746 | 9.327 | 100.000 | | | | | | |

表 1-13 是未经过旋转的因子载荷矩阵，然而若初始载荷矩阵结构不够简单，各因子的典型代表变量不是很突出，则容易使因子的意义含糊不清，不便于对因子进行解释。为此需对因子载荷矩阵实行旋转，达到简化结构的目的，使各变量在某单个因子上有高额载荷，而在其余因子上只有小到中等的载荷。在运用方差最大正交旋转法之后，得到旋转因子载荷矩阵（见表 1-14）。由此可以看出，经旋转后，因子更便于命名和解释。

表 1-13　旋转前的因子载荷矩阵

| 不同因素 | 成分 | | | | | |
|---|---|---|---|---|---|---|
| | 1 | 2 | 3 | 4 | 5 | 6 |
| 目前所享受的社会保障 | 0.597 | −0.098 | −0.081 | −0.164 | −0.155 | −0.278 |
| 目前生活状况的整体满意度 | 0.590 | 0.127 | −0.077 | 0.284 | −0.149 | 0.229 |
| 目前所受到的尊重 | 0.344 | 0.731 | −0.016 | 0.120 | 0.400 | 0.280 |
| 目前社区和文体活动举办状况 | 0.380 | −0.642 | −0.047 | −0.081 | 0.496 | 0.429 |
| 目前所享受的康复服务 | 0.424 | 0.012 | −0.745 | −0.072 | 0.077 | −0.338 |
| 目前浙江省无障碍设施的整体情况 | 0.447 | 0.045 | 0.572 | −0.207 | 0.352 | −0.473 |
| 目前使用的辅助器具 | 0.425 | −0.200 | 0.231 | 0.706 | −0.248 | −0.074 |
| 目前就业情况 | 0.475 | 0.075 | 0.167 | −0.543 | −0.483 | 0.331 |

由表 1-14 可知，各个公共因子与哪些因素密切相关：

第一个公共因子 F1 主要解释生活状况的整体满意度、使用的辅助器具，可以命名为生活因子；

第二个公共因子 F2 主要解释所享受的康复服务和所享受的社会保障，可以命名为服务因子；

第三个公共因子 F3 主要解释就业情况，可以命名为就业因子；

第四个公共因子 F4 主要解释所受到的尊重，可以命名为尊重因子；

第五个公共因子 F5 主要解释无障碍设施的整体情况，可以命名为设施因子；

第六个公共因子 F6 主要解释社区和文体活动举办状况，可以命名为活动因子。

表 1-14　方差最大正交旋转后的因子载荷矩阵

| 不同因素 | 成分 | | | | | |
|---|---|---|---|---|---|---|
| | 1 | 2 | 3 | 4 | 5 | 6 |
| 目前使用的辅助器具 | 0.906 | −0.022 | −0.071 | −0.067 | 0.094 | 0.014 |
| 目前生活状况的整体满意度 | 0.530 | 0.200 | 0.268 | 0.343 | −0.067 | 0.105 |
| 目前所享受的康复服务 | −0.013 | 0.920 | −0.050 | 0.082 | −0.056 | 0.043 |
| 目前所享受的社会保障 | 0.218 | 0.487 | 0.331 | −0.074 | 0.316 | 0.041 |
| 目前就业情况 | 0.004 | 0.014 | 0.945 | 0.038 | 0.051 | 0.031 |
| 目前所受到的尊重 | 0.021 | 0.025 | 0.011 | 0.947 | 0.084 | −0.024 |
| 目前浙江省无障碍设施的整体情况 | 0.037 | 0.014 | 0.047 | 0.085 | 0.952 | 0.049 |
| 目前社区和文体活动举办状况 | 0.057 | 0.056 | 0.039 | −0.013 | 0.053 | 0.992 |

从理论上讲，最后得到的因子之间相互独立，没有相关性，而因子转换矩阵（见表 1-15）显示，6 个因子之间的相关性较低。可见，对因子进行旋转是完全有必要的。

表 1-15　因子转换矩阵

| 成分 | 1 | 2 | 3 | 4 | 5 | 6 |
|---|---|---|---|---|---|---|
| 1 | 0.496 | 0.474 | 0.452 | 0.308 | 0.379 | 0.294 |
| 2 | −0.151 | −0.022 | 0.070 | 0.757 | 0.015 | −0.631 |
| 3 | 0.183 | −0.754 | 0.159 | −0.058 | 0.605 | −0.055 |
| 4 | 0.767 | −0.120 | −0.567 | 0.137 | −0.226 | −0.083 |
| 5 | −0.331 | 0.007 | −0.563 | 0.419 | 0.346 | 0.527 |
| 6 | 0.015 | −0.438 | 0.357 | 0.366 | −0.565 | 0.477 |

由表 1-16 可见，F1 解释了 14.423% 的原因，表明目前使用的辅助器具和目前生活状况的整体满意度是影响贫困残疾人生活满意度的重要因素；F2 解释了 14.099% 的原因，表明所享受的康复服务和所享受的社会保障是两个较为主要的因素；F3、F4、F5 和 F6 分别解释了 13.565%、12.997%、12.934% 和 12.538% 的原因，起到补充作用。

表 1-16　因子分析结果汇总

| 因子编号 | 因子名称 | 因素名称 | 主因子 | | | | | |
|---|---|---|---|---|---|---|---|---|
| | | | 1 | 2 | 3 | 4 | 5 | 6 |
| F1 | 生活因子 | 目前使用的辅助器具 | 0.906 | | | | | |
| | | 目前生活状况的整体满意度 | 0.530 | | | | | |

续表

| 因子编号 | 因子名称 | 因素名称 | 主因子 | | | | | |
|---|---|---|---|---|---|---|---|---|
| | | | 1 | 2 | 3 | 4 | 5 | 6 |
| F2 | 服务因子 | 目前所享受的康复服务 | | 0.920 | | | | |
| | | 目前所享受的社会保障 | | 0.487 | | | | |
| F3 | 就业因子 | 目前就业情况 | | | 0.945 | | | |
| F4 | 尊重因子 | 目前所受到的尊重 | | | | 0.947 | | |
| F5 | 设施因子 | 目前浙江省无障碍设施的整体情况 | | | | | 0.952 | |
| F6 | 活动因子 | 目前社区和文体活动举办状况 | | | | | | 0.992 |
| | | 方差贡献率(%) | 14.423 | 14.099 | 13.565 | 12.997 | 12.934 | 12.538 |
| | | 累计方差贡献率(%) | 14.423 | 28.522 | 42.087 | 55.084 | 68.018 | 80.557 |

## (三)多值 Logistic 回归分析

### 1.相关性分析

表 1-17 是满意度量表中生活满意度与其余七项进行相关性分析的相关系数表。由表 1-17 可知生活满意度与使用的辅助器具、目前浙江省无障碍设施的整体情况、所享受的康复服务、就业情况、所享受的社会保障、目前社区和文体活动举办状况及所受到的尊重的满意度之间的相关系数分别为 0.198、0.118、0.140、0.155、0.224、−0.139 和 0.146。其中享受的社会保障与享受的康复服务、就业情况以及社区和文体活动举办状况之间的相关系数分别为 0.176、0.182 和−0.172。本小组选择其相关系数较大的变量,为享受的社会保障的满意度。结合上文,最终确定生活满意度为因变量,使用的辅助器具、无障碍设施的整体情况、所享受的社会保障及所受到的尊重的满意度为自变量。

表 1-17　相关系数

| 不同因素 | | 目前生活状况的整体满意度 | 目前使用的辅助器具 | 目前浙江省无障碍设施的整体情况 | 目前所享受的康复服务 | 目前就业情况 | 目前所享受的社会保障 | 目前社区和文体活动举办状况 | 目前所受到的尊重 |
|---|---|---|---|---|---|---|---|---|---|
| 目前生活状况的整体满意度 | 相关系数 | 1 | 0.198** | 0.118** | 0.140** | 0.155** | 0.224** | −0.139** | 0.146** |
| | Sig.(双侧) | — | 0.000 | 0.000 | 0.000 | 0.000 | 0.000 | 0.000 | 0.000 |
| 目前使用的辅助器具 | 相关系数 | 0.198** | 1 | 0.119** | 0.112** | 0.127** | 0.133** | −0.055 | 0.053 |
| | Sig.(双侧) | 0.000 | — | 0.000 | 0.000 | 0.000 | 0.000 | 0.058 | 0.065 |
| 目前浙江省无障碍设施的整体情况 | 相关系数 | 0.118** | 0.119** | 1 | 0.089** | 0.106** | 0.156** | −0.106** | 0.126** |
| | Sig.(双侧) | 0.000 | 0.000 | — | 0.002 | 0.000 | 0.000 | 0.000 | 0.000 |

**续表**

| 不同因素 | | 目前生活状况的整体满意度 | 目前使用的辅助器具 | 目前浙江省无障碍设施的整体情况 | 目前所享受的康复服务 | 目前就业情况 | 目前所享受的社会保障 | 目前社区和文体活动举办状况 | 目前所受到的尊重 |
|---|---|---|---|---|---|---|---|---|---|
| 目前所享受的康复服务 | 相关系数 | 0.140** | 0.112** | 0.089** | 1 | 0.088** | 0.176** | −0.097** | 0.086** |
| | Sig.（双侧） | 0.000 | 0.000 | 0.002 | — | 0.002 | 0.000 | 0.001 | 0.003 |
| 目前就业情况 | 相关系数 | 0.155** | 0.127** | 0.106** | 0.088** | 1 | 0.182** | −0.072* | 0.080** |
| | Sig.（双侧） | 0.000 | 0.000 | 0.000 | 0.002 | — | 0.000 | 0.013 | 0.006 |
| 目前所享受的社会保障 | 相关系数 | 0.224** | 0.133** | 0.156** | 0.176** | 0.182** | 1 | −0.172** | 0.092** |
| | Sig.（双侧） | 0.000 | 0.000 | 0.000 | 0.000 | 0.000 | — | 0.000 | 0.001 |
| 目前社区和文体活动举办状况 | 相关系数 | −0.139** | −0.055 | −0.106** | −0.097** | −0.072* | −0.172** | 1 | −0.032 |
| | Sig.（双侧） | 0.000 | 0.058 | 0.000 | 0.001 | 0.013 | 0.000 | | 0.272 |
| 目前所受到的尊重 | 相关系数 | 0.146** | 0.053 | 0.126** | 0.086** | 0.080** | 0.092** | −0.032 | 1 |
| | Sig.（双侧） | 0.000 | 0.065 | 0.000 | 0.003 | 0.006 | 0.001 | 0.272 | — |

注：* 表示相关系数在 0.1 水平上显著，* * 表示在 0.05 水平上显著。

**2. 变量说明**

$Y$：生活满意度，0＝满意，1＝中立，2＝不满意。

$X_1$：对使用的辅助器具的满意度，0＝满意，1＝中立，2＝不满意。

$X_2$：对无障碍设施整体情况的满意度，0＝满意，1＝中立，2＝不满意。

$X_3$：对所享受的社会保障的满意度，0＝满意，1＝中立，2＝不满意。

$X_4$：对所受尊重的满意度，0＝满意，1＝中立，2＝不满意。

**3. 构建模型**

由表 1-18 可知，模型的似然比检验 $p$ 值小于 0.05，这说明模型显著成立。

表 1-18　模型拟合信息

| 模型 | 模型拟合标准 | 似然比检验 | | |
|---|---|---|---|---|
| | −2 倍对数似然值 | 卡方 | df | 显著水平 |
| 仅截距 | 696.576 | — | — | — |
| 最终 | 506.769 | 189.807 | 16 | 0.000 |

由似然比检验（见表 1-19）可知，辅助器具、社会保障和所受尊重与生活满意度有显著性关系，$p$ 值均小于 0.05，而无障碍设施的 $p$ 值大于 0.05，故将其剔除，剔除后得到的结果如表 1-20 所示。

表 1-19　似然比检验

| 效应 | 模型拟合标准 | 似然比检验 | | |
| --- | --- | --- | --- | --- |
| | 简化后的模型的－2倍对数似然值 | 卡方 | df | 显著水平 |
| 截距 | 506.769 | 0.000 | 0 | — |
| 辅助器具 | 541.267 | 34.498 | 4 | 0.000 |
| 无障碍设施 | 510.895 | 4.126 | 4 | 0.389 |
| 社会保障 | 579.804 | 73.036 | 4 | 0.000 |
| 所受尊重 | 543.774 | 37.005 | 4 | 0.000 |

表 1-20　剔除变量后的模型拟合信息

| 模型 | 模型拟合标准 | 似然比检验 | | |
| --- | --- | --- | --- | --- |
| | －2倍对数似然值 | 卡方 | df | 显著水平 |
| 仅截距 | 443.932 | — | — | — |
| 最终 | 258.252 | 185.681 | 12 | 0.000 |

由表 1-20 可知,模型的似然比检验 $p$ 值小于 0.05,说明模型显著成立。

由表 1-21 可知, $p$ 值均小于 0.05,故可认为辅助器具、社会保障、所受尊重对回归方程有统计学意义。

表 1-21　剔除变量后的似然比检验

| 效应 | 模型拟合标准 | 似然比检验 | | |
| --- | --- | --- | --- | --- |
| | 简化后的模型的－2倍对数似然值 | 卡方 | df | 显著水平 |
| 截距 | 258.252 | 0.000 | 0 | — |
| 辅助器具 | 294.487 | 36.235 | 4 | 0.000 |
| 社会保障 | 336.196 | 77.944 | 4 | 0.000 |
| 所受尊重 | 297.982 | 39.731 | 4 | 0.000 |

利用 SPSS 进行参数估计,其结果如表 1-22 所示。

表 1-22　参数估计

| 目前生活状况的整体满意度 | | $B$ | 标准误 | Wald | df | 显著水平 | Exp($B$) | Exp($B$)的置信区间 95% | |
|---|---|---|---|---|---|---|---|---|---|
| | | | | | | | | 下限 | 上限 |
| 满意 | 截距 | −0.859 | 0.355 | 5.875 | 1 | 0.015 | | | |
| | [$X_1=0$] | 0.674 | 0.276 | 5.954 | 1 | 0.015 | 1.961 | 1.142 | 3.369 |
| | [$X_1=1$] | 0.140 | 0.300 | 0.218 | 1 | 0.640 | 1.150 | 0.639 | 2.070 |
| | [$X_1=2$] | 0 | | | 0 | | | | |
| | [$X_2=0$] | 0.813 | 0.210 | 15.020 | 1 | 0.000 | 2.255 | 1.495 | 3.401 |
| | [$X_2=1$] | −0.334 | 0.214 | 2.431 | 1 | 0.119 | 0.716 | 0.471 | 1.090 |
| | [$X_2=2$] | 0 | | | 0 | | | | |
| | [$X_3=0$] | 1.012 | 0.203 | 24.861 | 1 | 0.000 | 2.750 | 1.848 | 4.093 |
| | [$X_3=1$] | 0.301 | 0.198 | 2.319 | 1 | 0.128 | 1.351 | 0.917 | 1.990 |
| | [$X_3=2$] | 0 | | | 0 | | | | |
| 不满意 | 截距 | −0.456 | 0.458 | 0.991 | 1 | 0.320 | | | |
| | [$X_1=0$] | −0.489 | 0.374 | 1.715 | 1 | 0.190 | 0.613 | 0.295 | 1.275 |
| | [$X_1=1$] | 0.172 | 0.388 | 0.196 | 1 | 0.658 | 1.188 | 0.555 | 2.543 |
| | [$X_1=2$] | 0 | | | 0 | | | | |
| | [$X_2=0$] | −0.371 | 0.289 | 1.649 | 1 | 0.199 | 0.690 | 0.392 | 1.216 |
| | [$X_2=1$] | −0.954 | 0.296 | 10.395 | 1 | 0.001 | 0.385 | 0.216 | 0.688 |
| | [$X_2=2$] | 0 | | | 0 | | | | |
| | [$X_3=0$] | 0.371 | 0.296 | 1.569 | 1 | 0.210 | 1.449 | 0.811 | 2.588 |
| | [$X_3=1$] | −0.397 | 0.300 | 1.748 | 1 | 0.186 | 0.672 | 0.373 | 1.211 |
| | [$X_3=2$] | 0 | | | 0 | | | | |

令 $X_1=0$ 为 $X_{11}$，$X_1=1$ 为 $X_{12}$，$X_1=2$ 为 $X_{13}$。

表 1-22 中共有两套 Logistic 回归系数，分别针对"不满意"和"满意"。"中立"作为因变量中的参考类别，其所有系数都是 0。"$X_{13}$"、"$X_{23}$"和"$X_{33}$"分别作为其相应自变量中的参考类别，因而其系数也均为 0。

由 Sig. 一栏可见，两套系数中，"$X_{11}$"与"$X_{13}$"相比在满意中存在显著性差异（$p<0.05$），在不满意中不存在显著性差异；"$X_{21}$"与"$X_{23}$"相比在满意中存在显著性差异（$p<0.05$），在不满意中不存在显著性差异；"$X_{31}$"与"$X_{33}$"相比在满意中存在显著性差异（$p<0.05$），在不满意中不存在显著性差异；"$X_{22}$"与"$X_{23}$"相比在不满意中存在显著性差异，在满意中不存在显著性差异。

根据表 1-22 中的系数，最终模型确定为：

$$G_1 = \ln \frac{p(Y=0)}{p(Y=1)}$$
$$= -0.859 + 0.674X_{11} + 0.140X_{12} + 0.813X_{21} - 0.334X_{22} +$$
$$1.012X_{31} + 0.301X_{32} \tag{1-1}$$
$$G_2 = 0 \quad (\text{作为因变量中的参考组，其系数均为 0}) \tag{1-2}$$
$$G_3 = -0.456 - 0.489X_{11} + 0.172X_{12} - 0.371X_{21} - 0.954X_{22} +$$
$$0.371X_{31} - 0.397X_{32} \tag{1-3}$$

根据 Logistic 模型，当已知残疾人对辅助器具、社会保障和所受尊重的满意度时，可以计算出其对生活总体满意度三种情况的可能性。例如，当一位残疾人对辅助器具、社会保障和所受尊重的满意度都为中立时，即 $X_{12}$、$X_{22}$、$X_{32}$ 取值都为 1。通过构建联立方程组可得：

$$G_1 = -0.859 + 0.140 - 0.334 + 0.301 = -0.752 \quad \exp(-0.752) = 0.4714$$
$$G_2 = 0 \qquad\qquad\qquad\qquad\qquad\qquad \exp(0) = 1$$
$$G_3 = -0.456 + 0.172 - 0.954 - 0.397 = -1.635 \quad \exp(-1.635) = 0.1950$$

满意的概率：$p(Y=0) = 0.4714/(0.4714 + 1 + 0.1950) = 0.283$；

中立的概率：$p(Y=1) = 1/(0.4714 + 1 + 0.1950) = 0.600$；

不满意的概率：$p(Y=2) = 1.1950/(0.4714 + 1 + 0.1950) = 0.117$。

这说明对辅助器具、社会保障和所受尊重的满意度都中立的残疾人对生活总体满意度评价为"满意"的可能性为 28.3%、"中立"的可能性为 60.0%、"不满意"的可能性为 11.7%。

# 四、调查结论

## （一）贫困残疾人经济来源依赖外界扶持

残疾人作为社会中的弱势群体，在个人收入方面有较大劣势，自我供养能力十分欠缺，一旦脱离了社会和家庭的救助，可能会面临较大的生存问题。同时，从浙江省各市残联访谈得知，大多数贫困残疾人并没有固定的收入来源，生活上主要依靠亲友资助和政府救济补助。

## （二）贫困残疾人家庭规模普遍较小，同住以配偶为主

贫困残疾人家庭规模相对较小，其中与配偶相依为命的贫困残疾人数量最多。对于贫困残疾人来说，配偶不仅仅是生活中的伙伴，更是相互扶持的精神伴侣，这样的生活方式更有利于其身心健康发展。然而，从浙江省各市残联访谈得知，大多残疾人婚恋较为困难，在配偶选择上，同类型残疾人相结合的概率较大，精神残疾者和智力残疾者多与山区贫困户结合，而男性残疾人婚恋较女性更为困难。

## （三）贫困残疾人文化水平普遍偏低

贫困残疾人文化程度普遍偏低，主要集中在小学及以下。从浙江省各市残联访谈得知，即使残疾人完成高等教育，也会由于特殊教育课程与普通教育差距较大等一系列因素，

导致许多残疾学生在接受高等教育前并没有做好充分的文化基础知识准备,与普通教育相比仍会存在较大差距。

### (四)贫困残疾人中在岗职工比例较大,但就业难现象仍存在

目前浙江省多数贫困残疾人为在岗职工,但仍有部分残疾人就业困难。生理缺陷、低教育程度等因素导致很多残疾人处于失业状态。就业情况直接关系到生活水平,因此解决残疾人就业难问题是提高残疾人生活水平的重要内容。

### (五)贫困残疾人就业培训参与率低

残疾人就业培训服务对于促进残疾人就业具有重要意义,但问卷调查显示,只有14.9%的贫困残疾人享受过就业培训服务,目前这方面的参与程度不高。从浙江省各市残联访谈得知,近年来,相关职能部门正积极开展残疾人就业培训服务,然而由于残疾人信息接受能力较弱以及其自身原因,效果并不理想。

### (六)就业和享受康复情况是影响残疾人生活满意度的主要因素

就业情况和无障碍设施整体情况是影响残疾人生活满意度的两个较为主要的因素。与此同时,康复训练对于残疾人来说至关重要,是残疾人的基本需求。但是由于家庭条件、自身文化素质等约束,部分残疾人并没有长期接受治疗与康复训练,最终造成了终身残疾,很大程度上影响了残疾人的生活满意度。

### (七)残疾人康复服务覆盖率高,但参与程度不够理想

康复服务主要包括治疗与康复训练、辅助器具配置、心理疏导、康复知识普及和其他康复服务,其中最主要且最为广泛推行的是前三项康复服务。

目前浙江省为各类残疾人提供的康复服务主要有白内障复明手术,聋儿语训,大、小假肢安装,低视力视功能训练,心理咨询等,接受康复服务的主要是肢体、视力、听力和智力残疾的残疾人,他们通过长期有效的康复训练,残疾状况可以得到有效减轻,甚至全部康复,脱离残疾。但是目前残疾人接受康复训练的情况并不乐观。残联及社区为此做了一些努力,状况有所好转,然而事实上,虽然有些社区有康复训练场,但真正参与的残疾人却并不多,社区康复服务的推广程度依然有待提高。

### (八)城乡医疗保险参与情况基本持平,但养老保险稍有差距

残疾人对养老和医疗保险方面最为关注。贫困残疾人医疗保险和养老保险的参保率差距较大,一方面是由于被调查者中有部分为未成年人,并不急需参与养老保险;另一方面是由于城乡户口养老保险参与率存在差距。同时,各地养老保险参与率也略有差距,杭州市最高,温州市最低。

### (九)残疾人均享受过残疾人福利,但仍有部分未享受参保补贴

贫困残疾人群体或多或少都得到过社会和政府的关注。此次被调查的1208位贫困残疾人全部都享受过残疾人福利,其中享受过残疾人扶贫项目的残疾人所占比例最高,其次

分别为街道或社区发放的福利、社会捐助物及生活物资和其他福利。

而在残疾人参保费用补贴情况方面，仍有部分被调查者并未享受任何补贴，参保费用全部自费。调查数据分析结果显示，全部自费的情况较多出现于非持证残疾人和失业人员这些类型中，因此简化申办残疾人证程序、提高就业率在一定程度上能够改善残疾人生存情况。

### (十)贫困残疾人参与社区和文体活动情况较低

社区和文体活动能够为残疾人融入社会搭建良好的平台，能使残疾人的精神文化生活进一步提高。但社会在这方面的工作还亟待提高。在被调查的贫困残疾人中，从未参加过社区和文体活动的人数最多，其次为偶尔参加的人数。因此，社区和文体活动的深入推广是提高残疾人生活满意度的重要途径。

# 五、对策与建议

### (一)针对残疾人具体情况制定差异化扶贫对策

要将残疾人扶贫项目纳入政府扶贫开发的总体规划中，统一组织、同步实施。对有劳动能力的残疾人，一要落实残疾人扶贫项目，二要落实残疾人扶贫资金，使其通过自己的努力实现脱贫。对丧失劳动能力的残疾人，政府要加大救助力度，保障其基本生活需要。

### (二)多角度、多层面地提高残疾人文化水平

提高残疾人受教育水平是残疾人全面实现自身价值的基本条件，因此本报告认为政府相关部门应：

(1)加强落实扶残助学政策措施，着重发展义务教育和职业教育，积极开展学前教育，逐步发展中等以上教育。逐步增加残疾人教育经费，改善办学条件。

(2)加大残疾人教育经费在农村地区的比重。农村基础设施建设、社会保障制度等条件较差，残疾人在农村成为弱势群体，政府加大在这一地区的投入有利于从根本上解决残疾人受教育及就业问题。

(3)必须进一步完善残疾人教育体系，深化特殊教育课程教学改革，完善盲、聋、重度肢体等残疾类别考生参加各类考试的辅助办法，规范和推广国家通用手语和盲文。

(4)提高特殊教育教师培养质量，加强特殊教育师资队伍建设。特殊教育学校普遍缺少从事语言治疗、物理治疗、心理康复等工作的专业教师。亟须改善和规范办学条件，扩大特殊教育教师培养规模，加大特殊教育教师培训力度，提高特殊教育教师的专业化水平。

(5)对于精神、智力残疾者采取特殊化教育方法。对于精神、智力残疾学龄儿童，提供送教上门服务的同时，要注重教育如何掌握生活本领，以"让精神、智力残疾患者走向独立"为目的开展各类教育服务。

### (三)扩展就业培训，拓宽就业渠道

(1)扩展残疾人就业培训。相关部门要扎实开展残疾人就业培训，提供就业服务，使残

疾人更加针对性地了解就业岗位和岗位要求,应对性地参加工作;培养残疾人个人技能,使其拥有一技之长,增加残疾人公平就业机会;培养残疾人有关就业方面的法律知识和劳动维权意识,维护残疾人权益。

(2)拓宽残疾人就业渠道,制定相关优惠政策。残疾人就业与普通人有差别,不能只采用鼓励就业的老方法,有关部门应顺应时代潮流,与时俱进,找准新兴职业,拓宽残疾人就业渠道,促进残疾人就业;完善集中安排残疾人就业税收优惠政策,扶持残疾人自主创业、公益性岗位就业和辅助性就业,从而提高其生活满意度。

### (四)做好残疾人康复和残疾预防工作

康复是增强残疾人生活自理、社会适应能力和平等参与社会生活的基础,虽然目前残疾人康复服务的覆盖率较广,但是相关部门宣传力度不足,残疾人参与度不高,所以残疾人对康复服务的满意程度也不够理想。因此,相关部门应:

(1)发展残疾人社区康复工作,并优先为贫困残疾人、重度残疾人、残疾儿童提供基本的康复服务,实现"人人享有基本康复服务"。

(2)扩大残疾人康复服务层面,提供康复服务。有针对性地选择可以康复的对象,免费提供如白内障复明、安装假肢、佩戴助听器及其他辅助用具等服务,帮助残疾人摆脱残疾痛苦。

(3)加快辅助器具业发展。残疾人对于康复服务满意度低的一部分原因在于辅助器具问题,因此加快辅助器具业的发展,建立以社会保险、政府补贴为主的综合支付制度,提供优质廉价的辅助器具对于改善残疾人接受康复服务状况有着积极意义。

(4)残联、社区等相关部门应加强与残疾人的沟通,积极鼓励残疾人参与到康复服务中,使康复服务站做到物尽其用。

### (五)进一步完善残疾人养老保险政策

尽管国家出台了一系列针对残疾人生活保障的政策,但由于这一特殊群体行动不便、文化程度较低等主客观因素,他们在资源利用方面的能力较差。因此,政府需制定出具体的、可操作性强的实施细则和具体条例,使残疾人养老保险工作落到实处。

(1)减少残疾人养老保险缴费年限,将残疾人退休年龄或享受养老保险年龄提前,以保障残疾人能更好享受到国家的养老保障政策。

(2)设置专门机构,对残疾人养老保险进行独立操作执行。针对农村残疾人,应尤为重视,以缩小城乡养老保险参保率差距。

### (六)拓宽残疾人异性交往渠道

促进残疾人结伴生活,使其不仅在日常生活中有所照应,同时在精神层面有所依托。相关部门要大力开展残疾人婚姻介绍工作,促进残疾人与外界交往,可以举办残疾人相亲交友会,或将适龄残疾人个人信息放到专门社交网站,拓展信息渠道。同时,建立残疾人婚姻补助基金,鼓励残疾人成家立业,共享美好生活。

### (七)加强开展残疾人文化体育活动

丰富、活跃残疾人文化体育生活,发展残疾人特殊艺术和竞技体育,是激励残疾人自强不息的重要形式。因此,政府应采取有力措施,促进残疾人公共文化体育服务的提高。

(1)认真组织开展"全国助残日"、"国际残疾人日"、"国际盲人节"、"国际聋人节"等活动,并进行"志愿者助残"、"红领巾助残"等扶残助残活动,向残疾人家庭送温暖,营造扶残助残良好环境,积极争创全省"扶残助残"爱心城市。

(2)有条件的公共图书馆应普遍设立盲人阅览室,配备盲文图书、有声读物和阅听设备。鼓励有条件的电视台开办手语栏目,主要新闻栏目加配手语、字幕,影视剧、网络视频和音像制品等加配字幕。

(3)加强残疾人群众体育工作建设,各街道、社区可以开展残疾人趣味篮球赛等一系列趣味性较强的体育竞赛,通过这种形式鼓励残疾人参与体育锻炼,更好地融入社会。

(4)开展各类手工艺、绘画培训。对于智力残疾和精神残疾等上肢健全的残疾人来说,街道、社区等可以设立残疾人活动基地,让上肢健全的残疾人参与陶艺、绘画、做手工等活动,丰富其精神生活。

### (八)建立健全基层残疾人组织

基层残疾人组织是政府联系残疾人的桥梁和纽带,但在此次调查中,本小组发现在很多地方基层残疾人组织并不健全,致使残疾人工作出现了断层现象,使残疾人工作很难健康有序开展。因此,各个街道、社区要真正做到把残疾人基层组织建设成为代表残疾人、服务残疾人、管理残疾人的组织。

## 参考文献

[1] 何晓群,刘文卿.应用回归分析[M].2版.北京:中国人民大学出版社,2007.

[2] 杭州市残联教就部.杭州市残联教就扶贫工作实用手册[EB/OL].(2011-08-23)[2017-12-20].http://wenku.baidu.com/view/250501186bd97f192279e915.html.

[3] 罗一娴,尹朝存.残疾人社会生活状况调查分析[J].理论界,2008(4):190-191.

[4] 倪加勋.抽样调查[M].桂林:广西师范大学出版社,2002.

[5] 佚名.残疾人康复服务档案[EB/OL].(2011-12-16)[2017-12-20].http://wenku.baidu.com/view/cf9c40b9960590c69ec376b3.html.

[6] 浙江省统计局,浙江省残疾人联合会.2014年度浙江省残疾人状况和小康实现程度监测主要数据公报[R/OL].[2017-12-20].http://tjj.zj.gov.cn/tjgb/qtgb/201607/t20160705_179830.html.

# 附录

## 调查问卷

### 浙江省贫困残疾人生活现状及满意度调查

调查地点：_____

问卷编号：_____

　　您好！我们是一支由大学生组成的调研团队，正在进行一项关于浙江省残疾人生活现状及满意度的调查，您的如实回答将给我们的工作带来很大的帮助，希望得到您的支持。同时，本问卷纯属学术调研，采取不记名的形式，对您所提供的信息我们会严格保密，绝对不会提供给任何单位或者个人！

　　万分感谢您在百忙之中抽出时间参与我们的调查！

**A. 基本情况**

A1. 您的性别是：

　　A. 男　　　　　　　　B. 女

A2. 您的户口属于：

　　A. 农村户口　　　　　B. 城镇户口

A3. 您的年龄属于：

　　A. 17 岁及以下　　　B. 18～35 岁　　　C. 36～55 岁　　　D. 56 岁及以上

A4. 您目前的婚姻状况：

　　A. 未婚　　　　　　　B. 已婚　　　　　　C. 离婚　　　　　　D. 丧偶

A5. 和您一起居住和生活的家庭人口数（包括您自己）一共为____人，其中包括：

　　A. 父母　　　　　　　B. 配偶　　　　　　C. 子女　　　　　　D. 其他亲属　　　E. 无

A6. 您的受教育程度：

　　A. 小学及以下　　　　B. 初中　　　　　　C. 高中或中专　　　D. 大学及以上

A7. 您目前的身份是：

　　A. 在岗职工　　　　　B. 失业人员　　　　C. 退休人员　　　　D. 学生

　　如果您目前是在岗职工身份，您属于哪种就业类型：

　　A. 按比例就业　　　　B. 集中就业　　　　C. 个体就业　　　　D. 辅助性就业

　　E. 农村种养加　　　　F. 其他

**B. 残疾状况**

B1. 您属于以下哪种残疾类型：

　　A. 视力残疾　　　　　B. 听力残疾　　　　C. 言语残疾　　　　D. 肢体残疾

　　E. 智力残疾　　　　　F. 精神残疾　　　　G. 多重残疾

B2. 您是否持有残疾人证明：

　　A. 是　　　　　　　　B. 否

B3. 您目前的生活自理程度：

　　A. 完全自理　　　　　B. 部分自理　　　　C. 不能自理

**C. 生活现状**

C1.您的主要生活来源（不超过两项）：

  A.个人所得    B.家庭供养   C.不定期社会救助

  D.最低生活保障  E.其他_____

C2.家庭人均月收入：

  A.0～600元    B.600～1000元 C.1000元及以上

C3.您支出比重所占最大的三项是：

  A.食品     B.衣物    C.生活用品  D.房租（贷）

  E.保险     F.医疗保健  G.其他_____

C4.您的参保情况：

  A.医疗保险    B.养老保险   C.两者都有  D.两者都无

  费用是否自理：

  A.全部自费    B.部分补贴   C.全部补贴

C5.您享受过以下哪些社会福利（多选）：

  A.社会捐助物及生活物资

  B.街道或社区发放的福利

  C.残疾人扶贫项目（如残疾补助、安居工程、教育费用减免等）

  D.其他_____

C6.您接受过以下哪种（些）服务（多选）：

  A.治疗与康复训练   B.辅助器具配备   C.心理健康服务

  D.就业培训服务   E.其他_____   F.无

C7.您平时参加社区和文体活动的频率：

  A.经常参加    B.偶尔参加   C.从未参加

**D. 满意度量表**

请按照您的自身情况填写,在相应的等级上打"√"。其中：

1＝非常不满意,2＝不满意,3＝中立,4＝满意,5＝非常满意。

| 浙江省残疾人生活现状满意度量 | 满意 ⟶ | | | | 不满意 |
|---|---|---|---|---|---|
| 1.目前生活现状的整体满意度 | 5 | 4 | 3 | 2 | 1 |
| 2.目前使用的辅助器具（未使用过可不填写） | 5 | 4 | 3 | 2 | 1 |
| 3.目前所在城市无障碍设施的整体情况 | 5 | 4 | 3 | 2 | 1 |
| 4.目前所享受的康复服务（未享受过可不填写） | 5 | 4 | 3 | 2 | 1 |
| 5.目前就业情况 | 5 | 4 | 3 | 2 | 1 |
| 6.目前所享受的社会保障 | 5 | 4 | 3 | 2 | 1 |
| 7.目前社区和文体活动举办状况 | 5 | 4 | 3 | 2 | 1 |
| 8.目前所受到的尊重 | 5 | 4 | 3 | 2 | 1 |

**E. 需求调查**

E1. 您目前最需要获得哪方面的社会保障(不超过三项)：

　　A. 养老　　B. 医疗　　C. 就业　　D. 教育　　E. 住房　　F. 其他_____

E2. 您最需要以下哪些服务项目(不超过三项)：

　　A. 居家助残服务　　B. 辅助器具配备服务　　C. 托养服务　　D. 法律服务

　　E. 家庭无障碍设施　　F. 其他_____

E3. 除了以上问题之外,您认为还需要得到哪些方面的帮助与改善：

_____

# 杭州公立医院护工生活现状及满意度调查

莫 言　姬小燕　张晔智　罗 颖　盖诗卉

党的十八大报告指出,加强社会建设必须以保障和改善民生为重点。公立医院护工(以下简称护工)作为在医院协助护士对病人进行日常护理的工作人员,正日益成为医院提高护理服务水平不可或缺的重要力量。然而,在城市化进程中,作为社会低收入群体之一的公立医院护工的生存与发展状况却不尽如人意。

改革开放以来,医院处于急速发展阶段,床护比(病床与护士人数比例)严重过剩。一项对全国 400 余家医院的调查显示,医疗机构病房护士与床位之比平均为 0.33:1,最低仅为 0.26:1。为适应医院发展,提高医护人员积极性,护工应运而生。而我国老年人口的增长速度的加快促使护工的需求量急速增长。据了解,目前浙江省人民医院共有 30 多个病区,需护工 100 名左右,但医院的 60 名护工远远不及。同时,杭州地区其他公立医院的护工数量也难以得到满足。

卫生部 1997 年第 23 号文件提出护工的聘用原则,其中提及"护工属于临时工作人员,可以由医院统一选聘",故公立医院护工的权益和福利应由公立医院提供和落实。然而,医院后勤的社会化带动医院的护工管理工作逐渐社会化,大多数护工由专业公司统一聘用与管理,导致护工薪酬水平和福利待遇"被矮化",难以反映护理的劳动价值。护工行业整体缺乏关注,护工群体正处于政府管理的边缘地带,大多数护工的切身权益得不到充分保障。与此同时,杭州市目前还未提出保障公立医院护工权益方面的相关文件。

基于以上背景,如何改善公立医院护工生活,增强护工生活满意度,提高他们的幸福感以及如何切实保障他们的权益,是一项急需关注和解决的课题。因此,本调研小组以杭州市公立医院护工为调查对象,针对护工的生活现状、工作现状以及福利保障等方面进行问卷调查和人物访谈,并提出了相关的对策与建议。

## 一、调查简介

### (一)调查目的

(1)通过对护工进行问卷调查及个人访谈,了解护工的工作状况、饮食居住状况、工资水平、社会待遇、福利待遇等生活现状,进而了解护工存在的问题及其对现有生活满意度。

(2)通过搜集的数据对不同性别、不同户籍、不同年龄段的护工进行对比分析,了解其所遇到的困难及改善诉求,进而提出切实可行的针对性意见,从实处帮助护工这一群体。

(3)通过对杭州市卫生和计划生育委员会(以下简称卫计委)以及公立医院护工负责人进行访谈调查,了解公立医院护工的相关生活现状及权益保障程度,在此基础上为改善护工生活提出意见和建议。

## (二)调查意义

(1)将公立医院护工问卷调查数据结果与访谈调查从卫计委及公立医院护工负责人处了解到的信息进行对比分析,确定护工各类福利政策的落实情况。

(2)利用本次调查数据分析护工的生活现状及其满意度,让群众体会护工群体的不易之处,从而提升护工的社会地位和社会认知度。

(3)通过调查结果,结合搜集到的信息,向有关部门提出可行性对策与建议,帮助其更具针对性地制定相关福利政策,进而提高公立医院护工生活质量,增强公立医院护工生活满意度。

## (三)调查过程

### 1. 问卷调查和访谈调查

本调研小组从 2015 年 6 月 28 日到 2015 年 7 月 3 日进行了调研。分发问卷及访谈的时间根据医院工作人员及护工们的正常工作时间制定,于 9:30—11:30、13:00—16:00 两个时间段进行。具体调研时间如表 2-1 所示。

表 2-1　调研时间安排

| 日期 | 城区 | 调研内容 | 人员 | 问卷份数 |
|---|---|---|---|---|
| 6 月 28 日 | 江干区 | 东方医院发问卷、访谈 | 组员 1、组员 2、组员 5 | 52 |
| | | 下沙邵逸夫医院发问卷 | 组员 3、组员 4 | 53 |
| 6 月 29 日 | 西湖区 | 慈爱康复医院发问卷;杭州市中医院发问卷、访谈 | 组员 1、组员 2、组员 4 | 30;52 |
| 6 月 30 日 | 西湖区 | 中国人民解放军第 117 医院发问卷;浙江医院发问卷、访谈 | 组员 1、组员 2、组员 4 | 30;52 |
| 7 月 1 日 | 上城区 | 浙医一院发问卷、访谈;杭州市第三人民医院发问卷 | 组员 1、组员 2、组员 4 | 47;48 |
| | | 浙医二院发问卷、访谈 | 组员 1、组员 2 | 47 |
| 7 月 2 日 | 西湖区 | 浙江省中山医院发问卷、访谈 | 组员 3、组员 4 | 51 |
| 7 月 3 日 | 上城区 | 杭州市卫生和计划生育委员会访谈 | 组员 1、组员 2、组员 3、组员 4、组员 5 | — |

在访谈过程中,本调研小组通常于访谈前一天与院方的相关管理人员预约时间,防止出现不愿合作或时间冲突等情况。为保障访谈内容的真实性和完善性,将提问、记录、拍照等任务合理分配给小组成员,确保访谈过程有序进行,必要时在征得医院方同意的前提下进行录音。

在发放问卷过程中,本调研小组采取偶遇抽样法。由于偶遇抽样法存在选择偏差,被调查者可能拒绝调查或草率回答,故在调查过程中,行走路线应遵循连续原则,并且提前设定好解释题目的语言,以防止出现较大的误差。除此之外,本小组提前准备了相应的小礼物来保证实施的可行性。考虑到护工这个群体的文化水平普遍不高,故采用一对一的方式进行问卷发放填写,并根据护工们空闲的时间进行,避免打扰其正常工作。

**2. 问卷和访谈资料回收**

本调研小组采用一对一问答式调查,共收回问卷 462 份,回收率为 100%。但由于在填写过程中会出现笔误、漏填等情况,最后确定有效问卷为 424 份,问卷有效率为 91.77%。访谈调查中,一般 2～3 个小组成员为一组前往医院管理部门,一位成员主要负责向被访问者进行提问,其余成员及时进行记录及补充提问。访问结束后,小组成员及时进行资料的整理和汇总,保证访谈内容的真实及全面。

# 二、问卷调查结果实证分析

本调研小组以所抽取的杭州市江干区、上城区和西湖区三个区的 10 家医院为调查范围,采用偶遇抽样法对护工进行了问卷调查。基于调查结果,对护工的生活现状及其满意度进行数据分析,具体分析如下。

## (一)基本信息分析

### 1. 性别结构

由表 2-2 和图 2-1 可得,抽取的样本中男性护工占比为 15.8%,女性护工为 84.2%,男女比接近于 1∶5。这与在浙江省经济发展统计数据库中得到的信息相差不大,故认为样本具有代表性。由此看出,女性做护工的现象较为普遍,而男性护工相对较少,这可能是由工作性质决定的,女性相对男性较为耐心,且更方便照顾病人。

表 2-2　样本性别分布情况

| 性别 | 男 | 女 |
|---|---|---|
| 数量(人) | 67 | 357 |

男,67人,15.8%

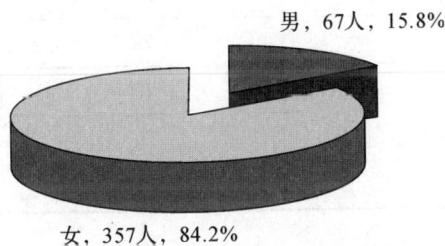

女,357人,84.2%

图 2-1　样本性别分布

### 2. 户口结构

由表 2-3 和图 2-2 可以看出,样本中持有杭州市本地户口的护工仅有 36 人,占 8.5%;大部分护工持有浙江省内外地户口和浙江省外户口,合计 91.5%。而绝大部分公立医院尚未设立护工宿舍,护工无条件经常回家,由此可看出杭州地区公立医院的护工群体在住宿上存在很大问题,一旦未被分配到工作,便无处栖身。

表 2-3　护工样本户口频数频率分布情况

| 户口所在地 | 频数(人) | 百分比(%) | 累计百分比(%) |
|---|---|---|---|
| 浙江省外 | 277 | 65.3 | 65.3 |
| 浙江省内外地 | 111 | 26.2 | 91.5 |
| 杭州市 | 36 | 8.5 | 100.0 |
| 合计 | 424 | 100.0 | — |

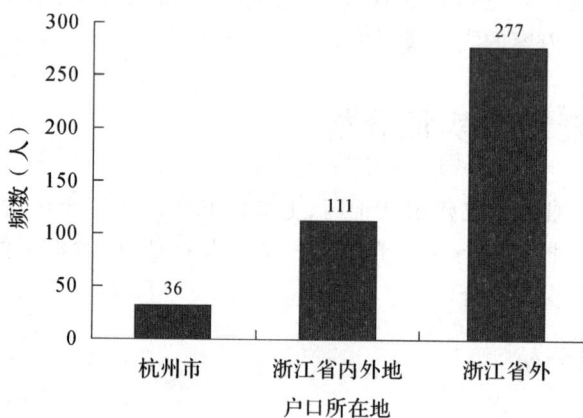

图 2-2　护工样本户口分布情况

### 3. 文化结构

根据表 2-4 的结果计算 Gini-Simpson 指数(以下简称 G-S 指数)如下:

$$G\text{-}S\ 指数 = 1 - (0.7877^2 + 0.1745^2 + 0.0354^2 + 0.0024^2) = 0.35$$

表 2-4　护工样本文化水平频数频率分布情况

| 文化水平 | 频数(人) | 百分比(%) |
|---|---|---|
| 小学及以下 | 334 | 78.77 |
| 初中 | 74 | 17.45 |
| 高中或中专 | 15 | 3.54 |
| 本科(或大专)及以上 | 1 | 0.24 |
| 合计 | 424 | 100.00 |

当 $p_1 = p_2 = p_3 = p_4 = 0.25$ 时,样本文化水平分布最分散,G-S 指数达到最大值 0.75,可见护工样本文化水平分布较为集中。由图 2-3 可看出,被调查护工文化水平主要集中在

小学及以下，比例高达 78.77％，高中及以上的相对高文化水平者仅占 3.78％，说明杭州市护工群体总体文化水平偏低。

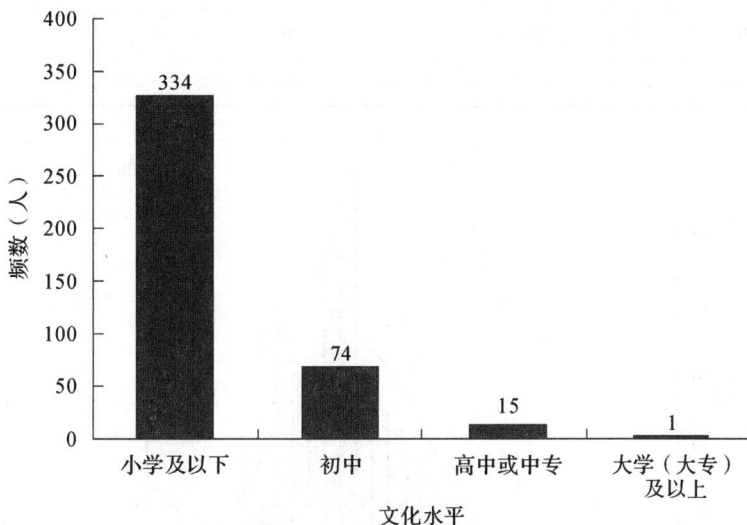

图 2-3　样本护工文化水平

**4. 年龄结构**

由表 2-5 和图 2-4 可得，样本护工年龄分布集中在 46～55 岁。最小年龄为 38 岁，最大年龄为 64 岁，平均年龄接近 54 岁，由此可见护工群体老龄化严重。偏度系数为 −0.80，因此认为样本年龄分布呈现左偏趋势。由表 2-6 可得，K-S 检验中 $Z$ 值为 3.126，$p$ 值小于 0.05，故拒绝原假设，认为在 5％显著性水平下，护工样本年龄不属于正态分布（见图 2-5）。

表 2-5　护工样本年龄结构分布情况

| 样本数(个) | | 极小值 | 极大值 | 均值 | 方差 | 偏度 |
|---|---|---|---|---|---|---|
| 有效 | 缺失 | 38.00 | 64.00 | 53.93 | 23.70 | −0.80 |
| 424 | 0 | | | | | |

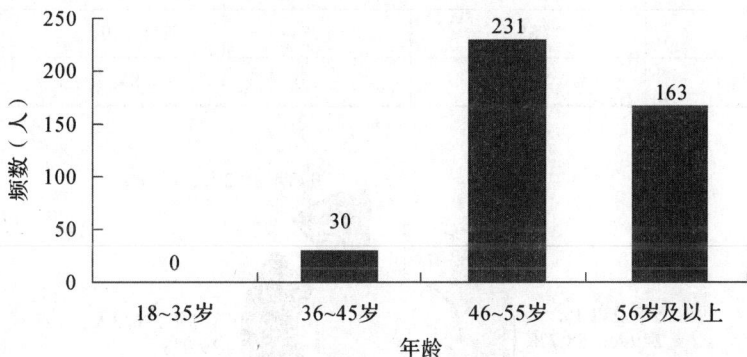

图 2-4　护工样本年龄分布

表 2-6  单样本 Kolmogorov-Smirnov 检验

| 样本数（个） | 正态参数 | | 最极端差别 | | | Kolmogorov-Smirnov Z | 渐近显著性（双侧） |
|---|---|---|---|---|---|---|---|
| | 均值 | 标准差 | 绝对值 | 正 | 负 | | |
| 424 | 53.93 | 4.868 | 0.152 | 0.066 | −0.152 | 3.126 | 0 |

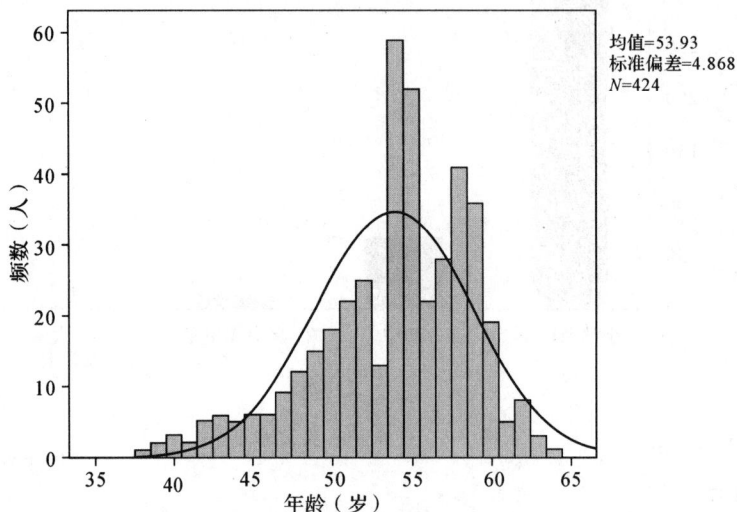

图 2-5  护工样本年龄正态分布拟合

## (二)工作现状分析

### 1. 工龄结构

由表 2-7 和图 2-6 可见,样本护工的工龄多数为 5 年及以上,占比 58.7%,工龄在 0~3 年的占比最少,仅 12.3%。这说明护工群体大多工龄较长,具有较多经验。

表 2-7  护工样本工龄分布

| 参数 | 0~3 年 | 3~5 年 | 5 年及以上 | 合计 |
|---|---|---|---|---|
| 频数(人) | 52 | 123 | 249 | 424 |
| 百分比(%) | 12.3 | 29.0 | 58.7 | 100.0 |

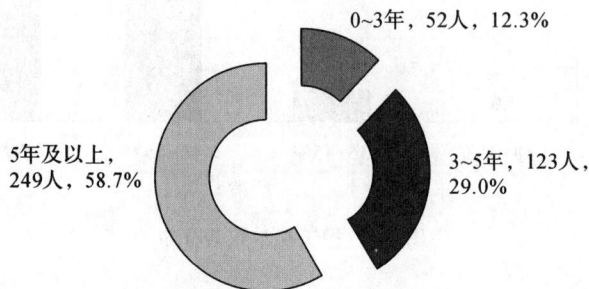

图 2-6  护工样本工龄分布

**2. 工作量情况**

当 $K=3$ 且样本均匀分布时,熵达到最大值 $1.099$,G-S 指数也取最大值 $0.667$。由表 2-8 可知,熵值为 $0.919$,小于 $1.099$,G-S 指数为 $0.539$,小于 $0.667$。因此,样本分布不均匀,有明显的偏向性。结合表 2-8 中的数据,认为护工中最多同时照顾 1 个病人的人占大多数。

表 2-8　护工样本工作量情况分析

| 项目 | 工作量 | | | | 熵 | G-S 指数 |
|---|---|---|---|---|---|---|
| | 最多同时照顾 1 个病人 | 最多同时照顾 2 个病人 | 最多同时照顾 3 个及以上病人 | 合计 | | |
| 频数(人) | 264 | 67 | 93 | 424 | 0.919 | 0.539 |
| 百分比(%) | 62.3 | 15.8 | 21.9 | 100.0 | | |

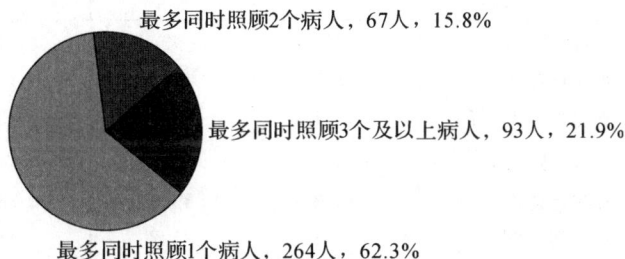

图 2-7　护工样本工作量

由表 2-8 可见,样本中最多同时照顾 1 个病人的护工占 62.3%,最多同时照顾 2 个病人的占 15.8%,最多同时照顾 3 个及以上病人的占 21.9%。故认为大多数护工最多同时照顾 1 个病人,也存在一个护工同时照顾多个病人的情况。

**3. 培训情况**

由图 2-8 可知,从未接受过培训的护工为 104 人,而接受过培训的护工分为第一次上工前进行培训和边工作边培训两类,分别有 155 人、165 人。由此可知,护工虽有接受培训,但从未接受过培训的人数也不在少数。

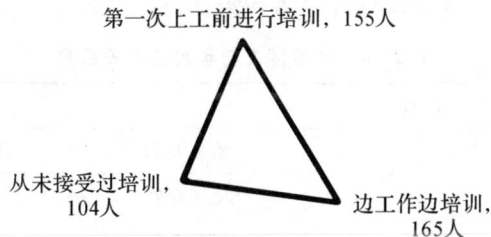

图 2-8　护工样本培训情况

由表 2-9 可知,在从未接受过培训的护工中,36～45 岁占 12.5%,分别比 46～55 岁和56 岁及以上年龄段少 30.8% 和 31.7%;边工作边培训的护工,46～55 岁占 60.0%,分别比36～45 岁和 56 岁及以上年龄段多 55.2% 和 24.8%;第一次上工前培训的护工,46～55 岁和 56 岁及以上年龄段的占比分别为 56.1% 和 38.1%,分别与 36～45 岁的比例相差

50.3%和32.3%。由此可以推断是否参加培训与年龄有相关性,其中46～55岁的护工接受培训较多,其余年龄段护工接受培训相对较少。利用显著性检验的皮尔森卡方检验 $p$ 值为0.05,由此可以认为,在5%的显著性水平下是否参加培训与年龄分段有显著关联。

**表 2-9　培训与年龄列联分析结果**

| 年龄分段 | 计数及比例 | 有无培训 | | | 合计 |
|---|---|---|---|---|---|
| | | 第一次上工前 | 边工作边培训 | 从未接受过培训 | |
| 18～35 岁 | 计数(人) | 0 | 0 | 0 | 0 |
| | 所在行比例(%) | 0.0 | 0.0 | 0.0 | 0.0 |
| | 所在列比例(%) | 0.0 | 0.0 | 0.0 | 0.0 |
| 36～45 岁 | 计数(人) | 9 | 8 | 13 | 30 |
| | 所在行比例(%) | 30.0 | 26.7 | 43.3 | 100.0 |
| | 所在列比例(%) | 5.8 | 4.8 | 12.5 | 7.1 |
| 46～55 岁 | 计数(人) | 87 | 99 | 45 | 231 |
| | 所在行比例(%) | 37.7 | 42.8 | 19.5 | 100.0 |
| | 所在列比例(%) | 56.1 | 60.0 | 43.3 | 54.5 |
| 56 岁及以上 | 计数(人) | 59 | 58 | 46 | 163 |
| | 所在行比例(%) | 36.2 | 35.6 | 28.2 | 100.0 |
| | 所在列比例(%) | 38.1 | 35.2 | 44.2 | 38.4 |
| 总计 | 计数 | 155 | 165 | 104 | 424 |
| | 所在行比例(%) | 36.6 | 38.9 | 24.5 | 100.0 |
| | 所在列比例(%) | 100.0 | 100.0 | 100.0 | 100.0 |

注:皮尔森卡方检验 $p$ 值为0.031。

### 4. 体检情况

由表 2-10 可知,体检情况与年龄之间的 Kendall's tau_b 相关系数为0.012,相关系数显著性检验 $p$ 值大于 0.05,表明该相关系数没有统计学意义;体检情况与年龄之间的 Spearman's rho 相关系数为0.013,相关系数显著性检验 $p$ 值大于 0.05,亦无统计学意义。综上所述,体检情况与护工年龄之间无显著相关性。

**表 2-10　体检情况与年龄的相关系数**

| 系数 | | | 体检 | 年龄 |
|---|---|---|---|---|
| Kendall's tau_b | 体检 | 相关系数 | 1.000 | 0.012 |
| | | Sig.(双侧) | — | 0.790 |
| | 年龄 | 相关系数 | 0.012 | 1.000 |
| | | Sig.(双侧) | 0.790 | — |
| Spearman's rho | 体检 | 相关系数 | 1.000 | 0.013 |
| | | Sig.(双侧) | — | 0.786 |
| | 年龄 | 相关系数 | 0.013 | 1.000 |
| | | Sig.(双侧) | 0.786 | — |

### 5. 收入情况

（1）收入情况描述性分析结果

由表 2-11 可知，日收入为 100～120 元的护工有 45 名，占总体的 10.6%；日收入为 150 元及以上的护工有 43 名，占 10.1%，两者近乎相同；而日收入为 120～150 元的护工有 334 名，占 78.8%，人数最多；日收入为 0～100 元的护工仅有 2 名，占 0.5%。这说明护工的日工资集中在 120～150 元这一区间内，而其几乎都是 24 小时工作，计算得到小时工资为 5～6.25 元。

**表 2-11   日收入情况频数**

| 统计量 | 0～100 元 | 100～120 元 | 120～150 元 | 150 元及以上 | 合计 |
|---|---|---|---|---|---|
| 频数（人） | 2 | 45 | 334 | 43 | 424 |
| 百分比（%） | 0.5 | 10.6 | 78.8 | 10.1 | 100.0 |

由图 2-9 可以看出，日收入为 120～150 元的护工人数远多于其他三组，而日收入 0～100 元的护工人数最少。

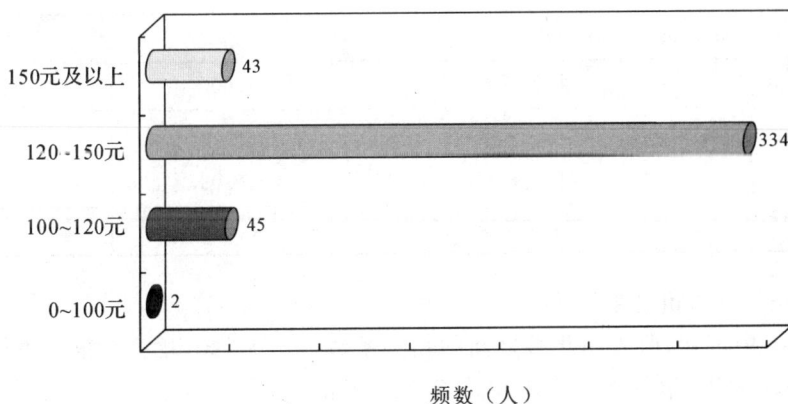

图 2-9   护工样本日收入分布

（2）收入情况相关性分析结果

① 收入与性别的相关性分析

由表 2-12 可知，日收入为 100～120 元的女性护工占 86.7%，比男性护工多 73.4%；日收入为 120～150 元的女性护工占 84.1%，比男性护工多 68.2%；日收入为 150 元及以上的女性护工占 81.4%，比男性护工多 62.8%。由皮尔森卡方检验 $p < 0.05$ 可知，在 5% 显著性水平下，日收入与性别具有显著相关性。同时由表 2-13 可得，收入与性别之间 Spearman's rho 相关系数为 $-0.037$，检验可知 $p = 0.042 < 0.05$，故可以认为，在 5% 显著性水平下，两者之间显著相关。

表 2-12　收入与性别列联分析结果

| 性别 | 计数及比例 | 日收入 | | | | 合计 |
| | | 0～100 元 | 100～120 元 | 120～150 元 | 150 元及以上 | |
| 男 | 计数（人） | 0 | 6 | 53 | 8 | 67 |
| | 所在行比例（%） | 0.0 | 9.0 | 79.1 | 11.9 | 100.0 |
| | 所在列比例（%） | 0.0 | 13.3 | 15.9 | 18.6 | 15.8 |
| 女 | 计数（人） | 2 | 39 | 281 | 35 | 357 |
| | 所在行比例（%） | 0.6 | 10.9 | 78.7 | 9.8 | 100.0 |
| | 所在列比例（%） | 100 | 86.7 | 84.1 | 81.4 | 84.2 |
| 总计 | 计数（人） | 2 | 45 | 334 | 43 | 424 |
| | 所在行比例（%） | 0.5 | 10.6 | 78.8 | 10.1 | 100.0 |
| | 所在列比例（%） | 100.0 | 100.0 | 100.0 | 100.0 | 100.0 |

注：皮尔森卡方检验 $p$ 值为 0.041。

表 2-13　收入与性别相关系数

| Spearman's rho 系数 | | 收入 | 性别 |
| --- | --- | --- | --- |
| 收入 | 相关系数 | 1.000 | −0.037 |
| | Sig.（双侧） | — | 0.042 |
| 性别 | 相关系数 | −0.037 | 1.000 |
| | Sig.（双侧） | 0.042 | — |

②收入与年龄的相关性分析

由表 2-14 中可知，收入与年龄之间的相关系数为−0.120，相关系数显著性检验 $p<$ 0.05，表明在 5% 的显著性水平下，收入与年龄显著相关。

表 2-14　收入与年龄相关系数

| Kendall's tau_b 系数 | | 收入 | 年龄 |
| --- | --- | --- | --- |
| 收入 | 相关系数 | 1.000 | −0.120 |
| | Sig.（双侧） | — | 0.009 |
| 年龄 | 相关系数 | −0.120 | 1.000 |
| | Sig.（双侧） | 0.009 | — |

③不同户籍下收入的差异性分析

由表 2-15 可知，不同户籍下，除了杭州组和浙江省外组在 100～120 元项分别多于浙江省内外地组 4.8% 和 6.0%，还有浙江省内外地组在 120～150 元项多于杭州组 6.1% 和浙江省外组 2.8% 之外，其他各项目收入差异不大。

进一步，运用 Kendall's tau-b、Kendall's tau-c 和 $\gamma$ 统计量对表 2-15 中的顺序变量进行独立性的度量和检验，验证上述分析结果。首先，假设检验问题如下：

$H_0$：户籍与收入之间无有序关联。

$H_1$：户籍与收入之间存在有序关联。

表 2-15　收入与户籍列联分析结果

| 户籍 | 计数及比例 | 日收入 | | | | 合计 |
|---|---|---|---|---|---|---|
| | | 0~100 元 | 100~120 元 | 120~150 元 | 150 元及以上 | |
| 杭州 | 计数（人） | 0 | 4 | 27 | 5 | 36 |
| | 所在行比例（%） | 0.0 | 11.1 | 75.0 | 13.9 | 100.0 |
| | 所在列比例（%） | 0.0 | 8.9 | 8.1 | 11.6 | 8.5 |
| 浙江省内外地 | 计数（人） | 1 | 7 | 90 | 13 | 111 |
| | 所在行比例（%） | 0.9 | 6.3 | 81.1 | 11.7 | 100.0 |
| | 所在列比例（%） | 50.0 | 15.6 | 26.9 | 30.2 | 26.2 |
| 浙江省外 | 计数（人） | 1 | 34 | 217 | 25 | 277 |
| | 所在行比例（%） | 0.4 | 12.3 | 78.3 | 9.0 | 100.0 |
| | 所在列比例（%） | 50.0 | 75.5 | 65.0 | 58.2 | 65.3 |
| 总计 | 计数（人） | 2 | 45 | 334 | 43 | 424 |
| | 所在行比例（%） | 0.5 | 10.6 | 78.8 | 10.1 | 100.0 |
| | 所在列比例（%） | 100.0 | 100.0 | 100.0 | 100.0 | 100.0 |

由表 2-16 可看出，在 5% 的显著性水平下，Kendall's tau-b、Kendall's tau-c 和 $\gamma$ 的 $p$ 值都大于 0.05，故接受原假设，表明不同户籍的护工的收入无显著差异性。

表 2-16　独立性度量与检验统计量

| 按顺序 | 值 | 渐进标准误差 | 近似值 $T$ | 近似值 Sig. |
|---|---|---|---|---|
| Kendall's tau-b | −0.072 | 0.046 | −1.554 | 0.120 |
| Kendall's tau-c | −0.045 | 0.029 | −1.554 | 0.120 |
| $\gamma$ | −0.171 | 0.108 | −1.554 | 0.120 |
| 有效案例中的频数（人） | 424 | — | — | — |

④不同工龄下收入的差异性分析

由表 2-17 可知，除了 0~3 年组的 100~120 元项低于 3~5 年组 5.3%，3~5 年组的 120~150 元项低于 5 年及以上组 4.7% 之外，其他各项日收入相差不大。进一步考虑假设检验问题：

$H_0$：工龄与收入之间无有序关联。

$H_1$：工龄与收入之间存在有序关联。

表 2-17　收入与工龄列联分析结果

| 工龄 | 计数及比例 | 日收入 | | | | 合计 |
| | | 0～100 元 | 100～120 元 | 120～150 元 | 150 元及以上 | |
|---|---|---|---|---|---|---|
| 0～3 年 | 计数(人) | 1 | 4 | 41 | 6 | 52 |
| | 所在行比例(%) | 1.9 | 7.7 | 78.9 | 11.5 | 100.0 |
| | 所在列比例(%) | 50.0 | 8.9 | 12.3 | 14.0 | 12.3 |
| 3～5 年 | 计数(人) | 1 | 16 | 93 | 13 | 123 |
| | 所在行比例(%) | 0.8 | 13.0 | 75.6 | 10.6 | 100.0 |
| | 所在列比例(%) | 50.0 | 35.6 | 27.8 | 30.2 | 29.0 |
| 5 年及以上 | 计数(人) | 0 | 25 | 200 | 24 | 249 |
| | 所在行比例(%) | 0.0 | 10.0 | 80.3 | 9.7 | 100.0 |
| | 所在列比例(%) | 0.0 | 55.5 | 59.9 | 55.8 | 58.7 |
| 总计 | 计数(人) | 2 | 45 | 334 | 43 | 424 |
| | 所在行比例(%) | 0.5 | 10.6 | 78.8 | 10.1 | 100.0 |
| | 所在列比例(%) | 100.0 | 100.0 | 100.0 | 100.0 | 100.0 |

由表 2-18 可看出,在 5% 显著性水平下,Kendall's tau-b、Kendall's tau-c 和 $\gamma$ 的 $p$ 值都大于 0.05,故接受原假设,表明不同工龄护工日收入无显著性差异。

表 2-18　独立性度量与检验统计量

| 按顺序 | 值 | 渐进标准误差 | 近似值 $T$ | 近似值 Sig. |
|---|---|---|---|---|
| Kendall's tau-b | 0.007 | 0.046 | 0.156 | 0.876 |
| Kendall's tau-c | 0.005 | 0.031 | 0.156 | 0.876 |
| $\gamma$ | 0.016 | 0.100 | 0.156 | 0.876 |
| 有效案例中的频数(人) | 424 | — | — | — |

⑤不同区域下收入的差异性分析

由表 2-19 可知,江干区日收入为 0～100 元的护工占 2.1%,而西湖区和上城区不存在 0～100 元项;对于 100～120 元项,江干区占 16.7%,西湖区占 11.6%,而上城区仅占 4.6%,分别少于江干区 12.1% 和西湖区 7.0%;江干区和西湖区日收入为 120～150 元这一项分别多于上城区护工人数 3.5% 和 7.2%;而在 150 元及以上这一项中,上城区占 20.8%,分别多于江干区 17.7% 和西湖区 14.2%。另由图 2-10 可得,不同区域护工收入差异性不明显。

表 2-19　收入与区域列联分析结果

| 区域 | 计数及比例 | 日收入 | | | | 合计 |
|---|---|---|---|---|---|---|
| | | 0~100 元 | 100~120 元 | 120~150 元 | 150 元及以上 | |
| 江干区 | 计数(人) | 2 | 16 | 75 | 3 | 96 |
| | 所在行比例(%) | 2.1 | 16.7 | 78.1 | 3.1 | 100.0 |
| | 所在列比例(%) | 100.0 | 35.6 | 22.5 | 7.0 | 22.6 |
| 西湖区 | 计数(人) | 0 | 23 | 162 | 13 | 198 |
| | 所在行比例(%) | 0.0 | 11.6 | 81.8 | 6.6 | 100.0 |
| | 所在列比例(%) | 0.0 | 51.1 | 48.5 | 30.2 | 46.7 |
| 上城区 | 计数(人) | 0 | 6 | 97 | 27 | 130 |
| | 所在行比例(%) | 0.0 | 4.6 | 74.6 | 20.8 | 100.0 |
| | 所在列比例(%) | 0.0 | 13.3 | 29.0 | 62.8 | 30.7 |
| 总计 | 计数(人) | 2 | 45 | 334 | 43 | 424 |
| | 所在行比例(%) | 0.5 | 10.6 | 78.8 | 10.1 | 100.0 |
| | 所在列比例(%) | 100.0 | 100.0 | 100.0 | 100.0 | 100.0 |

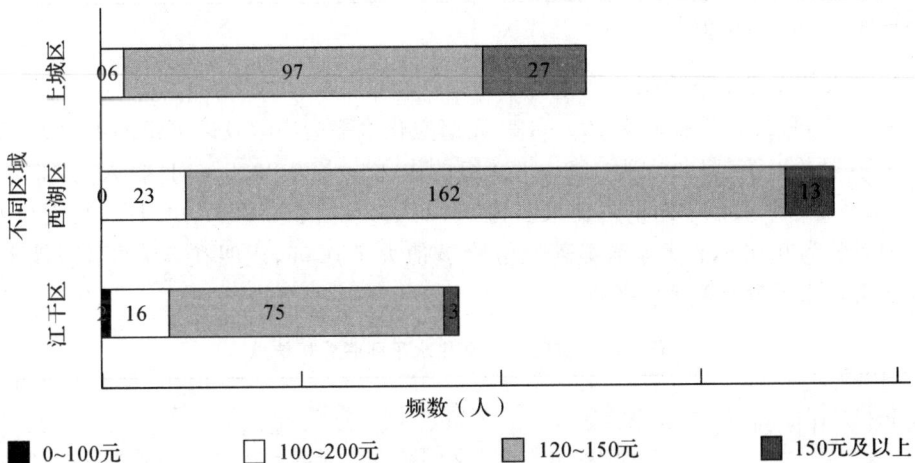

图 2-10　不同区域护工日收入分布

⑥日收入与培训情况的列联分析

由表 2-20 可知,在日收入 0~100 元这一项中,样本中只有上岗前培训的护工占 100%;在日收入 100~120 元这一项中,只有上岗前培训的占 51.1%,多于定期培训 22.2% 和从未培训 31.1%;在日收入 120~150 元这一项中,定期培训占比明显多于只有上岗前培训和从未培训;在日收入 150 元及以上这一项中,只有上岗前培训占比多于从未培训和定期培训。由皮尔森卡方检验 $p$ 值大于 0.05 可知,在 5% 的显著性水平下,日收入与培训情况没有显著相关性。

表 2-20　日收入与培训情况列联分析结果

| 培训情况 | 计数及比例 | 日收入 | | | | 合计 |
| --- | --- | --- | --- | --- | --- | --- |
| | | 0～100 元 | 100～120 元 | 120～150 元 | 150 元及以上 | |
| 只有上岗前培训 | 计数（人） | 2 | 23 | 113 | 17 | 155 |
| | 所在行比例（%） | 1.3 | 14.8 | 72.9 | 11.0 | 100.0 |
| | 所在列比例（%） | 100.0 | 51.1 | 33.8 | 39.6 | 36.6 |
| 定期培训 | 计数（人） | 0 | 13 | 139 | 13 | 165 |
| | 所在行比例（%） | 0.0 | 7.9 | 84.2 | 7.9 | 100.0 |
| | 所在列比例（%） | 0.0 | 28.9 | 41.6 | 30.2 | 38.9 |
| 从未培训 | 计数（人） | 0 | 9 | 82 | 13 | 104 |
| | 所在行比例（%） | 0.0 | 8.7 | 78.8 | 12.5 | 100.0 |
| | 所在列比例（%） | 0.0 | 20.0 | 24.6 | 30.2 | 24.5 |
| 总计 | 计数（人） | 2 | 45 | 334 | 43 | 424 |
| | 所在行比例（%） | 0.5 | 10.6 | 78.8 | 10.1 | 100.0 |
| | 所在列比例（%） | 100.0 | 100.0 | 100.0 | 100.0 | 100.0 |

注:皮尔森卡方检验 $p$ 值为 0.108。

⑦日收入与文化水平的相关性分析

由表 2-21 可看出,日收入为 100～120 元组文化水平为小学及以下组的占比为 80.0%,文化水平小学及以下,日收入为 120～150 组的占比最多为 80.5%,日收入为 150 元及以上,文化水平为小学及以下组的占比最多为 65.1%。且由表 2-22 可知,收入与文化水平之间的相关系数为 0.076,相关系数显著性检验 $p$ 值大于 0.05,表明在 5% 的显著性水平下,日收入与文化水平没有显著相关性。

表 2-21　日收入与文化水平列联分析结果

| 文化水平 | 计数及比例 | 日收入 | | | | 合计 |
| --- | --- | --- | --- | --- | --- | --- |
| | | 0～100 元 | 100～120 元 | 120～150 元 | 150 元及以上 | |
| 小学及以下 | 计数（人） | 1 | 36 | 269 | 28 | 334 |
| | 所在行比例（%） | 0.3 | 10.8 | 80.5 | 8.4 | 100.0 |
| | 所在列比例（%） | 50.0 | 80.0 | 80.5 | 65.1 | 78.8 |
| 初中 | 计数（人） | 1 | 8 | 55 | 10 | 74 |
| | 所在行比例（%） | 1.4 | 10.8 | 74.3 | 13.5 | 100.0 |
| | 所在列比例（%） | 50.0 | 17.8 | 16.5 | 23.3 | 17.5 |
| 高中或中专 | 计数（人） | 0 | 0 | 10 | 5 | 15 |
| | 所在行比例（%） | 0.0 | 0.0 | 66.7 | 33.3 | 100.0 |
| | 所在列比例（%） | 0.0 | 0.0 | 3.0 | 11.6 | 3.5 |

续表

| 文化水平 | 计数及比例 | 日收入 | | | | 合计 |
| --- | --- | --- | --- | --- | --- | --- |
| | | 0~100 元 | 100~120 元 | 120~150 元 | 150 元及以上 | |
| 本科<br>（或大专）<br>及以上 | 计数（人） | 0 | 1 | 0 | 0 | 1 |
| | 所在行比例（%） | 0.0 | 100.0 | 0.0 | 0.0 | 100.0 |
| | 所在列比例（%） | 0.0 | 2.2 | 0.0 | 0.0 | 0.2 |
| 总计 | 计数（人） | 2 | 45 | 334 | 43 | 424 |
| | 所在行比例（%） | 0.5% | 10.6 | 78.8 | 10.1 | 100.0 |
| | 所在列比例（%） | 100.0% | 100.0 | 100.0 | 100.0 | 100.0 |

表 2-22　日收入与文化水平相关系数

| Kendall's tau_b | | 收入 | 文化水平 |
| --- | --- | --- | --- |
| 收入 | 相关系数 | 1.000 | 0.076 |
| | Sig.（双侧） | — | 0.103 |
| 文化水平 | 相关系数 | 0.076 | 1.000 |
| | Sig.（双侧） | 0.103 | — |

⑧不同工作量下日收入的差异性分析

由表 2-23 可知,日收入为 150 元及以上,同时最多照顾 1 个病人组占比为 37.2%,同时最多照顾 3 个及以上病人组占比为 34.9%。两者相差不大,分别多于同时最多照顾 2 个病人组 9.3% 和 7.0%。日收入 120~150 元,同时最多照顾 1 个病人组占比为 68.3%,多于同时最多照顾 2 个病人组 56.9%。日收入 100~120 元,同时最多照顾 1 个病人组多于同时最多照顾 3 个及以上病人组 17.8%。由此初步推断不同工作量的护工收入具有差异性。

进一步考虑假设检验问题:

$H_0$:工作量与收入之间无有序关联。

$H_1$:工作量与收入之间存在有序关联。

表 2-23　日收入与工作量列联分析结果

| 工作量 | 计数及比例 | 日收入 | | | | 合计 |
| --- | --- | --- | --- | --- | --- | --- |
| | | 0~100 元 | 100~120 元 | 120~150 元 | 150 元及以上 | |
| 同时最多照<br>顾 1 个病人 | 计数（人） | 2 | 18 | 228 | 16 | 264 |
| | 所在行比例（%） | 0.7 | 6.8 | 86.4 | 6.1 | 100.0 |
| | 所在列比例（%） | 100.0 | 40.0 | 68.3 | 37.2 | 62.3 |
| 同时最多照<br>顾 2 个病人 | 计数（人） | 0 | 17 | 38 | 12 | 67 |
| | 所在行比例（%） | 0.0 | 25.4 | 56.7 | 17.9 | 100.0 |
| | 所在列比例（%） | 0.0 | 37.8 | 11.4 | 27.9 | 15.8 |

**续表**

| 工作量 | 计数及比例 | 日收入 | | | | 合计 |
|---|---|---|---|---|---|---|
| | | 0~100 元 | 100~120 元 | 120~150 元 | 150 元及以上 | |
| 同时最多照顾 3 个及以上病人 | 计数（人） | 0 | 10 | 68 | 15 | 93 |
| | 所在行比例（%） | 0.0 | 10.8 | 73.1 | 16.1 | 100.0 |
| | 所在列比例（%） | 0.0 | 22.2 | 20.3 | 34.9 | 21.9 |
| 总计 | 计数（人） | 2 | 45 | 334 | 43 | 424 |
| | 所在行比例（%） | 0.5 | 10.6 | 78.8 | 10.1 | 100.0 |
| | 所在列比例（%） | 100.0 | 100.0 | 100.0 | 100.0 | 100.0 |

由表 2-24 可看出，在 5% 显著性水平下，Kendall's tau-b、Kendall's tau-c 和 $\gamma$ 的 $p$ 值都大于 0.05，故接受原假设，表明不同工作量下护工的日收入无显著性差异。

**表 2-24　独立性度量与检验统计量**

| 按顺序 | 值 | 渐进标准误差 | 近似值 $T$ | 近似值 Sig. |
|---|---|---|---|---|
| Kendall's tau-b | 0.032 | 0.048 | 0.655 | 0.513 |
| Kendall's tau-c | 0.021 | 0.032 | 0.655 | 0.513 |
| $\gamma$ | 0.061 | 0.093 | 0.655 | 0.513 |
| 有效案例中的频数（人） | 424 | — | — | — |

### 6. 日收入的累积 Logit 模型

根据上述列联分析结果可知，护工日收入与年龄、性别显著相关，因此本报告进一步利用累积 Logit 模型研究护工日收入与各变量之间的关系。利用 Kendall's tau-b 相关性检验统计量对护工日收入与年龄、性别进行相关性分析，得到的相关系数分别为 -0.120 和 -0.036。因此本报告选择因变量为日收入，自变量为年龄、性别，建立不同年龄和性别护工日收入的累积 Logit 模型。

（1）定义变量

自变量：$x_1$ 表示年龄，为连续变量；$x_2$ 表示性别，则

$$x_2 = \begin{cases} 1, 男 \\ 0, 女 \end{cases}$$

因变量：$y$ 表示日收入，为有序分类变量：

1＝0~100 元，2＝100~120 元，3＝120~150 元，4＝150 元及以上。

（2）构建模型

在累积 Logit 模型中，$y$ 的累积概率是指落在一个低于特定点的概率，$y$ 的累积概率为：

$$P(y \leqslant j \mid x) = P(y=1 \mid x) + P(Y=2 \mid x) + \cdots + P(y=j \mid x), \quad j=1,2,\cdots,4 \tag{2-1}$$

$$\text{Logit}P_j = \text{Logit}[P(y \leqslant j \mid x)] = \ln \frac{p(y \leqslant j)}{1-p(y \leqslant j)} = \alpha_j - \sum_{i=1}^{k} \beta_i x_i \tag{2-2}$$

其中，$y$ 表示有序数据的因变量；$P(x \leqslant j)$ 表示因变量的序数小于等于 $j$ 类别的概率；

$P(x=j)=p_j$，即因变量的序数等于类别的概率，本报告中 $j=1,2,3,4$ 分别表示日收入的类别；$p(x\leqslant j)$ 表示日收入小于等于 $j$ 的概率，其中 $P(x\leqslant 4)=1$。

建立 Logit 模型如下：

$$\ln \frac{p(x\leqslant j)}{1-p(x\leqslant j)}=\alpha_j-\beta_1 x_1+\beta_2 x_2, \quad j=1,2,3 \tag{2-3}$$

假设检验问题如下：

$$H_0:\alpha_j=0, \quad j=1,2,3$$
$$H_1:\alpha_j\neq 0$$

本报告利用 SPSS 19.0 软件中的有序回归估计参数，对每个参数进行显著性检验，3 个类别参数估计与检验的数据如表 2-25 所示。

表 2-25　显著性检验结果

| 参数 | | 估计 | 标准误 | Wald | df | 显著性 | 95％置信区间 | |
| --- | --- | --- | --- | --- | --- | --- | --- | --- |
| | | | | | | | 下限 | 上限 |
| 阈值 | [收入＝1.00] | −8.942 | 1.527 | 34.281 | 1 | 0 | −11.936 | −5.949 |
| | [收入＝2.00] | −5.660 | 1.358 | 17.386 | 1 | 0 | −8.321 | −3.000 |
| | [收入＝3.00] | −1.311 | 1.306 | 1.006 | 1 | 0.016 | −3.871 | 1.250 |
| 位置 | 年龄 | −0.066 | 0.024 | 7.303 | 1 | 0.007 | −0.114 | −0.018 |
| | [性别＝1.00] | 0.186 | 0.324 | 0.329 | 1 | 0.025 | −0.450 | 0.822 |
| | [性别＝2.00] | 0 | — | — | 0 | — | — | — |

由表 2-25 可知，日收入的 3 个类别的回归系数都在 $\alpha=0.05$ 的显著性水平下通过检验，得到累积 Logit 模型如下：

$$\ln \frac{\hat{p}(y\leqslant 1)}{1-\hat{p}(y\leqslant 1)}=-8.942+0.066x_1-0.186x_2 \tag{2-4}$$

$$\ln \frac{\hat{p}(y\leqslant 2)}{1-\hat{p}(y\leqslant 2)}=-5.660+0.066x_1-0.186x_2 \tag{2-5}$$

$$\ln \frac{\hat{p}(y\leqslant 3)}{1-\hat{p}(y\leqslant 3)}=-1.311+0.066x_1-0.186x_2 \tag{2-6}$$

本报告用优势比 $OR$ 来反映年龄与性别对日收入的影响程度。$OR>1$，表示影响因素增加，日收入值等级提高的可能性增大；$OR<1$，表示影响因素增加，日收入值等级下降的可能性下降；$OR=1$，表示日收入与该影响因素变化无关。$OR$ 的表达式为：

$$OR=e^{[\mathrm{Logit}p(x=1)-\mathrm{Logit}p(x=2)]}=e^{\beta_i} \tag{2-7}$$

其中，回归系数 $\beta_i$ 表示自变量 $x_i$ 增加一个单位时，因变量 $y$ 提高一个及以上等级优势比的对比值。

由 Logit 模型可得：同年龄不同性别护工的优势比 $OR=\exp(0.186)=1.2044$，表明男护工日收入提高至少一个等级的可能性是女护工的 1.2044 倍，即男护工相对女护工日收入值大。

同性别不同年龄护工的优势比 $OR=\exp(-0.066)=0.9361$，表明年龄每增加一个单位时，日收入提高一个及以上等级的优势比为 0.9361（$OR<1$），即随着年龄的增加，护工总

体日收入值提高的概率逐渐减小。

为进一步研究年龄与日收入的关系,本报告利用 MATLAB 给出男性护工和女性护工年龄与日收入级别概率之间的关系图,其中横轴表示护工的年龄,纵轴之差表示各日收入等级的概率。

由图 2-11、图 2-12 可看出,男、女性护工都有随着年龄的增长日收入逐渐减少的趋势。男性护工随着年龄增长日收入等级为 4 的概率逐渐减小,日收入等级为 2 的概率逐渐增大,日收入等级为 1 的概率基本不变;女性护工随着年龄增加,日收入等级为 4 的概率逐渐减小,日收入等级为 2 和 3 的概率逐渐增大。由此可得,随着护工年龄的增长,被需求度逐渐降低,很多照顾病人的工作无法完成,工作量降低,从而日收入降低。

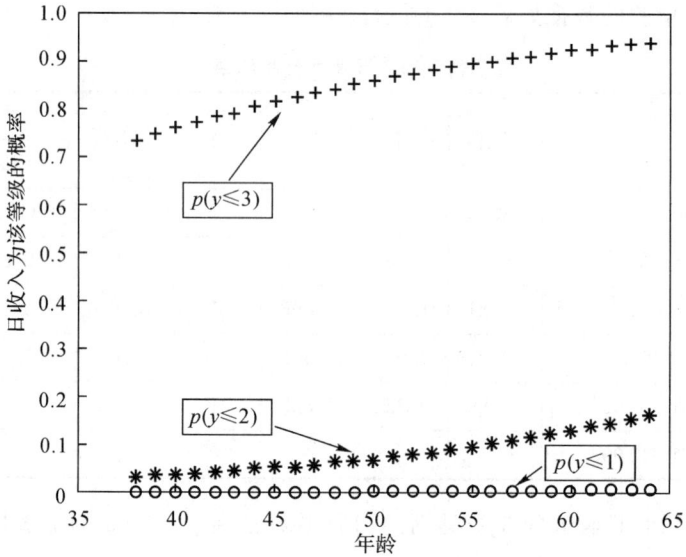

图 2-11　男性护工年龄与日收入等级概率分布

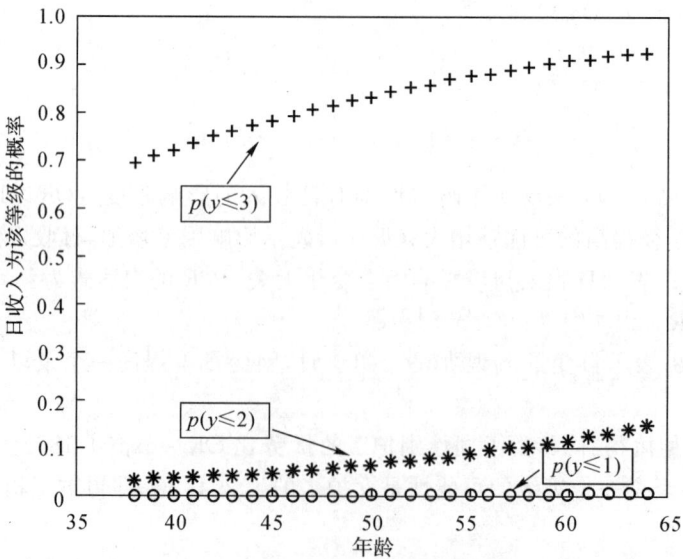

图 2-12　女性护工年龄与日收入等级概率分布

### (三)生活现状分析

#### 1. 饮食情况

当 $K=4$ 且样本为均匀分布时,熵达到最大值 1.386,G-S 指数也取最大值 0.75。由表 2-26 可知,熵值为 1.159,远小于 1.386,G-S 指数为 0.626,小于 0.75。由此可知,样本分布不均匀,有明显的偏向性。结合表 2-26 中的数据,本报告认为多数护工选择在食堂用餐。

**表 2-26　护工饮食情况分析**

| 统计量 | 食堂(自费) | 自己做 | 病人家属带来 | 医院附近餐馆 | 合计 | 熵 | G-S 指数 |
|---|---|---|---|---|---|---|---|
| 频数(人) | 229 | 102 | 51 | 42 | 424 | 1.159 | 0.626 |
| 百分比(%) | 54.0 | 24.1 | 12.0 | 9.9 | 100.0 | | |

由图 2-13 可看出,在食堂用餐的护工占大多数,而在医院附近餐馆解决的护工人数和病人家属带来的护工人数相差不多,均占少数,相对来说自己做饭的护工较多。

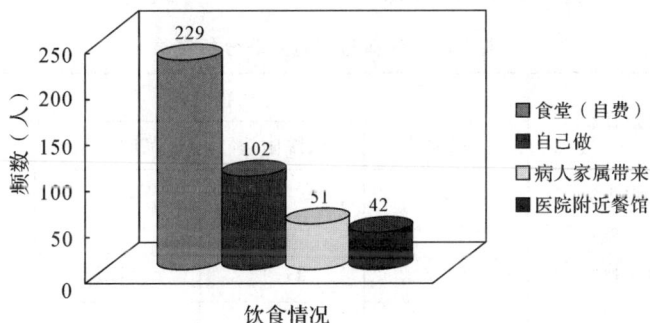

图 2-13　护工饮食情况与编制分布

#### 2. 住宿条件

由表 2-27 可知,住在病房内的护工有 400 位,占总体的 94.4%,处于主体地位。住在医院附近的和住在医院职工宿舍的护工都是 9 人,各占总体的 2.1%,所占比重较小。而住在自己家中的护工只有 6 人,仅占总体的 1.4%。

**表 2-27　住宿条件频数分布**

| 统计量 | 自己家中 | 医院附近 | 医院职工宿舍 | 病房内 | 总计 |
|---|---|---|---|---|---|
| 频数(人) | 6 | 9 | 9 | 400 | 424 |
| 百分比(%) | 1.4 | 2.1 | 2.1 | 94.4 | 100.0 |

由图 2-14 可知,住在病房内的护工占绝大多数,住在医院附近、医院职工宿舍和自己家中的护工仅占小部分。由此可见,护工基本是 24 小时生活在病房内的。在采访过程中,本调研小组了解到护工必须一直陪伴病人,居住在病房内,而那些未分配到病人的护工则无处可栖。在被调查的 10 家医院中仅一家医院为护工提供了少量用于休息的房间,因此护工的住房问题十分严峻,亟待解决。

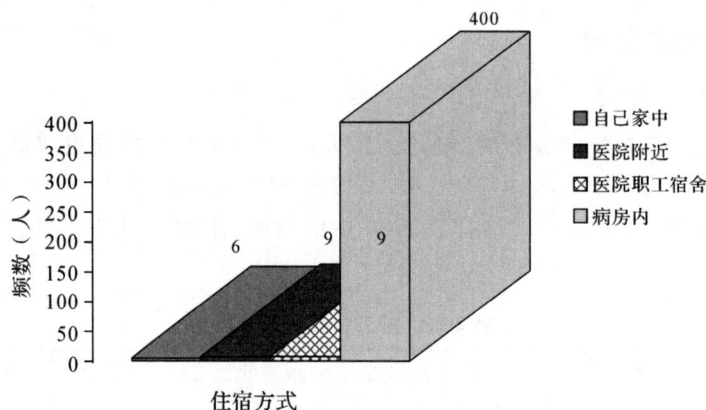

图 2-14　住宿方式分布

由表 2-28 可知,住在自己家中这一项不同工龄间没有差别,工龄为 0～3 年组、3～5 年组、5 年及以上组分别占比 33.3%、33.3%、33.4%,而住在医院职工宿舍这一项工龄 5 年及以上组占比 66.7%,分别多于 0～3 年组 55.6% 和 3～5 年组 44.5%。

表 2-28　住宿与工龄列联分析结果

| 护工工龄 | 计数及比例 | 住宿情况 | | | | 合计 |
|---|---|---|---|---|---|---|
| | | 自己家中 | 医院附近 | 医院职工宿舍 | 病房内 | |
| 0～3 年 | 计数(人) | 2 | 1 | 1 | 48 | 52 |
| | 所在行比例(%) | 3.8 | 1.9 | 1.9 | 92.4 | 100.0 |
| | 所在列比例(%) | 33.3 | 11.1 | 11.1 | 12.0 | 12.3 |
| 3～5 年 | 计数(人) | 2 | 4 | 2 | 115 | 123 |
| | 所在行比例(%) | 1.6 | 3.3 | 1.6 | 93.5 | 100.0 |
| | 所在列比例(%) | 33.3 | 44.4 | 22.2 | 28.8 | 29.0 |
| 5 年及以上 | 计数(人) | 2 | 4 | 6 | 237 | 249 |
| | 所在行比例(%) | 0.8 | 1.6 | 2.4 | 95.2 | 100.0 |
| | 所在列比例(%) | 33.4 | 44.5 | 66.7 | 59.2 | 58.7 |
| 总计 | 计数(人) | 6 | 9 | 9 | 400 | 424 |
| | 所在行比例(%) | 1.4 | 2.1 | 2.1 | 94.4 | 100.0 |
| | 所在列比例(%) | 100.0 | 100.0 | 100.0 | 100.0 | 100.0 |

进一步考虑假设检验问题:

$H_0$:工龄与住宿条件之间无有序关联。

$H_1$:工龄与住宿条件之间存在有序关联。

由表 2-29 可知,在 5% 显著性水平下,Kendall's tau-b、Kendall's tau-c 和 $\gamma$ 的 $p$ 值都大于 0.05,故接受原假设,表明不同工龄护工的住宿条件无显著性差异。

表 2-29　独立性度量与检验统计量

| 按顺序 | 值 | 渐进标准误差 | 近似值 $T$ | 近似值 Sig. |
|---|---|---|---|---|
| Kendall's tau-b | 0.046 | 0.048 | 0.937 | 0.349 |
| Kendall's tau-c | 0.017 | 0.018 | 0.937 | 0.349 |
| $\gamma$ | 0.176 | 0.173 | 0.937 | 0.349 |
| 有效案例中的频数(人) | 424 | — | — | — |

### 3. 保障情况

(1)保障情况描述性分析结果

由表 2-30 可知,只有医疗保险的护工和只有养老保险的护工均为 34 人,各占总体的 8.0%,两者都有的护工为 27 人,仅占总体的 6.4%,而两者都无的护工最多,有 329 人,占总体人数的 77.6%。

表 2-30　护工保障情况频数分布

| 统计量 | 两者都无 | 医疗保险 | 养老保险 | 两者都有 | 总计 |
|---|---|---|---|---|---|
| 频数(人) | 329 | 34 | 34 | 27 | 424 |
| 百分比(%) | 77.6 | 8.0 | 8.0 | 6.4 | 100.0 |
| 累计百分比(%) | 77.6 | 85.6 | 93.6 | 100 | — |

从图 2-15 可得,医疗保险和养老保险都没有的护工占大多数,只有医疗保险和只有养老保险的护工和两者都有的护工占总体的很小一部分,说明护工群体的社会保障水平还需提高。

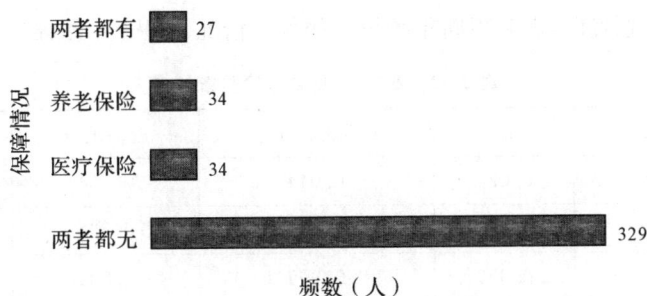

图 2-15　护工保障情况分布

(2)保障情况与各变量相关性分析结果

①不同年龄下护工保障情况差异性分析

由表 2-31 可知,医疗保险和养老保险两者都无这一项在 46～55 岁年龄段占比为 53.5%,分别多于 36～45 岁组 45.3% 和 56 岁及以上组 15.2%;而两者都有这一项在年龄段 46～55 岁和 56 岁及以上组的占比分别为 48.2% 和 44.4%,分别多于 36～45 岁组 40.8% 和 37.0%;医疗保险项 46～55 岁组占比多于 56 岁及以上组 5.8%;养老保险项 46～55 岁组占比最多,为 70.6%。

表 2-31　保障与年龄列联分析结果

| 年龄分段 | 计数及比例 | 保障情况 | | | | 合计 |
| --- | --- | --- | --- | --- | --- | --- |
| | | 两者都无 | 医疗保险 | 养老保险 | 两者都有 | |
| 18~35 岁 | 计数（人） | 0 | 0 | 0 | 0 | 0 |
| | 所在行比例（%） | 0.0 | 0.0 | 0.0 | 0.0 | 0.0 |
| | 所在列比例（%） | 0.0 | 0.0 | 0.0 | 0.0 | 0.0 |
| 36~45 岁 | 计数（人） | 27 | 0 | 1 | 2 | 30 |
| | 所在行比例（%） | 90.0 | 0.0 | 3.3 | 6.7 | 100.0 |
| | 所在列比例（%） | 8.2 | 0.0 | 2.9 | 7.4 | 7.1 |
| 46~55 岁 | 计数（人） | 176 | 18 | 24 | 13 | 231 |
| | 所在行比例（%） | 76.2 | 7.8 | 10.4 | 5.6 | 100.0 |
| | 所在列比例（%） | 53.5 | 52.9 | 70.6 | 48.2 | 54.5 |
| 56 岁及以上 | 计数（人） | 126 | 16 | 9 | 12 | 163 |
| | 所在行比例（%） | 77.3 | 9.8 | 5.5 | 7.4 | 100 |
| | 所在列比例（%） | 38.3 | 47.1 | 26.5 | 44.4 | 38.4 |
| 总计 | 计数（人） | 329 | 34 | 34 | 27 | 424 |
| | 所在行比例（%） | 77.6 | 8.0 | 8.0 | 6.4 | 100.0 |
| | 所在列比例（%） | 100.0 | 100.0 | 100.0 | 100.0 | 100.0 |

进一步考虑假设检验问题：

$H_0$：年龄与保障之间无有序关联。

$H_1$：年龄与保障之间存在有序关联。

由表 2-32 可看出，在 5% 显著性水平下，Kendall's tau-b、Kendall's tau-c 和 $\gamma$ 的 $p$ 值都大于 0.05，故接受原假设，表明不同年龄护工的保障情况无显著性差异。

表 2-32　独立性度量与检验统计量

| 按顺序 | 值 | 渐进标准误差 | 近似值 $T$ | 近似值 Sig. |
| --- | --- | --- | --- | --- |
| Kendall's tau-b | 0.024 | 0.044 | 0.534 | 0.593 |
| Kendall's tau-c | 0.016 | 0.030 | 0.534 | 0.593 |
| $\gamma$ | 0.053 | 0.099 | 0.534 | 0.593 |
| 有效案例中的频数（人） | 424 | — | — | — |

②社会保障与户籍的列联分析

由表 2-33 可知，户籍为杭州的护工的医疗保险和养老保险都无的占比为 72.2%，浙江省内外地的两者都无的占比为 74.8%，户籍为浙江省外的两者都无的占比最大，为 79.4%，两者都有的仅占比 4.3%，而户籍为杭州的两者都有的占比为 16.7%。由皮尔森卡方检验可得，$p$ 值小于 0.05，可以认为在 5% 显著性水平下社会保障情况与户籍具有显著关联性，浙江省内护工的保障多于省外护工。

表 2-33　社会保障与户籍列联分析结果

| 户籍 | 计数及比例 | 保障情况 | | | | 合计 |
|---|---|---|---|---|---|---|
| | | 两者都无 | 医疗保险 | 养老保险 | 两者都有 | |
| 杭州 | 计数（人） | 26 | 0 | 4 | 6 | 36 |
| | 所在行比例（%） | 72.2 | 0.0 | 11.1 | 16.7 | 100.0 |
| | 所在列比例（%） | 7.9 | 0.0 | 11.8 | 22.2 | 8.5 |
| 浙江省内外地 | 计数（人） | 83 | 8 | 11 | 9 | 111 |
| | 所在行比例（%） | 74.8 | 7.2 | 9.9 | 8.1 | 100.0 |
| | 所在列比例（%） | 25.2 | 23.5 | 32.3 | 33.3 | 26.2 |
| 浙江省外 | 计数（人） | 220 | 26 | 19 | 12 | 277 |
| | 所在行比例（%） | 79.4 | 9.4 | 6.9 | 4.3 | 100.0 |
| | 所在列比例（%） | 66.9 | 76.5 | 55.9 | 44.5 | 65.3 |
| 总计 | 计数（人） | 329 | 34 | 34 | 27 | 424 |
| | 所在行比例（%） | 77.6 | 8.0 | 8.0 | 6.4 | 100.0 |
| | 所在列比例（%） | 100.0 | 100.0 | 100.0 | 100.0 | 100.0 |

注:皮尔森卡方检验 $p$ 值为 0.033。

③保障与区域的列联分析

由表 2-34 可知,江干区和西湖区两种保险都有的护工占比为 33.3%、59.3%,分别多于上城区 25.9% 和 51.9%;江干区拥有养老保险的护工占 26.5%,多于上城区 20.6%,西湖区占 67.6%,多于上城区 61.7%;西湖区拥有医疗保险的护工占比最多,为 73.5%,而上城区组中两者都无的占比最大,为 92.3%。由皮尔森卡方检验可得,$p$ 值小于 0.05,可以认为在 5% 显著性水平下社会保障情况与护工所在区域有显著关联性。同时,由表 2-34 中数据明显可以看出西湖区护工的保障情况优于江干区和上城区。

表 2-34　保障与区域列联分析结果

| 区域 | 计数及比例 | 保障情况 | | | | 合计 |
|---|---|---|---|---|---|---|
| | | 两者都无 | 医疗保险 | 养老保险 | 两者都有 | |
| 江干区 | 计数（人） | 75 | 3 | 9 | 9 | 96 |
| | 所在行比例（%） | 78.1 | 3.1 | 9.4 | 9.4 | 100.0 |
| | 所在列比例（%） | 22.8 | 8.8 | 26.5 | 33.3 | 22.6 |
| 西湖区 | 计数（人） | 134 | 25 | 23 | 16 | 198 |
| | 所在行比例（%） | 67.7 | 12.6 | 11.6 | 8.1 | 100.0 |
| | 所在列比例（%） | 40.7 | 73.5 | 67.6 | 59.3 | 46.7 |
| 上城区 | 计数（人） | 120 | 6 | 2 | 2 | 130 |
| | 所在行比例（%） | 92.3 | 4.7 | 1.5 | 1.5 | 100.0 |
| | 所在列比例（%） | 36.5 | 17.7 | 5.9 | 7.4 | 30.7 |
| 总计 | 计数（人） | 329 | 34 | 34 | 27 | 424 |
| | 所在行比例（%） | 77.6 | 8.0 | 8.0 | 6.4 | 100.0 |
| | 所在列比例（%） | 100.0 | 100.0 | 100.0 | 100.0 | 100.0 |

注:皮尔森卡方检验 $p$ 值为 0。

④保障与工龄的列联分析

由表 2-35 可看出,两者都有的工龄 5 年及以上组的占比最多,为 66.7%,比 0~3 年组和 3~5 年组分别多 59.3% 和 40.8%;养老保险的占比 5 年及以上组的最多;医疗保险的占比 5 年及以上组的最多;两者都无的占比 5 年及以上组的最多,为 58.0%,0~3 年组的占比最少,为 12.8%。由皮尔森卡方检验可得,$p$ 值大于 0.05,可以认为在 5% 显著性水平下,保障情况与工龄没有显著关联性。

表 2-35　保障与工龄列联分析结果

| 工龄 | 计数及比例 | 保障情况 | | | | 合计 |
|---|---|---|---|---|---|---|
| | | 两者都无 | 医疗保险 | 养老保险 | 两者都有 | |
| 0~3 年 | 计数(人) | 42 | 2 | 6 | 2 | 52 |
| | 所在行比例(%) | 80.8 | 3.8 | 11.6 | 3.8 | 100.0 |
| | 所在列比例(%) | 12.8 | 5.9 | 17.6 | 7.4 | 12.3 |
| 3~5 年 | 计数(人) | 96 | 9 | 11 | 7 | 123 |
| | 所在行比例(%) | 78.1 | 7.3 | 8.9 | 5.7 | 100.0 |
| | 所在列比例(%) | 29.2 | 26.5 | 32.4 | 25.9 | 29.0 |
| 5 年及以上 | 计数(人) | 191 | 23 | 17 | 18 | 249 |
| | 所在行比例(%) | 76.7 | 9.3 | 6.8 | 7.2 | 100.0 |
| | 所在列比例(%) | 58.0 | 67.6 | 50.0 | 66.7 | 58.7 |
| 总计 | 计数(人) | 329 | 34 | 34 | 27 | 424 |
| | 所在行比例(%) | 77.6 | 8.0 | 8.0 | 6.4 | 100.0 |
| | 所在列比例(%) | 100.0 | 100.0 | 100.0 | 100.0 | 100.0 |

注:皮尔森卡方检验 $p$ 值为 0.672。

**4. 受尊重方面情况分析**

由表 2-36 和图 2-16 可知,护工受尊重情况好的占大部分,为 56.8%,一般的为 36.8%,有 6.4% 的护工受尊重情况不好,被恶劣对待。

表 2-36　受尊重情况频数分布

| 统计量 | 好 | 一般 | 恶劣 | 合计 |
|---|---|---|---|---|
| 频数(人) | 241 | 156 | 27 | 424 |
| 百分比(%) | 56.8 | 36.8 | 6.4 | 100.0 |

(1)受尊重情况与性别的列联分析

由表 2-37 可知,受尊重情况好的女性护工占比为 87.6%,多于男性护工 75.2%;男性护工受尊重情况为"恶劣"的占比 14.9%,而女护工中受尊重情况为"恶劣"的仅占比 4.8%。由皮尔森卡方检验可得,$p$ 值小于 0.05,可以认为在 5% 显著性水平下受尊重情况与性别有显著关联性,女性护工的受尊重情况好于男性护工。

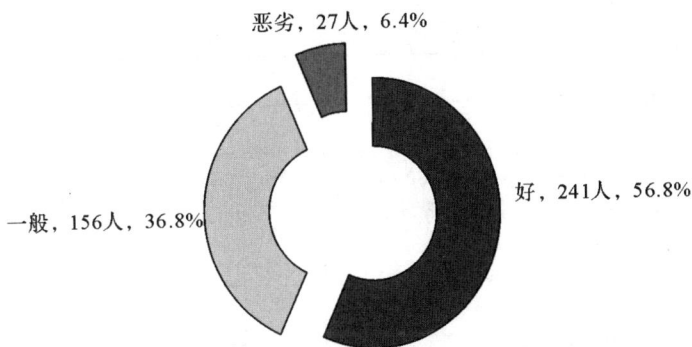

图 2-16　护工受尊重情况

**表 2-37　性别与受尊重情况列联分析结果**

| 性别 | 计数及比例 | 受尊重情况 | | | 合计 |
|------|-----------|------|------|------|------|
| | | 好 | 一般 | 恶劣 | |
| 男 | 计数(人) | 30 | 27 | 10 | 67 |
| | 所在行比例(%) | 44.8 | 40.3 | 14.9 | 100.0 |
| | 所在列比例(%) | 12.4 | 17.3 | 37.0 | 15.8 |
| 女 | 计数(人) | 211 | 129 | 17 | 357 |
| | 所在行比例(%) | 59.1 | 36.1 | 4.8 | 100.0 |
| | 所在列比例(%) | 87.6 | 82.7 | 63.0 | 84.2 |
| 总计 | 计数(人) | 241 | 156 | 27 | 424 |
| | 所在行比例(%) | 56.8 | 36.8 | 6.4 | 100.0 |
| | 所在列比例(%) | 100.0 | 100.0 | 100.0 | 100.0 |

注:皮尔森卡方检验 $p$ 值为 0.003。

(2)受尊重情况与年龄的列联分析

由表 2-38 可知,受尊重情况好的护工中 46～55 岁组占比最多,为 57.7%,多于 36～45 岁组 52.3% 和 56 岁及以上组 20.8%;而受尊重情况一般的护工中 36～45 岁组的占比最少,受尊重情况恶劣的护工中 46～55 岁组占比多于 56 岁及以上组。

**表 2-38　年龄与受尊重情况列联分析结果**

| 年龄分段 | 计数及比例 | 受尊重情况 | | | 合计 |
|---------|-----------|------|------|------|------|
| | | 好 | 一般 | 恶劣 | |
| 18～35 岁 | 计数(人) | 0 | 0 | 0 | 0 |
| | 所在行比例(%) | 0.0 | 0.0 | 0.0 | 0.0 |
| | 所在列比例(%) | 0.0 | 0.0 | 0.0 | 0.0 |
| 36～45 岁 | 计数(人) | 13 | 17 | 0 | 30 |
| | 所在行比例(%) | 43.3 | 56.7 | 0.0 | 100.0 |
| | 所在列比例(%) | 5.4 | 10.9 | 0.0 | 7.1 |

续表

| 年龄分段 | 计数及比例 | 受尊重情况 | | | 合计 |
| --- | --- | --- | --- | --- | --- |
| | | 好 | 一般 | 恶劣 | |
| 46～55 岁 | 计数（人）<br>所在行比例（%）<br>所在列比例（%） | 139<br>60.2<br>57.7 | 74<br>32.0<br>47.4 | 18<br>7.8<br>66.7 | 231<br>100.0<br>54.5 |
| 56 岁及<br>以上 | 计数（人）<br>所在行比例（%）<br>所在列比例（%） | 89<br>54.6<br>36.9 | 65<br>39.9<br>41.7 | 9<br>5.5<br>33.3 | 163<br>100.0<br>38.4 |
| 总计 | 计数（人）<br>所在行比例（%）<br>所在列比例（%） | 241<br>56.8<br>100.0 | 156<br>36.8<br>100.0 | 27<br>6.4<br>100.0 | 424<br>100.0<br>100.0 |

进一步考虑假设检验问题：

$H_0$：年龄与受尊重情况之间无有序关联。

$H_1$：年龄与受尊重情况之间存在有序关联。

由表 2-39 可见，在 5% 显著性水平下，Kendall's tau-b、Kendall's tau-c 和 $\gamma$ 的 $p$ 值都大于 0.05，故接受原假设，表明不同年龄护工的受尊重情况无显著性差异。

表 2-39　独立性度量与检验统计量

| 按顺序 | 值 | 渐进标准误差 | 近似值 $T$ | 近似值 Sig. |
| --- | --- | --- | --- | --- |
| Kendall's tau-b | 0.007 | 0.045 | 0.152 | 0.879 |
| Kendall's tau-c | 0.006 | 0.037 | 0.152 | 0.879 |
| $\gamma$ | 0.012 | 0.082 | 0.152 | 0.879 |
| 有效案例中的频数（人） | 424 | — | — | — |

（3）受尊重情况与文化水平的列联分析

由表 2-40 可知，受尊重情况好的护工中学历为小学及以下的占比为 80.9%，多于初中组 63.9% 和高中或中专组 78.8%；受尊重情况恶劣的护工中学历为小学及以下的占比为 66.7%，多于初中组 48.2% 和高中或中专组 51.9%。

表 2-40　文化水平与受尊重情况列联分析结果

| 文化水平 | 计数及比例 | 受尊重情况 | | | 合计 |
| --- | --- | --- | --- | --- | --- |
| | | 好 | 一般 | 恶劣 | |
| 小学及以下 | 计数（人）<br>所在行比例（%）<br>所在列比例（%） | 195<br>58.4<br>80.9 | 121<br>36.2<br>77.6 | 18<br>5.4<br>66.7 | 334<br>100.0<br>78.8 |

续表

| 文化水平 | 计数及比例 | 受尊重情况 | | | 合计 |
|---|---|---|---|---|---|
| | | 好 | 一般 | 恶劣 | |
| 初中 | 计数（人） | 41 | 28 | 5 | 74 |
| | 所在行比例（%） | 55.4 | 37.8 | 6.8 | 100.0 |
| | 所在列比例（%） | 17.0 | 17.9 | 18.5 | 17.5 |
| 高中或中专 | 计数（人） | 5 | 6 | 4 | 15 |
| | 所在行比例（%） | 33.3 | 40.0 | 26.7 | 100.0 |
| | 所在列比例（%） | 2.1 | 3.9 | 14.8 | 3.5 |
| 本科（或大专）及以上 | 计数（人） | 0 | 1 | 0 | 1 |
| | 所在行比例（%） | 0.0 | 100 | 0.0 | 100.0 |
| | 所在列比例（%） | 0.0 | 0.6 | 0.0 | 0.2 |
| 总计 | 计数（人） | 241 | 156 | 27 | 424 |
| | 所在行比例（%） | 56.8 | 36.8 | 6.4 | 100.0 |
| | 所在列比例（%） | 100.0 | 100.0 | 100.0 | 100.0 |

进一步考虑假设检验问题：

$H_0$：文化水平与受尊重情况之间无有序相关。

$H_1$：文化水平与受尊重情况之间存在有序相关。

由表 2-41 可见，在 5% 显著性水平下，Kendall's tau-b、Kendall's tau-c 和 $\gamma$ 的 $p$ 值都大于 0.05，故接受原假设，表明不同文化水平护工的受尊重情况无显著性差异。

表 2-41　独立性度量与检验统计量

| 按顺序 | 值 | 渐进标准误差 | 近似值 $T$ | 近似值 Sig. |
|---|---|---|---|---|
| Kendall's tau-b | 0.077 | 0.049 | 1.579 | 0.114 |
| Kendall's tau-c | 0.050 | 0.032 | 1.579 | 0.114 |
| $\gamma$ | 0.172 | 0.104 | 1.579 | 0.114 |
| 有效案例中的频数（人） | 424 | — | — | — |

## （四）满意度与需求状况分析

### 1. 量表分析

（1）描述性分析

当 $K=5$ 且样本为均匀分布时，熵达到最大值 1.609，G-S 指数最大值可取到 0.8。由表 2-42 可知，尊重满意度这一项的熵值为 1.377，与最大值较为接近；而 G-S 指数为 0.711，接近 0.8，故尊重满意度这一项的分布接近均匀分布。剩余 8 个变量，即整体满意度、医院环境满意度、工资满意度、现有医保满意度、现有老保满意度、工作强度满意度、饮食情况满意度、住宿条件满意度的熵值分别为 1.170、1.290、1.138、1.159、1.095、1.157、1.291、

1.228,均小于 1.609,G-S 指数分别为 0.655、0.675、0.625、0.655、0.629、0.642、0.678、0.658,均不接近 0.8。综上所述,只有尊重满意度接近均匀分布,其余 8 个变量均不是均匀分布。

表 2-42    各因素情况分析

| 满意度因素 | 和 | 均值 | 均值的标准误 | 众数 | 偏度 | 熵 | G-S 指数 |
|---|---|---|---|---|---|---|---|
| 对生活现状的整体满意度 | 1328 | 3.132 | 0.039 | 3 | −0.161 | 1.170 | 0.655 |
| 对工资情况的满意度 | 1111 | 2.620 | 0.037 | 3 | −0.073 | 1.138 | 0.625 |
| 对工作强度的满意度 | 1075 | 2.535 | 0.038 | 3 | −0.180 | 1.157 | 0.642 |
| 对受尊重情况的满意度 | 1275 | 3.007 | 0.047 | 3 | −0.173 | 1.377 | 0.711 |
| 对医院环境的满意度 | 1378 | 3.250 | 0.044 | 3 | −0.297 | 1.290 | 0.675 |
| 对住宿条件的满意度 | 965 | 2.276 | 0.041 | 2 | 0.414 | 1.228 | 0.658 |
| 对饮食情况的满意度 | 1053 | 2.483 | 0.044 | 2 | 0.537 | 1.291 | 0.678 |
| 对现有医保的满意度 | 956 | 2.255 | 0.038 | 2 | −0.025 | 1.159 | 0.655 |
| 对现有老保的满意度 | 994 | 2.344 | 0.036 | 3 | −0.210 | 1.095 | 0.629 |

(2)因子分析

①信度检验

由表 2-43 可知,标准化后的克朗巴哈系数为 0.937,对于社会调查来说,信度达到标准,说明合并的 8 个因素较为合理,信度较高。

表 2-43    信度统计——克朗巴哈系数

| 克朗巴哈系数 | 标准化后的克朗巴哈系数 |
|---|---|
| 0.935 | 0.937 |

由表 2-44 可知,各因素得分之间的均值差异不大,均在 2.252~3.250,方差为 0.557~0.929,8 个因素均值的方差只有 0.128,同样各因素方差之间的差异也很小,为 0.018,没有发现有极端的因素。

表 2-44    各因素基本统计

| 统计量 | 均值 | 极小值 | 极大值 | 范围 | 极大值/极小值 | 方差 |
|---|---|---|---|---|---|---|
| 项的均值 | 2.596 | 2.252 | 3.250 | 0.998 | 1.443 | 0.128 |
| 项方差 | 0.703 | 0.557 | 0.929 | 0.372 | 1.667 | 0.018 |
| 项之间的相关性 | 0.649 | 0.515 | 0.891 | 0.375 | 1.728 | 0.006 |

由表 2-45 最后一列可知,删除任何一个变量都不会使信度有较大的波动,因此将所有的因素都考虑到下述的满意度影响因素分析中。

表 2-45　删除相应因素后的信度变化

| 满意度因素 | 项已删除的刻度均值 | 项已删除的刻度方差 | 校正的项总计相关性 | 多相关性的平方 | 项已删除的Cronbach's Alpha |
|---|---|---|---|---|---|
| 工资情况 | 18.1486 | 24.401 | 0.793 | 0.679 | 0.926 |
| 工作强度 | 18.2335 | 24.633 | 0.745 | 0.633 | 0.929 |
| 受尊重情况 | 17.7618 | 22.584 | 0.813 | 0.694 | 0.924 |
| 医院环境 | 17.5189 | 23.210 | 0.802 | 0.674 | 0.925 |
| 住宿条件 | 18.4929 | 24.624 | 0.678 | 0.477 | 0.934 |
| 饮食情况 | 18.2854 | 23.297 | 0.781 | 0.619 | 0.926 |
| 现有医保 | 18.5165 | 24.061 | 0.809 | 0.823 | 0.924 |
| 现有老保 | 18.4245 | 24.562 | 0.789 | 0.804 | 0.926 |

由表 2-46 可知,方差分析的结果 $F = 217.163$,$p$ 值小于 0.05,则说明这 8 个因素对生活满意度的影响是有显著差异的。另外,Tukey 的非可加性检验结果显示 $p$ 值小于 0.05,说明各因素之间存在交互作用。

表 2-46　方差分析

| 统计量 | | | 平方和 | df | 均方 | F | Sig. |
|---|---|---|---|---|---|---|---|
| 人员之间 | | | 1636.919 | 423 | 3.870 | | |
| 人员内部 | 项之间 | | 380.532 | 7 | 54.362 | 217.163 | 0.000 |
| | 残差 | 非可加性 | 10.059 | 1 | 10.059 | 40.722 | 0.000 |
| | | 平衡 | 731.159 | 2960 | 0.247 | | |
| | | 小计 | 741.218 | 2961 | 0.250 | | |
| | 合计 | | 1121.750 | 2968 | 0.378 | | |
| 总计 | | | 2758.669 | 3391 | 0.814 | | |

在表 2-47 中,部分 1 包括对工资情况、工作强度、受尊重情况和医院环境的满意度,部分 2 包括对住宿条件、饮食情况、现有医保和现有老保的满意度。两个部分的相关系数值为 0.803,比较理想。Spearman-Brown 系数和 Guttman Split-Half 系数都为 0.890,均大于 0.7,说明折半信度较高。

表 2-47　折半信度系数

| Cronbach's Alpha | 部分 1 | 值 | 0.905 |
|---|---|---|---|
| | | 项数 | 4 |
| | 部分 2 | 值 | 0.889 |
| | | 项数 | 4 |
| 总项数 | | | 8 |

**续表**

| 表格之间的相关性 | | 0.803 |
|---|---|---|
| Spearman-Brown 系数 | 等长 | 0.890 |
| | 不等长 | 0.890 |
| Guttman Split-Half 系数 | | 0.890 |

②因子模型建立

由表 2-48 可得,KMO 检验值为 0.910,一般若 KMO 大于 0.5,在社会调查中即可认为是可信的。近似卡方值为 2783.149。Bartlett's 球形检验的结果表明,在相关系数矩阵是一个单位矩阵的原假设下,显著性水平为 5% 时,观测的 $p$ 值小于 0.05,故拒绝原假设,说明代表母群体的相关矩阵间有共同因素存在,同样认为适用因子分析法。

**表 2-48　KMO 和 Bartlett's 球形检验结果**

| 取样足够度的 Kaiser-Meyer-Olkin 度量 | | 0.910 |
|---|---|---|
| Bartlett's 球形检验 | 近似卡方 | 2783.149 |
| | df | 28 |
| | Sig. | 0 |

由表 2-49 可看出,降维后各个变量的共同度都达到了 0.7,说明这些变量的信息丢失较少,都能被因子解释。

**表 2-49　提取的变量共同度**

| 满意度因素 | 初始 | 提取 |
|---|---|---|
| 工资情况 | 1.000 | 0.794 |
| 工作强度 | 1.000 | 0.817 |
| 受尊重情况 | 1.000 | 0.794 |
| 医院环境 | 1.000 | 0.772 |
| 住宿条件 | 1.000 | 0.988 |
| 饮食情况 | 1.000 | 0.709 |
| 现有医保 | 1.000 | 0.926 |
| 现有老保 | 1.000 | 0.913 |

碎石图(见图 2-17)显示,前 2 个因子可以解释大部分的方差,到第 3 个因子以后,线逐渐平缓,解释能力不强。但结合表 2-50 可见,取前 3 个因子时提取了各原始变量 83.916% 的信息。从理论上讲,累计方差贡献率应大于 85%,但在实际的社会调查中,认为大于 80% 也是可以的。此外,从图 2-17 可见,在第 3 个因子以后,特征值差异较小,折线趋于平缓。综上所述,认为提取前 3 个因子较为合适。

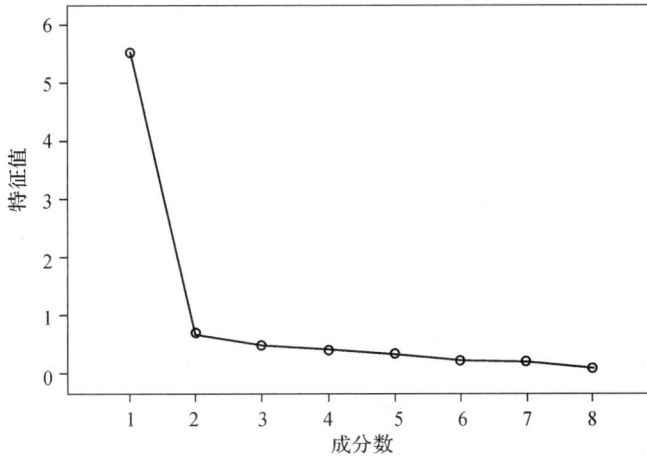

图 2-17　碎石图

**表 2-50　解释的总方差**

| 成分 | 初始特征值 | | | 提取平方和载入 | | | 旋转平方和载入 | | |
| --- | --- | --- | --- | --- | --- | --- | --- | --- | --- |
| | 合计 | 方差的比例（%） | 累计比例（%） | 合计 | 方差的比例（%） | 累计比例（%） | 合计 | 方差的比例（%） | 累计比例（%） |
| 1 | 5.551 | 69.389 | 69.389 | 5.551 | 69.389 | 69.389 | 3.080 | 38.505 | 38.505 |
| 2 | 0.680 | 8.495 | 77.884 | 0.680 | 8.495 | 77.884 | 2.449 | 30.608 | 69.113 |
| 3 | 0.483 | 6.032 | 83.916 | 0.483 | 6.032 | 83.916 | 1.184 | 14.803 | 83.916 |
| 4 | 0.384 | 4.798 | 88.714 | | | | | | |
| 5 | 0.339 | 4.240 | 92.954 | | | | | | |
| 6 | 0.242 | 3.020 | 95.974 | | | | | | |
| 7 | 0.216 | 2.696 | 98.670 | | | | | | |
| 8 | 0.106 | 1.330 | 100.000 | | | | | | |

　　表 2-51 是未经过旋转的因子载荷矩阵，然而初始载荷矩阵结构不够简单，各因子的典型代表变量不是很突出，容易使因子的意义含糊不清，不便于对因子进行解释。为此需对因子载荷矩阵实行旋转，达到简化结构的目的，使各变量在某单个因子上有高额载荷，而在其余因子上只有小到中等的载荷。在运用方差最大正交旋转法之后，得到旋转因子载荷矩阵。由此可以看出，经旋转后，因子便于命名和解释。

**表 2-51　旋转前因子载荷矩阵**

| 满意度因子 | 成分 | | |
| --- | --- | --- | --- |
| | 1 | 2 | 3 |
| 工资情况 | 0.846 | −0.267 | 0.087 |
| 工作强度 | 0.806 | −0.409 | 0.015 |
| 受尊重情况 | 0.862 | −0.174 | −0.144 |

续表

| 满意度因子 | 成分 | | |
|---|---|---|---|
| | 1 | 2 | 3 |
| 医院环境 | 0.851 | −0.206 | −0.068 |
| 住宿条件 | 0.749 | 0.213 | 0.618 |
| 饮食情况 | 0.836 | 0.044 | −0.089 |
| 现有医保 | 0.862 | 0.396 | −0.159 |
| 现有老保 | 0.846 | 0.405 | −0.183 |

由表 2-52 可知,各个公共因子与以下因素密切相关:

第一个公共因子 F1 主要解释现有工资情况、工作强度、受尊重情况和医院环境,命名为工作、尊重与环境因子;

第二个公共因子 F2 主要解释饮食情况、现有医保、现有老保,命名为饮食与保障因子;

第三个公共因子 F3 主要解释住宿条件,命名为住宿因子。

表 2-52　方差最大正交旋转后因子载荷矩阵

| 满意度因子 | 成分 | | |
|---|---|---|---|
| | 1 | 2 | 3 |
| 工资情况 | 0.773 | 0.299 | 0.326 |
| 工作强度 | 0.853 | 0.211 | 0.213 |
| 受尊重情况 | 0.742 | 0.470 | 0.146 |
| 医院环境 | 0.750 | 0.410 | 0.204 |
| 饮食情况 | 0.565 | 0.577 | 0.239 |
| 现有医保 | 0.342 | 0.858 | 0.270 |
| 现有老保 | 0.327 | 0.864 | 0.245 |
| 住宿条件 | 0.314 | 0.333 | 0.883 |

从理论上讲,提取的因子之间相互独立,无相关性。而因子转换矩阵(见表 2-53)显示,3 个因子之间的相关性较低,可见对因子进行旋转是完全有必要的。

表 2-53　成分转换矩阵

| 成分 | 1 | 2 | 3 |
|---|---|---|---|
| 1 | 0.702 | 0.609 | 0.369 |
| 2 | −0.705 | 0.667 | 0.240 |
| 3 | −0.100 | −0.429 | 0.898 |

由表 2-54 可见,前 3 个因子解释了杭州市护工生活现状整体满意度影响因素的 83.916% 的原因。其中,F1 解释了方差贡献率 38.505% 的原因,表明工资情况、工作强度、受尊重情

况和医院环境是影响护工生活满意度的重要因素;F2解释了方差贡献率30.608%的原因,表明饮食情况、现有医保和现有老保是三个较为重要的因素;F3解释了方差贡献率14.803%的原因,起到补充说明的作用。

表2-54　护工生活现状整体满意度影响因素结果汇总

| 因子编号 | 因子名称 | 因素名称 | 主因子 | | |
|---|---|---|---|---|---|
| | | | 1 | 2 | 3 |
| F1 | 工作、尊重与环境因子 | 工资情况 | 0.773 | | |
| | | 工作强度 | 0.853 | | |
| | | 受尊重情况 | 0.742 | | |
| | | 医院环境 | 0.750 | | |
| F2 | 饮食与保障因子 | 饮食情况 | | 0.577 | |
| | | 现有医保 | | 0.858 | |
| | | 现有老保 | | 0.864 | |
| F3 | 住宿因子 | 住宿条件 | | | 0.883 |
| 方差贡献率(%) | | | 38.505 | 30.608 | 14.803 |
| 累计方差贡献率(%) | | | 38.505 | 69.113 | 83.916 |

(3)多值 Logistic 回归分析

①变量选择

由表2-55可见,利用 Kendall's tau-b 统计量检验生活现状整体满意度与其余8项的相关性的结果显示,生活现状整体满意度与医院环境满意度、受尊重情况满意度、工资情况满意度、工作强度满意度、现有医保满意度、饮食情况满意度、现有老保满意度和住宿条件满意度的相关系数分别为0.824、0.790、0.665、0.663、0.651、0.643、0.624和0.509。其中现有老保满意度与现有医保满意度之间的相关系数为0.865,医院环境满意度与受尊重情况满意度之间的相关系数为0.741,工作强度满意度与工资情况满意度之间的相关系数为0.683。本小组选择其相关系数较大的变量,确定以现有医保满意度、医院环境满意度和工资情况满意度为自变量,生活现状整体满意度为因变量建立多值 Logistic 回归模型。

表2-55　相关系数

| 满意度因子及相关系数 | | 整体满意度 | 工资情况 | 工作强度 | 受尊重情况 | 医院环境 | 住宿环境 | 饮食情况 | 现有医保 | 现有老保 |
|---|---|---|---|---|---|---|---|---|---|---|
| 生活现状的整体满意度 | 相关系数 | 1.000 | 0.665 | 0.663 | 0.790 | 0.824 | 0.509 | 0.643 | 0.651 | 0.624 |
| | Sig.(双侧) | — | 0 | 0 | 0 | 0 | 0 | 0 | 0 | 0 |
| 工资情况 | 相关系数 | 0.665 | 1.000 | 0.683 | 0.663 | 0.642 | 0.530 | 0.557 | 0.586 | 0.591 |
| | Sig.(双侧) | 0 | — | 0 | 0 | 0 | 0 | 0 | 0 | 0 |
| 工作强度 | 相关系数 | 0.663 | 0.683 | 1.000 | 0.620 | 0.615 | 0.442 | 0.559 | 0.505 | 0.513 |
| | Sig.(双侧) | 0 | 0 | — | 0 | 0 | 0 | 0 | 0 | 0 |

续表

| 满意度因子及相关系数 | | 整体满意度 | 工资情况 | 工作强度 | 受尊重情况 | 医院环境 | 住宿环境 | 饮食情况 | 现有医保 | 现有老保 |
|---|---|---|---|---|---|---|---|---|---|---|
| 受尊重情况 | 相关系数 | 0.790 | 0.663 | 0.620 | 1.000 | 0.741 | 0.470 | 0.620 | 0.625 | 0.596 |
| | Sig.(双侧) | 0 | 0 | 0 | — | 0 | 0 | 0 | 0 | 0 |
| 医院环境 | 相关系数 | 0.824 | 0.642 | 0.615 | 0.741 | 1.000 | 0.504 | 0.615 | 0.610 | 0.582 |
| | Sig.(双侧) | 0 | 0 | 0 | 0 | — | 0 | 0 | 0 | 0 |
| 住宿条件 | 相关系数 | 0.509 | 0.530 | 0.442 | 0.470 | 0.504 | 1.000 | 0.468 | 0.544 | 0.523 |
| | Sig.(双侧) | 0 | 0 | 0 | 0 | 0 | — | 0 | 0 | 0 |
| 饮食情况 | 相关系数 | 0.643 | 0.557 | 0.559 | 0.620 | 0.615 | 0.468 | 1.000 | 0.633 | 0.635 |
| | Sig.(双侧) | 0 | 0 | 0 | 0 | 0 | 0 | — | 0 | 0 |
| 现有医保 | 相关系数 | 0.651 | 0.586 | 0.505 | 0.625 | 0.610 | 0.544 | 0.633 | 1.000 | 0.865 |
| | Sig.(双侧) | 0 | 0 | 0 | 0 | 0 | 0 | 0 | — | 0 |
| 现有老保 | 相关系数 | 0.624 | 0.591 | 0.513 | 0.596 | 0.582 | 0.523 | 0.635 | 0.865 | 1.000 |
| | Sig.(双侧) | 0 | 0 | 0 | 0 | 0 | 0 | 0 | 0 | — |

②定义变量

$X_1$:对现有医保满意度。其中 $X_{11}=0$,不满意;$X_{12}=1$,中立;$X_{13}=2$,满意。

$X_2$:对医院环境满意度。其中 $X_{21}=0$,不满意;$X_{22}=1$,中立;$X_{23}=2$,满意。

$X_3$:对工资情况满意度。其中 $X_{31}=0$,不满意;$X_{32}=1$,中立;$X_{33}=2$,满意。

$Y$:对生活现状的整体满意度。其中 $Y=0$,不满意;$Y=1$,中立;$Y=2$,满意。

③构建模型

由于因变量有 3 个选择,为避免共线性,本报告选取一个因变量的取值为基准因变量,同时各自变量设置一个哑变量。建立的模型如下:

当 $Y=0$ 时,则:

$$\ln\frac{p(Y=0)}{p(Y=2)}=\beta_{10}+\beta_{11}X_{11}+\beta_{12}X_{12}+\beta_{13}X_{21}+\beta_{14}X_{22}+\beta_{15}X_{31}+\beta_{16}X_{32} \qquad (2\text{-}8)$$

当 $Y=1$ 时,则:

$$\ln\frac{p(Y=1)}{p(Y=2)}=\beta_{20}+\beta_{21}X_{11}+\beta_{22}X_{12}+\beta_{23}X_{21}+\beta_{24}X_{22}+\beta_{25}X_{31}+\beta_{26}X_{32} \qquad (2\text{-}9)$$

运用 SPSS 19.0 软件,得到如表 2-56 所示结果。

表 2-56　模型拟合信息

| 模型 | 模型拟合标准 | 似然比检验 | | |
|---|---|---|---|---|
| | −2 倍对数似然值 | 卡方 | df | 显著水平 |
| 仅截距 | 610.177 | — | — | — |
| 最终 | 34.792 | 575.385 | 12 | 0.000 |

由表 2-56 可知,模型的似然比检验 $p$ 值小于 0.05,说明在 5% 显著性水平下,该模型显著成立。

由表 2-57 可知,在 5% 的显著性水平下,生活现状不满意的各参数 $\beta_i$ 的 Wald 检验统计量的 $p$ 值均大于 0.05,不通过检验;生活现状满意度为中立下只有 $\beta_{11}$、$\beta_{22}$、$\beta_{31}$、$\beta_{32}$ 的 Wald 检验统计量 $p$ 值小于 0.05,通过检验。故建立模型如下:

$$\ln\frac{\hat{p}(Y=1)}{\hat{p}(Y=2)}=-22.297+17.411X_{11}+4.870X_{22}+4.418X_{31}+4.560X_{32} \quad (2\text{-}10)$$

**表 2-57　参数估计**

| 生活现状的整体满意度 | | B | 标准误 | Wald | df | 显著水平 | Exp($B$) | Exp($B$)的置信区间 95% | |
|---|---|---|---|---|---|---|---|---|---|
| | | | | | | | | 下限 | 上限 |
| 中立 | 截距 | −22.297 | 1.356 | 270.505 | 1 | 0 | | | |
| | [$X_1=0$] | 17.411 | 0.420 | 1714.708 | 1 | 0 | 36446077.772 | 15986162.500 | 83091647.854 |
| | [$X_1=1$] | 16.071 | | | 1 | | 9543804.647 | 9543804.647 | 9543804.647 |
| | [$X_1=2$] | 0 | | | 0 | | | | |
| | [$X_2=0$] | 18.181 | 2482.994 | 0 | 1 | 0.994 | 78721113.859 | 0 | |
| | [$X_2=1$] | 4.870 | 0.653 | 55.570 | 1 | 0 | 130.297 | 36.213 | 468.815 |
| | [$X_2=2$] | 0 | | | 0 | | | | |
| | [$X_3=0$] | 4.418 | 1.405 | 9.891 | 1 | 0.002 | 82.969 | 5.285 | 1302.564 |
| | [$X_3=1$] | 4.560 | 1.340 | 11.578 | 1 | 0.001 | 95.558 | 6.912 | 1321.137 |
| | [$X_3=2$] | 0 | | | 0 | | | | |
| 不满意 | 截距 | −33.553 | 4903.315 | 0 | 1 | 0.995 | | | |
| | [$X_1=0$] | 1.245 | 4624.878 | 0 | 1 | 1.000 | 3.473 | 0 | |
| | [$X_1=1$] | −14.938 | 4710.022 | 0 | 1 | 0.997 | 3.254E−7 | 0 | |
| | [$X_1=2$] | 0 | | | 0 | | | | |
| | [$X_2=0$] | 34.148 | 2642.431 | 0 | 1 | 0.990 | 6.766E14 | 0 | |
| | [$X_2=1$] | 17.933 | 903.982 | 0 | 1 | 0.984 | 61403866.890 | 0 | |
| | [$X_2=2$] | 0 | | | 0 | | | | |
| | [$X_3=0$] | 17.953 | 1862.845 | 0 | 1 | 0.992 | 62635477.812 | 0 | |
| | [$X_3=1$] | 14.921 | 1862.846 | 0 | 1 | 0.994 | 3021986.060 | 0 | |
| | [$X_3=2$] | 0 | | | 0 | | | | |

将变量值代入模型,可以得到相应拟合值。

当选择 $X_{11}$ 和 $X_{31}$ 时,代入式(2-10),计算得 $\ln \dfrac{p(Y=1)}{p(Y=2)} = 0.63$,说明相对于满意整体现状的护工而言,认为生活现状整体一般的护工中,对现有医保和工资情况都不满意的发生比是对现有医保和工资情况觉得一般护工的发生比的 0.63 倍。

**2. 需求分析**

由表 2-58 可知,觉得需要提高工资水平的和觉得需要提高食宿水平的护工分别占 56.8% 和 51.4%,都超过半数,且远超过其他选项。这说明工资和食宿问题是护工最为迫切、最需要得到改善的两个方面。而增加保险占比不小,为 27.1%,说明护工的社会保障方面亟待加强;另外增加休息时间占 19.1%,说明护工的工作强度还需改善调整。

**表 2-58 护工最需要的社会保障**

| 生活方面需要改善的方面 | 响应值 | | 个案百分比(%) |
| --- | --- | --- | --- |
| | 频数(个) | 百分比(%) | |
| 提高工资水平 | 241 | 36.1 | 56.8 |
| 提高食宿水平 | 218 | 32.7 | 51.4 |
| 增加休息时间 | 81 | 12.2 | 19.1 |
| 增加保险 | 115 | 17.2 | 27.1 |
| 增加与家人相处的时间 | 12 | 1.8 | 2.9 |
| 总计 | 667 | 100.0 | 157.3 |

# 三、问卷调查结果总结

## (一)基本信息描述

### 1. 护工以女性为主,且大多来自外地

杭州地区公立医院护工群体男女比例接近 1:5,女性居多。在收回的 424 份有效问卷中,有 357 份来自女性护工,占样本总数的 84.2%;而仅有 67 份来自男性被调查者,占样本总数的 15.8%。且护工大多来自浙江省外,仅 36 人来自杭州本地。而持浙江省外或省内外地户口的共 388 人,高达样本总数的 91.5%,户籍地大多是安徽、四川等地区。

### 2. 中老年占比大,文化程度普遍偏低

调查显示,样本中分布在 46～55 岁这一年龄段的护工占比最大,其次是 56 岁及以上的护工,而 18～35 岁这一年龄段则没有护工。其中年龄最小的护工为 38 岁,最大的为 64 岁,平均年龄接近 54 岁。由此可见,护工群体老龄化严重,在体力、健康等方面都不如青壮年。除此之外,护工群体的文化程度普遍偏低,样本中学历仅小学及以下的人数占总体的 78.77%,初中学历的人数占 17.45%,高中或中专的占 3.54%,而学历为本科(或大专)及以上的仅有 1 人,占 0.24%。这说明绝大多数护工的文化水平偏低,这对具体护理工作的开展会造成一定的影响。

## (二)工作现状描述

### 1. 工龄普遍较长,模式多为一对一

本调研小组在回收的 424 份有效问卷中,工龄达到 5 年及以上的护工占 58.7%,而仅少部分护工工龄在 0~3 年,说明样本中护工的职业稳定性较高。与此同时,样本中最多同时照顾 1 个病人的护工人数占 62.3%,最多同时照顾 3 个及以上病人的护工人数占 21.9%,且病人病情均较轻微。在调查过程中了解到,大多数公立医院管理部门或护工管理机构规定一名护工只能照顾一位病人,因此同时只照顾 1 个病人的护工人数占比最大。

### 2. 受培训率较高,但体检率较低

大多数杭州地区公立医院的护工群体接受过培训。在回收的 424 份有效问卷中,320 人接受过培训,占 75.5%。其中 155 位护工是在第一次上工前接受培训,占 36.6%;其余 165 人在工作期间,会不定期接受培训,占 38.9%。在从未接受过培训的人员当中,36~45 岁年龄段的占比最大,为 43.3%。然而作为护工,大多数人从未接受过体检。23.8% 的人只在上岗前体检过一次,44.3% 的人从未接受过体检,只有 31.9% 的人是定期进行体检的。经过与护工的交流了解到,体检的费用需护工本人承担,故部分护工为减少开支而放弃体检。

### 3. 日收入水平集中,受多种因素影响

在 424 份有效问卷中,334 位护工的日收入在 120~150 元,所占比例远高于其他收入区间,且大多数护工群体的日收入在 100 元及以上,收入较为集中。同时,日收入易受年龄、区域、文化水平、工作量等因素的影响。文化水平越高,工作量越大,护工的日收入就会越高。且护工群体的日收入具有区域性,上城区护工群体日收入 150 元及以上的占比为 20.8%,而西湖区为 6.6%,江干区为 3.1%,上城区护工的日收入相对比江干区、西湖区更高。

## (三)生活现状描述

### 1. 用餐问题刻不容缓

数据调查表明,有 373 位护工表示吃饭是由自己解决的,剩余的 51 位表示如果碰上好的雇主,病人家属会解决其用餐问题。其中,54.0% 的被调查护工在医院食堂自费用餐,24.1% 自己做饭解决用餐问题,其余 9.9% 的被调查护工在医院附近的餐馆进行用餐。这是由于医院并没有专门为护工开设的食堂或员工食堂不对护工群体开放造成的。因此,在用餐问题上,政府及医院等相关机构应引起重视。

### 2. 住宿问题亟待解决

在杭州地区公立医院的护工群体中,94.4% 的护工由于工作性质,必须 24 小时照顾病人,故只能住在病房内,且并没有专门的床位。只有 2.1% 的护工可以住在医院提供的宿舍中。而其他护工在没有病人需要照顾的时候,只能选择回家或借住。这是由于工作的周期性不确定,导致护工群体租房较为困难,因此住宿问题亟待解决。

### 3. 社会保障覆盖率低

在回收的 424 份有效问卷中,77.6% 护工的医疗保险、养老保险两者都无;仅 6.4% 的两者都有;8% 的仅有医疗保险,与仅有养老保险的占比相同。且医保覆盖率受户籍及区域

等因素影响。杭州市本地的护工,两种保险皆无的占比为72.2%,浙江省内外地的护工,两种保险皆无的占比为74.8%,而浙江省外的护工的医疗保险、养老保险覆盖率最低,两者都无的人数高达79.4%。西湖区医疗保险、养老保险两者都无的护工人数占67.7%,江干区为78.1%,上城区护工的医疗保险、养老保险覆盖率最低,两者均无的高达92.3%。

**4. 受尊重情况有待改善**

杭州地区公立医院护工群体中56.8%的护工认为生活中受到了好的尊重,但仍有36.8%的护工认为只是一般,6.4%的护工认为被恶劣地对待。相比男性护工,女性护工更易获得生活中的尊重。然而,杭州地区公立医院护工的文化水平越高,其认为自己受到的尊重越不足。

### (四)满意度及需求描述

从均值方面来看,杭州地区公立医院护工对生活现状的整体满意度、医院环境满意度和受尊重情况满意度均在3以上,其中最高的是对医院环境的满意度,为3.250。这说明护工们对工作环境较为满意。满意度量表中均值最低的是对现有医保的满意度,为2.255。这说明护工们对医保的实现情况最不满意,仍有很大的提升空间。除此之外,对工资情况、工作强度、住宿条件、饮食情况、现有老保的满意度也都没有到3,因此这些也是需要着重改善的方面。

护工群体对生活的整体满意度会受到工资、社保、尊重、环境等各方面因素的影响。根据量表显示,对于工资以及医疗保险、养老保险情况,总体满意度略小于3。而对于环境及受尊重情况,总体满意度略大于3。上述数据表明,从物质层面上看,护工的整体满意度略低于一般水平,需要政府及相关机构制定或改善其福利政策。从精神层面上看,护工的整体满意度也并不高,仍有很大提升空间,这也是社会各方需要关注和努力的方向。

## 四、访谈调查结果总结

### (一)杭州公立医院护工对生活现状并不满意

总体看来,杭州地区公立医院护工对自己的生活现状并不满意。在物质方面,大多数护工觉得饮食和住宿问题得不到很好解决;在社保和福利方面,认为其存在较大欠缺,大部分护工的小时工资仅5～6.25元,未能与工作强度相匹配;在精神方面,部分护工认为自己未得到应有的尊重,少数护工觉得病人及家属对其态度非常恶劣,但迫于生计继续从事这份工作。上述为大多数年轻人不愿意从事护工这一行业的重要原因,故护工群体逐渐成为一个中老年化群体。

### (二)护工没有统一的政府管理机构

在对浙江省卫计委和杭州市人力资源社会保障局的电话访谈中,本小组得知杭州地区公立医院的护工没有统一的政府管理机构,而是归于各护工公司分管,由护工公司安排护工至指定医院进行护理工作,还有一部分护工则是由单一家属请来为特定病人长期服务的。

　　对比往年的数据发现,护工群体正日益庞大,而如何管理这一群体则是一个亟待解决的问题。邵逸夫医院下沙分院护工管理处的沈处长提及,大多数家政公司每天向护工收取10元的管理费,少数家政公司甚至向护工收取10％～12％的工资作为管理费。这对于日收入仅有130～150元的护工来说难以承受。除此之外,医院对护工的管理未规范化,大多数为非编护工,管理较为困难。

### (三)医院给予护工的培训有待改善

　　慈爱康复医院的王处长提及,护工的培训机制不够完善及培训机构对护工的不重视,导致出现老护工从未参加过培训且仅凭其护理经验照顾病人的现象。现院方在逐渐重视护工培训方面的工作,在新护工上岗前会对其进行培训,之后也有定期或不定期地进行培训。同时,本调研小组在其他几家医院了解到的情况类似,故医院给予护工的培训有待改善,应争取实现所有新老护工均能参与培训。

### (四)护工饮食及住宿问题突出

　　东方医院护工管理处的梁处长提到,在饮食方面,院方未能为护工配备饭卡,护工们要去医院外面的快餐店就餐。一方面快餐店价格较高,另一方面护工不能长时间离开卧床病人,故其大多自带饭菜,简陋用餐。在住宿方面,护工人数众多,工作基本为24小时看护,但医院没有集中住宿的场所,护工住宿十分不便,且护工休息时间受病人牵制;同时对于瘫痪在床的病人等,护工必须每隔两三个小时料理和服务病人,夜间也是如此,这严重影响了护工的睡眠质量。随着年龄的增长,长期的劳累和不充分的休息使得护工的身体状况每况愈下,有的甚至出现严重的健康问题。

### (五)医院给予护工的社保及福利不足

　　本调研小组从杭州市卫生和计划生育委员会李主任处得知,由于护工不隶属于医院,因此医院不为护工提供社会保险,且多数护工家中也无参保,属于完全的无保险人员。由此可见,大多数护工极度缺乏安全感。同时,每逢节假日,由于职业的特殊性,医院无法安排护工休假。护工的福利由其归属公司的管理机构统一发放,数量较少,护工群体对生活的整体幸福感偏低。

## 五、对策与建议

### (一)明确管理职责,统一管理部门

　　目前护工行业并不归属于任何编制,且对于护工的管理尚缺乏法律或政策上的依据。本次调查了解到,杭州地区公立医院普遍采取委托护工公司的形式对护工进行管理。护工群体作为一个流动群体,其行业管理处于"真空"状态,在管理方面既不归杭州市卫生和计划生育委员会(以下简称杭州市卫计委)管辖,也不归人力资源与社会保障局管理,护工群体的权益不能得到保护。

　　鉴于此,本小组建议杭州市卫计委成立护工行业协会,制定护工行为规范,专门对护工

所属公司进行管理和监督。同时,加强对护工市场的管理,促进其有序、规范的发展,并通过媒体的力量,加大正面宣传力度,积极营造尊重劳动、尊重护工工作、有利于护工生存发展的良好社会环境。除此之外,建议卫生部门应实行护工持证上岗的措施,严格管控医院外的黑护工。总之,政府部门应该积极出台相关政策,在医院的协助配合下对这个群体进行合理的管理。

### (二)进行定期培训,考核相关技能

护工的护理技能是否过关、基本医疗知识是否具备关乎病人的安全和健康。医院应在内部设立护工管理部门,建立护工人员岗前培训制度,并在后期对护工进行定期或不定期的培训,使其能清楚了解护理工作的要点和注意事项,降低出错率。同时,对护工技能进行定期考核,考核结果与工资或福利挂钩。除此之外,为进一步提升医院护工的专业技能,有关部门可以联手积极推进医院护工职业技能培训工作,建立外来护工岗位和职业资格等级相结合的培训制度,从而提高护工的护理能力,提高其对职业的满意度。

### (三)保障护工的饮食,合理解决住宿问题

吃、住问题是最贴近护工切身利益的问题,医院应该为护工提供更平价的饮食,让其不出病房就能解决饮食问题。这既减轻了护工的经济压力,也保障了病人的安全。在住宿问题方面,护工大多在医院的躺椅稍作休息,这严重影响护工的身心健康。有关管理部门应为其提供少量住所,以便护工可以在没有病患护理时有一个临时休息的场所,从而保证护工的精神状态及工作效率。为便于人员管理,可以收取适量的住宿费。

### (四)提供定期体检,保障护工健康

本次调查发现,大多数医院不管在护工上岗前还是上岗后均不提供体检,这对护工的健康和病人的安全非常不利。同时,由于护工大多集中在中老年阶段,且护理工作本身的强度很大,长期的营养不足及休息时间不够更易导致其出现健康问题。对此管理部门应该积极联系所在医院,为护工定期提供免费或半自费体检,保障护工自身的健康,对病人生命安全做出有效保护。

### (五)增加福利发放,及时了解需求

在节假日来临之际,管理部门应对护工发放各种福利及奖金等,激发护工的工作积极性,提升其工作认可度,从而提高其工作效率及满意度。除此之外,管理部门应及时了解护工与病人之间的关系是否和谐,包括护工是否有尽职尽责地做好本职工作、病患及家属对护工的态度,避免护工受到辱骂等情况的发生,使其感受到最基本的重视和尊重。

### (六)改变护理模式,从源头解决问题

本次调查得知,杭州地区大多数公立医院的护工陪护模式为一对一护理模式,存在许多弊端。从护工方面来看,许多护工认为其有精力与能力同时照顾1人以上的病人,这说明一对一模式造成了一定的人力资源浪费,且多数护工希望能够增加收入;从护工公司方面来看,公司虽收取部分管理费,但仍难以实行高效管理及增加护工福利。

　　若采用一对多模式,一个护工可以同时看护 2~3 个同病房的病人。首先,可适当降低单个病人的看护价格,减轻家属负担;其次,可提高护工收入,增加其工作积极性与满意度;最后,护工公司可以适当提高管理费的收取比例,进而有更多的资金对护工进行高效管理。与此同时,一个护工同时护理的病人数量过多会使风险因素大大增加,这需要杭州市卫计委等部门出台相关政策对其人数进行限制。例如,一个护工最多不能同时护理超过 3 个病人等。此模式在上海各家医院已有成熟应用,具有很大借鉴意义。

# 参考文献

[1] 习近平系列重要讲话读本:让老百姓过上好日子[EB/OL]. (2014-07-10)[2017-12-20]. http://opinion.people.com.cn/n/2014/0710/c1003-25264271.html.

[2] 胡锦涛在中国共产党第十八次全国代表大会上的报告[R/OL]. (2012-11-08)[2017-12-20]. http://cpc.people.com.cn/n/2012/1118/c64094-19612151-1.html.

[3] 常秀海,姜同学,卢岳青,等.医院护工现状调查与管理的探索[J].中国社区医师:医学专业,2011,13(32):334-334.

[4] 陈波,葛秀琴.新世纪护工队伍管理方法的探讨[J].齐鲁护理杂志,2002,8(4):320-320.

[5] 杭州市统计局.2014 年杭州统计年鉴[M].北京:中国统计出版社,2014.

[6] 何贵蓉,李小妹,顾炜,等.护理工作压力源及压力程度的研究现状[J].护理学杂志,2001,16(11):700-702.

[7] 吴欣娟,马丽莉.北京市各级医院护工的管理现状调查[J].护理研究,2005,19(7):591-592.

# 附录

## 附录 1　调查问卷
### 杭州公立医院护工生活现状及满意度调查

调查地点:_____

问卷编号:_____

　　您好! 我们是一支由大学生组成的调研团队,正在进行一项关于杭州地区公立医院护工生活现状及满意度的调查,您的如实回答将为我们的工作带来很大的帮助,真诚地希望得到您的支持。本问卷纯属学术调研,采取不记名的形式,我们会对您所提供的信息严格保密,绝对不会提供给任何单位或者个人!

　　万分感谢您在百忙之中抽出时间参与我们的调查!

**A. 基本情况**

A1. 您的性别是:

A. 男　　　　　　　　B. 女

A2. 您的户口属于：

　　A. 杭州　　　　　　　B. 浙江省内外地　　C. 浙江省外

A3. 您的年龄：＿＿＿＿＿＿

A4. 您的受教育程度：

　　A. 小学及以下　　　　　　　　　　B. 初中

　　C. 高中或中专　　　　　　　　　　D. 本科（或大专）及以上

**B. 工作状况**

B1. 您最多同时照顾几个病人：

　　A. 1 个　　　　　　　B. 2 个　　　　　　　C. 3 个及以上

B2. 您从事护工工作的时间是：

　　A. 0～3 年　　　　　　B. 3～5 年　　　　　　C. 5 年及以上

B3. 您何时接受护工专业培训：

　　A. 第一次上工前　　B. 边工作边培训　　C. 从未接受过培训

B4. 若您接受过护工专业培训，则培训周期是：

　　A. 一年一次　　　　　B. 每月一次　　　　　C. 不定期

B5. 在接触传染病人时，您的单位有没有提供相应的安全措施：

　　A. 有　　　　　　　　B. 没有

B6. 患者及患者家属态度如何：

　　A. 好　　　　　　　　B. 一般　　　　　　　C. 恶劣

B7. 医院提供体检情况：

　　A. 只有上岗前　　　　B. 定期体检　　　　　C. 从不体检

　　费用情况：

　　A. 免费　　　　　　　B. 补贴部分　　　　　C. 全部自费

**C. 生活现状**

C1. 您的日收入：

　　A. 0～100 元　　　　B. 100～120 元　　　C. 120～150 元　　　D. 150 元及以上

C2. 您的饮食渠道：

　　A. 食堂（自费）　　　B. 自己做　　　　　　C. 病人家属带来　　　D. 医院附近餐馆

C3. 您目前的住宿情况：

　　A. 自己家中　　　　　B. 医院附近　　　　　C. 医院职工宿舍　　　D. 病房内

C4. 您的参保情况：

　　A. 医疗保险　　　　　B. 养老保险　　　　　C. 两者都有　　　　　D. 两者都无

　　费用是否自理：

　　A. 全部自费　　　　　B. 部分补贴　　　　　C. 全部补贴

**D. 满意度量表**

请按照您的自身情况填写，在相应的等级上打"√"。其中：

1＝非常不满意，2＝不满意，3＝中立，4＝满意，5＝非常满意。

| 杭州公立医院护工生活现状满意度量 | 满意 | | → | | 不满意 |
|---|---|---|---|---|---|
| 1. 目前生活现状的整体满意度 | 5 | 4 | 3 | 2 | 1 |
| 2. 目前的工资情况满意度 | 5 | 4 | 3 | 2 | 1 |
| 3. 目前的工作强度满意度 | 5 | 4 | 3 | 2 | 1 |
| 4. 目前生活中所受到的尊重 | 5 | 4 | 3 | 2 | 1 |
| 5. 目前医院环境的满意度 | 5 | 4 | 3 | 2 | 1 |
| 6. 目前住宿条件的满意度 | 5 | 4 | 3 | 2 | 1 |
| 7. 目前饮食情况的满意度 | 5 | 4 | 3 | 2 | 1 |
| 8. 目前享有的医保满意度 | 5 | 4 | 3 | 2 | 1 |
| 9. 目前享有的老保满意度 | 5 | 4 | 3 | 2 | 1 |

### E. 需求调查

E1. 您目前生活最需要得到哪方面的改善(不超过三项):

    A. 提高工资水平　　　B. 提高食宿水平　　　C. 增加休息时间

    D. 增加社会保险　　　E. 增加与家人的相处时间

E2. 除上述三项外,您最关心的是:

## 附录2　累积 Logit 模型画图程序

1. 不同年龄男护工日收入的累积 Logit 模型

i = 38 : 64

```
>> y1 = 1 - 1./(exp(-8.942 - 0.186 + 0.066 * i) + 1);
>> y2 = 1 - 1./(exp(-5.660 - 0.186 + 0.066 * i) + 1);
>> y3 = 1 - 1./(exp(-1.311 - 0.186 + 0.066 * i) + 1);
>> plot(i,y1,'ok')
>> hold on
>> plot(i,y2,'*k')
>> hold on
>> plot(i,y3,'+k')
>> hold on
>> xlabel('年龄')
>> ylabel('日收入为该等级的概率')
```

2. 不同年龄女护工日收入的累积 Logit 模型

i = 38 : 64

```
>> y1 = 1 - 1./(exp(-8.942 - 0.372 + 0.066 * i) + 1);
```

```
>> y2 = 1 - 1./(exp(-5.660 - 0.372 + 0.066 * i) + 1);
>> y3 = 1 - 1./(exp(-1.311 - 0.372 + 0.066 * i) + 1);
>> plot(i,y1,'ok')
>> hold on
>> plot(i,y2,'*k')
>> hold on
>> plot(i,y3,'+k')
>> hold on
>> xlabel('年龄')
>> ylabel('日收入为该等级的概率')
```

# 杭州市民对城管执法工作满意度的调查

郑茜滢　蒋璐闻　蒋雨清　王　蓉　赵文秀

城市管理是社会管理的重要内容,其发展水平是衡量一个城市竞争力和全面可持续发展能力的重要标志。近年来,随着城市化进程的加快,城市规模迅速扩大,我国进入了社会矛盾的凸显期,社会各种矛盾在城市管理领域发生冲突,给城市管理带来巨大压力。

根据《杭州市城市总体规划(2001—2020年)》和《杭州市国民经济和社会发展第十二个五年规划纲要》,"杭州市城市管理发展规划"将首次列入杭州市社会发展重点专项规划,这充分表明市委、市政府对城市管理工作的高度重视,以及广大市民对提高城市管理水平寄予的高度期望和要求。中国共产党第十八次全国代表大会指出,健全基层党组织领导的充满活力的基层群众自治机制,以扩大有序参与、推进信息公开、加强议事协商、强化权力监督为重点,保障人民享有更多更切实的民主权利。政府将持续推进民生改善和社会建设,并切实加强政府自身建设。

基于以上背景,本调研小组以杭州市民为调查对象,采取问卷调查及访谈等调查方式,调查杭州市民对城管形象职能、工作期望、执法感知、工作满意度等看法。在此基础上,本调研小组与市城管委和各区城管局进行对接沟通,全方位了解城管现状,分析工作满意度的影响因子,深层次探究城管执法现存的问题,并针对性地提出相关的对策与建议,改善城管与居民关系,促进城市管理工作的全面发展。

## 一、调查简介

本部分主要对调查目的、调查意义、调查方法、调查内容和调查过程进行简单阐述。

### (一)调查目的与意义

#### 1.调查目的

(1)通过问卷调查,了解杭州市民对城管执法工作便民程度、尽责程度、依法程度、及时程度、执法态度及执法方式等方面的看法,从而了解其对城管执法工作现状的满意程度。

(2)将调查数据进行整理,采用城管形象、工作期望、执法感知、公众满意度等变量构建中国城市管理公众满意度模型(以下简称UMPSI模型)。并对杭州市城管执法工作的居民满意度进行成因分析,找出当前执法工作存在的问题及改善诉求。

(3)对杭州市城管委和各区城管局的相关领导及执法人员进行访谈调查,更全面地获取城管执法工作的信息,了解城管的工作范围、权力清单和自我认知等方面的问题。

**2.调查意义**

(1)通过调查杭州市民对城管执法工作的满意程度,结合城管工作的现状,探究城管执法工作中存在的问题和有待加强的方面,并提出相应对策与建议。

(2)提高杭州市民对城管执法工作的满意程度,由此激发居民参与城市管理的积极性,提升城管执法人员施行保障居民利益手段的有效程度,进而有助于形成"共管共治"的城市管理新格局。

## (二)调查方法

**1.问卷调查**

本调研小组采用发放问卷的形式对杭州市民进行调查。查阅文献资料得知,杭州市九大城区总人口达695.97万人。取显著性水平为5%(=1.96),最大允许绝对误差 $\Delta = 5\%$,根据 $p = 0.5$ 达到极大值时对初始样本量进行计算。参照预调查结果,预估问卷回收的有效率为85%,故最终计算得出抽样样本量 $N = 453$。

本调研小组采用二阶段抽样的抽样方式,根据"城区→街道"的形式,以"城管密度"进行分层,将九大城区分为三层。其中,"城管密度"为各区城管执法人数除以该区居民总人数的数值。最后利用随机抽样方式抽取每一阶段的样本。抽样流程如图3-1所示。

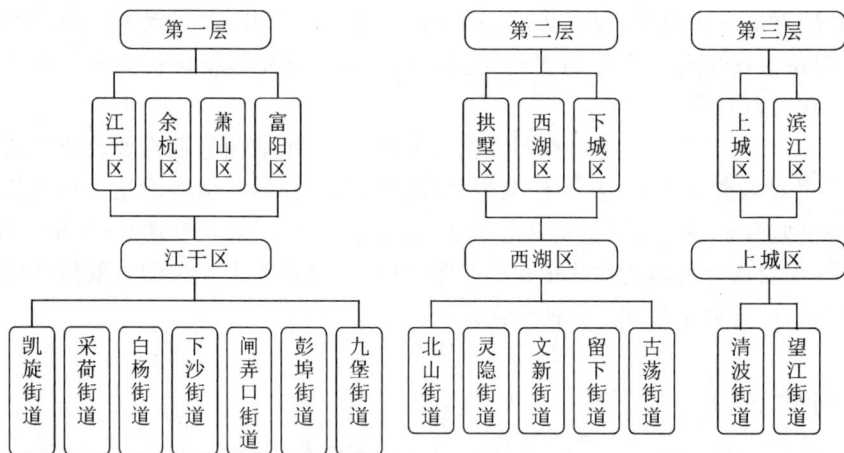

图 3-1　抽样流程

**2.访谈调查**

访谈调查对象主要为市城管委、各区城管局的相关领导和执法队员。由于在调查方案中已抽取过具体调查区域,故不重复抽样,直接在被抽选的区域内进行访谈调查。

## (三)调查内容

**1.问卷调查内容**

本调研小组基于问卷调查数据,建立 UMPSI 模型,从城管职能与形象,居民对执法工作的期望、感受、满意度和信任状况等方面进行量化,对杭州市城管执法工作的居民满意度进行调查分析并得出相应结论。

**2. 访谈调查内容**

本调研小组通过对市城管委、各区城管局领导和执法队员的访谈调查,了解其执法手段、对自身形象以及与居民之间关系的认知,并结合小组所搜集的信息提出建议,为政府在制定与实施政策时提供参考。

## (四)调查过程

**1. 问卷调查与访谈调查**

本调研小组于 2015 年 7 月 1—7 日进行问卷调查,与抽取的街道负责人协商后,于 9:00—12:00、13:30—16:30 这两个时间段进行问卷发放。具体问卷调查时间安排如表 3-1 所示。

表 3-1　问卷调查时间安排

| 日期 | 时间段和地点 | 人员安排 |
| --- | --- | --- |
| 7 月 1 日 | 13:30—16:30,清波街道<br>13:30—16:30,望江街道 | 队员 1、队员 2<br>队员 3、队员 4、队员 5 |
| 7 月 2 日 | 09:00—16:30,北山街道<br>09:00—16:30,灵隐街道 | 队员 1、队员 2、队员 3<br>队员 4、队员 5 |
| 7 月 3 日 | 09:00—12:00,文新街道<br>09:00—12:00,古荡街道 | 队员 1、队员 2<br>队员 3、队员 4、队员 5 |
| 7 月 4 日 | 09:00—16:30,留下街道<br>09:00—16:30,凯旋街道 | 队员 1、队员 2、队员 3<br>队员 4、队员 5 |
| 7 月 5 日 | 09:00—16:30,采荷街道<br>09:00—16:30,闸弄口街道 | 队员 2、队员 3<br>队员 1、队员 4、队员 5 |
| 7 月 6 日 | 09:00—12:00,下沙街道<br>09:00—12:00,白杨街道 | 队员 2、队员 4<br>队员 1、队员 3、队员 5 |
| 7 月 7 日 | 09:00—12:00,彭埠街道、九堡街道 | 全体队员 |

本调研小组从 2015 年 7 月 16—25 日对市城管委、各区城管局相关领导和执法队员进行访谈调查。访谈调查时间根据各政府部门工作时间来安排,大体为 9:00—11:30、14:30—16:30 这两个时间段。具体访谈时间如表 3-2 所示。

表 3-2　访谈调查时间安排

| 日期 | 时间段和访谈对象 | 人员安排 |
| --- | --- | --- |
| 7 月 16 日 | 09:00—10:00,江干区城市管理行政执法局徐主任<br>10:00—11:30,江干区城市管理行政执法局沈科长 | 全体队员<br>全体队员 |

**续表**

| 日期 | 时间段和访谈对象 | 人员安排 |
|---|---|---|
| 7月20日 | 09:00—11:30,西湖区城市管理行政执法局胡主任<br>14:30—16:30,西湖区若干城管执法中队队员 | 全体队员<br>队员3、队员4 |
| 7月23日 | 09:00—11:30,上城区城市管理行政执法局徐主任<br>14:30—16:30,上城区若干城管执法中队队员 | 全体队员<br>队员4、队员5 |
| 7月25日 | 09:00—11:30,杭州市城市管理委员会宣传教育处何处长<br>14:30—16:30,江干区若干城管执法中队队员 | 全体队员<br>队员1、队员2 |

**2. 问卷和访谈资料回收**

如表3-3所示,本小组采用一对一的问答式调查,共发放问卷453份,回收问卷453份,回收率为100%。通过后期问卷整理与数据录入,确定有效问卷427份,有效率为94.3%。

**表3-3　问卷发放、回收及有效数量**

| 区域 | 问卷发放数量<br>(份) | 问卷回收数量<br>(份) | 有效问卷数量<br>(份) | 问卷有效率<br>(%) |
|---|---|---|---|---|
| 江干区 | 210 | 210 | 201 | 95.7 |
| 西湖区 | 171 | 171 | 158 | 92.4 |
| 上城区 | 72 | 72 | 68 | 94.4 |
| 合计 | 453 | 453 | 427 | 94.3 |

本小组原则上采用一对一的问卷调查方式,在被调查者提出疑问时,小组成员随时耐心地进行解释,从而保证问卷填写的质量及问卷整体的有效性。访谈调查时,一般安排3~4名成员一起走访城管局,1名成员主要负责向访谈对象提问,其余成员负责记录和补充提问。在征得访谈对象同意后,小组成员也会使用手机录音来保证访谈内容记录的完整性。访谈结束后,小组成员及时地进行交流与汇总,以保证访谈内容的真实与全面。

# 二、问卷调查结果实证分析

## (一)问卷样本结构分析

本部分内容对问卷中确定的调查者的基本信息:性别、年龄、职业、文化水平、在杭居住时间等情况进行整理展示,并对部分样本数据的合理性、科学性进行检验(见表3-4),同时为构建UMPSI模型做铺垫。

表 3-4　样本结构特征

| 变量 | 比重(%) | 变量 | 比重(%) |
|------|---------|------|---------|
| 性别 | | 在杭居住时间 | |
| 男 | 52.5 | 0～2 年 | 9.8 |
| 女 | 47.5 | 2～5 年 | 26.5 |
| 年龄 | | 5～10 年 | 20.8 |
| 18 岁及以下 | 11.0 | 10 年及以上 | 42.9 |
| 19～35 岁 | 37.3 | 职业 | |
| 36～55 岁 | 35.1 | 企业职员 | 35.4 |
| 56 岁及以上 | 16.6 | 个体工商户 | 12.0 |
| 文化水平 | | 退休职工 | 7.7 |
| 初中及以下 | 9.4 | 公务员、事业单位职员 | 15.5 |
| 高中、中专 | 23.2 | 在校学生 | 20.8 |
| 大专 | 18.7 | 农业劳动者 | 1.6 |
| 本科及以上 | 48.7 | 其他 | 7.0 |

## 1. 性别结构

由表 3-4 可得,样本中男性被调查者人数占 52.5%,女性被调查者人数占 47.5%,男性被调查者人数略多于女性,比例接近 1∶1。进行卡方检验,得 $\chi^2 < \chi^2_{0.05}(1)$,通过检验。故在 5% 的显著性水平下,认为样本的男女性别比例为 1∶1。经查阅《杭州市第六次全国人口普查主要数据公报》可知,在杭州市常住人口中,男女性别比例为 1.05∶1。两者基本吻合,因此认为此样本具有代表性。

## 2. 年龄结构

图 3-2 为调查样本的年龄分布。通过查阅文献资料,可知杭州市人口年龄段分布如表 3-5 所示。

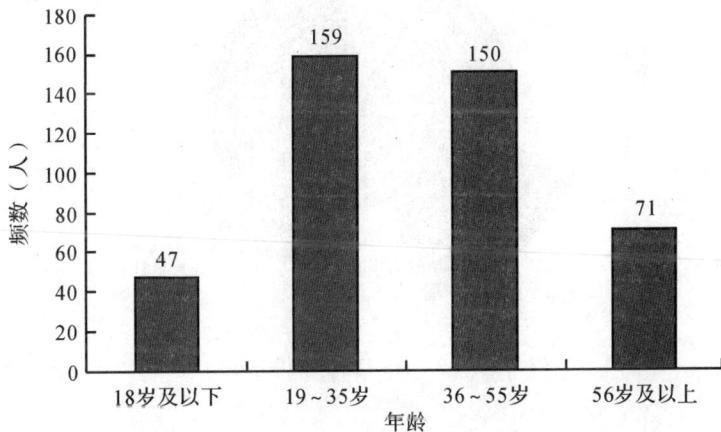

图 3-2　样本年龄分布

表 3-5　杭州市人口年龄段分布

| 年龄 | 18 岁及以下 | 19～35 岁 | 36～55 岁 | 56 岁及以上 |
|---|---|---|---|---|
| 占比 $p_i$（％） | 15.1 | 24.5 | 41.0 | 19.4 |

数据来源:《杭州市 2014 年统计年鉴》。

本次调查有效样本量 $n=427$,本报告对样本年龄分布进行卡方检验,取显著性水平 $\alpha=5\%$,检验计算过程如表 3-6 所示。

表 3-6　$\chi^2$ 检验计算过程

| $A_i$ | $f_i$ | $p_i$（％） | $np_i$ | $f_i^2/(np_i)$ |
|---|---|---|---|---|
| $A_1$ | 47 | 15.1 | 64.477 | 34.260 |
| $A_2$ | 159 | 24.5 | 104.615 | 241.658 |
| $A_3$ | 150 | 41.0 | 175.070 | 128.520 |
| $A_4$ | 71 | 19.4 | 82.838 | 60.854 |
| 合计 | 427 | 100 | — | 465.292 |

计算得,$\chi^2=8.945$,$\chi^2_{0.05}(4)=9.49>\chi^2=8.945$,故接受原假设,认为此次调查抽样的人口比例符合杭州市人口年龄比例 15.1∶24.5∶41.0∶19.4。这说明样本的年龄结构与杭州全市人口的年龄结构相吻合,接近杭州市真实情况,样本具有较好的代表性。

**3. 职业结构**

由表 3-4 和图 3-3 可知,样本中企业职员和在校学生人数最多,分别为 151 人和 89 人,各占总体的 35.4％和 20.8％;农业劳动者人数最少,共 7 人,占 1.6％。其他职业的人数比例分布较为均匀,具有良好的代表性。

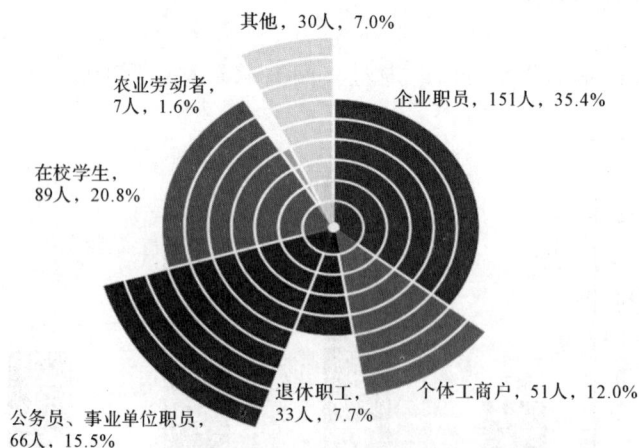

图 3-3　样本职业结构分布

#### 4. 文化水平结构

由图 3-4 中的数据计算 G-S 指数,可得:

$$G\text{-}S = 1 - \sum_{i=1}^{4} p_i^2 = 1 - (0.094^2 + 0.232^2 + 0.187^2 + 0.487^2) = 0.665$$

当 $k=4$,$p_1=p_2=p_3=p_4=0.25$,$G\text{-}S_{max}=0.750$,即样本为均匀分布时,G-S 指数为最大值,此时数据分布的离散程度最大。由此得知,样本的文化水平分布较为分散,可以反映处于不同文化水平个体的想法和情况。这说明此样本具有较好的代表性,在推断总体时更为准确、可信。

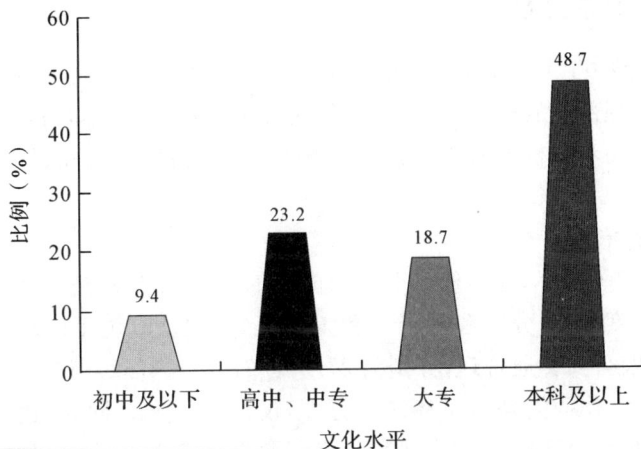

图 3-4    样本文化水平分布

#### 5. 在杭居住时间结构

由图 3-5 中的数据计算 G-S 指数和熵,得 G-S$=0.693$,熵$=1.270$。

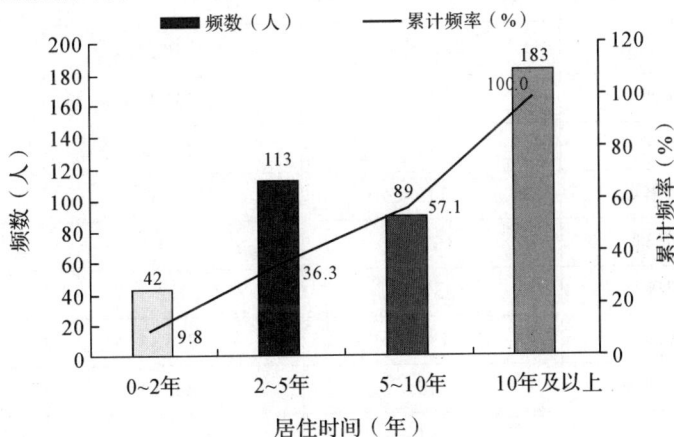

图 3-5    样本在杭居住时间分布

当 $k=4$,$p_1=p_2=p_3=p_4=0.25$,即样本为均匀分布时,熵取最大值,即 $H_{max}=\ln k=1.386$,G-S 指数也取最大值,$G\text{-}S_{max}=1-1/k=0.75$。由表 3-7 可知,熵值为 1.270,接近 1.386,G-S 指数为 0.693,接近 0.75。这表明样本的分布较为均匀,没有明显的偏向性。通过预调查可知,在杭居住时间不同的个体对于杭州市城管执法的认知及了解程度有所差异。此样本可以反映在杭居住时间不同个体的想法和情况,具有良好的代表性。

表 3-7　样本在杭居住时间分析

| 有效频数(人) | | | | | 熵 | G-S 指数 |
|---|---|---|---|---|---|---|
| 0～2 年 | 2～5 年 | 5～10 年 | 10 年及以上 | 合计 | | |
| 42 | 113 | 89 | 183 | 427 | 1.270 | 0.693 |

## (二)职能与形象分析

在 UMPSI 模型中,"城管形象"变量被认为是公众累积多次往来经验和通过各种渠道得到的对于城市管理部门的整体印象,反映公众对城市管理的认知与定位过程。本调研小组根据回收的有效问卷分析城管在居民心中的形象,包括职能认知、认知来源和形象看法三个方面。

### 1. 职能认知分析

由表 3-8 和图 3-6 可见,在城管的七大职能中,居民对市容环境卫生管理和工商行政管理的认知与关注程度最高,分别占 57.6% 和 45.0%;其次是市政公共管理事业、环境保护管理、城市规划管理及公安交通管理,分别为 27.9%、27.4%、27.2% 和 20.4%;居民认知与关注程度最低的城管工作职能是市园林绿化管理,仅占 15.7%。同时,通过调查媒体报道资料,本调研小组发现市容环境卫生管理和工商行政管理两项职能之间存在一定的共性:其更易被居民了解,并成为关注的焦点。

表 3-8　职能认知情况分布

| 职能认知 | 响应值 | | 个案百分比(%) |
|---|---|---|---|
| | 频数(个) | 百分比(%) | |
| 城市规划管理 | 116 | 12.3 | 27.2 |
| 环境保护管理 | 117 | 12.4 | 27.4 |
| 市政公共管理事业 | 119 | 12.6 | 27.9 |
| 市园林绿化管理 | 67 | 7.1 | 15.7 |
| 公安交通管理 | 87 | 9.2 | 20.4 |
| 工商行政管理 | 192 | 20.3 | 45.0 |
| 市容环境卫生管理 | 246 | 26.1 | 57.6 |
| 合计 | 944 | 100.0 | 221.1 |

本调研小组从杭州市城管委了解到,在目前城管的工作职能中,公安交通管理和市园林绿化管理的具体职能范围与市交警部门和市环卫部门的职能存在交叉地带,如道路违章停车罚款、管理城市绿化设施等。这是居民对上述两项城管职能认知与关注程度低下的原因所在。故杭州市城管委应积极与相关部门进行磋商,进一步明确城管的工作职能和权力,以提高居民对其各项工作职能的认知与关注程度。

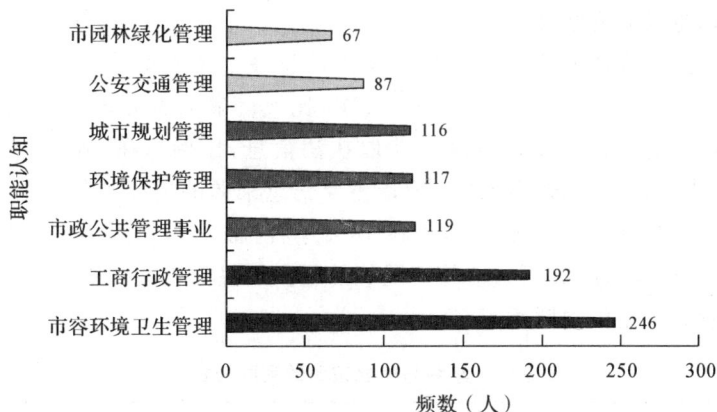

图 3-6　职能认知与关注情况分布

## 2. 认知来源分析

（1）信息来源

①信息来源描述性分析

由表 3-9 和图 3-7 可知,广播电视、网络是居民获得执法信息最主要的途径,分别占 33.7％和 31.6％;其次是报纸杂志,占 20.1％;政府信息窗与前述几种途径形成巨大反差,仅占 4.7％。这说明媒体(包括纸质和网络媒体)的报道在很大程度上影响居民对执法工作的了解程度、对城管形象的认知以及对其执法工作的满意程度。同时,政府信息窗宣传作用的缺位在一定程度上造成居民无法及时、准确地获得城管执法信息。因此,杭州市城管委应构建完善的信息发布平台,与各大媒体形成长期、紧密的合作关系,及时有效地发布城管执法信息。

表 3-9　信息来源分布

| 统计量 | 信息来源 | | | | | | 合计 |
|---|---|---|---|---|---|---|---|
| | 政府信息窗 | 报纸杂志 | 广播电视 | 网络 | 亲眼所见 | 其他 | |
| 频数(人) | 20 | 86 | 144 | 135 | 36 | 6 | 427 |
| 百分比(％) | 4.7 | 20.1 | 33.7 | 31.6 | 8.5 | 1.4 | 100.0 |
| 累计百分比(％) | 4.7 | 24.8 | 58.5 | 90.1 | 98.6 | 100.0 | — |

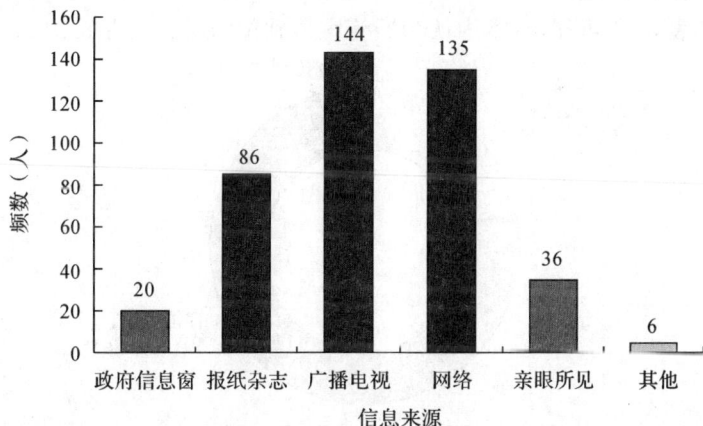

图 3-7　信息来源分布

②年龄与信息来源列联分析

由表 3-10 可知,在将政府信息窗作为执法信息最主要来源的样本中,18 岁及以下的居民为 0 人次,56 岁及以上的居民达 11 人次,比例随着年龄的升高而增大;18 岁及以下、19～35 岁的年轻居民主要通过网络获取执法信息,比例均在 50%左右,56 岁及以上居民的比例不到 10%。将报纸杂志作为最主要信息来源的情况则与政府信息窗相反,18 岁及以下、19～35 岁的居民比例较小,均在 10%左右;而 36～55 岁、56 岁及以上的居民比例较大,分别为 30.0%和 23.9%,这与不同年龄层次居民的生活习惯有关。这些则说明年龄与信息来源存在一定的关联性。

表 3-10  年龄与信息来源的列联分析结果

| 年龄 | 计数及比例 | 信息来源 | | | | | | 合计 |
|---|---|---|---|---|---|---|---|---|
| | | 政府信息窗 | 报纸杂志 | 广播电视 | 网络 | 亲眼所见 | 其他 | |
| 18 岁及以下 | 计数(人) | 0 | 6 | 18 | 22 | 1 | 0 | 47 |
| | 所在行百分比(%) | 0.0 | 12.8 | 38.3 | 46.8 | 2.1 | 0.0 | 100.0 |
| 19～35 岁 | 计数(人) | 3 | 18 | 50 | 83 | 3 | 2 | 159 |
| | 所在行百分比(%) | 1.9 | 11.3 | 31.4 | 52.2 | 1.9 | 1.3 | 100.0 |
| 36～55 岁 | 计数(人) | 6 | 45 | 60 | 24 | 13 | 2 | 150 |
| | 所在行百分比(%) | 4.0 | 30.0 | 40.0 | 16.0 | 8.7 | 1.3 | 100.0 |
| 56 岁及以上 | 计数(人) | 11 | 17 | 16 | 6 | 19 | 2 | 71 |
| | 所在行百分比(%) | 15.5 | 23.9 | 22.5 | 8.5 | 26.8 | 2.8 | 100.0 |
| 总计 | 计数(人) | 20 | 86 | 144 | 135 | 36 | 6 | 427 |
| | 所在行百分比(%) | 4.7 | 20.1 | 33.7 | 31.6 | 8.4 | 1.4 | 100.0 |

注:皮尔森卡方检验 $p$ 值为 0.000。

进一步由皮尔森卡方检验可得,$p$ 值小于 0.05。故拒绝原假设,认为在 5%显著性水平下,居民关于执法信息的来源与年龄有显著关联性。因此,杭州市城管委在发布相关信息时应根据不同年龄层获取信息方式的不同,调整自身的宣传模式。

(2)宣传力度分析

由图 3-8 和表 3-11 可知,样本中认为城管宣传到位的居民仅占 8.0%;认为城管宣传低

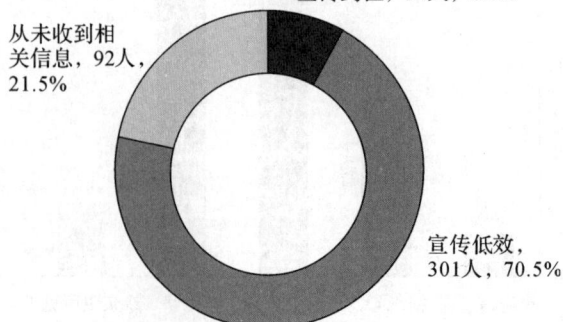

图 3-8  宣传力度看法分布

效的占 70.5%,这说明城管对自身执法工作的宣传效率不足,具体表现为宣传频率不高、宣传效果不明显。从未收到相关信息的居民比例为 21.5%,这表明城管执法信息的覆盖面不广,居民难以获得官方权威的信息,难免会对城管执法产生误解和质疑。综上,杭州市城管委需要加强执法工作的发布效率,加强宣传力度,拓宽宣传途径。

表 3-11　宣传力度看法分布

| 看法 | 频数(人) | 百分比(%) | 累计百分比(%) |
|---|---|---|---|
| 宣传到位 | 34 | 8.0 | 8.0 |
| 宣传低效 | 301 | 70.5 | 78.5 |
| 从未收到相关信息 | 92 | 21.5 | 100.0 |
| 合计 | 427 | 100.0 | — |

### 3. 形象看法分析

(1)存在必要性分析

由图 3-9 可知,样本中 76.3% 的居民认为城管的存在是必要的,这表明其认可城管执法人员的工作,且肯定执法人员为城市做出的贡献;有 23.7% 的居民则认为城管的存在是不必要的,这说明其并不认同城管的工作。

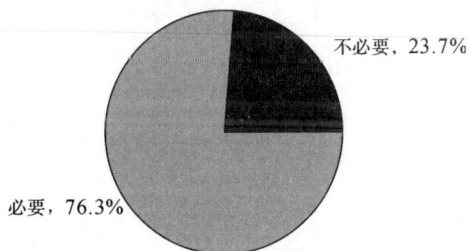

图 3-9　城管存在的必要性

(2)不合理执法情况分析

①不合理执法情况描述性分析

由表 3-12 和图 3-10 可见,样本中 176 人碰到过城管不合理执法,占 41.2%;251 人未碰到过城管不合理执法,占 58.8%。这说明城管在执法过程中存在大量不合理现象,亟待杭州市城管委完善执法工作手册以规范城管执法过程。

表 3-12　不合理执法情况分布

| 是否碰到过城管不合理执法 | 是 | 否 |
|---|---|---|
| 频数(人) | 176 | 251 |

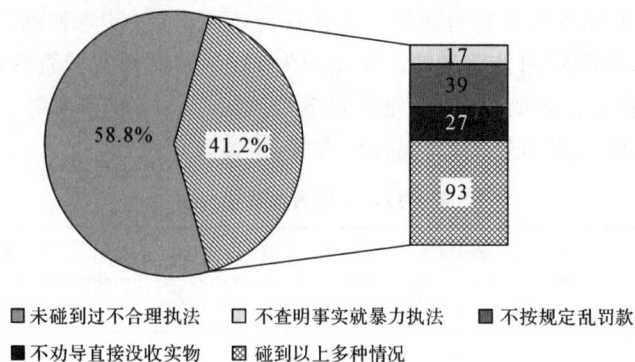

图 3-10　不合理执法情况分布

　　由表 3-13 看出,样本中有 17 人碰到过城管暴力执法,占 9.7％;39 人碰到过城管不按规定乱罚款,占 22.2％;27 人碰到过城管不劝导直接没收实物,占 15.3％;有 93 人碰到过问卷列举的多种不合理执法行为,占比高达 52.8％。以上数据表明,杭州市城管委需要不断规范和完善执法手段,严格按照城管执法手册进行执法工作,同时应采取更加人性化的执法手段和灵活的执法方式,进一步提高执法技能。

表 3-13　不合理执法种类分布

| 不合理执法种类 | 频数(人) | 百分比(％) |
| --- | --- | --- |
| 不查明事实暴力执法 | 17 | 9.7 |
| 不按规定乱罚款 | 39 | 22.2 |
| 不劝导直接没收实物 | 27 | 15.3 |
| 碰到以上多种情况 | 93 | 52.8 |
| 合计 | 176 | 100.0 |

　　②不合理执法情况与存在必要性列联分析

　　由表 3-14 可见,碰到过不合理执法的居民中,认为城管的存在是必要的占 64.2％,认为不必要的占 35.8％;未碰到过不合理执法的居民中,认为城管存在是必要的占 84.9％,认为不必要的占 15.1％。进一步由皮尔森卡方检验可得,$p$ 值小于 0.05。故拒绝原假设,即认为在 5％显著性水平下,城管不合理执法情况与居民认为城管存在的必要性存在显著关联性。

表 3-14　不合理执法情况与城管存在必要性的列联分析结果

| 是否碰到过<br>不合理执法 | 计数及比例 | 城管存在是否必要 | | 合计 |
| --- | --- | --- | --- | --- |
| | | 必要 | 不必要 | |
| 是 | 计数(人) | 113 | 63 | 176 |
| | 所在行百分比(％) | 64.2 | 35.8 | 100.0 |

续表

| 是否碰到过<br>不合理执法 | 计数及比例 | 城管存在是否必要 | | 合计 |
| --- | --- | --- | --- | --- |
| | | 必要 | 不必要 | |
| 否 | 计数（人） | 213 | 38 | 251 |
| | 所在行百分比（%） | 84.9 | 15.1 | 100.0 |
| 总计 | 计数（人） | 326 | 101 | 427 |
| | 所在行百分比（%） | 76.3 | 23.7 | 100.0 |

注：皮尔森卡方检验 $p$ 值为 0.000。

同时，由表 3-14 可得，比值比 OR＝（113×38）/（63×213）＝0.320，即指碰到过不合理执法这一组中认为城管存在必要与不必要的居民人数比值和在未碰到过不合理执法这一组中认为城管存在必要与不必要的居民人数比值的比为 0.320。

（3）形象评分分析

①城管形象评分描述性分析

由表 3-15 和图 3-11 可知，样本中居民对城管形象的评分分布偏度为 0，说明该分布左右对称，分布形态与正态分布的偏斜程度相同。因此，本报告对其进行单样本 Kolmogorov-Smirnov 检验（K-S 检验）。设原假设：城管形象评分服从正态分布。

表 3-15　城管形象评分分布

| 频数（人） | | 均值 | 众数 | 方差 | 偏度 | 偏度的<br>标准误 | 极小值 | 极大值 |
| --- | --- | --- | --- | --- | --- | --- | --- | --- |
| 有效 | 缺失 | | | | | | | |
| 427 | 0 | 3.00 | 3.00 | 0.925 | 0.000 | 0.118 | 1 | 5 |

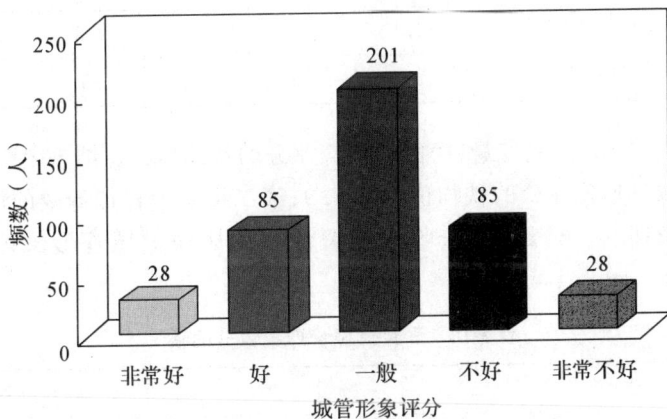

图 3-11　城管形象评分分布

由表 3-16 可见，K-S 检验中 $Z$ 值为 4.864，$p$ 值小于 0.05。故拒绝原假设，认为在 5% 显著性水平下，城管形象评分不服从正态分布。综上所述，居民对城管的印象一般。

表 3-16　单样本 Kolmogorov-Smirnov 检验

| 频数（人） | 正态参数 | | Kolmogorov-Smirnov Z | 渐近 Sig.（双侧） |
|---|---|---|---|---|
| | 均值 | 标准差 | | |
| 427 | 3.00 | 0.962 | 4.864 | 0.000 |

②列联分析

· 宣传力度与形象评分列联分析

由表 3-17 可知,样本中认为城管宣传到位的居民对城管评分集中在一般、好和非常好,评分为不好和非常不好的合计仅占 8.8%;从未收到相关信息的居民,对城管的评分集中在一般、不好和非常不好,评分为好和非常好的合计仅占 13.1%。由此初步看出,居民对城管形象评分与城管宣传力度有关。由于该列联分析结果变量为有序等级变量,本报告对其进行多样本 Kruskal-Wallis $H$ 检验。设原假设:对宣传力度看法不同的居民对城管形象的评分无显著差异。

表 3-17　宣传力度与形象评分的列联分析结果

| 宣传力度 | 计数及比例 | 城管形象评分 | | | | | 合计 |
|---|---|---|---|---|---|---|---|
| | | 非常不好 | 不好 | 一般 | 好 | 非常好 | |
| 宣传到位 | 计数（人） | 0 | 3 | 12 | 9 | 10 | 34 |
| | 所在行百分比（%） | 0.0 | 8.8 | 35.3 | 26.5 | 29.4 | 100.0 |
| 宣传低效 | 计数（人） | 15 | 64 | 140 | 67 | 15 | 301 |
| | 所在行百分比（%） | 5.0 | 21.3 | 46.5 | 22.3 | 5.0 | 100.0 |
| 从未收到相关信息 | 计数（人） | 13 | 18 | 49 | 9 | 3 | 92 |
| | 所在行百分比（%） | 14.1 | 19.6 | 53.3 | 9.8 | 3.3 | 100.0 |
| 总计 | 计数（人） | 28 | 85 | 201 | 85 | 28 | 427 |

表 3-18 是对三个组（独立变量）居民对城管评分的秩的描述。结果表明,第一组认为宣传到位的居民对城管形象评分的秩均值为 297.9;第二组认为宣传低效的居民对城管形象评分的秩均值为 215.4;第三组从未收到相关信息的居民对城管形象评分的秩均值为 178.3。

表 3-18　居民对城管形象评分的秩

| 宣传力度 | 频数（人） | 城管形象评分秩均值 |
|---|---|---|
| 宣传到位 | 34 | 297.9 |
| 宣传低效 | 301 | 215.4 |
| 从未收到相关信息 | 92 | 178.3 |
| 合计 | 427 | — |

表 3-19 的结果表明,$p$ 值小于 0.05。故拒绝原假设,认为在 5% 显著性水平下,对宣传

力度看法不同的居民给城管形象的评分存在显著差异。

表 3-19　检验统计量

| 变量 | 卡方 | df | 渐近 Sig.（双侧） |
| --- | --- | --- | --- |
| 值 | 26.664 | 2 | 0.000 |

- 不合理执法情况与形象评分列联分析

由表 3-20 推断，居民对城管形象的评分与是否碰到过不合理执法有关。由于该列联分析的结果变量为有序等级变量，因此本报告对上述分析进行双样本 Kolmogorov-Smirnov 检验。设原假设：是否碰到过不合理执法的情况与居民对城管形象的评分无显著关联。

表 3-20　是否碰到过不合理执法与形象评分的列联分析结果

| 是否碰到过不合理执法 | 城管形象评分 | | | | | 合计 |
| --- | --- | --- | --- | --- | --- | --- |
| | 非常不好 | 比较不好 | 一般 | 比较好 | 非常好 | |
| 是 | 20 | 45 | 80 | 22 | 9 | 176 |
| 否 | 8 | 40 | 121 | 63 | 19 | 251 |

表 3-21 是对两个组（独立变量）是否碰到过不合理执法的城管形象评分的秩和描述。结果表明，第一组碰到过不合理执法的城管形象评分的秩均值为 182.8，第二组未碰到过不合理执法的城管形象评分的秩均值为 235.9。

表 3-21　居民对城管形象评分的秩

| 是否碰到过不合理执法 | 频数（人） | 城管形象评分秩均值 | 城管形象评分秩和 |
| --- | --- | --- | --- |
| 是 | 176 | 182.8 | 32180.5 |
| 否 | 251 | 235.9 | 59197.5 |
| 总数 | 427 | — | — |

表 3-22 的检验结果表明，Mann-Whitney $U$ 统计量为 16604.500，Wilcoxon $W$ 值为 32180.500，$Z$ 值为 $-4.659$，近似的双尾检验 $p$ 值小于 0.05。故拒绝原假设，即认为在 5% 的显著性水平下，是否碰到过不合理执法的情况与居民对城管形象的评分有显著关联性。

表 3-22　检验统计量

| 变量 | Mann-Whitney $U$ | Wilcoxon $W$ | $Z$ | 渐近 Sig.（双侧） |
| --- | --- | --- | --- | --- |
| 城管形象评分 | 16604.500 | 32180.500 | $-4.659$ | 0.000 |

## （三）工作期望分析

在 UMPSI 模型中，居民对城管工作的期望被认为是对城管工作能力的信任、对城管工作满意程度的感受、对城市未来发展期望的基础。本报告将从城管执法的态度、手段和依法程度等方面，分析居民对城管执法工作的期望。

**1. 描述统计**

(1)城管执法工作期望描述性分析

由表 3-23 可知,居民对执法工作各方面的期望均值均高于 4.20,且众数均为 5,这说明居民对执法工作的期望很高,以高标准衡量执法工作。其中,居民对于执法方式的期望值最高,为 4.45;对于执法态度的期望值最低,为 4.23。

表 3-23　期望各因素的情况分析

| 期望因素 | 和 | 均值 | 均值的标准误 | 众数 | 偏度 | 熵 | G-S 指数 |
|---|---|---|---|---|---|---|---|
| 联系方式渠道期望 | 1808 | 4.28 | 0.049 | 5 | -1.226 | 1.184 | 0.624 |
| 执法时的态度期望 | 1839 | 4.23 | 0.043 | 5 | -1.085 | 1.100 | 0.606 |
| 执法及时程度期望 | 1859 | 4.31 | 0.044 | 5 | -1.402 | 1.088 | 0.580 |
| 执法依法程度期望 | 1898 | 4.35 | 0.039 | 5 | -1.276 | 0.981 | 0.545 |
| 执法时的方式期望 | 1888 | 4.45 | 0.040 | 5 | -1.225 | 1.009 | 0.558 |
| 执法工作效果期望 | 1842 | 4.42 | 0.044 | 5 | -1.170 | 1.100 | 0.599 |
| 执法工作总体期望 | 1828 | 4.28 | 0.055 | 5 | -1.608 | 1.104 | 0.562 |

当 $k=5$ 且样本为均匀分布时,熵达到最大值 1.609,G-S 指数取最大值 0.800。由表 3-23 可知,居民对联系方式期望的熵值为 1.184,G-S 指数为 0.624,相对于其他项,最接近均匀分布。对城管执法依法程度期望的熵值为 0.981,离 1.609 较远,G-S 指数为 0.545,与 0.800 的差距较大,故这组样本分布不均匀。

(2)列联分析

①年龄与执法期望的列联分析

由表 3-24 可知,样本中 18 岁及以下的居民中对执法工作的期望高或非常高的合计占 72.3%,期望低或非常低的合计占 12.8%;19～35 岁的居民中期望高或非常高的合计占 73.6%;36～55 岁的居民对执法工作的期望高或非常高的合计占 86.7%,期望低或非常低的合计仅有 5.4%;56 岁及以上的人群中有 80.3% 的居民对执法工作的期望高或非常高。由此推断,居民对执法工作期望与年龄呈正相关关系,本报告将对此双向有序列联表做相关性检验。

表 3-24　年龄与城管执法工作总体期望的列联分析结果

| 年龄 | 计数及比例 | 对执法工作总体期望 | | | | | 合计 |
|---|---|---|---|---|---|---|---|
| | | 非常低 | 低 | 一般 | 高 | 非常高 | |
| 18 岁及以下 | 计数(人) | 3 | 3 | 7 | 11 | 23 | 47 |
| | 所在行百分比(%) | 6.4 | 6.4 | 14.9 | 23.4 | 48.9 | 100.0 |
| 19～35 岁 | 计数(人) | 9 | 4 | 29 | 34 | 83 | 159 |
| | 所在行百分比(%) | 5.7 | 2.5 | 18.2 | 21.4 | 52.2 | 100.0 |

续表

| 年龄 | 计数及比例 | 对执法工作总体期望 | | | | | 合计 |
|------|-----------|---------|------|------|------|--------|------|
| | | 非常低 | 低 | 一般 | 高 | 非常高 | |
| 36~55岁 | 计数(人) | 7 | 1 | 12 | 16 | 114 | 150 |
| | 所在行百分比(%) | 4.7 | 0.7 | 8.0 | 10.7 | 76.0 | 100.0 |
| 56岁及以上 | 计数(人) | 5 | 2 | 7 | 10 | 47 | 71 |
| | 所在行百分比(%) | 7.0 | 2.8 | 9.9 | 14.1 | 66.2 | 100.0 |
| 总计 | 计数(人) | 24 | 10 | 55 | 71 | 267 | 427 |

由表 3-25 可得,$\gamma$ 值为 0.237,大于 0 且小于 1,同时 $p$ 值小于 0.05。这说明该数据具有统计学意义,即居民对执法工作的期望与年龄呈正相关关系。

表 3-25 对称度量

| $\gamma$ 值 | 渐进标准误差 | 近似值 $T$ | 近似值 Sig. |
|------------|------------|-----------|------------|
| 0.237 | 0.067 | 3.527 | 0.000 |

②在杭居住时间与执法期望的列联分析

由表 3-26 可知,在杭居住时间不同的居民对城管执法工作的期望大不相同。样本中在杭居住时间为 0~2 年的居民中,对执法工作期望高或非常高的人合计占 52.4%;居住时间为 2~5 年的居民占 78.8%;居住时间为 5~10 年的居民占 66.3%;居住时间为 10 年及以上的居民占 91.8%。由此推断,居民对执法工作的期望与其在杭居住时间呈正相关关系,本报告将对此双向有序列联表做相关性检验。

表 3-26 在杭居住时间与执法期望的列联分析结果

| 在杭居住时间 | 计数及比例 | 对执法工作总体期望 | | | | | 合计 |
|------------|-----------|---------|------|------|------|--------|------|
| | | 非常低 | 低 | 一般 | 高 | 非常高 | |
| 0~2年 | 计数(人) | 14 | 1 | 5 | 10 | 12 | 42 |
| | 所在行百分比(%) | 33.3 | 2.4 | 11.9 | 23.8 | 28.6 | 100.0 |
| 2~5年 | 计数(人) | 6 | 6 | 12 | 22 | 67 | 113 |
| | 所在行百分比(%) | 5.3 | 5.3 | 10.6 | 19.5 | 59.3 | 100.0 |
| 5~10年 | 计数(人) | 4 | 0 | 26 | 14 | 45 | 89 |
| | 所在行百分比(%) | 4.5 | 0.0 | 29.2 | 15.7 | 50.6 | 100.0 |
| 10年及以上 | 计数(人) | 0 | 3 | 12 | 25 | 143 | 183 |
| | 所在行百分比(%) | 0.0 | 1.6 | 6.6 | 13.7 | 78.1 | 100.0 |
| 总计 | 计数(人) | 24 | 10 | 55 | 71 | 267 | 427 |

由表 3-27 可得,$\gamma$ 值为 0.413,大于 0 且小于 1,$p$ 值小于 0.05。这表明该数据具有统计学意义,即居民对执法工作的期望与其在杭居住时间呈正相关关系。

表 3-27　对称度量

| γ 值 | 渐进标准误差 | 近似值 T | 近似值 Sig. |
| --- | --- | --- | --- |
| 0.413 | 0.055 | 6.685 | 0.000 |

### 2.聚类分析

表 3-28 是利用平方 Euclidean 直线距离计算的近似矩阵表,其中的数值表示各个样本之间的相似系数,数值越大,表示两样本间的距离越大。其中,个体工商户和在校学生之间的距离最大。

表 3-28　不同职业居民的期望近似矩阵

| 观察值 | 平方 Euclidean 直线距离 | | | | | | |
| --- | --- | --- | --- | --- | --- | --- | --- |
| | 企业职员 | 在校学生 | 个体工商户 | 退休职工 | 事业单位职员、公务员 | 农业劳动者 | 其他 |
| 企业职员 | 0.000 | 0.179 | 1.639 | 0.347 | 0.292 | 1.069 | 0.522 |
| 在校学生 | 0.179 | 0.000 | 1.861 | 0.115 | 0.082 | 0.941 | 0.434 |
| 个体工商户 | 1.639 | 1.861 | 0.000 | 1.435 | 1.385 | 0.508 | 0.653 |
| 退休职工 | 0.347 | 0.115 | 1.435 | 0.000 | 0.055 | 0.654 | 0.252 |
| 事业单位职员、公务员 | 0.292 | 0.082 | 1.385 | 0.055 | 0.000 | 0.565 | 0.228 |
| 农业劳动者 | 1.069 | 0.941 | 0.508 | 0.654 | 0.565 | 0.000 | 0.158 |
| 其他 | 0.522 | 0.434 | 0.653 | 0.252 | 0.228 | 0.158 | 0.000 |

图 3-12 是用"组间连接"聚类法生成的树状聚类图。图中将所有样本分为两类:第一类,企业职员、在校学生、退休职工、事业单位职员和公务员;第二类,个体工商户、农业劳动者和其他。本报告认为其职业性质和所处的社会环境是此分类的一项事实参考依据。

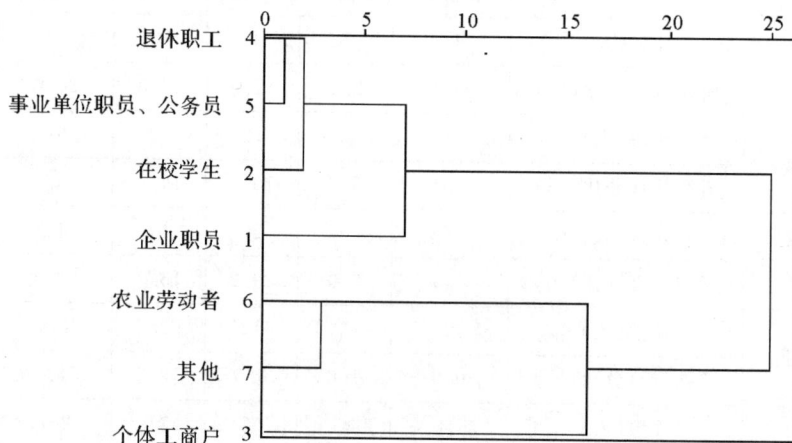

图 3-12　使用平均连接(组间)的树状聚类图

如表 3-29 所示,第一类职业的居民期望总和均值远高于第二类职业。这说明在居民的期望中,第一类职业的居民对城管执法本质上较为认同,而第二类职业的居民更看重切身利益相关的部分,对城管执法不认同的成分更多。此结果有助于本报告更具针对性地向城管委等有关部门提出相关建议。

表 3-29　职业分类的居民对城管工作期望的 OLAP 多维数据集

| 职业类别 | 期望因素 | 平均数 | 标准偏差 | 总和百分比(%) | 合计百分比(%) |
|---|---|---|---|---|---|
| 第一类 | 1.执法总体期望 | 4.59 | 0.21 | 60.0 | 57.1 |
| | 2.尽责程度期望 | 4.41 | 0.06 | 59.1 | 57.1 |
| | 3.联系方式期望 | 4.46 | 0.08 | 58.8 | 57.1 |
| | 4.执法态度期望 | 4.51 | 0.11 | 58.9 | 57.1 |
| | 5.及时程度期望 | 4.52 | 0.05 | 58.0 | 57.1 |
| | 6.依法程度期望 | 4.57 | 0.05 | 58.6 | 57.1 |
| | 7.执法方式期望 | 4.43 | 0.13 | 58.4 | 57.1 |
| 第二类 | 1.执法总体期望 | 4.08 | 0.14 | 40.0 | 42.9 |
| | 2.尽责程度期望 | 4.07 | 0.22 | 40.9 | 42.9 |
| | 3.联系方式期望 | 4.16 | 0.12 | 41.2 | 42.9 |
| | 4.执法态度期望 | 4.19 | 0.11 | 41.1 | 42.9 |
| | 5.及时程度期望 | 4.37 | 0.19 | 42.0 | 42.9 |
| | 6.依法程度期望 | 4.31 | 0.25 | 41.4 | 42.9 |
| | 7.执法方式期望 | 4.21 | 0.16 | 41.6 | 42.9 |

## (四)执法感知分析

居民对城管执法工作的感知与对其满意度存在一定关系。通过对"感知"这一变量的调查分析,居民对城管执法工作的看法可直接呈现。本报告将从方式渠道感知、态度感知、作用效果感知等多个角度分析居民对城管执法工作的实际感受。

### 1.执法感知描述性分析

由表 3-30 可知,居民对城管执法工作感知的众数均为 3,均值最高为 3.14、最低为 2.92。其中居民对联系城管方式渠道的感知最低。因此,杭州市城管委亟待加强城管执法工作的各个方面,首先应完善联系城管的方式渠道。

表 3-30　执法感知各因素的情况分析

| 感知因素 | 和 | 均值 | 均值的标准误 | 众数 | 偏度 | 熵 | G-S 指数 |
|---|---|---|---|---|---|---|---|
| 联系方式渠道感知 | 1247 | 2.92 | 0.050 | 3 | −0.026 | 1.425 | 0.721 |
| 执法时的态度感知 | 1274 | 2.98 | 0.050 | 3 | 0.057 | 1.447 | 0.735 |
| 执法及时程度感知 | 1303 | 3.05 | 0.050 | 3 | 0.038 | 1.419 | 0.719 |

**续表**

| 感知因素 | 和 | 均值 | 均值的标准误 | 众数 | 偏度 | 熵 | G-S 指数 |
|---|---|---|---|---|---|---|---|
| 执法依法程度感知 | 1319 | 3.09 | 0.050 | 3 | −0.179 | 1.419 | 0.720 |
| 执法时的方式感知 | 1273 | 2.98 | 0.050 | 3 | −0.001 | 1.410 | 0.711 |
| 执法工作效果感知 | 1277 | 2.99 | 0.050 | 3 | 0.006 | 1.428 | 0.723 |
| 执法工作总体感知 | 1340 | 3.14 | 0.050 | 3 | −0.073 | 1.411 | 0.714 |

当 $k=5$ 且样本均匀分布时,熵达到最大值 1.609,G-S 指数取最大值 0.800。由表 3-30 可知,居民对城管执法工作各方面感知的熵值均大于 1.400,距 1.609 较近,G-S 指数均大于 0.700,接近 0.800,故这 7 组执法感知的分布均较为均匀。由图 3-13 可见,居民对城管执法工作各个方面及总体期望与实际感知均有较大差距。这说明居民对执法工作的高期望在实际接触城管执法工作后,转化为低感知。其中居民对执法工作效果、执法方式、联系方式的期望与感知之间的差距十分显著,表明杭州市城管委应加大对城管在执法工作时这三方面的整治力度。

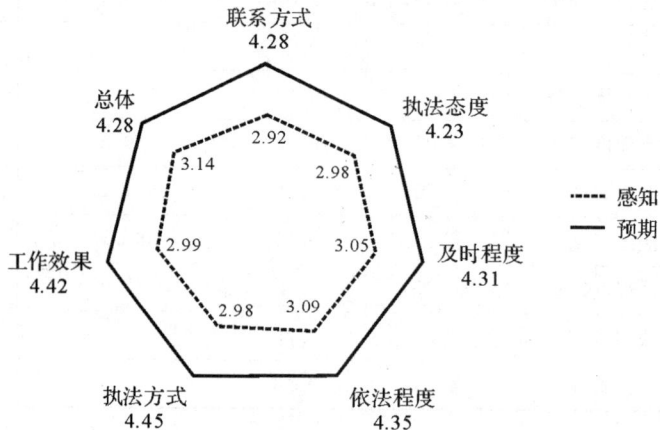

图 3-13　执法期望与感知对比

### 2. 列联分析

(1)不合理执法与执法感知列联分析

由表 3-31 和图 3-14 可知,样本中未碰到过不合理执法的居民对执法感知好和非常好的人数明显多于碰到过不合理执法的居民,且其对执法感知不好和非常不好的人数明显少于碰到过不合理执法的居民。由此推断,碰到过不合理执法的居民对执法感知偏向于不好,未碰到过不合理执法的居民对执法感知偏向于好。

**表 3-31　是否碰到过不合理执法的执法感知**

| 是否碰到过不合理执法 | 对执法工作总体的感知 | | | | | 合计 |
|---|---|---|---|---|---|---|
| | 非常不好 | 不好 | 一般 | 好 | 非常好 | |
| 是 | 23 | 38 | 76 | 26 | 13 | 176 |
| 否 | 6 | 31 | 112 | 70 | 32 | 251 |
| 总计 | 29 | 69 | 188 | 96 | 45 | 427 |

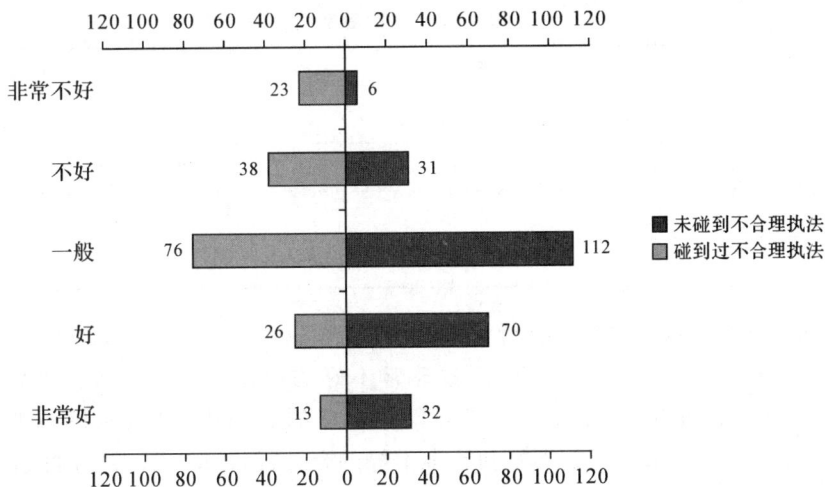

图 3-14　不合理执法情况的执法感知对比

进一步验证上述推断,进行相关性检验。定义行属性"是否碰到过不合理执法"中"是"为小,"不是"为大,使之成为一个有序的属性。考虑到不合理执法情况可能与不同城区执法人员有关,故将区域作为层,形成区域、是否碰到过不合理执法、执法感知的三维列联表,如表 3-32 所示。

表 3-32　不合理执法情况、执法感知、区域的三维列联分析结果

| 区域 | 是否碰到过不合理执法 | 对城管执法工作总体的感知 | | | | | 合计 |
| | | 非常不好 | 不好 | 一般 | 比较好 | 非常好 | |
|---|---|---|---|---|---|---|---|
| 江干区 | 是 | 10 | 20 | 37 | 10 | 2 | 79 |
| | 否 | 4 | 15 | 51 | 34 | 18 | 122 |
| | 总计 | 14 | 35 | 88 | 44 | 20 | 201 |
| 上城区 | 是 | 8 | 9 | 6 | 1 | 5 | 29 |
| | 否 | 0 | 5 | 18 | 10 | 6 | 39 |
| | 总计 | 8 | 14 | 24 | 11 | 11 | 68 |
| 西湖区 | 是 | 5 | 9 | 33 | 15 | 6 | 68 |
| | 否 | 2 | 11 | 43 | 26 | 8 | 90 |
| | 总计 | 7 | 20 | 76 | 41 | 14 | 158 |

表 3-33 结果表明,江干区的 $\gamma$ 值为 0.519,上城区的 $\gamma$ 值为 0.535,这两个城区的 $p$ 值均小于 0.05,数据具有统计学意义,即在江干区和上城区,碰到过不合理执法的居民对执法感知偏向于不好,未碰到过不合理执法的居民对执法感知偏向于好。西湖区的 $\gamma$ 值为 0.143,$p$ 值大于 0.05,数据不具有统计学意义,不能得出上述结论。而西湖区的样本量不足以代表总体,因此认为在杭州市碰到过不合理执法的居民对执法感知偏向于不好,未碰到过不合理执法的居民对执法感知偏向于好。杭州市总体的 $\gamma$ 值为 0.392,$p$ 值小于 0.05,具有统计学意义。综上,在 5% 显著性水平下,上述推断符合总体的相关性检验。

表 3-33　对称度量

| 区域 | $\gamma$ 值 | 渐进标准误差 | 近似值 $T$ | 近似值 Sig. |
|---|---|---|---|---|
| 江干区 | 0.519 | 0.088 | 5.343 | 0.000 |
| 上城区 | 0.535 | 0.153 | 3.298 | 0.001 |
| 西湖区 | 0.143 | 0.127 | 1.125 | 0.261 |
| 合计 | 0.392 | 0.068 | 5.508 | 0.000 |

（2）执法感知与形象看法列联分析

由表 3-34 可知，样本中认为城管形象非常不好的居民中对执法感知非常不好的占 71.4%，而非常好的占 3.6%；认为城管形象非常好的居民中，对执法感知非常好的占 64.3%，好的占 28.6%，表示感知不好和非常不好的合计仅占 3.6%。由此推断，居民对城管的执法感知与其对城管形象的评分呈正相关关系。本报告将进一步对此假设做相关性检验。

表 3-34　执法感知与形象看法的列联分析结果

| 形象评分 | 计数及比例 | 对执法工作总体的感知 | | | | | 合计 |
|---|---|---|---|---|---|---|---|
| | | 非常不好 | 不好 | 一般 | 好 | 非常好 | |
| 非常不好 | 计数（人） | 20 | 6 | 0 | 1 | 1 | 28 |
| | 所在行百分比（%） | 71.4 | 21.4 | 0.0 | 3.6 | 3.6 | 100.0 |
| 不好 | 计数（人） | 5 | 29 | 44 | 5 | 2 | 85 |
| | 所在行百分比（%） | 5.9 | 34.1 | 51.8 | 5.9 | 2.4 | 100.0 |
| 一般 | 计数（人） | 3 | 31 | 117 | 44 | 6 | 201 |
| | 所在行百分比（%） | 1.5 | 15.4 | 58.2 | 21.9 | 3.0 | 100.0 |
| 好 | 计数（人） | 0 | 3 | 26 | 38 | 18 | 85 |
| | 所在行百分比（%） | 0.0 | 3.5 | 30.6 | 44.7 | 21.2 | 100.0 |
| 非常好 | 计数（人） | 1 | 0 | 1 | 8 | 18 | 28 |
| | 所在行百分比（%） | 3.6 | 0.0 | 3.6 | 28.6 | 64.3 | 100.0 |
| 总计 | 计数（人） | 29 | 69 | 188 | 96 | 45 | 427 |

由表 3-35 可得，$\gamma$ 值为 0.730，大于 0 且小于 1，$p$ 值小于 0.05。这说明居民对执法的感知与其对城管形象的评分呈正相关关系。

表 3-35　对称度量

| $\gamma$ 值 | 渐进标准误差 | 近似值 $T$ | 近似值 Sig. |
|---|---|---|---|
| 0.730 | 0.039 | 14.283 | 0.000 |

注：有效案例频数 $n=427$。

### (五)满意度与信任状况分析

满意度在 UMPSI 模型中是衡量居民对城管评价的核心指标。本报告从联系方式、执法态度、执法及时程度等 6 个方面来了解居民对城管执法工作的满意度,并设置总体满意度,可直接了解执法工作的居民满意度。

#### 1.量表分析

(1)描述性分析

由表 3-36 可知,居民对城管执法工作满意度的众数为 3,均值除总体满意度外均小于 3,对于城管执法方式和城管执法依法程度的满意度更是低至 2.57 和 2.73。可见居民对城管执法工作的满意度普遍不高,且其中对城管执法方式和执法依法程度的满意度最低。

表 3-36　执法满意度各因素的情况分析结果

| 满意度因素 | 和 | 均值 | 均值的标准误 | 众数 | 偏度 | 熵 | G-S 指数 |
|---|---|---|---|---|---|---|---|
| 联系方式渠道满意度 | 1198 | 2.81 | 0.049 | 3 | 0.247 | 1.406 | 0.719 |
| 执法时的态度满意度 | 1219 | 2.85 | 0.046 | 3 | 0.009 | 1.331 | 0.679 |
| 执法及时程度满意度 | 1259 | 2.95 | 0.047 | 3 | −0.047 | 1.377 | 0.704 |
| 执法依法程度满意度 | 1164 | 2.73 | 0.052 | 3 | 0.019 | 1.441 | 0.735 |
| 执法时的方式满意度 | 1098 | 2.57 | 0.051 | 3 | 0.070 | 1.378 | 0.709 |
| 执法工作效果满意度 | 1220 | 2.86 | 0.048 | 3 | 0.001 | 1.379 | 0.700 |
| 执法工作总体满意度 | 1342 | 3.14 | 0.046 | 3 | −0.135 | 1.325 | 0.676 |

当 $k=5$ 且样本为均匀分布时,熵达到最大值 1.609,G-S 指数取最大值 0.800。由表 3-36 可知,居民对联系城管方式渠道、城管执法及时程度、执法依法程度、执法方式、执法效果的 G-S 指数均高于(或等于)0.700,距 0.800 较近,这五组满意度的分布较为均匀;居民对城管执法态度和总体满意度的 G-S 指数低于 0.700,相对来说分布较不均匀。

(2)因子分析

①信度检验

由表 3-37 可知,标准化后的克朗巴哈系数为 0.903,这对于社会调查来说,可信度较高。

表 3-37　满意度量表的信度统计

| 克朗巴哈系数 | 标准化后的克朗巴哈系数 |
|---|---|
| 0.903 | 0.903 |

由表 3-38 可知,各因素得分之间的均值差异不大,均在 2.571～2.948。方差在 0.894～1.143,6 个因素均值的方差为 0.017,各因素方差之间的差异较小,为 0.008,没有发现极端的因素。

表 3-38　变量综合统计

| 比较项目 | 均值 | 极小值 | 极大值 | 范围 | 极大值/极小值 | 方差 |
|---|---|---|---|---|---|---|
| 项的均值 | 2.794 | 2.571 | 2.948 | 0.377 | 1.147 | 0.017 |
| 项的方差 | 1.017 | 0.894 | 1.143 | 0.249 | 1.278 | 0.008 |
| 项之间的相关性 | 0.607 | 0.515 | 0.788 | 0.273 | 1.529 | 0.004 |

由表 3-39 最后一列可知,删除其中任一因素,量表的信度并不会增加。因此,在后续分析中,每个变量都应用来分析杭州市民对城管执法工作总体满意度评价的影响。

表 3-39　删除相应的因素后信度的变化

| 满意度因素 | 校正的项合计相关系数 | 多元相关系数的平方 | 项已删除的克朗巴哈系数 |
|---|---|---|---|
| 联系方式渠道满意度 | 0.722 | 0.550 | 0.887 |
| 执法时的态度满意度 | 0.709 | 0.550 | 0.889 |
| 执法及时程度满意度 | 0.702 | 0.517 | 0.890 |
| 执法依法程度满意度 | 0.750 | 0.659 | 0.883 |
| 执法时的方式满意度 | 0.788 | 0.691 | 0.877 |
| 执法工作效果满意度 | 0.730 | 0.561 | 0.886 |

第一部分 a 项目为:对联系城管方式渠道的满意度、对城管执法态度的满意度、对城管执法及时程度的满意度;

第二部分 b 项目为:对城管执法依法程度的满意度、对城管执法方式的满意度、对城管执法工作效果的满意度。

由表 3-40 可知,两个部分的相关系数值为 0.810,较为理想。斯皮尔曼-布朗系数和古特曼分半系数分别是 0.895 和 0.893,均大于 0.85,说明折半信度较高。

表 3-40　满意度量表的折半信度系数

| | | | |
|---|---|---|---|
| 克朗巴哈系数 | 第一部分 | 系数值 | 0.803 |
| | | 因素个数 | 3 |
| | 第二部分 | 系数值 | 0.850 |
| | | 因素个数 | 3 |
| | 因素总个数 | | 6 |
| 两个部分的相关系数 | | | 0.810 |
| 斯皮尔曼-布朗系数 | | 因素个数相等时 | 0.895 |
| | | 因素个数不等时 | 0.895 |
| 古特曼分半系数 | | | 0.893 |

②效度分析

由表 3-41 可以看出,KMO 值为 0.872,说明每个满意度问题所获得的变量之间相关性很强,每个问题都能很好地反映居民对执法工作的满意程度,适合做因子分析。同时Bartlett's 球形检验的值为 1536.618,自由度为 15,$p$ 值小于 0.05,代表母群体的相关矩阵间有共同因素存在,故认为适用因子分析法。

表 3-41　KMO 和 Bartlett's 球形检验结果

| 取样足够度的 Kaiser-Meyer-Olkin 度量 | | 0.872 |
|---|---|---|
| Bartlett's 球形检验 | 近似卡方 | 1536.618 |
| | df | 15 |
| | Sig. | 0.000 |

③建立因子分析模型

由表 3-42 可知,前 3 个公共因子的累计方差贡献率为 85.755%。可见取前 3 个因子时,已提取了各原始变量 86% 左右的信息,满足需求。

表 3-42　因子解释原始变量总方差的情况

| 成分 | 初始特征值 | | | 提取平方和载入 | | | 旋转平方和载入 | | |
|---|---|---|---|---|---|---|---|---|---|
| | 合计 | 方差的比例(%) | 累计比例(%) | 合计 | 方差的比例(%) | 累计比例(%) | 合计 | 方差的比例(%) | 累计比例(%) |
| 1 | 4.038 | 67.304 | 67.304 | 4.038 | 67.304 | 67.304 | 1.866 | 31.102 | 31.102 |
| 2 | 0.591 | 9.842 | 77.146 | 0.591 | 9.842 | 77.146 | 1.664 | 27.741 | 58.843 |
| 3 | 0.517 | 8.609 | 85.755 | 0.517 | 8.609 | 85.755 | 1.615 | 26.913 | 85.755 |
| 4 | 0.337 | 5.624 | 91.379 | | | | | | |
| 5 | 0.315 | 5.249 | 96.628 | | | | | | |
| 6 | 0.202 | 3.372 | 100.000 | | | | | | |

由图 3-15 可见,前 3 个因子可以解释大部分的方差,从第 4 个因子以后,曲线渐平缓,解释能力不强,故提取前 3 个因子。

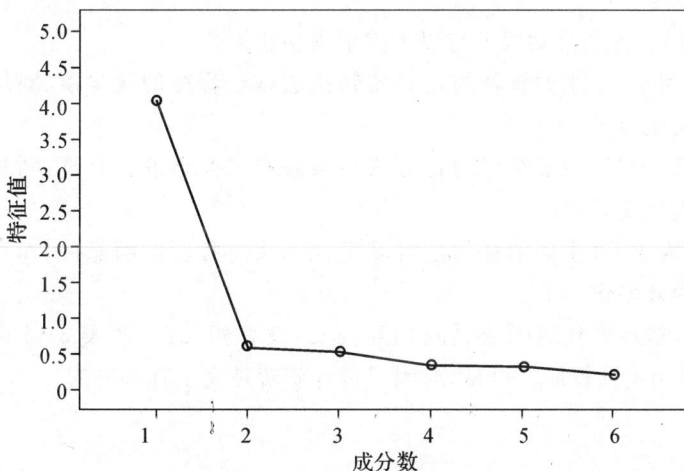

图 3-15　碎石图

　　表 3-43 是未经过旋转的因子载荷矩阵表,然而初始载荷矩阵结构不够简单,各因子的典型代表变量不是很突出,因子的意义含糊不清,不便于对因子进行解释。为此,需对因子载荷矩阵实行旋转,达到简化结构的目的,使各变量在某单个因子上有高额载荷,而在其余因子上只有小到中等的载荷。在运用方差最大正交旋转法之后,得旋转因子载荷矩阵(见表 3-44)。由此可见,经旋转后,便于对因子进行命名和解释。

表 3-43　旋转前的因子载荷矩阵

| 满意度因素 | 成分 | | |
|---|---|---|---|
| | 1 | 2 | 3 |
| 联系方式渠道满意度 | 0.812 | 0.033 | −0.442 |
| 执法时的态度满意度 | 0.802 | 0.401 | −0.223 |
| 执法及时程度满意度 | 0.795 | 0.110 | 0.476 |
| 执法依法程度满意度 | 0.833 | −0.444 | 0.063 |
| 执法时的方式满意度 | 0.860 | −0.361 | −0.059 |
| 执法工作效果满意度 | 0.818 | 0.299 | 0.193 |

表 3-44　方差最大正交旋转后的因子载荷矩阵

| 满意度因素 | 成分 | | |
|---|---|---|---|
| | 1 | 2 | 3 |
| 联系方式渠道满意度 | 0.487 | 0.774 | 0.138 |
| 执法时的态度满意度 | 0.180 | 0.794 | 0.436 |
| 执法及时程度满意度 | 0.376 | 0.181 | 0.835 |
| 执法依法程度满意度 | 0.856 | 0.221 | 0.338 |
| 执法时的方式满意度 | 0.812 | 0.358 | 0.295 |
| 执法工作效果满意度 | 0.252 | 0.474 | 0.712 |

　　由表 3-44 可知,各个公共因子与以下因素密切相关:

　　第一个公共因子 F1 主要解释的是对城管执法依法程度的满意度、对城管执法方式的满意度,称为依法化因子;

　　第二个公共因子 F2 主要解释的是对联系城管方式渠道的满意度、对城管执法态度的满意度称,称为人性化因子;

　　第三个公共因子 F3 主要解释的是对城管执法及时程度的满意度、对城管执法工作效果的满意度,称为效率化因子。

　　从理论上讲,最后得到的因子之间相互独立,没有相关性,而表 3-45 因子转换矩阵显示,3 个因子之间相关性较低。可见,对因子进行旋转是完全有必要的。

**表 3-45　因子转换矩阵**

| 成分 | 1 | 2 | 3 |
|---|---|---|---|
| 1 | 0.608 | 0.567 | 0.556 |
| 2 | −0.793 | 0.471 | 0.387 |
| 3 | −0.043 | −0.676 | 0.736 |

由表 3-46 可见，前 3 个因子解释了杭州市民对城管执法工作满意度的影响因素 85.755%的原因。其中，F1 解释了 31.102%的原因，表明执法依法程度和执法方式这两个成分是影响杭州市民对城管执法工作满意度的重要因素；F2 解释了 27.741%的原因，表明联系方式渠道及执法态度是两个较为主要的因素；F3 解释了 26.913%的原因，起到了补充作用。

**表 3-46　执法满意度影响因素结果汇总**

| 因子编号 | 因子名称 | 因素编号 | 因素名称 | 主因子 | | |
|---|---|---|---|---|---|---|
| | | | | 1 | 2 | 3 |
| F1 | 依法化因子 | E4 | 执法依法程度满意度 | 0.856 | | |
| | | E5 | 执法时的方式满意度 | 0.812 | | |
| F2 | 人性化因子 | E1 | 联系方式渠道满意度 | | 0.774 | |
| | | E2 | 执法时的态度满意度 | | 0.794 | |
| F3 | 效率化因子 | E3 | 执法及时程度满意度 | | | 0.835 |
| | | E6 | 执法工作效果满意度 | | | 0.712 |
| 方差贡献率(%) | | | | 31.102 | 27.741 | 26.913 |
| 累计方差贡献率(%) | | | | 31.102 | 58.843 | 85.755 |

（3）回归分析

①多值 Logistic 回归模型

• 变量选择

基于因子分析结果，本报告建立多值 Logistic 回归模型继续分析各方面的满意度与总体满意度的关系，以便确定最大的影响因素，发现亟待改善的地方，更大程度地提高总体满意度。

本报告将居民对城管执法工作总体满意度与其他 6 项进行相关性分析，发现影响都十分显著。由表 3-47 可得，Kendall's tau-b 等级相关系数显示 0.472、0.549、0.525、0.569、0.552、0.584，本报告分别选择其相关系数较大的变量，即对城管执法依法程度的满意度和对城管执法工作效果的满意度。因此，本报告将对执法总体工作的满意度作为因变量，将对城管执法依法程度的满意度和对执法工作效果的满意度作为自变量，建立多值 Logistic 回归模型。

表 3-47　总体满意度与各因素的相关分析 Kendall's tau-b 系数

| 满意度因素 | Kendall's tau-b | 渐进标准误差 | 近似值 $T$ | 近似值 Sig. |
|---|---|---|---|---|
| 联系方式渠道满意度 | 0.472 | 0.036 | 12.478 | 0.000 |
| 执法时的态度满意度 | 0.549 | 0.035 | 14.553 | 0.000 |
| 执法及时程度满意度 | 0.525 | 0.035 | 13.948 | 0.000 |
| 执法依法程度满意度 | 0.569 | 0.030 | 17.730 | 0.000 |
| 执法时的方式满意度 | 0.552 | 0.027 | 18.132 | 0.000 |
| 执法工作效果满意度 | 0.584 | 0.034 | 15.724 | 0.000 |

- 构建模型

$Y$:对执法工作总体的满意度。

其中,$Y=0$,不满意;$Y=1$,一般;$Y=2$,满意。

$X_1$:对城管执法依法程度的满意度。

其中,$X_{11}=0$,不满意;$X_{12}=1$,一般;$X_{13}=2$,满意。

$X_2$:对城管执法工作效果的满意度。

其中,$X_{21}=0$,不满意;$X_{22}=1$,一般;$X_{23}=2$,满意。

由于因变量有 3 个选择,为避免共线性,本报告选取一个因变量的取值为基准因变量,同时各自变量设置一个哑变量。建立的模型如下:

当 $Y=0$ 时:

$$\ln \frac{p(Y=0)}{p(Y=2)}=\beta_{10}+\beta_{11}X_{11}+\beta_{12}X_{12}+\beta_{13}X_{21}+\beta_{14}X_{22} \tag{3-1}$$

当 $Y=1$ 时:

$$\ln \frac{p(Y=1)}{p(Y=2)}=\beta_{20}+\beta_{21}X_{11}+\beta_{22}X_{12}+\beta_{23}X_{21}+\beta_{24}X_{22} \tag{3-2}$$

运用 SPSS 22.00 软件进行分析,得到如下结果。

由表 3-48 的模型拟合信息知,模型的似然比检验 $p$ 值小于 0.05。这表明在 5% 显著性水平下模型显著成立。

表 3-48　模型拟合信息

| 模型 | 模型拟合标准 | 似然比检验 | | |
|---|---|---|---|---|
| | －2 倍对数似然值 | 卡方 | df | Sig. |
| 仅截距 | 367.322 | — | — | — |
| 最终 | 65.639 | 301.684 | 8 | 0.000 |

由表 3-49 最终得到显著性模型如下:

$$\ln \frac{p(Y=0)}{p(Y=2)}=-4.720+4.152X_{11}+3.838X_{21}+1.851X_{22} \tag{3-3}$$

$$\ln \frac{p(Y=1)}{p(Y=2)}=-2.310+2.740X_{11}+0.888X_{12}+2.304X_{21}+2.395X_{22} \tag{3-4}$$

表 3-49　参数估计

| 执法工作总体满意度 | | $B$ | 标准误 | Wald | df | Sig. | Exp($B$) | Exp($B$)的置信区间95% | |
|---|---|---|---|---|---|---|---|---|---|
| | | | | | | | | 下限 | 上限 |
| 不满意 | 截距 | −4.720 | 0.898 | 27.600 | 1 | 0.000 | | | |
| | $X_{11}$ | 4.152 | 0.757 | 30.066 | 1 | 0.000 | 63.578 | 14.412 | 280.475 |
| | $X_{12}$ | 0.705 | 0.742 | 0.902 | 1 | 0.342 | 2.023 | 0.472 | 8.666 |
| | $X_{13}$ | 0 | | | 0 | | | | |
| | $X_{21}$ | 3.838 | 0.838 | 20.972 | 1 | 0.000 | 46.422 | 8.982 | 239.919 |
| | $X_{22}$ | 1.851 | 0.840 | 4.857 | 1 | 0.028 | 6.363 | 1.227 | 32.995 |
| | $X_{23}$ | 0 | | | 0 | | | | |
| 一般 | 截距 | −2.310 | 0.355 | 42.273 | 1 | 0.000 | | | |
| | $X_{11}$ | 2.740 | 0.501 | 29.899 | 1 | 0.000 | 15.491 | 5.801 | 41.367 |
| | $X_{12}$ | 0.888 | 0.342 | 6.745 | 1 | 0.009 | 2.430 | 1.243 | 4.749 |
| | $X_{13}$ | 0 | | | 0 | | | | |
| | $X_{21}$ | 2.304 | 0.459 | 25.149 | 1 | 0.000 | 10.017 | 4.070 | 24.651 |
| | $X_{22}$ | 2.395 | 0.367 | 42.561 | 1 | 0.000 | 10.965 | 5.340 | 22.515 |
| | $X_{23}$ | 0 | | | 0 | | | | |

当选择 $X_{11}$、$X_{21}$ 时,代入第一个式子,得出 $\ln \dfrac{p(Y=0)}{p(Y=2)}=26.31$,说明对于满意城管执法总体工作的居民而言,不满意其执法依法程度和工作效果的居民与不满意城管执法总体工作的居民发生比,是对执法依法程度和工作效果感到一般或满意与不满意城管执法总体工作的居民发生比的 26.31 倍。

当选择 $X_{11}$、$X_{12}$ 时,代入第二个式子,得出 $\ln \dfrac{p(Y=1)}{p(Y=2)}=15.39$,说明对于满意城管执法总体工作的居民而言,对其执法依法程度感到一般或不满意的居民与对城管执法总体工作感到一般的居民发生比,是对城管执法依法程度和工作效果感到满意与对城管执法总体工作感到一般的居民发生比的 15.39 倍。

②多元线性回归

· 相关分析

本报告采用 Spearman 相关分析法,对城管形象、工作期望、执法感知及居民满意度进行相关分析,其结果如表 3-50 所示。

表 3-50　形象、期望、感知及满意度的相关关系

| 项目 | | 城管形象 | 工作期望 | 执法感知 | 居民满意度 |
|---|---|---|---|---|---|
| 城管形象 | Spearman 相关系数 | 1.000 | −0.087 | 0.608** | 0.712** |
| | Sig.（双侧） | — | 0.072 | 0.000 | 0.000 |
| 工作期望 | Spearman 相关系数 | −0.087 | 1.000 | −0.033 | −0.107* |
| | Sig.（双侧） | 0.072 | — | 0.491 | 0.027 |
| 执法感知 | Spearman 相关系数 | 0.608** | −0.033 | 1.000 | 0.731** |
| | Sig.（双侧） | 0.000 | 0.491 | — | 0.000 |
| 居民满意度 | Spearman 相关系数 | 0.712** | −0.107* | 0.731** | 1.000 |
| | Sig.（双侧） | 0.000 | 0.027 | 0.000 | — |

注：* 表示相关系数在 0.1 水平上显著，* * 表示在 0.05 水平上显著。

结果显示，不仅自变量和因变量之间存在明显的相关关系，各自变量之间也存在一定的相关关系。其中，在 5% 显著性水平下，城管形象和执法感知、城管形象和居民满意度、工作期望和居民满意度、执法感知和居民满意度的相关系数分别为 0.608、0.712、−0.107、0.731，其显著性 $p$ 值均小于 0.05。这说明上述变量之间存在显著相关性。

- 多元线性回归分析——逐步回归法

由于工作期望、执法感知和居民满意度均为有序分类变量，本报告对工作期望、执法感知和居民满意度各分类项的评分求总值，后求出均值，由此将上述三个变量转化为连续性变量。

城管形象的评分也为有序分类变量，有"非常不好"、"不好"、"一般"、"好"、"非常好"五个分类。本报告为城管形象设置四个哑变量，将其转化为二分类变量，以满足多元线性回归分析的前提条件。设置四个哑变量 $D_{11}$、$D_{12}$、$D_{13}$、$D_{14}$ 分别表示"不好"、"一般"、"好"、"非常好"，将"非常不好"设置为参考变量。

对自变量及因变量进行赋值，令 $\hat{Y}$＝公众满意度；$D_{11}$＝（城管形象：不好）；$D_{12}$＝（城管形象：一般）；$D_{13}$＝（城管形象：好）；$D_{14}$＝（城管形象：非常好）；$X_1$＝执法感知；$X_2$＝工作期望。

为得到最优回归方程，本报告对该模型进行逐步分析。如表 3-51 显示，由于该模型拟合程度比较高，没有变量被移出。

表 3-51　输入/移去的变量

| 模型 | 输入的变量 | 移去的变量 | 方法 |
|---|---|---|---|
| 1 | $D_{11}$、$D_{12}$、$D_{13}$、$D_{14}$ | — | 进入 |
| 2 | $X_1$ | — | 逐步（准则：F-to-enter 的概率≤0.050，F-to-remove 的概率≥0.100） |
| 3 | $X_2$ | — | 逐步（准则：F-to-enter 的概率≤0.050，F-to-remove 的概率≥0.100） |

由表 3-52 可知,城管形象、工作期望和执法感知全部进入回归方程后,复相关系数为
0.830,调整后的判定系数为 0.685,表明已解释变差占总变差的 68.5%。模型中的 D-W 值
为 2.070,接近于 2,故不存在严重的一阶序列相关。四个参数的值越大表明模型效果越好,
故模型 3 为最优模型。

表 3-52　模型摘要

| 模型 | $R$ | $R^2$ | 调整后的 $R^2$ | 标准估计的误差 | Durbin-Watson |
|---|---|---|---|---|---|
| 1 | 0.743 | 0.553 | 0.548 | 0.632 | — |
| 2 | 0.828 | 0.686 | 0.683 | 0.529 | — |
| 3 | 0.830 | 0.690 | 0.685 | 0.527 | 2.070 |

由表 3-53 可见,$F$ 值为 155.541,$F$ 统计值的显著性概率为 0.000,小于 0.05。这表明
在 5% 显著性水平下总体回归效果显著。

表 3-53　方差分析

| 模型 | | 和 | df | 均方差 | $F$ 值 | Sig. |
|---|---|---|---|---|---|---|
| 3 | 回归 | 259.500 | 6 | 43.250 | 155.541 | 0.000 |
| | 残差 | 116.786 | 420 | 0.28 | — | — |
| | 合计 | 376.286 | 426 | — | — | — |

由表 3-54 得知,回归方程中的方差膨胀因子均小于 10,故其不存在多重共线性。回归
系数及显著性检验结果表明,在 5% 显著性水平下,城管形象、工作期望、执法感知变量对应
的 $p$ 值均为 0.000,小于 0.005,各变量通过检验。故得到回归方程如下:

$$\hat{Y}=1.177+0.450D_{11}+0.755D_{12}+1.219D_{13}+1.740D_{14}+0.437X_1-0.049X_2$$

$$(3-5)$$

表 3-54　回归总体效果

| 模型 | | 非标准化回归系数 | | 标准回归系数 | $T$ | Sig. | 多重共线性诊断 | |
|---|---|---|---|---|---|---|---|---|
| | | B | 标准误 | Beta | | | 容许度 | VIF |
| 3 | 常数 | 1.177 | 0.150 | — | 7.857 | 0.000 | — | — |
| | $D_{11}$ | 0.450 | 0.121 | 0.192 | 3.710 | 0.000 | 0.277 | 3.608 |
| | $D_{12}$ | 0.755 | 0.119 | 0.401 | 6.343 | 0.000 | 0.185 | 5.417 |
| | $D_{13}$ | 1.219 | 0.139 | 0.518 | 8.782 | 0.000 | 0.212 | 4.713 |
| | $D_{14}$ | 1.740 | 0.172 | 0.459 | 10.096 | 0.000 | 0.358 | 2.796 |
| | $X_1$ | 0.437 | 0.033 | 0.480 | 13.373 | 0.000 | 0.574 | 1.742 |
| | $X_2$ | -0.049 | 0.023 | -0.058 | -2.113 | 0.035 | 0.968 | 1.034 |

**2. 信任状况分析**

(1)信任状况描述性分析

由表 3-55 可得,样本中对杭州市城管比较信任和不大信任的居民分别占 42.6% 和

42.1％,两者比例较为相近。不信任杭州市城管的占 11.5％,非常信任城管的占 3.8％。通过调查数据可见,居民愿意寻求城管帮助的程度与居民对城管的信任程度存在一定联系,故本报告将继续探究两者间的相关性。

表 3-55　信任程度分布

| 信任程度 | 频数(人) | 百分比(％) | 有效百分比(％) | 累计百分比(％) |
| --- | --- | --- | --- | --- |
| 非常信任 | 16 | 3.8 | 3.8 | 3.8 |
| 比较信任 | 182 | 42.6 | 42.6 | 46.4 |
| 不大信任 | 180 | 42.1 | 42.1 | 88.5 |
| 不信任 | 49 | 11.5 | 11.5 | 100.0 |
| 合计 | 427 | 100.0 | 100.0 | — |

(2)对数线性模型分析

根据 UMPSI 模型,确定总体满意度为自变量、信任程度为因变量,本报告构建 Logit 模型对满意度进行对数线性分析。经模型似然比拟合度检验可得,$p$ 值大于 0.05,故认为模型在 5％ 显著性水平下的拟合效果较理想。

由表 3-56 可得,在 $p$ 值小于 0.05 的情况下:[信任度＝1]×[满意度＝1]的系数为负,说明在满意度为 1 的情况下,信任度为 1 的概率较小;[信任度＝1]×[满意度＝2]的系数为负,说明在满意度为 2 的情况下,信任度为 1 的概率也较小,但系数的绝对值比前者更小。

[信任度＝2]×[满意度＝1]的系数为负,说明在满意度为 1 的情况下,信任度为 2 的概率较小;[信任度＝2]×[满意度＝2]的系数为负,说明在满意度为 2 的情况下,信任度为 2 的概率也较小,但系数的绝对值比前者更小。

[信任度＝3]×[满意度＝2]的系数为正,说明在满意度为 2 的情况下,信任度为 3 的概率较大;[信任度＝3]×[满意度＝3]的系数为正,说明在满意度为 3 的情况下,信任度为 3 的概率较大,且系数比前者更大。

综上,满意度与信任度之间有正相关关系。居民对城管的满意度越高,则信任度越高,且在信任度相同的情况下,满意度越高,达到这一信任度的概率越大。

表 3-56　参数估计

| 参数 | 估计 | 标准误 | Z 值 | Sig. | 90％置信区间 | |
| --- | --- | --- | --- | --- | --- | --- |
| | | | | | 下限 | 上限 |
| [信任度＝1]×[满意度＝1] | −3.973 | 1.474 | −2.696 | 0.007 | −6.861 | −1.085 |
| [信任度＝1]×[满意度＝2] | −3.111 | 0.730 | −4.263 | 0.000 | −4.541 | −1.680 |
| [信任度＝1]×[满意度＝3] | −1.577 | 0.416 | −3.787 | 0.000 | −2.393 | −0.761 |
| [信任度＝1]×[满意度＝4] | −0.955 | 0.488 | −1.957 | 0.050 | −1.911 | 0.001 |
| [信任度＝1]×[满意度＝5] | 0 | | | | | |
| [信任度＝2]×[满意度＝1] | −5.165 | 1.466 | −3.524 | 0.000 | −8.038 | −2.292 |

续表

| 参数 | 估计 | 标准误 | Z 值 | Sig. | 90％置信区间 | |
| --- | --- | --- | --- | --- | --- | --- |
| | | | | | 下限 | 上限 |
| ［信任度＝2］×［满意度＝2］ | −2.021 | 0.388 | −5.211 | 0.000 | −2.781 | −1.261 |
| ［信任度＝2］×［满意度＝3］ | −0.168 | 0.317 | −0.529 | 0.597 | −0.789 | 0.454 |
| ［信任度＝2］×［满意度＝4］ | 0.920 | 0.373 | 2.470 | 0.014 | 0.190 | 1.650 |
| ［信任度＝2］×［满意度＝5］ | 0 | | | | | |
| ［信任度＝3］×［满意度＝1］ | −0.251 | 0.546 | −0.460 | 0.645 | −1.322 | 0.819 |
| ［信任度＝3］×［满意度＝2］ | 0.877 | 0.423 | 2.074 | 0.038 | 0.048 | 1.706 |
| ［信任度＝3］×［满意度＝3］ | 1.917 | 0.393 | 4.882 | 0.000 | 1.147 | 2.687 |
| ［信任度＝3］×［满意度＝4］ | 1.988 | 0.445 | 4.469 | 0.000 | 1.116 | 2.860 |
| ［信任度＝3］×［满意度＝5］ | 0 | | | | | |
| ［信任度＝4］×［满意度＝1］ | 0 | | | | | |
| ［信任度＝4］×［满意度＝2］ | 0 | | | | | |
| ［信任度＝4］×［满意度＝3］ | 0 | | | | | |
| ［信任度＝4］×［满意度＝4］ | 0 | | | | | |
| ［信任度＝4］×［满意度＝5］ | 0 | | | | | |

# 三、调查结论

## (一)问卷调查

### 1. 职能认知与形象方面

(1)居民对城管部分职能认知和关注程度低下,原因呈多样化。在调查的 427 份有效样本中,关注市园林绿化管理和公安交通管理的居民分别为 67 人次和 87 人次,远低于其他 5 项职能。从与杭州市城管委领导的访谈中,本小组分析该情况的主要原因包括:①居民常常关注城管执法中与自身利益密切相关的项目,而这两项职能在居民看来离自身较远;②媒体对于城管执法的报道过多集中于城管其他 5 项职能,使居民对城管职能的关注与了解存在惯性思维。

(2)城管自身宣传力度不足,大部分信息来自媒体。调查显示,样本中 21.5％的居民称从未收到有关城管执法的信息,超过 70％认为城管对自身工作的宣传是低效甚至缺乏的。这说明杭州市城管对于自身执法工作的发布效率有待提高、途径有待扩宽。广播电视和网络是居民获得有关城管执法信息的最主要途径,分别占 33.7％和 31.6％。这说明媒体的报道会很大程度上影响居民对城管执法工作的了解程度及对城管形象的认知,进而影响对其执法工作的满意程度。

（3）不合理执法现象频发，种类多样。执法手段的依法得当是取得居民良好印象的重要方式，正确的执法既要合法，同时也要取得居民的认可。在取得的有效问卷中，有41.2％的居民表示碰到过不合理执法行为，接近半数。这说明杭州市城管在执法工作中仍存在许多不合理现象，且许多居民碰到多种不合理执法行为。上述情况表明，杭州市城管委需进一步规范各区城管执法过程，避免出现不合理执法行为。

（4）居民对城管形象满意度差异不大，部分居民对其认同度低下。"城管形象"是居民对城管部门的整体印象，集中反映了居民对城管的认知与定位过程。从评分上看，城管形象评分的均值为3，居民对城管形象看法一般，且其偏度为零，说明形象看法分布很均匀。有少数居民认为城管没有存在的必要，说明其对城管的认同程度低下。

**2. 工作期望方面**

（1）居民对执法工作期望高，对执法方式期望最高。居民对执法工作各个方面的期望值均高于4.2，且众数为5，说明居民对杭州市城管执法工作的期望普遍很高，同时以高标准衡量城管执法工作的各个方面，这对于城管部门是个不小的挑战。在执法工作的各方面中，居民对于城管执法方式的期望最高，希望城管运用合理且人性化的方式执法。

（2）期望与居民在杭居住时间呈正相关。居民对执法工作的期望与其在杭居住时间显著相关，认为执法工作总体良好，城管执法有必要或非常必要的居民人数随着居住时间的增长而增长。居住时间为0～2年的居民对执法工作总体期望高和非常高的比例为52.4％，而这在居住时间为10年及以上的居民中该比例高达91.8％。在与居民的访谈中本调研小组了解到，居民在杭州的居住时间越长，对于城市的责任感和主人翁精神越强，"老杭州"对城市秩序井然的诉求尤为强烈。

**3. 执法感知方面**

（1）执法工作实际感知偏低。从量表上看，执法感知的分布均匀，熵值和G-S值显示执法工作各个方面及总体的实际感知的分布近均匀；从得分上看，所有项目的得分均集中在3附近，总体感知的均值为3.14，其中联系城管方式渠道的实际感知最低。在与居民的访谈中，本调研小组发现许多居民反映不知如何联系城管解决问题或咨询事项，这是城管亟待加强的方面。

（2）碰到过不合理执法的居民对执法的感知较低。数据分析得知，碰到过不合理执法的居民对执法工作实际感知明显低于未碰到不合理执法情况的居民。且显著性分析表明，执法工作实际感知与形象看法、总体期望均显著相关。其中，执法感知与形象看法呈正相关，与总体期望呈负相关。

**4. 满意度与信任度方面**

（1）执法工作满意度偏低，对执法方式的满意度最低。超过一半居民认为城管工作"一般"，在5分制的情况下满意度均值仅达3.14。城管执法是城市治理的重要组成部分，从城管执法工作状态来看，受访市民对"执法方式"的满意度最为低下，仅为2.57。杭州市城管应努力攻克执法方式等评价"最短板"，避免"木桶理论"负效应溢出。

（2）横向来看，总体满意度受形象看法、工作期望及执法感知影响。执法感知对公众满意度的影响和贡献最大，其次是城管形象。良好的城管形象有助于构建积极的政府—市民关系，但决定城市管理公众满意度最关键的因素在于实际的城管绩效。在城市快速发展的过程中,有关城市管理部门应以令人满意的工作业绩来满足市民期望,从而减少居民对城市管理的负面评价。

(3)纵向来看,总体满意度受依法化、人性化及效率化因子影响。因子分析结果表明,依法化因子解释了31.10%的原因,依法程度和执法方式是影响杭州市民对城管执法工作满意度的重要因素;人性化因子和效率化因子分别解释了超过25%的原因,起到了补充作用。由此得知,人性化执法建立在严格执法的前提下,辅之以有效地解决问题,这是城管真正的职责所在。

(4)居民对城管信任度较低,满意度是其关键因素。居民对城管的信任程度与其满意程度呈正相关关系,而当前居民对城管的满意程度和信任程度普遍不高。相关部门应着力于提高居民对城管的信任程度及满意度,进而达到居民配合城管工作并积极参与到城市管理的目的。

## (二)访谈

通过走访杭州市城管委、区城管局,并访问市城管委宣传教育处何处长及区城管局相关领导,本小组获得了大量第一手资料,对杭州市城管执法工作的现状有了更深的了解。以下是本小组访谈内容的总结。

### 1. 杭州市城管委在治理方面成效显著,居民满意度依旧不高

杭州市城市管理委员会宣传教育处何处长提到,为加强与居民的友好联系,杭州市城管委通过传统纸媒、网络媒体等平台发布大量信息,从而使居民更加了解城管、理解城管。同时设立电话热线和网络建议投诉平台,为居民联系城管提供便利,发挥居民对城管工作的监督作用。但在实施过程中,城管仍无法在居民心中树立良好形象,居民对城管人员持有较差的固有印象。何处长提到,城管执法在维护居民利益的同时,往往使小部分居民利益得不到满足,这是导致满意度不高的重要原因。

本小组在江干区城管执法大队规划科沈科长处得知,即使如今城管工作较为完善,但由于居民长期对城管的不良印象使得城管工作无法获得广大居民的支持,甚至分裂成对立的"敌我"两个阵营。工作人员解释称,居民普遍认为管理方是强势方、被管理方是弱势群体,大部分市民都同情并支持弱者。同时,居民对城管执法人员和城市管理人员的区分存在疑虑,导致部分素质低下的城市管理人员被误认为是城管执法人员。这是居民对城管执法人员不能全面认知的原因之一。

### 2. 城管舆论环境较差,应积极处理其中矛盾

杭州市城管委宣教处何处长告诉本小组,当前城管部门已在合作报纸长期开辟城管宣传专栏,树立城管和谐管理、文明执法的形象。同时,和媒体进行积极沟通,努力发挥新闻舆论在城市管理中的正面导向作用。但何处长补充道,城管执法的工作性质及现实环境决定了其不可避免地处于城市管理矛盾的风口浪尖。在城市管理中,城管执法部门与执法相对人之间的矛盾是最尖锐、最不易协调的,政府的宣传力度并未做到绝对完善,部分居民未能够取得和城管连接的渠道,故无法理解、支持专业管理队伍的工作职责。而如今网络等媒体报道存在偏差及预设立场,导致城管变为道德的弱势群体,无法还原客观的城管形象。

**3.杭州居民外来人口较多,管理较为复杂**

在对江干区城管局办公室徐主任的采访中本小组得知,杭州市作为浙江省省会,每年有大量人口流动,其城市管理较为复杂,尤其是在处理流动商贩的问题上。如今"靠马路"和"吃马路"的居民仍占大多数,在居民心中流动商贩既为其带来便利又为其造成困扰,这一问题在很大程度上加大了管理难度。西湖区城管局办公室胡主任也提到这点,杭州经济发展程度高,环境优美,基础设施完善,在其走访中发现不少流动摊贩,而在城管依法整治一批流动摊贩后,又会有一批新的流动摊贩出现在辖区各个角落,难以根除。

**4.执法队伍被撤销或者相应精简,整体素质有待进一步提高**

在西湖区和上城区城管局的相关负责人处本小组得知,现各区的城管都对执法队伍相应精简,并通过明确权限、落实执法责任使执法力量更为集中,执法水平和效率显著提高。但在实施过程中,由于执法人员编制严重不足、素质良莠不齐等,普遍不能满足城市急剧扩大的现实需要。为应对大量执法任务,各地普遍聘请协管人员协助执法。然而其大多未经过执法培训,不具备执法资格,故不规范、不文明的执法现象多有发生。

上城区城管局徐主任特别提到,执法队伍整体素质是居民衡量城管总体工作的重要影响因素,在媒体报道的影响下,居民对城管执法手段颇为关注。大多数时间居民不会关注城管数十次的耐心劝说,而一次严肃执法就将矛头指向执法人员。负责人补充称,这些现象的根本在城管队伍的管理上,如今城管需要掌握的法律涉及200～300部,却缺乏专业的培训,故当今城管管理因片面强调法律效果而与工作效果相冲突。这需要形成城管队伍规范秩序与以人为本、文明执法理念。

# 五、对策与建议

## (一)针对城管委

### 1.制度上:完善城管执法相关法律,设计人性化制度

合理的法律制度将使城管执法进入法治化、规范化的轨道,为城管在执法过程中提供有力保障。城管委应做到以下两点:

(1)完善有关城市管理综合执法的法律。一方面是赋权,合理划定城管的职权范围,构建事权明晰、权责一致、分工合理的城市管理体制,赋予城管必要的执法及保护手段,为城管执法提供法律支撑;另一方面是限权,对城管执法的性质、职权、权限以及被管理者的权利做出规定。

(2)设计一整套精细化、人性化的制度,保证城管执法工作的顺利开展,保障各个阶层居民的权利和尊严,坚持以人为本,强化服务。对不服从管制的执法对象要提高化解矛盾的水平,在对方心情平和的情况下进行劝导,从而有效地化解矛盾纠纷。人性化执法建立在严格执法的前提下,有效地解决问题才是城管真正的职责所在。

### 2.质量上:提高城管整体素质,创新管理手段

城管执法人员不仅要具备坚定的政治信仰,还要熟练掌握执法业务知识,经常接受培训,切实提高自身的思想水平和工作能力。为此,本被告提出以下两点建议:

(1)优秀的城管执法人员应当具备良好的素质。因此,杭州市城管委要通过严格要求、

公开竞争、择优录取的方式选拔高素质的人员,提高城管执法队伍的整体素质。

(2)对城管执法人员安排定期培训,针对不同的城市管理格局制定不同的管理方式,抛弃对行政强制力的固有依赖,进行城管理念创新、文化创新,从源头上预防和杜绝暴力执法现象。

城管执法人员应当明确服务意识,认识到执法者同时也是服务者,在热情、周到、及时、高效地履行职能的同时,积极探索提高执法及时程度和执法质量的途径,综合提高执法效率。

**3.宣传上:拓宽宣传渠道,强调城管的重要性**

目前,大部分居民尚未意识到自身与城管之间的密切联系,导致城管的部分活动难以展开,也无法了解居民的真正意见。城管委应加强自身宣传力度,搭建与居民之间的沟通桥梁。城管应做到以下三点:

(1)完善政府宣传栏的作用,保证城管的信息及时传达至居民,避免政府宣传栏的缺位,造成居民无法准时接收城市管理信息。

(2)举办城管文化周、理念教育宣传等定期宣传活动,并鼓励居民参与其中,以提高居民的关注度,加强居民与城管的接触,使居民理解、支持专业城管队伍的工作职责,自觉配合城管工作。

(3)拓宽宣传渠道。城管委应当多与媒体合作,通过报纸、广播和电视等方式宣传城市管理新制度以及城市管理新理念,来改善自身形象,提升居民信任度。

**4.环境上:做好信息公开,正确引导舆论,营造良好的城管执法环境**

(1)内部环境。做好城管执法的信息公开工作,公开自身职能范围和权力清单,为居民对执法工作的监督提供便利及参照。同时,保证市城管委及各区城管局的热线、网络建议平台畅通,切实利用好与居民联系的渠道,便民利民。

(2)外部环境。以正面和开放的姿态面对媒体。城管执法部门的执法过程是居民关注的焦点,应适当采取录像、拍摄等措施,避免某些恶意行为而引发公众的质疑和不满。执法决策应按照法定程序公开举行听证,充分听取社会公众及各类非政府组织的意见和要求。面对不合事实的媒体报道时,主动和媒体进行沟通与了解,让居民和媒体都信任城管。

**5.职能上:加快推进政府职能转变**

党的十七大报告指出:"要健全政府职责体系,完善公共服务体系,推行电子政务,强化社会管理和公共服务。"充分发挥城管执法"二级政府,三级管理,四级网络"的作用,加强各职能部门的联系、沟通和协调,形成管理合力,进而达到最佳的管理效果和执法效率,与存在职能交叉的政府部门进行磋商,明确职能范围,理清权力清单。

## (二)针对居民

**1.客观看待城管工作,积极配合并主动帮助**

(1)由于城管工作内容繁重,在某些方面会产生失误,居民在面对城管工作过失时,应理性对待,正确行使监督权。

(2)面对无法判断对错的事件时,居民应考虑多方看法,不能凭借主观想法用偏激的言语指责城管,甚至发生过激的肢体冲突。

（3）自觉配合城管工作，做到"不添乱，不妨碍"。在城管执法遇到阻碍时，应以社会秩序、道德为基础，主动提出帮助。

**2.客观对待媒体报道，多加关注城管信息**

调查发现，居民很大程度上从媒体获得有关城管执法的报道和信息，而不少媒体却存在使用夸大措辞、贬义形容词甚至报道失实的情况。故居民应当做到以下两点：

（1）在面对城管执法报道时应客观看待，不散布谣言；当事人应当主动提供有关信息，帮助其他居民更加清楚地了解事实真相。

（2）通过政府信息窗或是正规报社获取正确的城管信息，不轻信谣言；了解城管的职能范围，不局限于流动商贩管理。

**3.积极参与城市管理，做城市的主人翁**

"城市是我家，爱护靠大家"，城市管理不仅是城管和政府的职责，每一个城市居民，都有责任和义务参与城市管理。故居民应做到以下三点：

（1）在面对城管所举办的文化周等活动时，居民应积极参与，帮助加大宣传，努力配合城管的管理工作。

（2）生活中遇到问题时，居民应主动联系城管；若在解决过程中未能满意，应向相关部门提出反馈和建议。

（3）居民应积极向城管委提出有关城市管理的建议，或是指出城管工作中的不足，并呼吁身边的人共同参与城市管理。

# 参考文献

[1] Alan D. AMA Handbook for Customer Satisfaction：A Complete Guide to Research [J]. Planning & Implementation,1997：20.

[2] Albrecht K. Customer Value[J]. Executive Excellence,1994(11)：14.

[3] 陈振明.评西方的"新公共管理"范式[J].中国社会科学,2000(6)：73-82.

[3] 程朝辉.我国城市管理的问题及对策[J].北京市工会干部学院学报,2004,19(3)：52-57.

[4] 风笑天.现代社会调查方法[M].4 版.武汉：华中科技大学出版社,2009.

[5] 俞明南,主艳耘,张彦聪.顾客满意度在政府服务中的应用[J].郑州航空工业管理学院学报,2005(4)：109-112.

[6] 张继武.顾客满意度指数模型的比较与借鉴[J].经济论坛,2006(20)：92-94.

# 附录

## 调查问卷

### 杭州市民对城管执法工作满意度的调查

您好！我们是来自××大学的统计调查小队，正在进行一项关于"杭州市民对城管执法工作满意度"的调查研究。我们将会根据这次调查所反映的问题有针对性地提出相应解决方案,并向有关部门提供建议。本调查采用匿名的方式,回答无所谓对错,仅用于分析研究。

对于您的支持,我们深表感谢!

填表说明:1.请在符合您情况和想法的选项上打"√";

　　　　　2.如果所列答案项不符合您的情况,请在"_____"中填写。

## A. 基本信息

A1. 您的性别:□男　　　□女

A2. 您的年龄:_____

A3. 您的职业:□企业职员　□在校学生　□个体工商户　□退休职工
　　　　　　　　□事业单位职员、公务员　□农业劳动者　□其他_____

A4. 您受的教育程度:□初中及以下　□高中、中专　□大专　□本科及以上

A5. 您在杭州居住的时间:□0~2年　□2~5年　□5~10年　□10年及以上

## B. 城管工作职能与形象

B1. 以下城管工作职能中,您关注和了解最多的几项是(多选题,限选三项):
　　□城市规划管理　□环境保护管理　□市政公共管理事业　□市园林绿化管理
　　□公安交通管理　□工商行政管理　□市容环境卫生管理

B2. 有关城管执法的消息您从以下哪个渠道获取的最多:
　　□政府信息窗　□报纸杂志　□广播电视　□网络　□亲眼所见　□其他_____

B3. 您印象中,政府对于城管执法相关职权和任务的宣传力度:
　　□宣传到位　□宣传低效　□从未收到相关信息

B4. 您认为城管的存在是否有必要:□有必要　　　□没必要

B5. 您是否碰到过城管不合理执法:□是　　　□否

　　【若选"是",请选择以下情况(单选题)】
　　□不查明事实就暴力执法　　　□不按规定乱罚款
　　□不劝导直接没收实物　　　□碰到以上多种情况

B6. 请您给城管执法总体形象打分:
　　□非常好　□比较好　□一般　□比较不好　□非常不好

## C. 对城管执法工作的期望

请按照您的自身情况填写,在相应的等级上打"√"。

| 期望因素 | 高 ⟶ | | | 低 |
|---|---|---|---|---|
| 1. 您对联系城管方式的期望 | 5 | 4 | 3 | 2 | 1 |
| 2. 您对城管执法态度的期望 | 5 | 4 | 3 | 2 | 1 |
| 3. 你对城管执法及时程度的期望 | 5 | 4 | 3 | 2 | 1 |
| 4. 您对城管执法依法程度的期望 | 5 | 4 | 3 | 2 | 1 |
| 5. 您对城管执法手段方式的期望 | 5 | 4 | 3 | 2 | 1 |
| 6. 您对城管执法作用效果的期望 | 5 | 4 | 3 | 2 | 1 |
| 7. 您对城管执法工作总体的期望 | 5 | 4 | 3 | 2 | 1 |

### D. 对城管工作的感知

请按照您的自身情况填写，在相应的等级上打"√"。

| 感知因素 | 好 | | | | 不好 |
|---|---|---|---|---|---|
| 1.您对联系城管方式的感知 | 5 | 4 | 3 | 2 | 1 |
| 2.您对城管执法态度的感知 | 5 | 4 | 3 | 2 | 1 |
| 3.你对城管执法及时程度的感知 | 5 | 4 | 3 | 2 | 1 |
| 4.您对城管执法依法程度的感知 | 5 | 4 | 3 | 2 | 1 |
| 5.您对城管执法手段方式的感知 | 5 | 4 | 3 | 2 | 1 |
| 6.您对城管执法作用效果的感知 | 5 | 4 | 3 | 2 | 1 |
| 7.您对城管执法工作总体的感知 | 5 | 4 | 3 | 2 | 1 |

### E 对城管工作的满意度及信任状况

请按照您的自身情况填写，在相应的等级上打"√"。

| 满意度因素 | 满意 | | | | 不满意 |
|---|---|---|---|---|---|
| 1.您对联系城管的方式渠道 | 5 | 4 | 3 | 2 | 1 |
| 2.您对城管执法的态度及亲和力 | 5 | 4 | 3 | 2 | 1 |
| 3.你对城管执法的及时程度 | 5 | 4 | 3 | 2 | 1 |
| 4.您对城管执法的依法程度 | 5 | 4 | 3 | 2 | 1 |
| 5.您对城管执法的手段方式 | 5 | 4 | 3 | 2 | 1 |
| 6.您对城管执法的作用效果 | 5 | 4 | 3 | 2 | 1 |
| 7.您对城管执法工作总体 | 5 | 4 | 3 | 2 | 1 |

E8.请您评价对城管的总体信任状况：

☐非常信任　☐比较信任　☐不大信任　☐不信任

E9.您对杭州市城管执法工作还有什么建议？

_____

# 杭州市民对"i-hangzhou"的使用现状及满意度调查

汪雨婵　王启阳　冯红霞　沈　翀　郑思雨

　　21世纪,互联网正处于飞速发展阶段。网络作为一种社会变革力量,深刻改变了社会的生产方式、生活方式与思维方式。Wi-Fi是可以将个人电脑、手持设备(如pad、手机)等终端通过无线方式互相连接的高频无线电信号,具有覆盖范围广、个人化和信息化强、门槛低及成本低的特点,成为人们最常用的局域网络。据Wi-Fi联盟数据显示,中国已经成为Wi-Fi需求量最大的市场,其在中国的渗透率达到了21.8%。截至2016年,预计中国将新增1.1亿个Wi-Fi家庭,占全球的31%。

　　随着无线通信技术的广泛应用,传统局域网络已经越来越不能满足人们的需求。人们需要信号更稳定、传输速度更快、使用更灵活的网络。2012年10月,杭州市政府主办"杭州市Wi-Fi免费向公众开放启动仪式",宣布从即日起免费向市民开放室外Wi-Fi网络。开放免费室外Wi-Fi网络的范围包括城市道路、街区、景区、广场、公交站台以及行政服务中心、交通枢纽等区域,共2000个站点,约覆盖杭州220平方千米,杭城主要公共场所Wi-Fi未来有望全免费。

　　为实现"智慧杭州"建设目标,杭州市将继续完善重点公共区域的网络覆盖,让更多群众能享受到"i-hangzhou"带来的贴心和便利的服务。然而,尽管杭州市旅游委员会通过电视新闻、报纸杂志、贴吧等渠道宣传"i-hangzhou",但仍有很多游客甚至市民从未听说过"i-hangzhou"。自开通三年多以来,市民和游客对于"i-hangzhou"的使用体验褒贬不一。杭州市内各处的"i-hangzhou"无线网络速度与稳定性差异巨大。为优化市民体验,了解无线Wi-Fi的使用现状及市民满意度显得尤为必要。

　　基于上述背景,本调研小组以杭州市民为调查对象,针对其对"i-hangzhou"的使用现状及满意度展开调查。利用列联表、因子分析、Logistic回归等分析方法,对所搜集的样本数据进行系统分析,得出结论,并向有关部门提出优化杭城无线网络相关的对策与建议。

## 一、调查简介

　　本部分主要对调查方案进行简单介绍,以杭州市民对"i hangzhou"的使用现状及满意度为调查主题,对其目的意义、调查方法、调查过程进行简单阐述。

## (一)调查目的及意义

**1.调查目的**

(1)了解目前杭州市民对"i-hangzhou"的使用现状以及满意程度。

(2)了解"i-hangzhou"现存的问题,通过调查结果揭示产生问题的原因。

(3)对调查结果进行分析,为杭州市相关部门建设"i-hangzhou"以及无线浙江"i-zhejiang"提出建议。

**2.调查意义**

(1)深入探求杭州政府公共物品和公共服务的供给与需求差异,增强公共服务对象的瞄准性,为相关部门提供参考意见。

(2)根据调查结果,以杭州旅游发展的角度提出相关建议与改进措施,并呈报给杭州市旅游委员会以供参考。

(3)进一步提高杭州城市信息化建设与应用的水平,提升信息技术对杭州城市竞争力的支撑作用,抓住智慧城市建设机遇,促进杭州城市信息化建设进入新阶段。

## (二)调查对象及范围

**1.调查对象**

问卷调查对象:杭州市民。

访谈调查对象:杭州华数数字媒体公司相关工作人员、"i-hangzhou"的用户。

**2.调查范围**

杭州市八大区,即西湖区、上城区、下城区、江干区、拱墅区、滨江区、萧山区、余杭区。

## (三)调查基本过程

在正式调查前,本调研小组制定了调查的整体规划,组织和实施调查工作主要流程如图 4-1 所示。

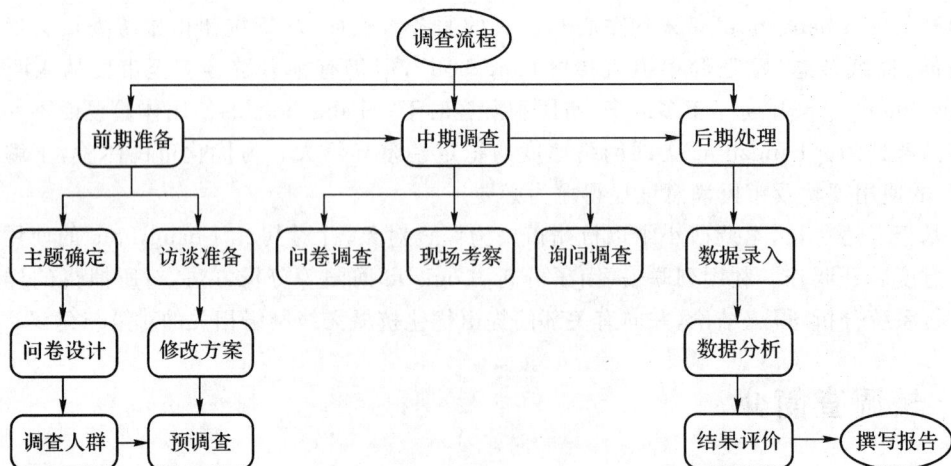

图 4-1　调查基本过程

### 1. 问卷调查

本调研小组 5 名成员在 2015 年 8 月 18—24 日,根据制定好的调查方案进行问卷调查。调查时间为每日 09:00—12:00 和 14:00—17:00,调查地点为西湖区的灵隐街道、留下街道,江干区的凯旋街道,上城区的紫阳街道四处,共发放问卷 431 份。为保证实施的可行性,小组成员提前准备了相应的礼品,采取一对一方式进行问卷发放与填写,在市民完成问卷后,送出小礼品作为答谢。

### 2. 问卷回收

本次问卷调查历时 7 天,共发放问卷 431 份,剔除问题回答前后矛盾及不完整等原因造成的无效问卷,共收回有效问卷 365 份,问卷有效率为 84.7%,具体情况见表 4-1。

表 4-1　问卷回收情况整理

| 样本区域 | 抽样街道或乡镇 | 问卷发放量(份) | 有效回收量(份) | 有效率(%) |
|---|---|---|---|---|
| 西湖区 | 灵隐街道 | 98 | 88 | 89.8 |
| | 留下街道 | 98 | 82 | 83.7 |
| 上城区 | 紫阳街道 | 98 | 83 | 84.7 |
| 江干区 | 凯旋街道 | 137 | 112 | 81.8 |

### 3. 实地调查

本调研小组选取江干区学林街文泽路口(公交车站)、文溯路(街道)、宋都凯旋苑(小区)作为实地调查地点,对"i-hangzhou"进行 APP 测速。小组分为三个分队,在同一时点分别对三个地点进行 Wi-Fi 网速测量,记录结果并汇总,进而将调查结果反馈给华数公司。

第一分队成员于 2015 年 9 月 4 日上午于学林街文泽路口(公交车站)进行测试。结果显示,该站点网络宽带仅 1M,网速较慢,手机上社交软件的消息无法发出(见图 4-2)。

第二分队成员在文溯路(街道)的浙江理工大学生活区一区用 APP 进行测试。结果显示,网速较慢,聊天消息发送较慢(见图 4-3)。

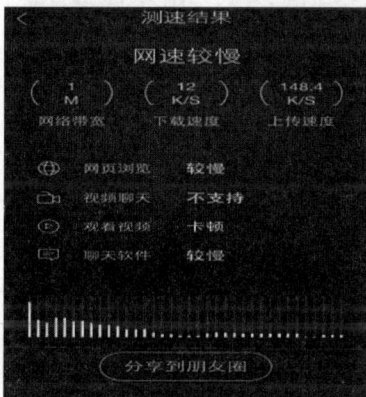

图 4-2　学林街文泽路口测速情况　　　　图 4-3　浙江理工大学生活区一区测速情况

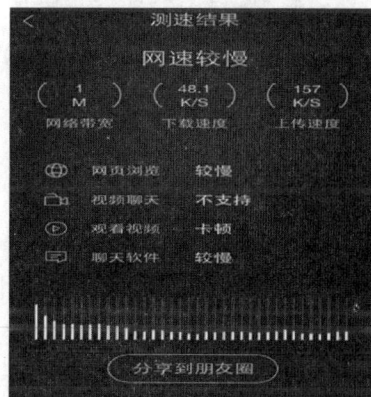

进而,该队成员沿文溯路自南向北走。测速结果显示,网速逐渐流畅。当抵达中国邮政时,下载速度与上传速度明显提高。可以推断,该路段自南向北逐渐靠近该区无线站点(见图 4-4)。

该队成员继续沿文溯路向北步行,抵达文溯路地标处。结果显示,网络宽带为 3M,也能流畅地使用聊天软件、视频软件等,测速结果为非常流畅。由此推断,此处可能是"i-hangzhou"站点(见图 4-5)。

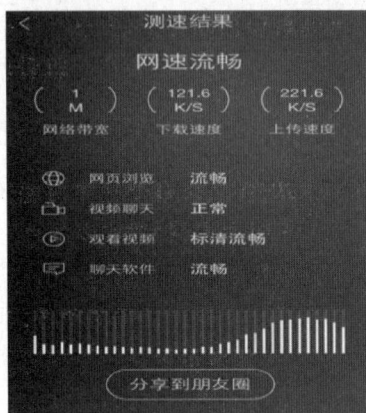

图 4-4　中国邮政测速情况

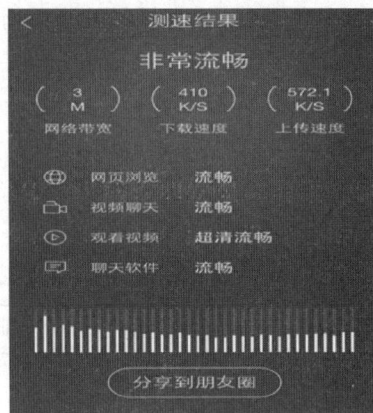

图 4-5　文溯路地标测速情况

第三分队成员到达宋都凯旋苑(小区)门口,可顺利连接"i-hangzhou"无线网络。APP测速结果显示,此处的网络速率非常流畅(见图 4-6)。

向采荷第二小学前进,信号越来越弱,网速越来越慢。到达时,网络不通,由此推断,此处已经接近站点边缘(见图 4-7)。

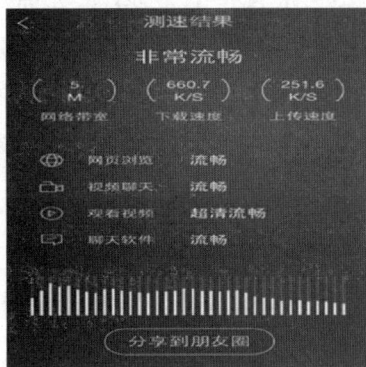

图 4-6　宋都凯旋苑测速情况

图 4-7　采荷第二小学测速情况

**4.访谈调查**

本调研小组于 2015 年 9 月 17 日下午前往杭州市西湖区天目山路杭州华数数字媒体公司和下沙高教园区进行访谈调查。

访谈前,小组成员与华数公司相关领导联系,并对华数公司的企业文化、主营业务等进行基本了解。同时针对下沙高教园区"i-hangzhou"使用人群,对访谈的问题进行适当修改。

访谈时,华数公司相关领导王女士热情地接待小组成员,并接受访谈;"i-hangzhou"的使用者陈女士在工作之余给予小组成员帮助,并回答访谈问题。

访谈后,小组成员对访谈记录进行整理,并对报告相关内容进行补充。成员分工明确,各司其职。

# 二、调查结果实证分析

## (一)基本情况

基本情况的调查主要从受调查市民的性别结构、年龄结构、学历结构以及职业结构这四方面进行,具体分析如下。

### 1. 性别结构

由图 4-8 可知,样本中男性占被调查总人数的比例为 52%,女性占比 48%,男女比例为 1.08∶1。根据杭州市统计年鉴 2014 年数据,杭州市男女比例接近 1∶1,故认为受访人员的男女比例与现实情况基本相符。

### 2. 年龄结构

由图 4-9 可见,样本中 21～40 岁的青年人群所占比例较大,占调查总数的 33%;其次是 41～60 岁的中年人群,占比 28%;61 岁及以上的老年人群和 20 岁及以下的少年人群占比接近,分别为 20% 和 19%。

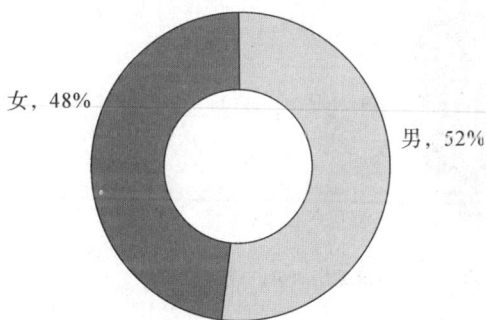

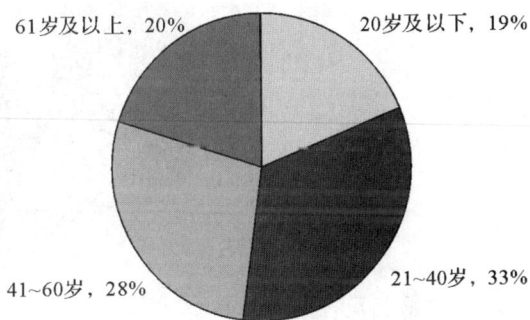

图 4-8　性别结构　　　　　　　　图 4-9　年龄结构饼图

根据杭州市统计年鉴 2014 年数据显示,全市 18 岁及以下人群占总人口比例为 15.1%,19～35 岁占 24.6%,36～60 岁占 41.0%,61 岁及以上占 19.3%。本次调研受访人群的年龄结构分布与杭州市统计年鉴公布的 2014 年全市户籍人口年龄构成接近,其中 21～40 岁人口比例较高。由此推断,青年人群经常外出、接触面广,易于接受新事物。同时,受调查市民中 20 岁及以下人群较少,究其原因,该年龄段的人群绝大部分为未成年人,多在室内或学校,较少外出。本次调查方式为户外拦截式调查,故认为受访人群的构成是相对科学的。

### 3. 学历结构

由图 4-10 可知,样本中学历为初中及以下的人群占 18%,高中占 28%,专科或本科占 47%,研究生及以上占 7%。学历为专科或本科的人群占比最大,这是由于国家实行教育普及,专科及本科生较为普遍,且该人群课业相对轻松,有更多的时间外出。研究生及以上学历的人群占比最小,这是由于研究生相对本科与专科人数较少,且课余时间较少,较少外出。由此可见,样本的学历结构较为合理。

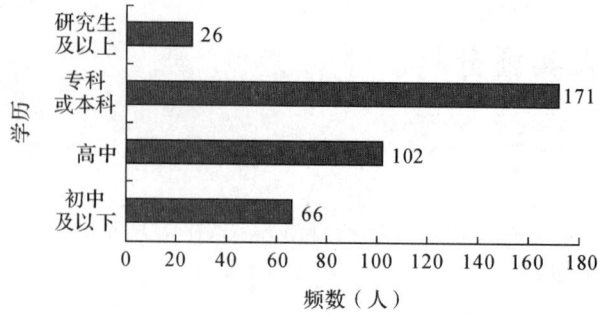

图 4-10   学历结构

**4.职业结构**

由图 4-11 可得,样本中职业为在校大学生和其他类的人数最多,分别为 113 人和 102 人,比例分别达 31％和 28％;其次为自由职业人员,占 14％;待业人员比例最低,仅占 5％。受调查者涉及各个职业,使得分析结果相对合理。

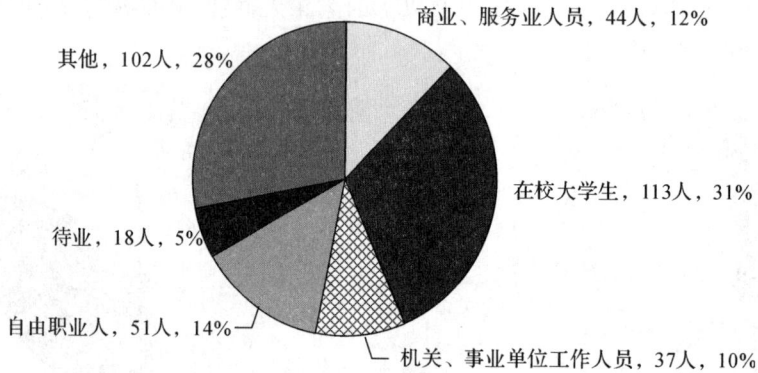

图 4-11   职业结构

## （二）"i-hangzhou"知晓情况

关于杭州市民对"i-hangzhou"的知晓情况,本调查组从整体知晓度、各年龄段知晓度和各地区知晓度三个方面展开分析。

**1.整体知晓度情况**

由图 4-12 可知,样本中 35％的居民使用过"i-hangzhou",23％的居民没有听说过,42％

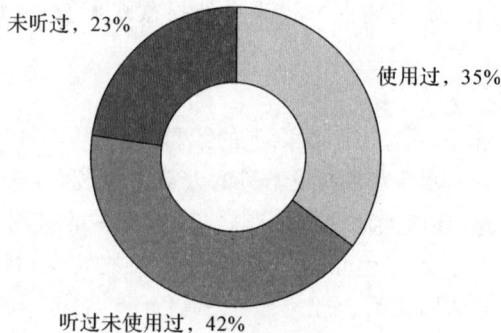

图 4-12   "i-hangzhou"知晓情况分布

的居民听过但没有使用过。这表明杭州市民对其了解程度不够，相关部门应加强宣传，同时，大多数受访者对"i-hangzhou"的使用还持观望态度，这就需要相关部门进行相关工作的安全监管，在推广的同时提高市民的信任度，进而提高"i-hangzhou"的使用率。总体而言，杭州市民对"i-hangzhou"的了解程度尚有提升空间，对此，相关部门应在保证目前宣传广度的基础上加大对其的宣传力度。

由表4-2可知，样本中通过手机无线网络的自行推荐知晓"i-hangzhou"的占比最大，达40.7%；通过新闻媒体宣传和网站论坛了解知道的人分别占22.2%和16.8%；以亲朋好友介绍的方式了解知道的人比较少，仅占9.5%。说明新闻媒体宣传的效果较好，这是由于居民对新闻媒体接触得多并且对其报道的内容比较信任。

表4-2　信息获取途径方式频数分析

| 信息获取途径方式 | 频数（人） | 百分比（%） | 个案百分比（%） |
|---|---|---|---|
| 手机无线网络推荐 | 128 | 40.7 | 75.8 |
| 新闻媒体宣传 | 70 | 22.2 | 11.9 |
| 网站论坛了解 | 53 | 16.8 | 7.8 |
| 亲朋好友介绍 | 30 | 9.5 | 6.4 |
| 其他 | 34 | 10.8 | 9.8 |
| 总计 | 315 | 100.0 | 111.7 |

**2. 各年龄段知晓度情况**

由图4-13可见，样本中21～40岁青年人使用过"i-hangzhou"的频数最大，41～60岁的中年人听过但未使用过的频数最大，61岁及以上的老年人未听过的频数最大。这说明青年人对新鲜事物接触较多且愿意尝试，中年人对于新事物显得相对谨慎，老年人较少使用电子产品，故对"i-hangzhou"的需求较小。

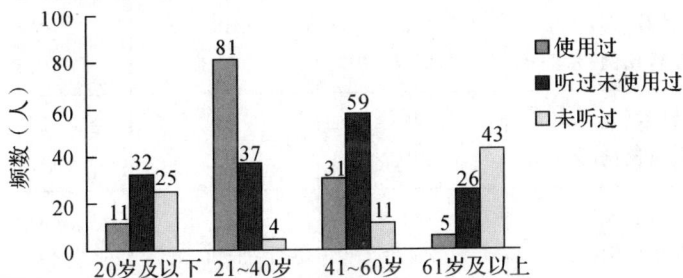

图4-13　各年龄段对"i-hangzhou"知晓分布

由表4-3可知，样本中20岁及以下和21～40岁的人主要是通过手机无线网络的自行推荐使用并了解"i-hangzhou"，分别占25.6%和68.7%；41～60岁和61岁及以上的人主要通过新闻媒体宣传了解"i-hangzhou"，分别占36.7%和45.2%。这是由于中年人和老年人一般比青少年更加关注新闻媒体播报的时事。故为了让更多人享受"i-hangzhou"的便民服务，相关部门应通过网络和新闻媒体报道增加对"i-hangzhou"的宣传，进而提高其知名度。

表 4-3　各年龄段获取信息列联分析结果

| 年龄 | 计数及比例 | 获取信息途径 | | | | | 合计 |
| --- | --- | --- | --- | --- | --- | --- | --- |
| | | 手机无线网络推荐 | 新闻媒体宣传 | 网站论坛了解 | 亲朋好友介绍 | 其他 | |
| 20 岁及以下 | 计数（人）<br>所在行比例（%） | 11<br>25.6 | 6<br>14.0 | 10<br>23.2 | 10<br>23.2 | 6<br>14.0 | 43<br>100.0 |
| 21～40 岁 | 计数（人）<br>所在行比例（%） | 81<br>68.7 | 11<br>9.3 | 13<br>11.0 | 7<br>5.9 | 6<br>5.1 | 118<br>100.0 |
| 41～60 岁 | 计数（人）<br>所在行比例（%） | 31<br>34.4 | 33<br>36.7 | 14<br>15.5 | 6<br>6.7 | 6<br>6.7 | 90<br>100.0 |
| 61 岁及以上 | 计数（人）<br>所在行比例（%） | 5<br>16.1 | 14<br>45.2 | 1<br>3.2 | 7<br>22.6 | 4<br>12.9 | 31<br>100.0 |
| 总计 | 计数（人）<br>所在行比例（%） | 128<br>45.4 | 64<br>22.7 | 38<br>13.5 | 30<br>10.6 | 22<br>7.8 | 282<br>100.0 |

**3.各地区知晓度情况**

由表 4-4 可得,三个地区中西湖区使用"i-hangzhou"的比例最高,占 42.9%;上城区和西湖区听过未使用过的比例比较高,分别为 62.3% 和 45.7%,而江干区占比为 24.1%;江干区未听过"i-hangzhou"的比例最高,占 49.1%。结果表明,上城区和西湖区的居民对"i-hangzhou"的接受程度不高,且"i-hangzhou"在江干区的普及程度有待提高。

表 4-4　各地区的知晓情况列联分析结果

| 地区 | 计数及比例 | 知晓情况 | | | 合计 |
| --- | --- | --- | --- | --- | --- |
| | | 使用过 | 听过未使用 | 未听过 | |
| 上城区 | 计数（人）<br>所在行比例（%） | 19<br>27.6 | 43<br>62.3 | 7<br>10.1 | 69<br>100.0 |
| 西湖区 | 计数（人）<br>所在行比例（%） | 79<br>42.9 | 84<br>45.7 | 21<br>11.4 | 184<br>100.0 |
| 江干区 | 计数（人）<br>所在行比例（%） | 30<br>26.8 | 27<br>24.1 | 55<br>49.1 | 112<br>100.0 |
| 总计 | 计数（人）<br>所在行比例（%） | 128<br>35.1 | 154<br>42.2 | 83<br>22.7 | 365<br>100.0 |

## （三）"i-hangzhou"使用情况

关于杭州市民对"i-hangzhou"的使用情况,本调查组从用户收到信号强弱、使用范围和使用态度三方面展开分析。

**1. 收到信号情况**

由图 4-14 可知,样本中收到"i-hangzhou"2~3 格信号的人占比最大,为 55％;连不上的占比最少,仅为 7％。这说明居民大部分时间可连接并使用"i-hangzhou",但由于周围障碍物太多或是居民离站点比较远,存在部分网络无法连接的情况。同时,手机的信号强度也会影响无线网速,进而影响居民对"i-hangzhou"的满意程度,故要重视对无线网络信号强度的建设。

当居民通过手机账号发起"i-hangzhou"连接申请后,系统会提示输入验证码,接收验证码的速度往往影响用户的使用率。统计数据显示,居民在使用过程中收到验证码的时间如图 4-15 所示。

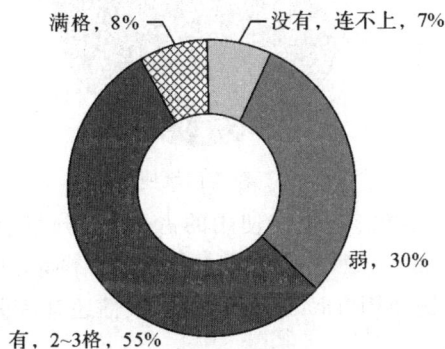

图 4-14　收到的信号强度分布　　　　图 4-15　收到验证码时间频率

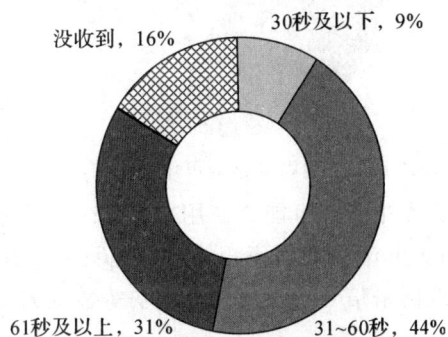

由图 4-15 可知,样本中居民在使用"i-hangzhou"过程中收到验证码时间在 31~60 秒的人占比最大,占 44％;收到验证码时间在 30 秒及以下的为 9％;存在 16％的居民没有收到验证码的情况。整体而言,居民收到验证码的时间较长,这在很大程度上降低了"i-hangzhou"的使用率。

**2. 使用范围情况**

由表 4-5 可知,样本中使用无线进行社会娱乐的居民最多,占比 60.0％;其次,使用无线进行外出旅游的居民达 19.3％;用于办公学习的居民比重较少,仅占 10.7％,其他使用范围占 10.0％,如查看新闻等。由此可以推断,大多数居民使用网络进行外出旅游与社交娱乐,这对网络信号要求较高,杭城无线网络信号亟待加强。

表 4-5　"i-hangzhou"使用范围频数分析

| 使用范围 | 频数(人) | 百分比(％) | 个案百分比(％) |
| --- | --- | --- | --- |
| 外出旅游 | 29 | 19.3 | 22.8 |
| 社交娱乐 | 90 | 60.0 | 70.9 |
| 办公学习 | 16 | 10.7 | 12.6 |
| 其他 | 15 | 10.0 | 11.8 |
| 总计 | 150 | 100.0 | 118.1 |

**3. 使用态度情况**

居民在浏览个人财务安全的相关网页时,如支付宝提交订单、登录个人网银等,是否会继续使用"i-hangzhou"的统计结果如图 4-16 所示。

样本中居民在进行涉及财务的网页时不使用"i-hangzhou"的比例为 57％,这说明居民对公共无线的使用态度相对谨慎。但仍有较多居民对"i-hangzhou"的安全问题比较信任，不担心个人财务隐私泄露。

在"i-hangzhou"覆盖的区域，居民对网络的选择存在差异。对于居民的使用态度，其统计数据分析如图 4-17 所示。

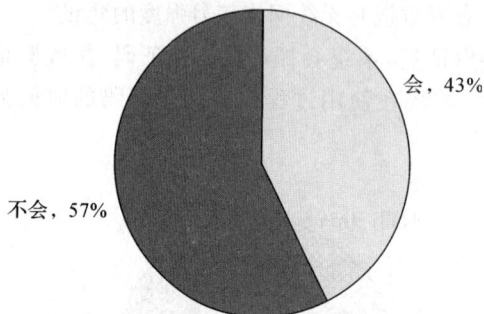

| 图 4-16　涉及财务是否再用分布情况 | 图 4-17　覆盖区域使用态度 |

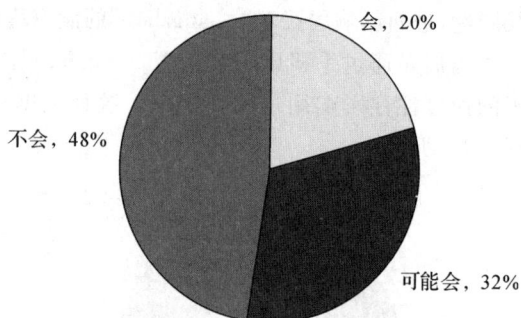

样本中会与可能会使用"i-hangzhou"的人共占 52%，不会使用的占 48%，分布结果与"i-hangzhou"的使用率相接近。说明在覆盖"i-hangzhou"的区域居民使用率并不高，这是由于无线网络信号不强或网速不快等造成的，故居民使用"i-hangzhou"的积极性还有待提高。

## （四）"i-hangzhou"改进方向

居民对"i-hangzhou"的发展提出了各自的意见与建议，对其改进方向从推广方式、优化建设地及居民关心的问题三方面展开分析。

### 1.推广方式分析

由表 4-6 可知，样本中居民认为最有效的宣传方式是新闻媒体宣传和朋友圈宣传，分别占了 30.3% 和 30.5%；其次为网络论坛宣传，占 22.5%；旅行社宣传比重为 15.5%，其他方式占 1.2%。由此可得，对于"i-hangzhou"的推广，相关部门首先应加强新闻媒体和朋友圈的宣传；其次，要在网站论坛上宣传"i-hangzhou"的使用方法和安全监管等，提高其知名度；最后，通过报社采访报道等方式让人们更加了解"i-hangzhou"的建设情况。

表 4-6　推广方式频数分析

| 推广方式 | 频数（人） | 百分比（%） | 个案百分比（%） |
|---|---|---|---|
| 旅行社宣传 | 91 | 15.5 | 25.1 |
| 新闻媒体宣传 | 178 | 30.3 | 49.2 |
| 网站论坛宣传 | 132 | 22.5 | 36.5 |
| 朋友圈宣传 | 179 | 30.5 | 49.4 |
| 其他 | 7 | 1.2 | 1.9 |
| 总计 | 587 | 100.0 | 162.6 |

### 2.优化建设地分析

由表 4-7 可知，样本中居民认为最需加强或增设 Wi-Fi 覆盖点的地方为旅游景点的占

35.0%,由此可得,杭州是一个旅游城市,景点人流量大,加强景点 Wi-Fi 信号及覆盖率可以提高游客满意度,进而推动杭州旅游业的快速发展;街道和地铁分别占 18.4% 和 27.3%,这是因为居民在乘坐地铁时拥有较多的空余时间;超市的占比最低,为 6.3%,因为居民在购物时闲暇时间较少。此外,居民认为在火车站、汽车站增设 Wi-Fi 覆盖点也显得尤为必要。

表 4-7　需优化建设的地方的统计

| 最需加强或增设 Wi-Fi 覆盖点的地方 | 频数(人) | 百分比(%) | 个案百分比(%) |
| --- | --- | --- | --- |
| 旅游景点 | 280 | 35.0 | 76.7 |
| 居民小区 | 93 | 11.6 | 25.5 |
| 街道 | 147 | 18.4 | 40.3 |
| 超市 | 50 | 6.3 | 13.7 |
| 地铁 | 218 | 27.3 | 59.7 |
| 其他 | 11 | 1.4 | 3.0 |
| 总计 | 799 | 100.0 | 218.9 |

综上所述,相关部门需要在车站、地铁、街道、景点增设 Wi-Fi 覆盖点,并在人流量大的地点进行优化建设,进而保证较好的无线网络服务。

**3. 居民关心问题分析**

由表 4-8 可知,样本中居民关心网络速度与网络稳定性的占比最高,分别为 26.6% 与 25.3%。随着移动电子设备的发展和社会消费形态的转变,人们对网速和稳定性的要求进一步提高,故在免费开放的基础上提高"i-hangzhou"的速度和稳定性将极大增加其使用率及用户满意程度。关心网络的安全性和覆盖范围的占比分别为 19.1% 和 17.1%。在无线网络使用的过程中,居民的个人信息安全存在较多隐患,故其对"i-hangzhou"的网络安全性提出较高要求。此外,加大无线覆盖范围亦可以提高服务的普及程度。

表 4-8　居民关心问题频数分析

| 居民关心问题 | 频数(人) | 百分比(%) | 个案百分比(%) |
| --- | --- | --- | --- |
| 网络速度 | 283 | 26.6 | 77.5 |
| 网络稳定性 | 269 | 25.3 | 73.7 |
| 网络安全性 | 203 | 19.1 | 55.6 |
| 网络覆盖范围 | 182 | 17.1 | 49.9 |
| 产生的额外费用 | 111 | 10.5 | 30.4 |
| 其他 | 15 | 1.4 | 4.1 |
| 总计 | 1063 | 100.0 | 291.2 |

综上所述,相关部门应合理增设覆盖点,在努力实现杭州市无线网络全覆盖的基础上进行优化建设,加强信号接收,提高网络稳定性,从而为市民提供贴心的惠民服务。

## (五)满意度分析

本调查组主要通过覆盖面、信号强度、网络速率、安全性和连接方便性五个满意度指标来评价居民对"i-hangzhou"的满意度。首先,对搜集的问卷数据进行信度分析。其次,通过量表分析研究居民对这五项指标的满意情况。再次,利用因子分析法构造"i-hangzhou"的综合满意度。最后,选取使用"i-hangzhou"过程中影响综合满意度较大的指标,建立多元Logistic回归模型,进而估计居民在使用中遇到不同情况时对"i-hangzhou"综合评价为满意的概率。

### 1.信度分析

由表4-9可知,基于标准化项的克朗巴哈系数为0.866,可认为内部一致性较好,对于社会调查来说信度达到标准,信度较好。

**表4-9 信度统计——克朗巴哈系数**

| 克朗巴哈系数 | 标准化后的克朗巴哈系数 | 项数 |
|---|---|---|
| 0.863 | 0.866 | 5 |

由表4-10可知,无论删除哪项,克朗巴哈系数基本不增加。因此,可以认为这五个指标对"i-hangzhou"的满意度评价均有影响。

**表4-10 删除相应的因素后信度的变化**

| 指标 | 项已删除的刻度均值 | 项已删除的刻度方差 | 校正的项总计相关性 | 多相关性的平方 | 项已删除的克朗巴哈系数 |
|---|---|---|---|---|---|
| 覆盖面 | 12.48 | 9.335 | 0.649 | 0.515 | 0.843 |
| 信号强度 | 12.73 | 8.551 | 0.748 | 0.689 | 0.818 |
| 网络速率 | 12.90 | 8.095 | 0.760 | 0.649 | 0.814 |
| 安全性 | 12.72 | 9.098 | 0.725 | 0.538 | 0.826 |
| 连接方便性 | 12.57 | 9.189 | 0.556 | 0.383 | 0.868 |

由表4-11可知,在5%的显著性水平下,项之间Friedman的卡方为26.174,Sig.值远小于0.05,故拒绝原假设,可以认为以上五项指标对"i-hangzhou"满意度的影响是显著的。Tukey的非可加性检验的Sig.值为0.114,大于0.05,故接受原假设,即认为以上五项不存在交互作用。

表 4-11　方差分析

| 参数 | | | 平方和 | 自由度 | 均方 | Friedman 的卡方 | Sig. |
|---|---|---|---|---|---|---|---|
| 人员之间 | | | 219.360 | 85 | 2.581 | | |
| 人员内部 | 项之间 | | 11.200 | 4 | 2.800 | 26.174 | 0.000 |
| | 残差 | 非可加性 | 1.002 | 1 | 1.002 | 2.517 | 0.114 |
| | | 平衡 | 134.998 | 339 | 0.398 | | |
| | | 小计 | 136.000 | 340 | 0.400 | | |
| | 合计 | | 147.200 | 344 | 0.428 | | |
| 总计 | | | 366.560 | 429 | 0.854 | | |

总均值=0.16

综上所述,本调查组认为对"i-hangzhou"使用满意度的五个问题信度较好,即这五个问题能反映调查意图,且数据可靠性较高。

**2. 量表分析**

杭州市民对"i-hangzhou"五项指标的平均满意度为 3.16,属一般水平。由表 4-12 和图 4-18 可知,"i-hangzhou"整体使用情况一般,还需加强其 Wi-Fi 热点建设、宣传和推广。

表 4-12　"i-hangzhou"5 项指标基本情况

| 指标 | 最小值 | 最大值 | 均值 | 均值的标准误差 | 标准差 | 方差 |
|---|---|---|---|---|---|---|
| 覆盖面 | 1 | 5 | 3.43 | 0.739 | 0.546 | 1 |
| 信号强度 | 1 | 5 | 3.03 | 0.887 | 0.786 | 1 |
| 网络速率 | 1 | 5 | 2.94 | 0.970 | 0.941 | 1 |
| 安全性 | 1 | 5 | 3.08 | 0.790 | 0.624 | 1 |
| 连接方便性 | 1 | 5 | 3.34 | 0.917 | 0.842 | 1 |

(1)覆盖面和连接方便性的满意度均较高,分别为 3.43 和 3.34。这是由于在景区、火车站、汽车站等人流量较大的地方均有"i-hangzhou"的 Wi-Fi 覆盖,并可以较快地根据手机无线网路推荐连接。

(2)网络速率的满意度最低,为 2.94,说明居民对网络速率的满意度不高。一方面,Wi-Fi 站点目前还在建设当中,当用户人数较多时会影响网速;另一方面,Wi-Fi 频段是共享、公开的,易受其他频率干扰,且使用中存

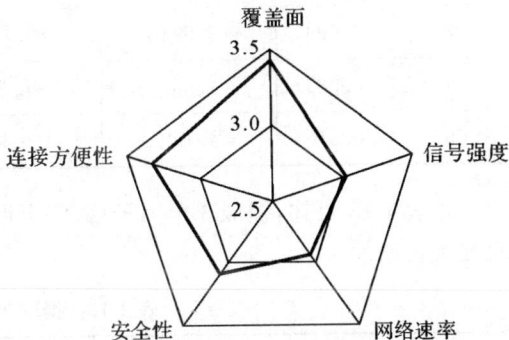

图 4-18　"i-hangzhou"5 项指标满意度雷达

在阻挡物或在运动中使用等均会导致信号不稳定,从而影响网速。

(3)信号强度和安全性的满意度较为接近,分别为 3.03 和 3.08,其满意度一般。这是由于在系统运行安全方面,架构上通过模块化设计,各个功能子系统相互分离,同时对关键

部件冗余部分进行精简,依托阿里云实施可靠部署;在信息安全方面,必须通过实名注册和认证方可使用;在使用安全方面,由华数提供宣传,给予明确告知的热点,避免非法基站的使用。故居民对信号强度的满意度不及安全性。

综上所述,本小组认为居民对"i-hangzhou"的建设抱有期望和信心。在加速推进建设的同时,应继续保持其优势,并在网络速率、信号强度和安全性方面弥补其短板,努力提供优质的"i-hangzhou"惠民服务。

**3. 因子分析**

由表 4-13 可得,KMO 值为 0.802,Bartlett's 球形检验的近似卡方值为 296.595,对应 Sig. 值远小于 0.05,故否定相关矩阵为单位矩阵的零假设,认为各变量之间存在显著的相关性,可以进行因子分析。

**表 4-13　KMO 和 Bartlett's 球形检验结果**

| 取样足够度的 Kaiser-Meyer-Olkin 度量 | | 0.802 |
|---|---|---|
| Bartlett's 球形检验 | 近似卡方 | 296.595 |
| | 自由度 | 10 |
| | Sig. | 0.000 |

由表 4-14 可知,初始特征值只有一项大于 1。按照初始特征值大于 1 提取公共因子,所提取的 1 个公共因子的特征值的方差贡献率为 63.706%。为了使累计贡献率至少达到 85%,就需要提取 3 个公共因子,才能比较好地解释原有变量所包含的信息。

**表 4-14　按特征值大于 1 提取因子的情况**

| 成分 | 初始特征值 | | | 提取平方和载入 | | |
|---|---|---|---|---|---|---|
| | 合计 | 方差的比例(%) | 累计比例(%) | 合计 | 方差的比例(%) | 累计比例(%) |
| 1 | 3.185 | 63.706 | 63.706 | 3.185 | 63.706 | 63.706 |
| 2 | 0.723 | 14.466 | 78.172 | | | |
| 3 | 0.499 | 9.971 | 88.144 | | | |
| 4 | 0.383 | 7.657 | 95.801 | | | |
| 5 | 0.210 | 4.199 | 100.000 | | | |

由表 4-15 可知,提取 3 个因子后,每个原始变量的信息贡献率都在 80% 以上,保留的信息量大大增加。

**表 4-15　提取 3 因子公共因子方差**

| 指标 | 初始值 | 提取后的值 |
|---|---|---|
| 覆盖面 | 1.000 | 0.820 |
| 信号强度 | 1.000 | 0.875 |

续表

| 指标 | 初始值 | 提取后的值 |
|---|---|---|
| 网络速率 | 1.000 | 0.800 |
| 安全性 | 1.000 | 0.940 |
| 连接方便性 | 1.000 | 0.971 |

观察图 4-19，第二个因子对应的点是折线上第一个转折点，第三个因子对应的点是折线上第二个转折点，此后折线大致呈平缓趋势。综合考虑，为保留较多信息，选择提取前3 个公共因子。

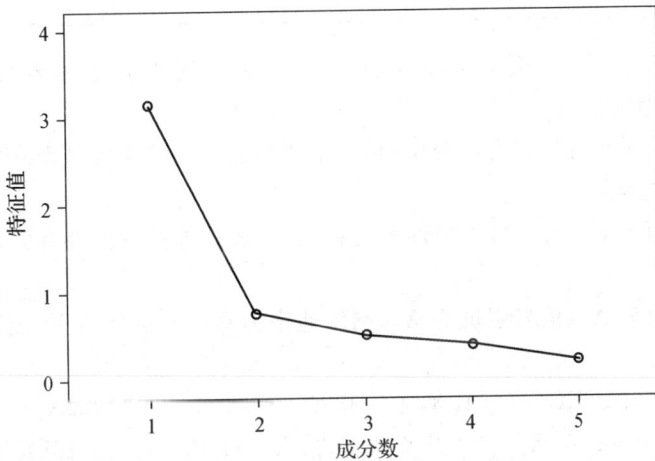

图 4-19　特征值与成分数的关系

表 4-16 是未经过旋转的因子载荷矩阵，各因子的典型代表变量不是很突出，如因子 1 与五个变量关系都比较密切，因子 2、因子 3 与五个变量关系都比较一般，容易使因子的意义含糊不清，不便于对因子进行解释。为此需对因子载荷矩阵实行旋转，使各变量在某单个因子上有高额载荷，而在其余因子上只有小到中等的载荷，从而达到简化结构的目的。在运用方差最大正交旋转法之后，得旋转因子载荷矩阵（见表 4-17）。由表 4-17 可知，经旋转后，因子便于命名和解释。

表 4-16　旋转前的因子载荷矩阵

| 指标 | 因子 | | |
|---|---|---|---|
| | 1 | 2 | 3 |
| 覆盖面 | 0.804 | −0.305 | 0.286 |
| 信号强度 | 0.859 | −0.360 | −0.095 |
| 网络速率 | 0.866 | −0.171 | −0.147 |
| 安全性 | 0.737 | 0.445 | −0.446 |
| 连接方便性 | 0.714 | 0.524 | 0.432 |

表 4-17　方差最大正交旋转后的因子载荷矩阵

| 指标 | 因子 | | |
|---|---|---|---|
| | 1 | 2 | 3 |
| 覆盖面 | 0.829 | 0.025 | 0.364 |
| 信号强度 | 0.881 | 0.302 | 0.095 |
| 网络速率 | 0.762 | 0.436 | 0.174 |
| 安全性 | 0.249 | 0.895 | 0.277 |
| 连接方便性 | 0.240 | 0.283 | 0.913 |

第一个公共因子 $F_1$：与覆盖面、信号强度、网络速率密切相关，主要与使用时的感受有关，故将其命名为使用因子。

第二个公共因子 $F_2$：与安全性密切相关，主要与连入公共无线是否泄露个人信息有关，故将其命名为安全因子。

第三个公共因子 $F_3$：与连接方便性密切相关，主要与连接方便性有关，故将其命名为连接因子。

分别记覆盖面为 $X_1$，信号强度为 $X_2$，网络速率为 $X_3$，安全性为 $X_4$，连接方便性为 $X_5$，由表 4-18 可知：

$$F_1 = 0.502X_1 + 0.512X_2 + 0.339X_3 - 0.227X_4 - 0.233X_5 \tag{4-1}$$

$$F_2 = -0.505X_1 + 0.023X_2 + 0.228X_3 + 1.065X_4 - 0.168X_5 \tag{4-2}$$

$$F_3 = 0.252X_1 - 0.307X_2 - 0.223X_3 - 0.148X_4 + 1.115X_5 \tag{4-3}$$

表 4-18　成分系数矩阵

| 指标 | 因子 | | |
|---|---|---|---|
| | 1 | 2 | 3 |
| 覆盖面 | 0.502 | -0.505 | 0.252 |
| 信号强度 | 0.512 | 0.023 | -0.307 |
| 网络速率 | 0.339 | 0.228 | -0.223 |
| 安全性 | -0.277 | 1.065 | -0.148 |
| 连接方便性 | -0.233 | -0.168 | 1.115 |

表 4-19 是提取 3 个因子后解释的总方差表。为了对"i-hangzhou"综合满意度进行分析，本报告以方差贡献率为权数对 3 个因子的得分进行加权求和，3 个旋转后公因子的方差贡献率依次为 43.266%、23.260% 和 21.618%。记综合满意度为 $F$，可得"i-hangzhou"综合满意度的计算公式如下：

$$F = 0.43266F_1 + 0.23260F_2 + 0.21618F_3 \tag{4-4}$$

表 4-19   提取 3 个因子后的情况

| 成分 | 初始特征值 | | | 提取平方和载入 | | | 旋转平方和载入 | | |
|---|---|---|---|---|---|---|---|---|---|
| | 合计 | 方差的比例(%) | 累计比例(%) | 合计 | 方差的比例(%) | 累计比例(%) | 合计 | 方差的比例(%) | 累计比例(%) |
| 1 | 3.185 | 63.706 | 63.706 | 3.185 | 63.706 | 63.706 | 2.163 | 43.266 | 43.266 |
| 2 | 0.723 | 14.466 | 78.172 | 0.723 | 14.466 | 78.172 | 1.163 | 23.260 | 66.526 |
| 3 | 0.499 | 9.972 | 88.144 | 0.499 | 9.972 | 88.144 | 1.081 | 21.618 | 88.144 |
| 4 | 0.383 | 7.657 | 95.801 | | | | | | |
| 5 | 0.210 | 4.199 | 100.000 | | | | | | |

鉴于此,可以利用杭州市民对覆盖面、信号强度、网络速率、安全性和连接方便性的满意度构造综合满意度指标,以衡量居民对"i-hangzhou"的总体满意度情况。

**4. 多元 Logistics 回归分析**

基于上述结果,为进一步研究满意度的影响因素,本报告建立多元 Logistic 回归模型。上文中利用因子分析得出的综合满意度是带有小数点的精确值,故本报告将综合满意度值在[−1.5,0)范围内的定义为不满意,重新赋值 0;在[0,1.5]范围内的定义为满意,重新赋值 1。

鉴于使用情况和满意度标准会影响"i-hangzhou"的评价,故首先对综合满意度与收到的信号强度、收到验证码的时间、涉及财务情况、使用时的网络限制访问情况、与普通流量相比情况、与其他需实名认证的无线相比情况和与其他城市的公共无线相比情况七项进行相关性分析。

由表 4-20 可知,综合满意度与收到的信号强度、收到验证码的时间、涉及财务是否再用的态度、使用时的网络限制访问情况、与普通流量相比情况、与其他需实名认证的无线网相比情况、与其他城市的公共无线网相比情况之间的相关系数分别为 0.309、0.111、−0.286、0.051、−0.151、0.118、0.016。本报告选取相关性比较明显的变量进行分析,最后确定以综合满意度为因变量,以收到的信号强度、涉及财务是否再用为自变量建立多元 Logistic 回归模型。表 4-21 为各变量的说明。

表 4-20   相关性系数

| 满意度因素及相关系数 | | 综合满意度 | 收到的信号强度 | 收到验证码的时间 | 涉及财务是否再用 | 网络限制访问情况 | 与普通流量比较 | 与其他无线网比较 | 与其他城市比较 |
|---|---|---|---|---|---|---|---|---|---|
| 综合满意度 | 相关系数 | 1 | 0.309** | 0.111 | −0.286** | 0.051 | −0.151 | 0.118 | 0.016 |
| | Sig.(双侧) | | 0.000 | 0.210 | 0.001 | 0.571 | 0.096 | 0.197 | 0.860 |
| 收到的信号强度 | 相关系数 | 0.309** | 1 | 0.644** | −0.152 | 0.049 | −0.110 | −0.044 | −0.133 |
| | Sig.(双侧) | 0.000 | | 0.000 | 0.086 | 0.585 | 0.229 | 0.632 | 0.146 |
| 收到验证码的时间 | 相关系数 | 0.111 | 0.644** | 1 | 0.035 | 0.085 | −0.211* | −0.054 | −0.154 |
| | Sig.(双侧) | 0.210 | 0.000 | | 0.697 | 0.340 | 0.020 | 0.554 | 0.090 |

续表

| 满意度因素及相关系数 | | 综合满意度 | 收到的信号强度 | 收到验证码的时间 | 涉及财务是否再用 | 网络限制访问情况 | 与普通流量比较 | 与其他无线网比较 | 与其他城市比较 |
|---|---|---|---|---|---|---|---|---|---|
| 涉及财务是否再用 | 相关系数 | −0.286** | −0.152 | 0.035 | 1 | −0.069 | 0.120 | −0.061 | 0.140 |
| | Sig.（双侧） | 0.001 | 0.086 | 0.697 | | 0.437 | 0.187 | 0.505 | 0.123 |
| 网络限制访问情况 | 相关系数 | 0.051 | 0.049 | 0.085 | −0.069 | 1 | −0.045 | −0.118 | 0.044 |
| | Sig.（双侧） | 0.571 | 0.585 | 0.340 | 0.437 | | 0.621 | 0.195 | 0.629 |
| 与普通流量比较 | 相关系数 | −0.151 | −0.110 | −0.211* | 0.120 | −0.045 | 1 | 0.225* | −0.041 |
| | Sig.（双侧） | 0.096 | 0.229 | 0.020 | 0.187 | 0.621 | | 0.013 | 0.653 |
| 与其他无线网比较 | 相关系数 | 0.118 | −0.044 | −0.054 | −0.061 | −0.118 | 0.225* | 1 | 0.292** |
| | Sig.（双侧） | 0.197 | 0.632 | 0.554 | 0.505 | 0.195 | 0.013 | | 0.001 |
| 与其他城市比较 | 相关系数 | 0.016 | −0.133 | −0.154 | 0.140 | 0.044 | −0.041 | 0.292** | 1 |
| | Sig.（双侧） | 0.860 | 0.146 | 0.090 | 0.123 | 0.629 | 0.653 | 0.001 | |

注：* 表示相关系数在 0.1 水平上显著，* * 表示在 0.05 水平上显著。

表 4-21　变量说明

| 变量 | 名称 | 符号 | 答案赋值 |
|---|---|---|---|
| 因变量 | 综合满意度 | $Y$ | 0＝不满意，1＝满意 |
| 自变量 | 收到的信号强度 | $X_1$ | 0＝没有，1＝弱，2＝有 2～3 格，3＝满格 |
| | 涉及财务是否再用 | $X_2$ | 0＝是，1＝否 |

表 4-22 给出了最终模型以及模型中只包含截距项时的似然比检验结果。卡方检验的 Sig. 值远小于 0.05，说明该模型要优于只含截距的模型，即最终模型显著成立。

表 4-22　模型拟合信息

| 模型 | 模型拟合标准 | 似然比检验 | | |
|---|---|---|---|---|
| | −2 倍对数似然值 | 卡方 | df | Sig. |
| 仅截距 | 70.029 | | | |
| 最终 | 24.627 | 45.401 | 4 | 0.000 |

由表 4-23 可知，在 5％的显著性水平下，涉及财务是否再用的态度、收到的信号强度的卡方检验 Sig. 值均远小于 0.05，故拒绝零假设，即涉及财务是否再用的态度、收到的信号强度均与"i-hangzhou"的综合满意度有显著相关性。

表 4-23　似然比检验

| 效应 | 模型拟合标准 | 似然比检验 | | |
|---|---|---|---|---|
| | 简化后的模型的−2倍对数似然值 | 卡方 | df | Sig. |
| 截距 | 24.627 | 0.000 | 0 | |
| 涉及财务是否再用 | 57.930 | 33.303 | 3 | 0.000 |
| 收到的信号强度 | 32.177 | 7.550 | 1 | 0.006 |

记"收到的信号强度＝0"为 $X_{10}$，"收到的信号强度＝1"为 $X_{11}$，"收到的信号强度＝2"为 $X_{12}$，"收到的信号强度＝3"为 $X_{13}$；记"涉及财务是否再用＝0"为 $X_{20}$，"涉及财务是否再用＝1"为 $X_{21}$。

表 4-24 中因变量的参考类别是"不满意"，其系数都为 0；自变量中的"收到的信号强度"的参考类别是 $X_{13}$，故其系数为 0；自变量中的"涉及财务是否再用"的参考类别是 $X_{21}$，其系数也为 0。

表 4-24　参数估计

| 综合满意度 | | $B$ | 标准误差 | Wald | df | Sig. | Exp($B$) | Exp($B$)的置信区间95% | |
|---|---|---|---|---|---|---|---|---|---|
| | | | | | | | | 下限 | 上限 |
| 满意 | 截距 | 1.631 | 0.774 | 4.442 | 1 | 0.035 | | | |
| | [＝0] | −3.495 | 1.124 | 9.664 | 1 | 0.002 | 0.030 | 0.003 | 0.275 |
| | [＝1] | −4.227 | 0.979 | 18.629 | 1 | 0.000 | 0.015 | 0.002 | 0.099 |
| 满意 | [＝2] | −2.081 | 0.797 | 6.817 | 1 | 0.009 | 0.125 | 0.026 | 0.595 |
| | [＝3] | 0 | 0 | | 0 | | | | |
| | [＝0] | 1.166 | 0.433 | 7.260 | 1 | 0.007 | 3.208 | 1.374 | 7.489 |
| | [＝1] | 0 | | | 0 | | | | |

由表 4-24 可知，Wald 检验的 Sig. 值都小于 0.05，说明所有因素对模型的贡献都有显著意义。

根据表 4-24 中的系数，最终模型确定为：

$$\begin{cases} G_1 = \ln \dfrac{p(Y=1)}{p(Y=0)} = 1.631 - 3.495X_{10} - 4.227X_{11} - 2.081X_{12} + 1.166X_{20} \\ G_2 = \ln \dfrac{p(Y=0)}{p(Y=0)} = 0 \end{cases}$$

$$(4\text{-}5)$$

根据多元 Logistic 回归模型，当已知居民收到的信号强度和涉及财务是否再使用的态度时，可以计算出其对"i-hangzhou"满意度两种情况的可能性。举例说明，某居民收到的信号强度为 2~3 格，浏览相关个人财务网页时会再使用"i-hangzhou"，即取 $X_{12}=1,X_{20}=1$，故可得：

$$\begin{cases} G_1 = 1.631 - 2.081 + 1.166 = 0.716 \\ G_2 = 0 \end{cases}$$

$$(4\text{-}6)$$

进一步可得：

$$\begin{cases} \dfrac{p(Y=1)}{p(Y=0)}=\exp(0.716)=2.046 \\ \dfrac{p(Y=0)}{p(Y=0)}=\exp(0)=1 \end{cases} \tag{4-7}$$

可以解得不满意的概率为 $p(Y=0)=0.328$，满意的概率为 $p(Y=1)=0.672$。

这说明当居民收到的信号强度为 2～3 格，浏览相关个人财务网页会再使用"i-hangzhou"时，其对"i-hangzhou"的综合评价为不满意的概率为 32.8%，评价为满意的概率为 67.2%。

# 三、调查结论

## (一)问卷调查总结

通过此次调查研究发现，公共无线网络"i-hangzhou"的开放在给杭州市民带来便利的同时也存在一些问题。故本小组根据搜集的问卷数据，分析"i-hangzhou"的优势与不足。

**1. 知晓度不高，使用率有待提高**

由调查数据可知，样本中 23% 的受访者没有听说过"i-hangzhou"，42% 听说过但没有使用过，仅 35% 的受访者使用过。这说明"i-hangzhou"的知晓度不高，相关部门应该加大"i-hangzhou"宣传的力度、广度与深度，向市民呼吁其优势，进而达到提高其使用率并将该项便民服务普及群众的目的。

**2. 居民使用积极性一般**

居民在使用"i-hangzhou"时，收到 2～3 格信号强度的情况居多，然而收到验证码的时间却较长，这是导致居民放弃使用的重要原因之一。同时，"i-hangzhou"作为一种公共无线网络，其安全性仍未可知，因此居民在浏览涉及财务或其他敏感信息页面时会放弃使用。综上，居民对"i-hangzhou"的使用积极性并不高。

**3. 新闻媒体和朋友圈的宣传方式最佳**

为了增加"i-hangzhou"的知晓度，有关部门应采取最有效的宣传方式。由问卷调查可知，杭州市民更易接受在新闻媒体、朋友圈等网络平台上接收关于"i-hangzhou"的讯息。这是由于在这个信息化快速发展的时代，人们更加频繁地使用互联网、新闻媒体等方式获取资讯，网络在日常生活中必不可少。

**4. 集中在旅游景点和地铁优化站点**

杭州市民认为应主要集中在旅游景点和地铁优化建设"i-hangzhou"站点。这是由于杭州是个旅游城市，是全国首个向公众免费开放室外 Wi-Fi 的城市，在旅游景点加强站点建设，有利于树立良好的城市形象，推动杭州旅游业的发展。同时，人们对于地铁上的"i-hangzhou"无线网络需求的呼声极高，地铁成为另一个需要优化建设的主要地点。

**5. "i-hangzhou"现状的满意度有待提升**

问卷调查得知，杭州市民对"i-hangzhou"的覆盖面和连接方便性的满意度相对较高，信号强度和安全性的满意度相对一般，而对网络速率的满意度相对较低。总体而言，居民对

"i-hangzhou"现状的满意度处于一般水平。这是由于"i-hangzhou"惠民工程仍处于婴儿阶段，居民对其抱有较大期望。相关部门应加快对"i-hangzhou"的建设，优化已有站点的性能，扩大站点范围，进而提高市民满意度。

## (二)访谈调查总结

### 1."i-hangzhou"全城覆盖指日可待

本小组从位于杭州市西湖区天目山路的华数数字媒体公司负责人王女士处得知，"i-hangzhou"的覆盖建设正由点及面地展开。

目前"i-hangzhou"已有在网运行无线访问接入点（AP）4096个，主要集中在公共区域，如西湖景区、武林广场、黄龙体育馆、市民中心、社区服务中心、公共营业厅及一些重要的交通枢纽等。其在黄龙体育馆、市民中心等地已实现全覆盖；在武林广场的周边及沿线道路有热点覆盖，但受道路施工、地铁建设的影响，没有形成全覆盖；在西湖景区的一些主要景区门口、景点内部以及部分道路上有热点覆盖，但没有形成全覆盖。华数公司将承担新一期的主要工作——开通"i-xihu"在西湖景区的密集覆盖。

"i-hangzhou"由最初主要公共场所的覆盖延伸至各个区域的全覆盖。截至2015年9月，"i-hangzhou"在西湖旅游景区、上城区、下城区等覆盖密集，而在拱墅区、滨江区、江干区等地覆盖相对稀疏。相关部门仍在积极建设"i-hangzhou"便民公共服务。2015年，政府计划对70个旅游咨询点、139个社区活动中心、行政办事窗口、运河休闲区域、皋亭山旅游景区、滨江奥体中心等区域进行无线覆盖，"i hangzhou"的全城覆盖指日可待。

### 2."i-hangzhou"的安全问题有保障

目前，免费Wi-Fi开设至今的注册用户达280多万，平均每天有2.2万左右用户使用"i-hangzhou"上网，最高峰值达1500人左右。市民在享受这项公共服务的同时，对免费Wi-Fi的安全问题也有所顾虑。

就安全问题，华数公司从系统运行安全、信息安全、使用安全等方面做出了如下解释：①系统运行安全：在架构上通过模块化设计，各功能子系统相互分离，对关键部件冗余的部分进行精简，同时依托阿里云实施可靠部署。②信息安全：首先，用户必须使用手机号码进行实名制注册，通过认证后方可使用免费上网服务。在后续使用中，仍需通过浏览器激活认证。其次，对用户的上网行为进行信息安全审计，保证符合国家公安部82号令、33号令对"互联网公共网络安全管理"相关技术措施的要求。③使用安全：相关部门推出了"爱这里"APP，从而实现一键上网。同时，在该APP上加强信息安全审计功能，避免非法基站的使用。

由此可知，在一系列安全措施的保障下，用户的个人信息得到了很好的保护，用户可以放心地使用"i-hangzhou"。

### 3."i-hangzhou"将进行调整，市民对其满意度将提高

杭州市民的问卷调查表明，用户对"i-hangzhou"持质疑态度，对其网络稳定性、网速等并不满意。从华数公司王女士处得知，市民在使用"i-hangzhou"的过程中会受到诸多因素的影响。首先是使用环境，若在运动中使用或使用中存在阻挡物等，均会导致信号不稳定，从而影响正常的网速。其次Wi-Fi频段是共享的、公开的，易受其他电子设备的干扰。最后，"i-hangzhou"的覆盖范围大约为100米，每个AP站点可同时支持用户数为15～25人，

当使用的用户数过大时,会影响其上网速率。

综上,华数公司做出了相应的优化升级措施:①对运营平台进行改造升级,优化上网体验。例如,优化上网流程,提升认证效率;减少门户页面大小,优化门户推送体验;加强网络运行管理监测,降低站点故障率。②对已建站点不断优化改造。通过监测 AP 站点运行数据情况,对流量较低的站点进行改造升级。③不断推进新站点建设。2015 年,相关部门在公共服务场所加大了建设力度,计划建设 800 余个站点,目前已完成 50% 左右。

### 4.“i-hangzhou”成本高,运营有压力

“i-hangzhou”的总投入建设成本将近 1 亿元,1 年的运营成本在 1500 万元左右。同时,运营免费 Wi-Fi 也面临着很大的压力。首先,“i-hangzhou”站点大部分集中在室外公共区域,受城市基础建设影响较大,从而增加了维护的工作量。其次,Wi-Fi 频率是共享的,而私人 Wi-Fi 的广泛使用对运营商承建的热点造成干扰,影响用户体验,进而导致群众投诉增多。最后,“i-hangzhou”的后期维护需大笔资金,一旦政府取消补贴,很难保障免费 Wi-Fi 服务的正常提供。

目前,随着生活水平的提高,用户对免费 Wi-Fi 的要求也越来越高。杭州免费 Wi-Fi 要达到最理想的状态,需增加十几倍的 AP 数,这需要很大一笔资金的支持。同时,想要降低成本且提高用户满意度,需明确提供免费 Wi-Fi 热点的场所并进行优化、补点覆盖、保证质量,降低用户对免费 Wi-Fi 服务的期望值。华数公司将采取加强信号、优化覆盖、加大宣传等措施改善该问题。

### 5.“i-hangzhou”问题尚存,市民仍看好

相关部门在技术、资金的巨大压力下,仍在对“i-hangzhou”进行不断优化。调查了解到,虽然目前的“i-hangzhou”仍存在诸多不足,但相当多市民认为其使用安全、覆盖面广,对其抱有较大期望。此外,市民建议应加强“i-hangzhou”的宣传,提高其知晓度,从而让更多的人了解其使用方法。虽然“i-zhejiang”还在统筹构建中,但受访者认为“i-zhejiang”的推行是社会信息化的重大进步,对于市民、政府、社会都是有利的。

# 四、对策与建议

## (一)针对华数公司

### 1. 图标明显化

伴随着“i-hangzhou”的推广与使用,其逐渐得到市民的认可。为了加深市民的印象,增加其知晓度,有关部门应该为“i-hangzhou”设计一个独具特色的图标,并在各个覆盖点的明显处悬挂专属图标,吸引市民注意力,从而增加其用户量,达到宣传的目的。

图 4-20 为小组成员设计的“i-hangzhou”图标。此图标显示有“i-hangzhou”字样,整体来看,是一个 Wi-Fi 信号的形状,且在信号强度上还有一个“Free”的标识,意在告诉大家“i-hangzhou”为免费开放无线。图标颜色为绿色,代表着“创造美好生活”。

图 4-20 “i-hangzhou”的设计图标

**2. 增强互联网宣传**

截至 2013 年 12 月,我国网民规模达 6.18 亿,全年共计新增网民 5358 万人,互联网普及率为 45.8%。高使用率的互联网平台是传播最迅速、范围最广、影响最大的宣传平台,相关部门可以利用其优势来宣传"i-hangzhou"。例如,在网民使用率高的应用上对"i-hangzhou"进行大规模宣传;在微信朋友圈、公众号、QQ 空间推送、腾讯新闻等互联网平台上发布"i-hangzhou"的相关信息;同时,建立"i-hangzhou"论坛、开设"i-hangzhou"工作博客等,号召网友提出对"i-hangzhou"的意见及建议,从而提高"i-hangzhou"的知名度。

**3. 利用旅行社宣传**

2014 年,杭州市全年国内旅游人数达 1.06 亿人次,在全国 60 个样本城市中杭州游客满意度排名由 2013 年的第 8 位上升至第 2 位。在此基础上,相关部门可以通过旅行社对"i-hangzhou"进行宣传。例如,鼓励旅行社向游客介绍杭州这座旅游城市的免费 Wi-Fi "i-hangzhou"服务,提高其知名度。杭州目前正在往国际接轨、国内一流的"中国旅游休闲示范试点城市"和"中国国际旅游目的地"的方向疾步前进。如此宣传,一方面扩大"i-hangzhou"的知名度,另一方面吸引游客来杭旅游,推进杭州旅游城市建设,增加旅游收入,加快城市经济建设。

**4. 增加"i-hangzhou"的覆盖点**

"i-hangzhou"站点的全覆盖有助于其知晓度的提升,从而增加用户数量。故有关部门应该在人流量大、需要无线覆盖的站点增加覆盖点。根据调查可知,旅游景点和地铁为两个最重要的覆盖点。自杭州于 2012 年 11 月 24 日开设第一条地铁线路以来,越来越多的市民搭乘地铁,建议相关部门在地铁上增设"i-hangzhou"的覆盖点,满足群众的需求,并解决信号稳定等问题。同时,在旅游景区加强或增设"i-hangzhou"覆盖点,不仅可以提高游客满意度、促进旅游收入,还能树立起杭州的品牌形象。

此外,还可针对性地在满意度较低的地区增设覆盖点。调查数据显示出不同地区,居民对"i-hangzhou"覆盖面的满意度不同。比如位于市中心且人流量大的上城区及西湖区,居民对"i-hangzhou"的覆盖面满意度相对较高,而在人流量相对较少的江干区,居民对"i-hangzhou"覆盖面的满意度则相对较低。因此,本调研小组建议相关部门统计并分析各个地区居民对"i-hangzhou"覆盖点的满意度,并针对性地在那些满意度不高的地区增加 Wi-Fi 覆盖点,以提高居民满意度。

**5. 增加"i-hangzhou"的其他性能**

人们使用公共无线网络时,希望其具有信号强、网速快且稳定的特点。故增强"i-hangzhou"的信号强度、提高网速及加强网络稳定性,是提高居民对"i-hangzhou"满意度的重要举措。

无线网络是信号源经过线缆将信号引到天线上并发射出去的。对于"i-hangzhou"的信号强度和网速,建议相关部门在确保天线质量的同时,提高天线的高度,尽量避免信号被周围建筑物或树木拦截,同时通过增加信号源的功率来增强信号强度。对于网络的稳定性,相关部门首先应确保无线设备的安放位置,尽量避免拐角,其次应增加覆盖点的用户数,从而达到信号持续良好、强度持续不变的效果。

### (二)针对相关部门

**1. 公共物品、服务方面**

"i-hangzhou"无线网络是一种公共服务,它满足了部分市民对公共无线网络的需求。但随着时间的迁移,群众的需求也会改变。相关部门应深入了解不同市民对"i-hangzhou"的需求,制定相应的供给方案,以防造成公共服务浪费,损失财力、物力。同样,在其他公共物品和公共服务的供给上也应在居民有需求的前提下进行。为了解居民的需求,相关部门可采取一系列措施。例如,不定时进行统计调查或随机抽取一些市民进行访谈调查;开设一些公共物品及公共服务相关的网站、贴吧,从而获取市民的意见或建议。

**2. 激励政策**

杭州市相关部门可以通过一些激励政策来促进市民对"i-hangzhou"的使用。例如,不定时进行抽奖活动,从用户中随机抽取一部分给予奖励;举办关于"i-hangzhou"的有奖竞答,提高"i-hangzhou"的使用率。

**3. 推进"i-zhejiang"建设**

2015年浙江省发布《关于推进全省无线局域网(Wi-Fi)建设和免费开放的指导意见》,计划三年后"i-zhejiang"基本能在县级以上城市重要公共场所亮相,免费提供上网服务。政府在建设"i-zhejiang"时,应借鉴建设"i-hangzhou"的经验,加大宣传力度,提高技术质量,加强安全监管。充分发挥电信、移动、联通、华数等通信和网络运营企业的主力军作用,以现有Wi-Fi服务平台和热点资源为基础,通过拓展完善,优化布局,建设全省Wi-Fi免费服务网络。同时,鼓励符合法定条件的企事业单位参与免费Wi-Fi建设与服务,为建设信息化社会注入新的动力。

### (三)针对旅游业

艾瑞数据显示,2014年中国在线旅游市场交易规模达2772.9亿元,比2013年增长27.1%。在此环境下,旅游业的发展给手机互联网业务提供了无限大的市场。手机互联网客户端能提供给人们在旅途中随时办理机票购买、酒店入住、路线查询等便捷服务。手机APP还能将航班状态、酒店地图、酒店周边这些情况汇总,给出最佳解决方案。杭州市旅游委员会可与相关部门合作,将旅游信息添加在"i-hangzhou"的链接界面。例如,当游客使用手机在某个景点连接"i-hangzhou"时,手机页面会自动弹出介绍具体景点的网站。该网站包括该景点以及周边景点的介绍,去周边景点的旅游路线,以及周边旅社、酒店等相关信息,让旅游与"i-hangzhou"相结合,推动杭州旅游业的发展。

### (四)针对市民

**1. 推广使用**

市民可以尝试使用"i-hangzhou",并对"i-hangzhou"进行推广宣传。例如,将自己使用后的体验感受发送至互联网,向亲朋好友推荐等,从而提高其知晓度,增加用户数量。

**2. 配合政府的工作**

政府开放"i-hangzhou"免费公共Wi-Fi的目的是服务市民,在其建立的初期阶段必定存在许多问题。本小组建议市民在使用"i-hangzhou"的同时,积极配合政府及相关部门的工作,向有关部门提出个人意见和建议,完善"i-hangzhou"的建设。

# 参考文献

[1] 包研科.数据分析教程[M].北京:清华大学出版社,2011.

[2] 金勇进.抽样技术[M].北京:中国人民大学出版社,2002.

[3] 梅内里,钱伯斯,帝拉吉.大数据分析[M].阿里巴巴集团商家业务事务部,译.北京:人民邮电出版社,2014.

[4] 米尔顿.深入浅出数据分析[M].李芳,译.北京:电子工业出版社,2010.

[5] 张文彤.IMB SPSS 数据分析与挖掘实战案例精粹[M].北京:清华大学出版社,2013.

# 附录

### 调查问卷

## 杭州市民对"i-hangzhou"的使用现状及满意度调查

亲爱的朋友:

　　您好,我们是杭州××大学的学生,感谢您在百忙之中填写我们的问卷! 为了打造智慧杭州,杭州市成为全国首个免费向公众开放 Wi-Fi 服务"i-hangzhou"的城市。为了解此项目的使用现状和满意度,以及公众对此的看法和需求,我们需要您真诚的帮助与真实的回答,并且我们会对您所提供的信息保密。每题只选一项,请以打"√"的方式,选择您认为最合适的答案。谢谢配合!

**A. 基本情况**

A1. 您的性别是:□男　□女

A2. 您的年龄属于:□20 岁及以下　□21～40 岁　□41～60 岁　□61 岁及以上

A3. 您的学历是:□初中及以下　□高中　□专科或本科　□研究生及以上

A4. 您的职业是:□在校大学生　□机关、事业单位工作人员
　　　　　　　　□商业、服务业人员　□自由职业人员　□待业　□其他

**B. "i-hangzhou"使用情况调查**

B1. 您在此之前听说过"i-hangzhou"吗?
　　□听过　　　　　□没有(如选此项,则转至 D 项问题)

B2. 您通过什么渠道听说过"i-hangzhou"?
　　□手机无线网络推荐　□新闻媒体宣传　□网站、论坛了解
　　□亲朋好友介绍　□其他＿＿＿＿＿＿

B3. 您使用过"i-hangzhou"吗?
　　□使用过　　　　　□没使用(如选此项,则转至 D 项问题)

B4. 您通常搜到"i-hangzhou"的信号强度:
　　□强,满格　　　□有,2～3 格　　　□弱,1 格　　　□没有,连不上

B5. 实名注册"i-hangzhou"时,您收到验证码的时间是:

□30 秒及以下　　□31～60 秒　　　□61 秒及以上　□没收到

B6. 您使用"i-hangzhou"来（多选）：

　　□使用地图　　　□社交娱乐　　　　□办公学习　　□其他_____

B7. 在浏览相关个人财务安全网页的时候（如支付宝提交订单、登录个人网银），您是否
　　会继续使用"i-hangzhou"？

　　□会　　　　　　　　　　　　□不会

B8. 您在使用"i-hangzhou"时是否出现网络限制访问情况？

　　□是，比如_____　　　　　　□否

### C. "i-hangzhou"满意程度调查

请您对下列看法发表意见，即在相应选项下打"√"。

| 满意度指标 | 非常满意 | 满意 | 一般 | 不满意 | 非常不满意 |
|---|---|---|---|---|---|
| 1. 覆盖面 | | | | | |
| 2. 信号强度 | | | | | |
| 3. 网络速率 | | | | | |
| 4. 安全性 | | | | | |
| 5. 连接方便性 | | | | | |

C1. 与普通流量传输速率相比，您认为"i-hangzhou"的网速如何？

　　□"i-hangzhou"更快　　□一样快　　　　□普通流量更快

C2. 您觉得"i-hangzhou"与其他需要实名认证的无线网比较有何差异？

　　□连接方便　　　　　□差不多　　　　□差，连接麻烦

C3. 您认为"i-hangzhou"与其他城市的公共无线网相比如何？

　　□优越　　　　　　　□差不多　　　　□差劲

C4. 在覆盖"i-hangzhou"的区域，您是否会选择使用"i-hangzhou"？

　　□会，大多数情况下使用　□可能会，普通数据与"i-hangzhou"交替使用　□不会

### D. 对"i-hangzhou"的建议

D1. 您认为可以通过什么方式推广"i-hangzhou"（多选）？

　　□旅行社宣传　　　　□新闻媒体宣传　　□网站论坛宣传
　　□朋友圈宣传　　　　□其他_____

D2. 您认为在哪些地方最需要加强或增设 Wi-Fi 覆盖点（多选）？

　　□旅游景点　　　　　□居民小区　　　□街道
　　□超市　　　　　　　□地铁　　　　　□其他_____

D3. 关于城市无线网络您最关心的问题是什么（多选）？

　　□网络速度　　　　　□网络稳定性　　□网络安全性
　　□网络覆盖范围　　　□产生的额外费用　□其他_____

D4. 您想对"i-hangzhou"提出怎样的意见或建议？

调查结束，再次感谢您的支持和配合！

# 杭州市民对以房养老政策态度的调查研究

陈艺丹　　傅丹蕊　　章晶晶　　郑春佳　　陈晓艺

第六次全国人口普查资料显示：截至 2010 年年底我国总人口为 13.4 亿,60 岁及以上的老年人口达到 1.78 亿,其中 65 岁及以上老年人口为 1.19 亿。据专家预测,到 21 世纪中叶每 4 个中国人中就有 1 个老年人,老年人口将高达 4 亿。由此造成的养老负担问题也引起了社会的重视。

面对严峻的养老局势,深化养老保险改革成为我国政府解决老龄化问题的必要措施：2013 年 9 月,国务院 35 号文件《关于加快发展养老服务业的若干意见》率先提出了"以房养老"的试点方案;2014 年 6 月,我国保监会向各保险公司下发了《关于开展老年人住房反向抵押养老保险试点的指导意见》,以房养老政策在北京、上海、广州、武汉四地展开截至 2016 年 6 月 30 日的试点。

杭州市作为新晋的一线城市,老年人口数量剧增、老龄化日益严重、养老问题等也受到了广泛关注。本报告通过了解杭州市民对以房养老政策的基本态度和建议,利用列联表、因子分析、Logistic 回归等分析方法,对采集的样本数据进行系统分析,并据此提出对杭州市以房养老政策发展的合理建议,推动杭州市养老服务业的进一步改革。

# 一、调查简介

## (一)调查目的及意义

### 1.调查目的

(1)通过对收集的基本信息做实证分析,以了解参与调查的杭州市民的基本情况,如性别结构、年龄结构、婚姻状况、子女个数等。

(2)通过对收集的了解程度和态度资料进行列联分析、因子分析、回归分析,以了解该政策在杭州市的宣传效果和试点前景。

(3)通过对收集的重要度结果做因子分析、回归分析,以了解影响杭州市民对以房养老政策态度的主要因素。

(4)综合上述分析结果,对以房养老政策在杭州市进行试点可能出现的问题提出有价值的对策与建议。

**2. 调查意义**

使用列联表分析、因子分析、回归分析等多种分析方法分析回收的数据,以了解参与调查的杭州市民的基本情况、以房养老政策在杭州市的宣传效果和试点前景以及影响市民对该政策态度的主要因素。通过整理、总结,提出相应的对策与建议。此外,通过此次调查得出的合理建议,将反馈给保监会、劳动和社会保障厅等相关部门,以作为杭州市养老保险改革的参考意见,从而为解决杭州市目前养老面临的一系列困境提供经验,也为无赡养人员、无生活来源、无劳动能力却有房产的"三无"老人提供新的养老模式。

## (二)调查方法

(1)抽样方式:配额抽样与偶遇抽样。
(2)调查对象:杭州市成年市民。
(3)调查地点:上城区、西湖区、萧山区。

## (三)调查过程

根据抽样设计,在取无效问卷率为 15% 的情况下,确定样本量 $N=452$,采用随机抽样与偶遇抽样相结合的方式,在选定的上城区、西湖区以及萧山区三个区共发放 452 份问卷,问卷的回收率为 100%。通过后期问卷整理与数据录入,确定有效问卷为 397 份,问卷有效率为 87.83%。

## (四)调查问卷选项设计

**1. 性别**

被调查者为杭州市成年市民,性别选项为男、女。

**2. 年龄**

假定调查对象为杭州市各年龄段市民,年龄范围较广,可能会因为未成年人群体对养老问题的关心和了解较少而导致调查结果存在误差,因此将此次调查的对象范围缩小至杭州市成年市民,即年满 18 周岁的杭州市民。所以此次的问卷设计中,被调查者年龄以 12~10 岁为区间,下限和上限分别为"18 岁"和"60 岁及以上",覆盖全面。

**3. 受教育程度**

针对杭州市成年市民,其学历分布范围较广,所以在学历的选项设计上,以初中及以下为下限,随着学历层次的提高,依次设置为高中或中专,再到本科或大专,最后到硕士及以上,覆盖全面。

**4. 职业性质**

针对杭州市成年市民这个群体,本调研小组根据领域的不同,设置了比较全面的单位选项,包括企业单位、事业单位、机关单位、社会团体、个体工商户,为保证问卷数据的有效性,故增加了"其他"选项。

**5. 个人月收入**

由于被调查群体广泛、经济条件不一,个人月收入也具有极大的跳跃性,考虑到选项覆盖的全面性、选项数量的合理性,本报告设定了不统一的区间。从 0~1500 元这个较低的选项开始,到 1500~3000 元、3000~5000 元、5000~6500 元、6500~8000 元,其区间分为 1500

元和 2000 元,最后到 8000 元及以上。

**6. 婚姻状况**

针对杭州市成年市民群体,其婚姻状况因人而异。因此设置未婚、已婚、离异或丧偶三个选项涵盖各种情况。

**7. 子女个数**

由于杭州市成年市民子女个数因人而异,因此设置无、一个、两个及以上三个选项,覆盖全面。

# 二、问卷调查结果实证分析

## (一)基本信息分析

### 1. 性别结构

由表 5-1 和图 5-1 可见,本次调查总人数为 397 人。其中男性人数为 192,占比为 48.4%;女性人数为 205,占比为 51.6%。男女比例接近 1∶1,从而认为样本具有代表性。

**表 5-1　样本性别分布**

| 性别 | 男 | 女 |
| --- | --- | --- |
| 数量(人) | 192 | 205 |

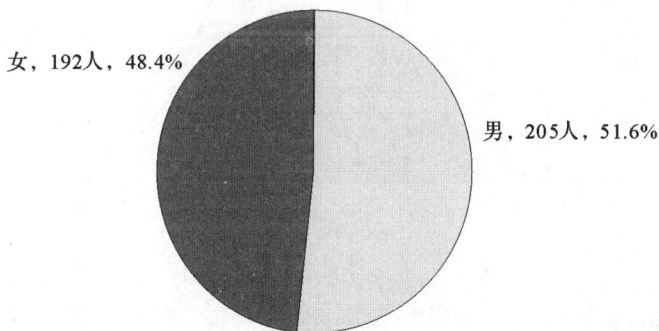

女,192人,48.4%　　男,205人,51.6%

图 5-1　样本性别分布

### 2. 年龄结构

由图 5-2、表 5-2 和图 5-3 可知,18～29 岁的被调查人数比例为 9.1%;30～39 岁占 14.1%;40～49 岁占 19.1%;50～59 岁占 23.7%;由于 60 岁及以上的人数区间相比其他区间跨度更大,因此在调查中所占人数比例最高,达到 34.0%。此次主要调查的中老年人正是以房养老政策的实施对象,而其他年龄段的人数分布也较为符合杭州市的年龄人口分布,因此总体符合年龄配额的要求,样本具有代表性。

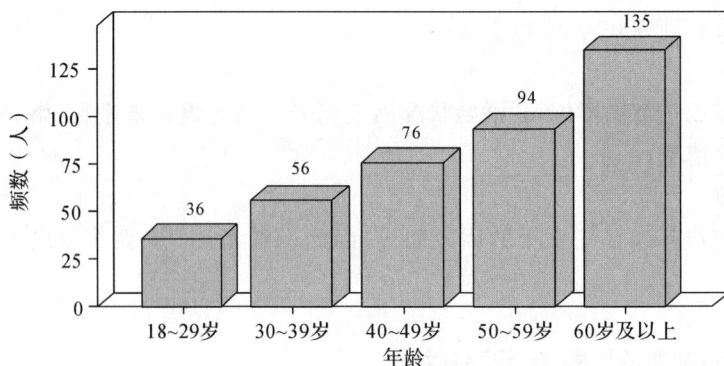

图 5-2　样本年龄分段分布

**表 5-2　样本年龄分布**

| 频数（人） | | 标准差 | 方差 | 偏度 | 偏度的标准误 | 极小值 | 极大值 |
|---|---|---|---|---|---|---|---|
| 有效 | 缺失 | | | | | | |
| 397 | 0 | 1.324 | 1.752 | −0.537 | 0.122 | 1 | 5 |

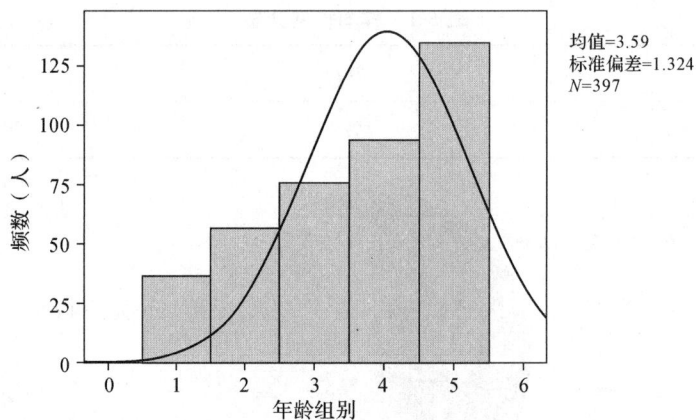

图 5-3　样本年龄分布正态拟合

### 3. 受教育程度结构

由图 5-4 中可见,所受教育程度为初中及以下的被调查人数为 120 人,占比 30.2%;高

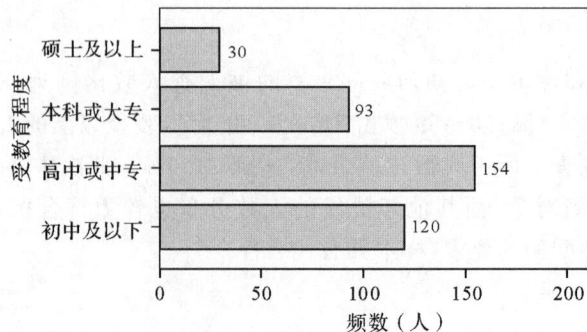

图 5-4　样本受教育程度分段分布

中或中专的有 154 人,占比 38.8％最高;本科或大专的有 93 人,达 23.4％;而硕士及以上的人数仅为 30 人,占比 7.6％最少。由于样本中老年人数量较多,因此受教育程度为初中及以下、高中或中专的人数较多,符合实际情况。

**4.职业性质结构**

由图 5-5 可知,样本中工作于事业单位的被调查对象最多,占总体比例 31.0％;其次为企业单位和机关单位,分别占比 23.2％和 19.1％;再次为个体工商户、社会团体以及其他,分别占比 16.9％、7.0％和 2.8％。

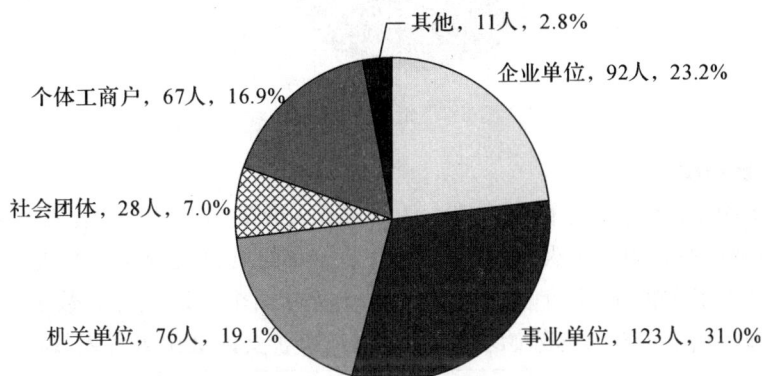

图 5-5　样本职业性质饼图

**5.月收入结构**

由图 5-6 可知,月工资为 0～1500 元的被调查者有 87 人,占总体的 21.9％;月工资为 1500～3000 元的有 135 人,占总体的 34.0％;月工资为 3000～5000 元的有 142 人,占总体的 35.8％,占比最高;月工资为 5000 元及以上的人数合计仅为 33 人,占总体的 8.3％。由于老年人所占比例较大,因此月收入高者相对较少,月收入主要集中在 1500～3000 元及 3000～5000 元。

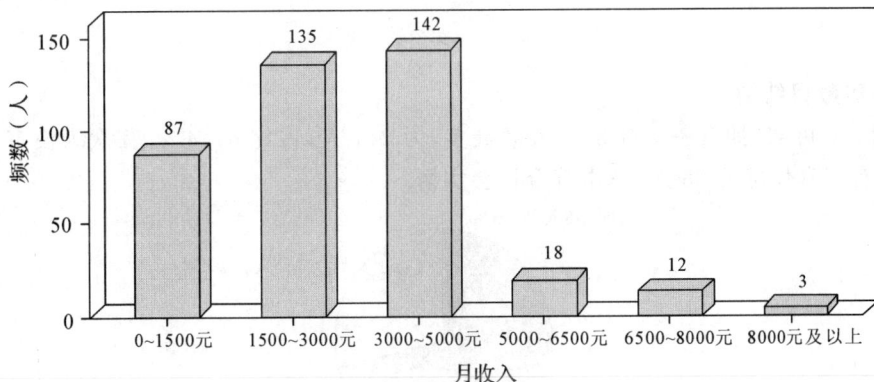

图 5-6　月收入分布

**6.婚姻状况结构**

由图 5-7 可知,已婚的被调查者人数最多,有 299 人,占比 75.3％。由于此次调查还涉及高龄老年人,因此存在部分丧偶的情况。

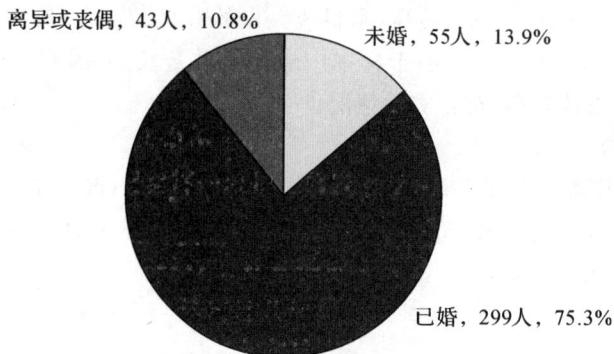

图 5-7　婚姻状况结构

**7. 子女个数结构**

由图 5-8 可知,子女个数在两个及以上的被调查人数最多,为 167 人,所占比例 42.1%;有一个子女的被调查者为 141 人,占比 35.5%;无子女的人数最少,为 89 人,占比 22.4%。由于老年人有"多子多福"的生育观念,因此子女个数在两个及以上的人数最多。随着计划生育政策的实施,独生子女家庭开始增多,因此有一个子女的被调查者人数也较多。

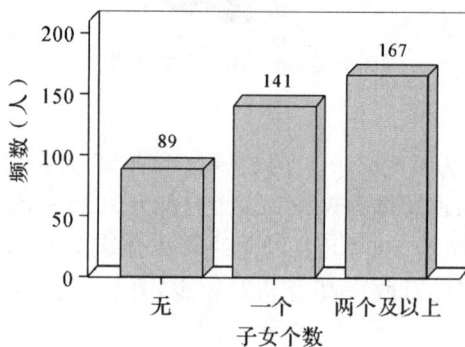

图 5-8　子女个数分析

**8. 住房数目结构**

由图 5-9 可知,拥有一套住房的人数最多,为 244 人,占比 61.4%;其次为没有住房的 115 人和有多套住房的 38 人,基本符合社会实情。

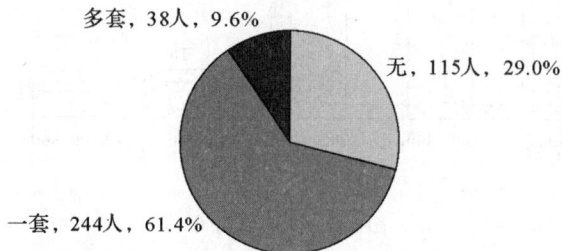

图 5-9　住房数目分布

**9. 退休后生活来源结构**

由图 5-10 可知,退休后生活来源为社会基本养老保险的人数最多,占比为 43.8%,接近总人数的一半；其次为企业补充养老保险，占比 15.6%；个人储蓄性养老保险占比 14.4%；商业养老保险占比 13.6%；配偶或子女补助和其他情况所占的人数较少，均不到 10%。

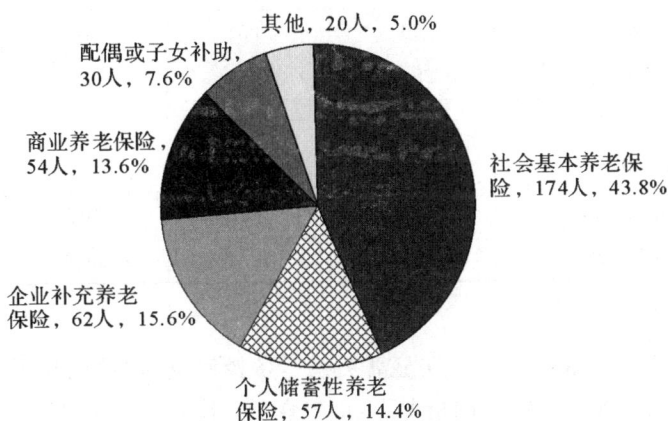

图 5-10　退休后生活来源分析

## (二)列联分析

### 1. 对以房养老政策的了解程度

由图 5-11 可知，对以房养老政策表示了解不多的人数最多，占比 47.1%，接近半数；不了解的人占比 27.5%；了解的人占总体的 25.4%，与表示不了解的人数仅相差 2.1%，基本持平。由此可推断，以房养老政策的推广宣传还不够到位。

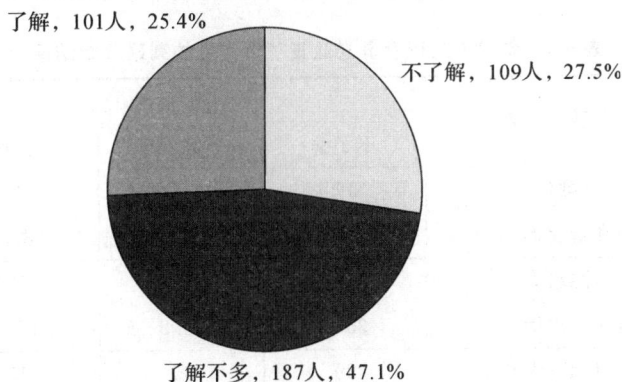

图 5-11　对以房养老政策了解程度结构

（1）性别与对以房养老政策了解程度的列联分析

由表 5-3 可知，在所有被调查者中对于以房养老政策了解不多的男、女所例分别为 40.5% 和 54.2%；对政策不了解的男女人数比例也较为接近；而男性对政策的了解程度相对比女性较高。这说明性别与了解程度存在联系性。

表 5-3　性别与对以房养老政策了解程度的列联分析结果

| 性别 | 计数及比例 | 了解程度 | | | 合计 |
|---|---|---|---|---|---|
| | | 不了解 | 了解不多 | 了解 | |
| 男 | 计数（人） | 60 | 83 | 62 | 205 |
| | 所在行比例（%） | 29.3 | 40.5 | 30.2 | 100.0 |
| 女 | 计数（人） | 49 | 104 | 39 | 192 |
| | 所在行比例（%） | 25.5 | 54.2 | 20.3 | 100.0 |
| 总计 | 计数（人） | 109 | 187 | 101 | 397 |
| | 所在行比例（%） | 27.5 | 47.1 | 25.4 | 100.0 |

注：皮尔森卡方检验 $p$ 值为 0.016。

原假设为"性别与了解程度不存在显著关系"，备择假设为"性别与了解程度存在相关关系"。在取显著性水平 $\alpha=0.05$ 的情况下，皮尔森卡方检验 $p$ 值为 0.016，故拒绝原假设，说明性别与了解程度存在显著的相关性。

（2）年龄与对以房养老政策了解程度的列联分析

由表 5-4 可知，18～29 岁和 40～49 岁的被调查者对以房养老政策不了解的比例较高，其中前者尤为突出，达 47.2%，符合年轻人对养老相关政策关注度不高的现状；50～59 岁和 60 岁及以上的被调查者作为政策的可能试行对象，因养老问题迫切、公共机构养老知识普及等原因，对该政策的了解程度较高；此外，50 岁作为一个分界点：50 岁以下的被调查者对政策的不了解程度远远高于了解程度，而分界点以上的被调查者则相反。这说明年龄与了解程度存在联系性。

表 5-4　年龄与对以房养老政策了解程度的列联分析结果

| 年龄 | 计数及比例 | 了解程度 | | | 合计 |
|---|---|---|---|---|---|
| | | 不了解 | 了解不多 | 了解 | |
| 18～29 岁 | 计数（人） | 17 | 16 | 3 | 36 |
| | 所在行比例（%） | 47.2 | 44.5 | 8.3 | 100.0 |
| 30～39 岁 | 计数（人） | 19 | 27 | 10 | 56 |
| | 所在行比例（%） | 33.9 | 48.2 | 17.9 | 100.0 |
| 40～49 岁 | 计数（人） | 29 | 32 | 15 | 76 |
| | 所在行比例（%） | 38.2 | 42.1 | 19.7 | 100.0 |
| 50～59 岁 | 计数（人） | 18 | 48 | 28 | 94 |
| | 所在行比例（%） | 19.1 | 51.1 | 29.8 | 100.0 |
| 60 岁及以上 | 计数（人） | 26 | 64 | 45 | 135 |
| | 所在行比例（%） | 19.3 | 47.4 | 33.3 | 100.0 |
| 总计 | 计数（人） | 109 | 187 | 101 | 397 |
| | 所在行比例（%） | 27.5 | 47.1 | 25.4 | 100.0 |

注：皮尔森卡方检验 $p$ 值为 0.001。

原假设为"年龄与了解程度不存在显著关系",备择假设为"年龄与了解程度存在相关关系"。在取显著性水平 $\alpha=0.05$ 的情况下,皮尔森卡方检验 $p$ 值为 0.001,故拒绝原假设,说明年龄与了解程度存在显著相关性。

(3)受教育程度与对以房养老政策了解程度的列联分析

由表 5-5 可见,受教育程度为"本科或大专"的被调查者对以房养老政策的不了解程度占比为 34.4%,相较其他各组高出近 10%;"高中或中专"和"硕士及以上"的两组被调查者,对政策的了解程度比例均高于不了解;而"初中及以下"和"本科或大专"的被调查者则都是不了解的比例更高。在取显著性水平取 $\alpha=0.05$ 的情况下,皮尔森卡方检验 $p$ 值为 0.687,故接受原假设,说明受教育程度与了解程度不存在显著的相关性。

表 5-5　受教育程度与对以房养老政策了解程度的列联分析结果

| 受教育程度 | 计数及比例 | 了解程度 | | | 合计 |
| --- | --- | --- | --- | --- | --- |
| | | 不了解 | 了解不多 | 了解 | |
| 初中及以下 | 计数(人) | 31 | 60 | 29 | 120 |
| | 所在行比例(%) | 25.8 | 50.0 | 24.2 | 100.0 |
| 高中或中专 | 计数(人) | 39 | 71 | 44 | 154 |
| | 所在行比例(%) | 25.3 | 46.1 | 28.6 | 100.0 |
| 本科或大专 | 计数(人) | 32 | 41 | 20 | 93 |
| | 所在行比例(%) | 34.4 | 44.1 | 21.5 | 100.0 |
| 硕士及以上 | 计数(人) | 7 | 15 | 8 | 30 |
| | 所在行比例(%) | 23.3 | 50.0 | 26.7 | 100.0 |
| 总计 | 计数(人) | 109 | 187 | 101 | 397 |
| | 所在行比例(%) | 27.5 | 47.1 | 25.4 | 100.0 |

注:皮尔森卡方检验 $p$ 值为 0.687。

(4)职业性质与对以房养老政策了解程度的列联分析

由表 5-6 可知,原假设为"职业性质与了解程度不存在显著关系",备择假设为"职业性质与了解程度存在相关关系"。皮尔森卡方检验 $p$ 值为 0.000,在取显著性水平 $\alpha=0.05$ 的情况下通过卡方检验,故拒绝原假设,说明职业性质与了解程度存在显著相关性。

表 5-6　职业性质与对以房养老政策了解程度的列联分析结果

| 职业性质 | 计数及比例 | 了解程度 | | | 合计 |
| --- | --- | --- | --- | --- | --- |
| | | 不了解 | 了解不多 | 了解 | |
| 企业单位 | 计数(人) | 29 | 43 | 20 | 92 |
| | 所在行比例(%) | 31.5 | 46.8 | 21.7 | 100.0 |
| 事业单位 | 计数(人) | 41 | 50 | 32 | 123 |
| | 所在行比例(%) | 33.3 | 40.7 | 26.0 | 100.0 |

续表

| 职业性质 | 计数及比例 | 了解程度 | | | 合计 |
|---|---|---|---|---|---|
| | | 不了解 | 了解不多 | 了解 | |
| 机关单位 | 计数（人） | 3 | 41 | 32 | 76 |
| | 所在行比例（%） | 4.0 | 53.9 | 42.1 | 100.0 |
| 社会团体 | 计数（人） | 12 | 10 | 6 | 28 |
| | 所在行比例（%） | 42.9 | 35.7 | 21.4 | 100.0 |
| 个体工商户 | 计数（人） | 18 | 41 | 8 | 67 |
| | 所在行比例（%） | 26.9 | 61.2 | 11.9 | 100.0 |
| 其他 | 计数（人） | 6 | 2 | 3 | 11 |
| | 所在行比例（%） | 54.5 | 18.2 | 27.3 | 100.0 |
| 总计 | 计数（人） | 109 | 187 | 101 | 397 |
| | 所在行比例（%） | 27.5 | 47.1 | 25.4 | 100.0 |

注：皮尔森卡方检验 $p$ 值为 0.000。

（5）月收入与对以房养老政策了解程度的列联分析

由表 5-7 可见，由于月收入为 8000 元及以上的人数太少，不具代表性，所以不予考虑。除了月收入为 6500～8000 元的被调查者对以房养老政策的不了解比例高于了解不多外，其余均相反。

表 5-7　月收入与对以房养老政策了解程度的列联分析结果

| 月收入 | 计数及比例 | 了解程度 | | | 合计 |
|---|---|---|---|---|---|
| | | 不了解 | 了解不多 | 了解 | |
| 0～1500 元 | 计数（人） | 33 | 37 | 17 | 87 |
| | 所在行比例（%） | 37.9 | 42.5 | 19.6 | 100.0 |
| 1500～3000 元 | 计数（人） | 46 | 59 | 30 | 135 |
| | 所在行比例（%） | 34.1 | 43.7 | 22.2 | 100.0 |
| 3000～5000 元 | 计数（人） | 18 | 76 | 48 | 142 |
| | 所在行比例（%） | 12.7 | 53.5 | 33.8 | 100.0 |
| 5000～6500 元 | 计数（人） | 5 | 9 | 4 | 18 |
| | 所在行比例（%） | 27.8 | 50.0 | 22.2 | 100.0 |
| 6500～8000 元 | 计数（人） | 6 | 4 | 2 | 12 |
| | 所在行比例（%） | 50.0 | 33.3 | 16.7 | 100.0 |
| 8000 元及以上 | 计数（人） | 1 | 2 | 0 | 3 |
| | 所在行比例（%） | 33.3 | 66.7 | 0.0 | 100.0 |
| 总计 | 计数（人） | 109 | 187 | 101 | 397 |
| | 所在行比例（%） | 27.5 | 47.1 | 25.4 | 100.0 |

注：皮尔森卡方检验 $p$ 值为 0.001。

在取显著性水平 $\alpha=0.05$ 的情况下,皮尔森卡方检验 $p$ 值为 0.001,故拒绝原假设,说明月收入与了解程度存在显著的相关性。

(6)婚姻状况与对以房养老政策了解程度的列联分析

由表 5-8 可见,根据婚姻状况的不同,被调查者对以房养老政策的了解程度也截然不同。婚姻状况为"未婚"、"已婚"、"离异或丧偶"的三类被调查者,对政策的主要了解程度依次由不了解向了解变化。

表 5-8　婚姻状况与对以房养老政策了解程度的列联分析结果

| 婚姻状况 | 计数及比例 | 了解程度 | | | 合计 |
| --- | --- | --- | --- | --- | --- |
| | | 不了解 | 了解不多 | 了解 | |
| 未婚 | 计数(人) | 27 | 23 | 5 | 55 |
| | 所在行比例(%) | 49.1 | 41.8 | 9.1 | 100.0 |
| 已婚 | 计数(人) | 81 | 147 | 71 | 299 |
| | 所在行比例(%) | 27.1 | 49.2 | 23.7 | 100.0 |
| 离异或丧偶 | 计数(人) | 1 | 17 | 25 | 43 |
| | 所在行比例(%) | 2.3 | 39.5 | 58.2 | 100.0 |
| 总计 | 计数(人) | 109 | 187 | 101 | 397 |
| | 所在行比例(%) | 27.5 | 47.1 | 25.4 | 100.0 |

注:皮尔森卡方检验 $p$ 值为 0.000。

在取显著性水平 $\alpha=0.05$ 的情况下,皮尔森卡方检验 $p$ 值为 0.000,故拒绝原假设,说明婚姻状况与了解程度存在显著的相关性。

(7)子女个数与对以房养老政策了解程度的列联分析

由表 5-9 可见,有子女的被调查者对以房养老政策的了解相对无子女的多,其中,只有一个子女的被调查者的了解程度最高。这说明子女个数与了解程度有相关性。

表 5-9　子女个数与对以房养老政策了解程度的列联分析结果

| 子女个数 | 计数及比例 | 了解程度 | | | 合计 |
| --- | --- | --- | --- | --- | --- |
| | | 不了解 | 了解不多 | 了解 | |
| 无 | 计数(人) | 38 | 37 | 14 | 89 |
| | 所在行比例(%) | 42.7 | 41.6 | 15.7 | 100.0 |
| 一个 | 计数(人) | 24 | 72 | 45 | 141 |
| | 所在行比例(%) | 17.0 | 51.1 | 31.9 | 100.0 |
| 两个及以上 | 计数(人) | 47 | 78 | 42 | 167 |
| | 所在行比例(%) | 28.1 | 46.7 | 25.2 | 100.0 |
| 总计 | 计数(人) | 109 | 187 | 101 | 397 |
| | 所在行比例(%) | 27.5 | 47.1 | 25.4 | 100.0 |

注:皮尔森卡方检验 $p$ 值为 0.001。

在取显著性水平 $\alpha=0.05$ 的情况下,皮尔森卡方检验 $p$ 值为 0.001,故拒绝原假设,说明子女个数与了解程度存在显著联系。

(8)住房数目与对以房养老政策了解程度的列联分析

由表 5-10 可见,根据对不同住房数目的被调查者研究发现,对以房养老政策了解不多的人数多于其他人数。此外,随着住房数目的增加,被调查者对政策的了解程度也相应增加,不了解程度则反之。这说明住房数目与了解程度有相关性。

表 5-10　住房数目与对以房养老政策了解程度的列联分析结果

| 住房数目 | 计数及比例 | 了解程度 | | | 合计 |
| --- | --- | --- | --- | --- | --- |
| | | 不了解 | 了解不多 | 了解 | |
| 无 | 计数(人) | 40 | 65 | 10 | 115 |
| | 所在行比例(%) | 34.8 | 56.5 | 8.7 | 100.0 |
| 一套 | 计数(人) | 65 | 102 | 77 | 244 |
| | 所在行比例(%) | 26.6 | 41.8 | 31.6 | 100.0 |
| 多套 | 计数(人) | 4 | 20 | 14 | 38 |
| | 所在行比例(%) | 10.5 | 52.6 | 36.9 | 100.0 |
| 总计 | 计数(人) | 109 | 187 | 101 | 397 |
| | 所在行比例(%) | 27.5 | 47.1 | 25.4 | 100.0 |

注:皮尔森卡方检验 $p$ 值为 0.000。

在取显著性水平 $\alpha=0.05$ 的情况下,皮尔森卡方检验 $p$ 值为 0.000,故拒绝原假设,说明住房数目与了解程度存在显著的相关性。

无住房的被调查者由于不符合以房养老政策的要求,因此对该政策的关注度也相对较低;拥有一套或多套住房的被调查者可以通过住房或闲置房产参与以房养老,因此对政策的关注度较高。

(9)退休后生活来源与对以房养老政策了解程度的列联分析

由表 5-11 可得,退休后主要依靠配偶或子女补助获得生活来源的被调查者对以房养老政策不了解的比例为 70.0%,远远高于其他被调查者。

表 5-11　退休后生活来源与对以房养老政策了解程度的列联分析结果

| 退休后生活来源 | 计数及比例 | 了解程度 | | | 合计 |
| --- | --- | --- | --- | --- | --- |
| | | 不了解 | 了解不多 | 了解 | |
| 社会基本养老保险 | 计数(人) | 36 | 81 | 57 | 174 |
| | 所在行比例(%) | 20.7 | 46.6 | 32.8 | 100.0 |
| 个人储蓄养老保险 | 计数(人) | 7 | 38 | 12 | 57 |
| | 所在行比例(%) | 12.3 | 66.7 | 21.0 | 100.0 |
| 企业补充养老保险 | 计数(人) | 19 | 31 | 12 | 62 |
| | 所在行比例(%) | 30.6 | 50.0 | 19.4 | 100.0 |

续表

| 退休后生活来源 | 计数及比例 | 了解程度 | | | 合计 |
|---|---|---|---|---|---|
| | | 不了解 | 了解不多 | 了解 | |
| 商业养老<br>保险 | 计数（人） | 17 | 22 | 15 | 54 |
| | 所在行比例（%） | 31.5 | 40.7 | 27.8 | 100.0 |
| 配偶或<br>子女补助 | 计数（人） | 21 | 8 | 1 | 30 |
| | 所在行比例（%） | 70.0 | 26.7 | 3.3 | 100.0 |
| 其他 | 计数（人） | 9 | 7 | 4 | 20 |
| | 所在行比例（%） | 45.0 | 35.0 | 20.0 | 100.0 |
| 总计 | 计数（人） | 109 | 187 | 101 | 397 |
| | 所在行比例（%） | 27.5 | 47.1 | 25.4 | 100.0 |

注：皮尔森卡方检验 $p$ 值为 0.000。

　　原假设为"退休后生活主要来源与了解程度不存在显著关系"，备择假设为"退休后生活主要来源与了解程度存在相关关系"。在取显著性水平 $\alpha=0.05$ 的情况下，皮尔森卡方检验 $p$ 值为 0.000，故拒绝原假设，说明退休后生活来源与了解程度存在显著相关性。

**2.对以房养老政策的态度**

　　由图 5-12 可见，对以房养老政策表示"中立，观望一下"的有 240 人，占比 60.4%，相对

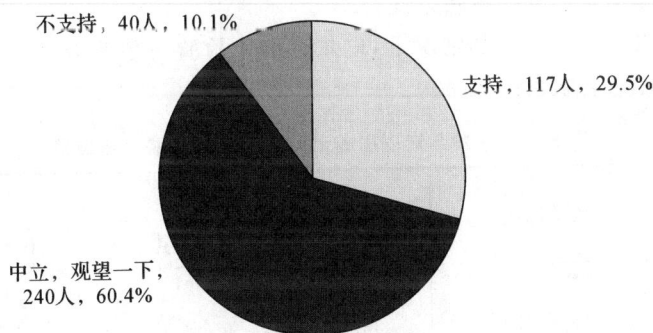

图 5-12　对以房养老政策的态度

最多；支持的有 117 人，占比 29.5%；不支持的人数较少，仅为 40 人，占比 10.1%。由此可见，大多数人对以房养老政策的推行持谨慎态度，剩余人群则较为乐观。

　　（1）性别与对以房养老政策态度的列联分析

　　由表 5-12 可见，被调查者对以房养老政策的态度多为中立，且支持的人数比例较不支持高出近 20%。

表 5-12　性别与对以房养老政策态度的列联分析结果

| 性别 | 计数及比例 | 态度 | | | 合计 |
|---|---|---|---|---|---|
| | | 支持 | 中立，观望一下 | 不支持 | |
| 男 | 计数（人） | 58 | 130 | 17 | 205 |
| | 所在行比例（%） | 28.3 | 63.4 | 8.3 | 100.0 |

**续表**

| 性别 | 计数及比例 | 态度 | | | 合计 |
|---|---|---|---|---|---|
| | | 支持 | 中立,观望一下 | 不支持 | |
| 女 | 计数(人) | 59 | 110 | 23 | 192 |
| | 所在行比例(%) | 30.7 | 57.3 | 12.0 | 100.0 |
| 总计 | 计数(人) | 117 | 240 | 40 | 397 |
| | 所在行比例(%) | 29.5 | 60.4 | 10.1 | 100.0 |

注:皮尔森卡方检验 $p$ 值为 0.341。

原假设为"性别与对以房养老政策态度不存在显著关系",备择假设为"性别与对以房养老政策态度存在相关关系"。在取显著性水平 $\alpha=0.05$ 的情况下,皮尔森卡方检验 $p$ 值为 0.341,未通过卡方检验,故接受原假设,说明性别与态度不存在显著相关性。

(2)年龄与对以房养老政策态度的列联分析

由表 5-13 可知,年龄在 18～29 岁、40～49 岁和 60 岁及以上的被调查者对以房养老政策的支持度较高:其中,18～29 岁的比例为 33.3%,符合年轻人思想开放、不受传统观念影响、看待养老问题较乐观的现状;40～49 岁的比例最高,达 34.2%;60 岁及以上的被调查者作为政策的可能试行对象,有 32.6%持支持态度,为该政策在杭州市的试行提供了一定的保证。此外,各年龄段被调查者对政策的态度多为中立,且支持的人数均多于不支持的人数。这说明年龄与了解程度存在联系性。

在取显著性水平 $\alpha=0.05$ 的情况下,皮尔森卡方检验 $p$ 值为 0.042,故拒绝原假设,说明年龄与态度存在显著联系。

**表 5-13　年龄与对以房养老政策态度的列联分析结果**

| 年龄 | 计数及比例 | 态度 | | | 合计 |
|---|---|---|---|---|---|
| | | 支持 | 中立,观望一下 | 不支持 | |
| 18～29 岁 | 计数(人) | 12 | 21 | 3 | 36 |
| | 所在行比例(%) | 33.3 | 58.4 | 8.3 | 100.0 |
| 30～39 岁 | 计数(人) | 14 | 39 | 3 | 56 |
| | 所在行比例(%) | 25.0 | 69.6 | 5.4 | 100.0 |
| 40～49 岁 | 计数(人) | 26 | 48 | 2 | 76 |
| | 所在行比例(%) | 34.2 | 63.2 | 2.6 | 100.0 |
| 50～59 岁 | 计数(人) | 21 | 62 | 11 | 94 |
| | 所在行比例(%) | 22.3 | 66.0 | 11.7 | 100.0 |
| 60 岁及以上 | 计数(人) | 44 | 70 | 21 | 135 |
| | 所在行比例(%) | 32.6 | 51.9 | 15.6 | 100.0 |
| 总计 | 计数(人) | 117 | 240 | 40 | 397 |
| | 所在行比例(%) | 29.5 | 60.4 | 10.1 | 100.0 |

注:皮尔森卡方检验 $p$ 值为 0.042。

（3）受教育程度与对以房养老政策态度的列联分析

由表 5-14 可得，原假设为"受教育程度与对以房养老政策态度不存在显著关系"，备择假设为"受教育程度与对以房养老政策态度存在相关关系"。在取显著性水平 $\alpha=0.05$ 的情况下，皮尔森卡方检验 $p$ 值为 0.207，故接受原假设，说明教育程度与态度不存在显著相关性。

表 5-14　受教育程度与对以房养老政策态度的列联分析结果

| 受教育程度 | 计数及比例 | 态度 | | | 合计 |
|---|---|---|---|---|---|
| | | 支持 | 中立,观望一下 | 不支持 | |
| 初中及以下 | 计数（人） | 42 | 64 | 14 | 120 |
| | 所在行比例（%） | 35.0 | 53.3 | 11.7 | 100.0 |
| 高中或中专 | 计数（人） | 36 | 101 | 17 | 154 |
| | 所在行比例（%） | 23.4 | 65.6 | 11.0 | 100.0 |
| 本科或大专 | 计数（人） | 27 | 60 | 6 | 93 |
| | 所在行比例（%） | 29.0 | 64.5 | 6.5 | 100.0 |
| 硕士及以上 | 计数（人） | 12 | 15 | 3 | 30 |
| | 所在行比例（%） | 40.0 | 50.0 | 10.0 | 100.0 |
| 总计 | 计数（人） | 117 | 240 | 40 | 397 |
| | 所在行比例（%） | 29.5 | 60.4 | 10.1 | 100.0 |

注：皮尔森卡方检验 $p$ 值为 0.207。

（4）职业性质与对以房养老政策态度的列联分析

由表 5-15 可得，职业性质不同的被调查者对以房养老政策的态度均集中为中立。除了职业为"其他"的被调查者对政策的态度偏向不支持外，其余被调查者都偏向于支持。这说明职业性质与态度具有相关性。

在取显著性水平 $\alpha=0.05$ 的情况下，皮尔森卡方检验 $p$ 值为 0.017，故拒绝原假设，说明职业性质与态度存在显著相关性。

表 5-15　职业性质与对以房养老政策态度的列联分析结果

| 职业性质 | 计数及比例 | 态度 | | | 合计 |
|---|---|---|---|---|---|
| | | 支持 | 中立,观望一下 | 不支持 | |
| 企业单位 | 计数（人） | 27 | 61 | 4 | 92 |
| | 所在行比例（%） | 29.4 | 66.3 | 4.3 | 100.0 |
| 事业单位 | 计数（人） | 31 | 70 | 22 | 123 |
| | 所在行比例（%） | 25.2 | 56.9 | 17.9 | 100.0 |
| 机关单位 | 计数（人） | 30 | 42 | 4 | 76 |
| | 所在行比例（%） | 39.5 | 55.2 | 5.3 | 100.0 |
| 社会团体 | 计数（人） | 7 | 19 | 2 | 28 |
| | 所在行比例（%） | 25.0 | 67.9 | 7.1 | 100.0 |

**续表**

| 职业性质 | 计数及比例 | 态度 | | | 合计 |
|---|---|---|---|---|---|
| | | 支持 | 中立,观望一下 | 不支持 | |
| 个体工商户 | 计数(人) | 20 | 42 | 5 | 67 |
| | 所在行比例(%) | 29.8 | 62.7 | 7.5 | 100.0 |
| 其他 | 计数(人) | 2 | 6 | 3 | 11 |
| | 所在行比例(%) | 18.2 | 54.5 | 27.3 | 100.0 |
| 总计 | 计数(人) | 117 | 240 | 40 | 397 |
| | 所在行比例(%) | 29.5 | 60.4 | 10.1 | 100.0 |

注:皮尔森卡方检验 $p$ 值为 0.017。

(5)月收入与对以房养老政策态度的列联分析

由表 5-16 可见,由于被调查者中月收入在 8000 元及以上的人数太少,不具有代表性,所以不予考虑。大部分被调查者对以房养老政策都持中立态度:其中,月收入 5000 元及以上无不支持者;而月收入 0~1500 元的支持率与不支持率最为接近,仅相差 1.2%。这说明月收入与态度具有相关性。

在取显著性水平 $\alpha=0.05$ 的情况下,由于皮尔森卡方检验 $p$ 值为 0.018,故拒绝原假设,说明月收入与态度存在显著相关性。

表 5-16　月收入与对以房养老政策态度的列联分析结果

| 月收入 | 计数及比例 | 态度 | | | 合计 |
|---|---|---|---|---|---|
| | | 支持 | 中立,观望一下 | 不支持 | |
| 0~1500 元 | 计数(人) | 18 | 52 | 17 | 87 |
| | 所在行比例(%) | 20.7 | 59.8 | 19.5 | 100.0 |
| 1500~3000 元 | 计数(人) | 34 | 90 | 11 | 135 |
| | 所在行比例(%) | 25.2 | 66.7 | 8.1 | 100.0 |
| 3000~5000 元 | 计数(人) | 50 | 80 | 12 | 142 |
| | 所在行比例(%) | 35.2 | 56.3 | 8.5 | 100.0 |
| 5000~6500 元 | 计数(人) | 9 | 9 | 0 | 18 |
| | 所在行比例(%) | 50.0 | 50.0 | 0.0 | 100.0 |
| 6500~8000 元 | 计数(人) | 5 | 7 | 0 | 12 |
| | 所在行比例(%) | 41.7 | 58.3 | 0.0 | 100.0 |
| 8000 元及以上 | 计数(人) | 1 | 2 | 0 | 3 |
| | 所在行比例(%) | 33.3 | 66.7 | 0.0 | 100.0 |
| 总计 | 计数(人) | 117 | 240 | 40 | 397 |
| | 所在行比例(%) | 29.5 | 60.4 | 10.1 | 100.0 |

注:皮尔森卡方检验 $p$ 值为 0.018。

(6)婚姻状况与对以房养老政策态度的列联分析

由表 5-17 可知,婚姻状况不同的被调查者对以房养老政策多数持中立态度,剩余持支持态度的人数比例多于持不支持态度的人数比例。离异或丧偶的被调查者对该政策的支持度占比最高，为39.5％，但对该政策的不支持度占比也最高，达14％。因此，婚姻状况与态度不存在明显联系。

在取显著性水平α＝0.05的情况下，皮尔森卡方检验p值为0.155，故接受原假设，说明婚姻状况与态度不存在显著相关性。

表5-17　婚姻状况与对以房养老政策态度的列联分析结果

| 婚姻状况 | 计数及比例 | 态度 | | | 合计 |
| --- | --- | --- | --- | --- | --- |
| | | 支持 | 中立,观望一下 | 不支持 | |
| 未婚 | 计数(人) | 20 | 32 | 3 | 55 |
| | 所在行比例(%) | 36.4 | 58.2 | 5.4 | 100.0 |
| 已婚 | 计数(人) | 80 | 188 | 31 | 299 |
| | 所在行比例(%) | 26.7 | 62.9 | 10.4 | 100.0 |
| 离异或丧偶 | 计数(人) | 17 | 20 | 6 | 43 |
| | 所在行比例(%) | 39.5 | 46.5 | 14.0 | 100.0 |
| 总计 | 计数(人) | 117 | 240 | 40 | 397 |
| | 所在行比例(%) | 29.5 | 60.4 | 10.1 | 100.0 |

注:皮尔森卡方检验p值为0.155。

(7)子女个数与对以房养老政策态度的列联分析

由表5-18可知，子女个数不同的被调查者的研究结果显示，持中立态度的人数明显多于其他两项，而支持的人数又多于不支持者。随着子女个数的增加，被调查者对政策的支持比例不断上升，不支持比例则反之。这说明子女个数与态度存在相关性。

在取显著性水平α＝0.05的情况下，皮尔森卡方检验p值为0.000，故拒绝原假设，说明子女个数与态度存在显著相关性。

表5-18　子女个数与对以房养老政策态度的列联分析结果

| 子女个数 | 计数及比例 | 态度 | | | 合计 |
| --- | --- | --- | --- | --- | --- |
| | | 支持 | 中立,观望一下 | 不支持 | |
| 无 | 计数(人) | 36 | 49 | 4 | 89 |
| | 所在行比例(%) | 40.4 | 55.1 | 4.5 | 100.0 |
| 一个 | 计数(人) | 46 | 87 | 8 | 141 |
| | 所在行比例(%) | 32.6 | 61.7 | 5.7 | 100.0 |
| 两个及以上 | 计数(人) | 35 | 104 | 28 | 167 |
| | 所在行比例(%) | 20.9 | 62.3 | 16.8 | 100.0 |
| 总计 | 计数(人) | 117 | 240 | 40 | 397 |
| | 所在行比例(%) | 29.5 | 60.4 | 10.1 | 100.0 |

注:皮尔森卡方检验p值为0.000。

(8)住房数目与对以房养老政策态度的列联分析

由表 5-19 可知,住房数目为多套的被调查者对以房养老政策的支持率最高,其他被调查者则多持中立态度。随着住房数目的增加,被调查者对政策的支持率也相应增加,故说明住房数目与态度存在相关性。

在取显著性水平 $\alpha=0.05$ 的情况下,皮尔森卡方检验 $p$ 值为 0.000,故拒绝原假设,说明住房数目与态度存在显著相关性。

**表 5-19　住房数目与对以房养老政策态度的列联分析结果**

| 住房数目 | 计数及比例 | 态度 | | | 合计 |
|---|---|---|---|---|---|
| | | 支持 | 中立,观望一下 | 不支持 | |
| 无 | 计数(人) | 24 | 79 | 12 | 115 |
| | 所在行比例(%) | 20.9 | 68.7 | 10.4 | 100.0 |
| 一套 | 计数(人) | 70 | 147 | 27 | 244 |
| | 所在行比例(%) | 28.7 | 60.2 | 11.1 | 100.0 |
| 多套 | 计数(人) | 23 | 14 | 1 | 38 |
| | 所在行比例(%) | 60.5 | 36.8 | 2.6 | 100.0 |
| 总计 | 计数(人) | 117 | 240 | 40 | 397 |
| | 所在行比例(%) | 29.5 | 60.4 | 10.1 | 100.0 |

注:皮尔森卡方检验 $p$ 值为 0.000。

(9)退休后生活来源与对以房养老政策态度的列联分析

由表 5-20 可知,尽管被调查者退休后的生活主要来源不同,但其对以房养老政策的态度均为中立比例最高。原假设为"退休后生活主要来源与对以房养老政策的态度不存在显著关系",备择假设为"退休后生活主要来源与对以房养老政策的态度存在相关关系"。在取显著性水平 $\alpha=0.05$ 的情况下,皮尔森卡方检验 $p$ 值为 0.233,故接受原假设,说明退休后生活来源与态度不存在显著相关性。

**表 5-20　退休后生活来源与对以房养老政策态度的列联分析结果**

| 退休后生活来源 | 计数及比例 | 态度 | | | 合计 |
|---|---|---|---|---|---|
| | | 支持 | 中立,观望一下 | 不支持 | |
| 社会基本养老保险 | 计数(人) | 52 | 101 | 21 | 174 |
| | 所在行比例(%) | 29.9 | 58.0 | 12.1 | 100.0 |
| 个人储蓄养老保险 | 计数(人) | 18 | 35 | 4 | 57 |
| | 所在行比例(%) | 31.6 | 61.4 | 7.0 | 100.0 |
| 企业补充养老保险 | 计数(人) | 23 | 34 | 5 | 62 |
| | 所在行比例(%) | 37.1 | 54.8 | 8.1 | 100.0 |
| 商业养老保险 | 计数(人) | 17 | 35 | 2 | 54 |
| | 所在行比例(%) | 31.5 | 64.8 | 3.7 | 100.0 |

续表

| 退休后生活来源 | 计数及比例 | 态度 | | | 合计 |
|---|---|---|---|---|---|
| | | 支持 | 中立,观望一下 | 不支持 | |
| 配偶或子女补助 | 计数(人) | 3 | 22 | 5 | 30 |
| | 所在行比例(%) | 10.0 | 73.3 | 16.7 | 100.0 |
| 其他 | 计数(人) | 4 | 13 | 3 | 20 |
| | 所在行比例(%) | 20.0 | 65.0 | 15.0 | 100.0 |
| 总计 | 计数(人) | 117 | 240 | 40 | 397 |
| | 所在行比例(%) | 29.5 | 60.4 | 10.1 | 100.0 |

注:皮尔森卡方检验 $p$ 值为 0.233。

(10)退休后生活来源与对以房养老政策态度的列联分析

由表 5-21 可知,随着被调查者对以房养老政策的了解加深,其支持率也相应增加。其中,了解并支持该政策的被调查者人数比例高达 55.4%。由此推测,加强对以房养老政策的推广与宣传,可以促进政策的试行。此外,除不了解政策的被调查者支持度较低外,其他人对政策的实行均持积极态度。

原假设为"对以房养老政策的了解程度与对以房养老政策的态度不存在显著关系",备择假设为"对以房养老政策的了解程度与对以房养老政策的态度存在相关关系"。在取显著性水平 $\alpha=0.05$ 的情况下,皮尔森卡方检验 $p$ 值为 0.000,故不接受原假设,说明对以房养老政策的了解程度与态度存在显著的相关性。

表 5-21　对以房养老政策了解程度与对以房养老政策态度的列联分析结果

| 了解程度 | 计数及比例 | 态度 | | | 合计 |
|---|---|---|---|---|---|
| | | 支持 | 中立,观望一下 | 不支持 | |
| 不了解 | 计数(人) | 14 | 80 | 15 | 109 |
| | 所在行比例(%) | 12.8 | 73.4 | 13.8 | 100.0 |
| 了解不多 | 计数(人) | 47 | 127 | 13 | 187 |
| | 所在行比例(%) | 25.1 | 67.9 | 7.0 | 100.0 |
| 了解 | 计数(人) | 56 | 33 | 12 | 101 |
| | 所在行比例(%) | 55.4 | 32.7 | 11.9 | 100.0 |
| 总计 | 计数(人) | 117 | 240 | 40 | 397 |
| | 所在行比例(%) | 29.5 | 60.4 | 10.1 | 100.0 |

注:皮尔森卡方检验 $p$ 值为 0.000。

## (三)因子分析

### 1. 信度检验

由表 5-22 可见,标准化后的克朗巴哈系数大于 0.6,因此此次社会调查的信度可以通过。

表 5-22　信度统计——克朗巴哈系数

| 克朗巴哈系数 | 标准化后的克朗巴哈系数 |
|---|---|
| 0.682 | 0.684 |

由表 5-23 可见,各因素得分之间的均值差异不大,均为 1.627~2.584;方差为 0.583~1.001;9 个因素均值的方差只有 0.099;同样各因素之间方差的差异也很小,为 0.024;并未发现极端的因素。

表 5-23　变量综合统计

| 统计量 | 均值 | 极小值 | 极大值 | 范围 | 极大值/极小值 | 方差 |
|---|---|---|---|---|---|---|
| 项的均值 | 2.138 | 1.627 | 2.584 | 0.957 | 1.588 | 0.099 |
| 项方差 | 0.838 | 0.583 | 1.001 | 0.418 | 1.716 | 0.024 |
| 项之间的相关性 | 0.194 | −0.055 | 0.460 | 0.515 | −8.338 | 0.015 |

由表 5-24 最后一列可知,删除其中任一个因素,量表的信度并不会有所增加。因此,在后续分析影响杭州市民对以房养老政策态度的因素中,并未剔除任何变量。

表 5-24　删除相应的因素后信度的变化

| 相关因素 | 校正的项总计相关系数 | 多相关系数的平方 | 项已删除的克朗巴哈系数 |
|---|---|---|---|
| 房产是否留给子女 | 0.195 | 0.117 | 0.689 |
| 能否避免房产纠纷 | 0.288 | 0.139 | 0.669 |
| 政策体制是否成熟,法律有无保障 | 0.223 | 0.118 | 0.679 |
| 宣传力度大小 | 0.429 | 0.201 | 0.639 |
| 市场上房价是否稳定,风险大小 | 0.385 | 0.164 | 0.649 |
| 能否自助养老,减轻子女负担 | 0.496 | 0.360 | 0.632 |
| 能否缓解国家和社会的养老负担 | 0.293 | 0.251 | 0.668 |
| 能否补贴养老,提高生活品质 | 0.489 | 0.318 | 0.628 |
| 养老金是否充足 | 0.434 | 0.249 | 0.637 |

方差分析的结果显示 $F = 57.863$, $p < 0.05$,则说明这 9 个因素对杭州市民对以房养老政策态度的影响是有显著差异的(见表 5-25)。另外,Tukey 的非可加性检验结果显示 $p < 0.05$,说明各因素之间存在交互作用。

表 5-25　方差分析

| | | | 平方和 | 自由度 | 均方 | F 值 | Sig. 值 |
|---|---|---|---|---|---|---|---|
| 组间 | | | 842.367 | 396 | 2.127 | | |
| 组内 | | 项之间 | 313.539 | 8 | 39.192 | 57.863 | 0.000 |
| | 残差 | 残差 非可加性 | 17.943 | 1 | 17.943 | 26.705 | 0.000 |
| | | 平衡 | 2127.852 | 3167 | 0.672 | | |
| | | 小计 | 2145.795 | 3168 | 0.677 | | |
| | 合计 | | 2459.333 | 3176 | 0.774 | | |
| 总计 | | | 3301.700 | 3572 | 0.924 | | |

### 2. 构建因子模型

一般认为 KMO 大于 0.5，即可接受使用因子分析。由表 5-26 可知，KMO＝0.760，故认为所构模型适用因子分析法。同时 Bartlett's 球形检验的值为 518.490，自由度为 36，$p<\alpha=0.05$，代表母群体的相关矩阵间有共同因素存在，同样认为适用因子分析法。

表 5-26　KMO 和 Bartlett's 球形检验结果

| 取样足够度的 Kaiser-Meyer-Olkin 度量 | | 0.760 |
|---|---|---|
| Bartlett's 球形检验 | 近似卡方 | 518.490 |
| | 自由度 | 36 |
| | Sig. 值 | 0.000 |

由表 5-27 可知，前 6 个公共因子的累计方差贡献率为 81.706%。可见前 6 个因子已提取了各原始变量 81% 左右的信息。从理论上讲，累计方差贡献率应大于 85%，但在实际的社会调查中，一般认为大于 80% 也可满足需求。此外，从图 5-13 可以看出，第 6 个因子以后，特征值差异较小，折线趋于平缓。综合考虑，本报告认为可提取前 6 个公共因子。

表 5-27　因子解释原始变量总方差的情况

| 成分 | 初始特征值 | | | 提取平方和载入 | | | 旋转平方和载入 | | |
|---|---|---|---|---|---|---|---|---|---|
| | 合计 | 方差的 比例(%) | 累计比例 (%) | 合计 | 方差的 比例(%) | 累计比例 (%) | 合计 | 方差的 比例(%) | 累计比例 (%) |
| 1 | 2.677 | 29.747 | 29.747 | 2.677 | 29.747 | 29.747 | 1.526 | 16.957 | 16.957 |
| 2 | 1.385 | 15.385 | 45.132 | 1.385 | 15.385 | 45.132 | 1.456 | 16.173 | 33.130 |
| 3 | 0.993 | 11.037 | 56.169 | 0.993 | 11.037 | 56.169 | 1.275 | 14.170 | 47.300 |
| 4 | 0.836 | 9.288 | 65.458 | 0.836 | 9.288 | 65.458 | 1.074 | 11.931 | 59.231 |
| 5 | 0.775 | 8.617 | 74.074 | 0.775 | 8.617 | 74.074 | 1.038 | 11.537 | 70.768 |

**续表**

| 成分 | 初始特征值 | | | 提取平方和载入 | | | 旋转平方和载入 | | |
|---|---|---|---|---|---|---|---|---|---|
| | 合计 | 方差的比例(%) | 累计比例(%) | 合计 | 方差的比例(%) | 累计比例(%) | 合计 | 方差的比例(%) | 累计比例(%) |
| 6 | 0.687 | 7.632 | 81.706 | 0.687 | 7.632 | 81.706 | 0.984 | 10.938 | 81.706 |
| 7 | 0.606 | 6.736 | 88.442 | | | | | | |
| 8 | 0.568 | 6.317 | 94.759 | | | | | | |
| 9 | 0.472 | 5.241 | 100.000 | | | | | | |

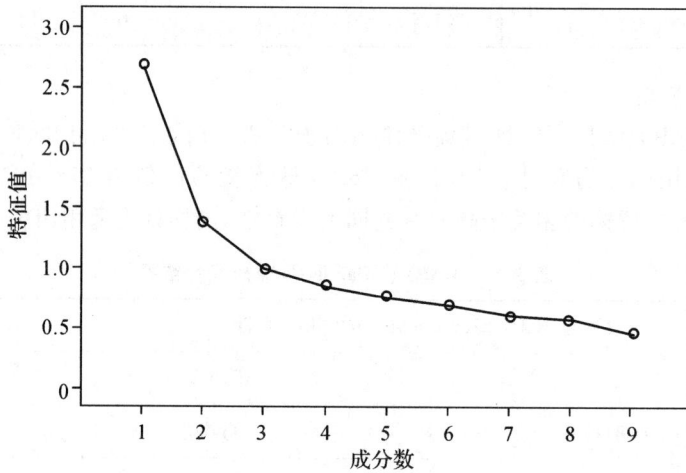

图 5-13　碎石图

　　表 5-28 是未经过旋转的因子载荷矩阵,然而初始载荷矩阵结构不够简单,各因子的典型代表变量不很突出,容易使因子的意义含糊不清,不便于对因子进行解释。为此需对因子载荷矩阵实行旋转,达到简化结构的目的,使各变量在某单个因子上有高额载荷,而在其余因子上只有小到中等的载荷。在运用方差最大正交旋转法之后,得旋转因子载荷矩阵(见表 5-29)。由此可以看出,经旋转后因子便于命名和解释。

表 5-28　旋转前的因子载荷矩阵

| 相关因素 | 成分 | | | | | |
|---|---|---|---|---|---|---|
| | 1 | 2 | 3 | 4 | 5 | 6 |
| 房产是否留给子女 | 0.261 | 0.589 | 0.536 | −0.356 | −0.012 | 0.007 |
| 能否避免房产纠纷 | 0.377 | 0.529 | 0.393 | 0.478 | −0.006 | 0.172 |
| 政策体制是否成熟、法律有无保障 | 0.325 | 0.490 | −0.618 | 0.257 | −0.109 | 0.282 |
| 宣传力度大小 | 0.582 | 0.305 | −0.219 | 0.020 | −0.130 | −0.703 |
| 市场上房价是否稳定、风险大小 | 0.565 | 0.073 | −0.156 | −0.243 | 0.744 | 0.045 |

续表

| 相关因素 | 成分 | | | | | |
|---|---|---|---|---|---|---|
| | 1 | 2 | 3 | 4 | 5 | 6 |
| 能否自助养老、减轻子女负担 | 0.713 | −0.328 | 0.081 | 0.175 | 0.090 | 0.096 |
| 能否缓解国家和社会的养老负担 | 0.528 | −0.503 | 0.267 | 0.387 | 0.036 | −0.131 |
| 能否补贴养老、提高生活品质 | 0.708 | −0.183 | −0.134 | −0.187 | −0.201 | 0.170 |
| 养老金是否充足 | 0.645 | −0.159 | 0.038 | −0.375 | −0.379 | 0.164 |

由表 5-29 可见,各个公共因子与以下因素密切相关:

第一个公共因子 F1 主要解释的是能否补贴养老、提高生活品质,养老金是否充足,可以命名为品质因子;

第二个公共因子 F2 主要解释的是能否自助养老、减轻子女负担,能否缓解国家和社会的养老负担,可以命名为负担因子;

第三个公共因子 F3 主要解释的是房产是否留给子女、能否避免房产纠纷,可以命名为房产因子;

第四个公共因子 F4 主要解释的是市场上房价是否稳定、风险大小,可以命名为风险因子;

第五个公共因子 F5 主要解释的是政策体制是否成熟、法律有无保障,可以命名为法制因子;

第六个公共因子 F6 主要解释的是宣传力度大小,可以命名为宣传因子。

表 5-29　方差最大正交旋转后的因子载荷矩阵

| 相关因素 | 成分 | | | | | |
|---|---|---|---|---|---|---|
| | 1 | 2 | 3 | 4 | 5 | 6 |
| 房产是否留给子女 | 0.200 | −0.246 | 0.814 | −0.175 | 0.140 | 0.125 |
| 能否避免房产纠纷 | −0.106 | 0.334 | 0.762 | 0.358 | −0.046 | 0.029 |
| 政策体制是否成熟、法律有无保障 | 0.123 | −0.101 | 0.041 | 0.911 | 0.092 | 0.143 |
| 宣传力度大小 | 0.158 | 0.113 | 0.113 | 0.150 | 0.105 | 0.952 |
| 市场上房价是否稳定、风险大小 | 0.130 | 0.134 | 0.073 | 0.086 | 0.951 | 0.101 |
| 能否自助养老、减轻子女负担 | 0.394 | 0.664 | 0.038 | 0.078 | 0.254 | 0.044 |
| 能否缓解国家和社会的养老负担 | 0.158 | 0.846 | −0.022 | −0.143 | 0.019 | 0.096 |
| 能否补贴养老、提高生活品质 | 0.720 | 0.265 | −0.013 | 0.169 | 0.165 | 0.109 |
| 养老金是否充足 | 0.848 | 0.128 | 0.098 | −0.012 | 0.022 | 0.090 |

由因子载荷矩阵可见,从理论上讲,最后得到的因子之间相互独立,没有相关性,而由因子转换矩阵(见表 5-30)显示,6 个因子之间相关性较低。可见,对因子进行旋转是完全有必要的。

**表 5-30  因子转换矩阵**

| 成分 | 1 | 2 | 3 | 4 | 5 | 6 |
|---|---|---|---|---|---|---|
| 1 | 0.612 | 0.508 | 0.258 | 0.229 | 0.362 | 0.343 |
| 2 | −0.213 | −0.495 | 0.670 | 0.435 | 0.056 | 0.260 |
| 3 | −0.055 | 0.267 | 0.681 | −0.621 | −0.168 | −0.217 |
| 4 | −0.528 | 0.642 | 0.041 | 0.456 | −0.316 | −0.009 |
| 5 | −0.470 | 0.110 | −0.014 | −0.106 | 0.857 | −0.147 |
| 6 | 0.278 | −0.040 | 0.135 | 0.391 | 0.060 | −0.864 |

由表 5-31 可见,前 6 个因子解释了杭州市影响市民对以房养老政策态度因素的 81.706% 的原因。其中,F1 解释了 29.747% 的原因,表明能否补贴养老、提高生活品质以及养老金是否充足这两个基本品质因子是影响市民对以房养老政策态度的重要因素;F2 解释了 15.385% 的原因,表明能否自助养老、减轻子女负担以及能否缓解国家和社会的养老负担是两个较为主要的因素;F3、F4、F5 和 F6 分别解释了 11.037%、9.288%、8.617% 和 7.632% 的原因,起到了补充作用。

**表 5-31  影响以房养老政策态度的因素结果汇总**

| 因子编号 | 因子名称 | 因素编号 | 相关因素 | 主因子 | | | | | |
|---|---|---|---|---|---|---|---|---|---|
| | | | | 1 | 2 | 3 | 4 | 5 | 6 |
| F1 | 品质因子 | C8 | 能否补贴养老、提高生活品质 | 0.720 | | | | | |
| | | C9 | 养老金是否充足 | 0.848 | | | | | |
| F2 | 负担因子 | C6 | 能否自助养老、减轻子女负担 | | 0.664 | | | | |
| | | C7 | 能否缓解国家和社会的养老负担 | | 0.846 | | | | |
| F3 | 房产因子 | C1 | 房产是否留给子女 | | | 0.814 | | | |
| | | C2 | 能否避免房产纠纷 | | | 0.762 | | | |
| F4 | 风险因子 | C5 | 市场上房价是否稳定、风险大小 | | | | 0.911 | | |
| F5 | 法制因子 | C3 | 政策体制是否成熟、法律有无保障 | | | | | 0.951 | |
| F6 | 宣传因子 | C4 | 宣传力度大小 | | | | | | 0.952 |
| 方差贡献率(%) | | | | 29.747 | 15.385 | 11.037 | 9.288 | 8.617 | 7.632 |
| 累计方差贡献率(%) | | | | 29.747 | 45.132 | 56.169 | 65.457 | 74.074 | 81.706 |

### (四)二值 Logistic 回归模型

#### 1. 变量选择

首先,本报告将对以房养老政策的态度与其余 6 项内容进行相关性分析,根据 Kendall's tau-b 等级相关系数显示,对以房养老政策态度与月收入、子女个数、住房数目的相关系数较大,分别为 $-0.176$、$0.199$ 和 $-0.163$,但同时月收入和子女个数两者与月收入和住房数目两者之间的相关系数较大,分别为 $-0.148$ 和 $0.290$。因此,分别选择其相关系数较大的变量,即子女个数、住房数目两者作为自变量,把对以房养老政策态度作为因变量,建立 Logistic 回归模型。

#### 2. 定义变量

$Y$:对以房养老政策的态度。其中,$Y=1$,支持;$Y=2$,不支持。

$K$:子女个数。其中,$K_1=0$,无;$K_2=1$,一个;$K_3=2$,两个及以上。

$H$:住房数目。其中,$H_1=0$,没有;$H_2=1$,一套;$H_3=2$,多套。

#### 3. 构建模型

根据变量及表 5-32 中的参数,构建如下模型:

$$\hat{p}=\frac{\text{Exp}(-0.081-1.466K_2-0.683K_3+2.339H_2+1.531H_3)}{1+\text{Exp}(-0.081-1.466K_2-0.682K_3+2.339H_2+1.531H_3)} \quad (5\text{-}1)$$

**表 5-32　参数估计**

| 参数 | $B$ | S.E | Wald | df | Sig. | Exp $(B)$ |
| --- | --- | --- | --- | --- | --- | --- |
| 子女个数 | | | 21.020 | 2 | 0.000 | |
| 子女个数(1) | $-1.466$ | 0.320 | 20.946 | 1 | 0.000 | 0.231 |
| 子女个数(2) | $-0.682$ | 0.277 | 6.051 | 1 | 0.014 | 0.506 |
| 住房数目 | | | 28.337 | 2 | 0.000 | |
| 住房数目(1) | 2.339 | 0.440 | 28.310 | 1 | 0.000 | 10.375 |
| 住房数目(2) | 1.531 | 0.373 | 16.882 | 1 | 0.000 | 4.622 |
| 常量 | $-0.081$ | 0.363 | 0.049 | 1 | 0.824 | 0.922 |

由表 5-32 可见,根据估计系数来看,子女个数与支持以房养老态度呈正相关关系,并且趋势增加;相反,拥有的住房数目与支持以房养老态度呈负相关关系,但是趋势减缓,即房子越多抵触情绪越低。

用该模型预测不同婚姻状况、不同子女个数、不同住房数目的人对以房养老态度的选择偏向共有 9($3\times3$)种情况,本报告将选择几组情况加以说明(不考虑没有住房的群体):

当 $K_1=0$,$H_1=0$ 时,$p=48.0\%$。说明无子女、没有住房的群体,支持以房养老政策的人数占 $48.0\%$。

当 $K_1=0$,$H_2=1$ 时,$p=81.0\%$。说明无子女、有一套住房的群体,支持以房养老政策的人数占 $81.0\%$。

当 $K_1=0$,$H_3=2$ 时,$p=90.5\%$。说明无子女、有多套住房的群体,支持以房养老政策的人数占 $90.5\%$。

当 $K_2=1,H_1=0$ 时,$p=17.6\%$。说明有一个子女、没有住房的群体,支持以房养老政策的人数占 17.6%。

当 $K_2=1,H_2=1$ 时,$p=49.6\%$。说明有一个子女、有一套住房的群体,支持以房养老政策的人数占 49.6%。

当 $K_2=1,H_3=2$ 时,$p=68.8\%$。说明有一个子女、有多套住房的群体,支持以房养老政策的人数占 68.8%。

当 $K_3=2,H_1=0$ 时,$p=31.8\%$。说明有两个及以上子女、没有住房的群体,支持以房养老政策的人数占 31.8%。

当 $K_3=2,H_2=1$ 时,$p=68.3\%$。说明有两个及以上子女、有一套住房的群体,支持以房养老政策的人数占 68.3%。

当 $K_3=2,H_3=2$ 时,$p=82.9\%$。说明有两个及以上子女、有多套住房的群体,支持以房养老政策的人数占 82.9%。

综上所述,在子女个数相同的情况下,随着住房套数的增加,市民对以房养老政策的支持率也不断上升;在住房数目相同的情况下,无子女的市民对以房养老政策的支持率最高,有两个及以上子女的市民次之,有一个子女的市民对该政策的支持率最低。

# 三、访谈调查总结及结论

## (一)访谈总结

Q1:您对老龄化问题有什么看法?

A1:老龄化问题作为一个全球性问题,是不可逆转的。中国作为人口大国,由于人口基数大、实行计划生育政策等,老年人在总人口中的占比越来越大。而老龄化问题又导致了养老市场负担的加重,故其带来的养老问题可以说是迫在眉睫。杭州市作为浙江省省会,人口密集,老龄化问题相较省内其他城市也更为严重。

Q2:杭州市目前实行的养老方式有哪些?

A2:杭州市目前的养老方式主要是以社会养老保险为主。随着通货膨胀等情况的出现,国家近年也在加大对社会保障资金的投入力度,表现之一就是养老金最低额度的提高。除此之外,还有一些商业保险产品。各个保险公司会根据大众的需求,提供不同的产品供客户选择。其他类似于低保户或者靠子女、家人补助的养老方式就不再细说了。

Q3:您觉得国家推出以房养老政策是偶然还是必然?

A3:这个政策的推出是必然的。在国际上,包括美国、英国、加拿大、新加坡、日本等较为发达的国家都推出了类似的政策。中国作为最大的发展中国家,必然会跟随发达国家的脚步推出这项政策。在养老问题上,中国仍有许多地方需要借鉴和学习其他国家。中国的老龄化问题日益严重,国家担负的养老压力不断增加,养老市场出现了巨大的空缺。在这种情况下,以房养老政策的推行,无疑能缓解国家对养老保险的巨额投资压力。

Q4:您觉得阻碍以房养老政策推行的原因有哪些?

A4:首先,国人的传统思想观念对政策的推行有极大的影响。以房养老政策在国外能够较好地开展,很大程度上是取决于人们对房屋的看法。中国人有将房产留给子女的习俗,而且这种根深蒂固的观念一时很难改变,这对政策的推行形成了巨大阻碍。另外,房价的瞬息万变也使人们对房屋价值的评估方式产生怀疑,房价涨跌带来的风险使人们望而却步,其不确定性严重影响了政策的推行。

其次,从可能开发"以房养老"产品的金融机构角度看。中国的土地是国家所有的,土地出让金只有 50～70 年的期限。如果有一个 1990 年买房的居民,到现在已经过了 25 年,如果后 25 年采取"以房养老"的倒按揭养老模式,把房屋抵押给银行而自己仍住在房子里面,那么 25 年后,房子几乎变为危房,此时银行还得重新缴纳足额的土地出让金进行续期。这就等于说,银行在支付了居民 25 年的养老金后,得到的房屋价值却为零。即使土地出让金期限为 70 年,有偿续期费用也不是足额,与市场价的差价,也会大大侵蚀金融机构的利润。所以,即使抛开房屋价格的不确定性,这种情况也会使金融机构采取谨慎态度。

Q5:您对在杭州市推行以房养老政策有怎样的期望?

A5:面对严峻的养老形势,"以房养老"作为一种不同于传统按揭方式的倒按揭养老模式,越来越受到舆论的热议,被看作是养老保险改革市场的一股新流。无论是从潜在购买者角度还是金融机构的角度来看,以房养老政策所要面对的问题都非常棘手;但同时,中国作为一个不断壮大的发展中国家,社会的急剧转型所带来的新观念、新改变,也使得以经济为主体的社会保障模式有了存在的合理性和发展的前景。

## (二)结论

以房养老政策作为一项近年全新推出的养老模式并未被杭州市民所熟知,且面临一系列亟待解决的问题。针对杭州市民对以房养老政策的态度、影响其态度的主要若干因素和实施以房养老政策可能存在的问题,得出以下四个总结:

(1)由于传统观念的影响,部分老人将房产视为重要遗产、不愿将其作为养老工具的思想短期难以改变。但接受调查的大部分杭州市民对以房养老政策仍抱有期望。

(2)由于以房养老政策是近年提出的新型养老模式,牵涉到社会保障、金融、房地产等诸多产业,模式也可分为售房预支养老、退房补贴养老、换房差价养老、租房增收养老四种。因此在法律上还没有形成一套规避风险的机制,杭州市民对此无法深入了解,更加大了政策实施的难度。

(3)以房养老政策虽然以住房为基础,但却缺乏具体可操作性。房产资产如何估值?住宅房屋 70 年产权到期后如何处置? 如何规避、计算、对冲市场风险? 如何应对房地产市场周期波动对于资产升值及价格的影响? ……一系列疑问成为阻碍杭州市民支持该政策的原因。

(4)大多数市民对保险、养老等机构作为营利性机构,是否能够保证"在老人寿命超过预期后,继续足额支付养老金、提供养老服务"存在疑问,对其信任度较低。且以房养老政策的具体实施方法尚未明确,也没有向民间进行资本开放,因此养老群体不敢贸然"以房养老"。

## 四、对策与建议

针对杭州市以房养老政策推行所面临的问题,结合所收集到的信息,提出如下对策与建议:

（1）改变传统观念，开拓养老新市场。在推行以房养老政策的过程中，推广新式养老观念、改变传统思想显得尤为重要。通过传播新式的养老观念，可以使诸多老年群体、家庭对以房养老政策获得新的认识，并以此逐步打开新的养老市场。

（2）普及政策知识，加强机构协调。"以房养老"作为金融产品之一，涉及保险业、房地产业、银行业、养老服务业等多个领域，多部门之间的协调必不可少。因此，要建立一项新机制，保证相关机构间默契合作、优化资源配置，尽量避免将风险转移到受众身上。

（3）完善法律法规，合理制定政策。首先，政府应从《物权法》入手，理顺房屋土地使用权与房屋产权的关系，明确房屋土地证到期后房产的归属问题；其次，要对以房养老的各个相关环节和实施层面做出法律规范，对支付用于养老的房贷款实行免税政策，防止不法机构侵害老年人权益，影响以房养老政策的顺利实施；再次，政府应设立专门的管理机构处理以房养老实施过程中出现的问题，避免老人在老而无力后遇到侵权行为却无能为力的情况；最后，可通过制定"补缴少量土地出让金，可延长一定年限住宅产权使用年限"等新政策的方式，解决养老房产70年产权到期的问题，并以此增强以房养老政策的市场参与活力，使金融机构、养老群体获益。

（4）政府实行兜底，优惠吸引受众。"以房养老"作为养老保险的一项补充政策，在为老年人带来福利的同时也减轻了国家进入老龄社会后的责任压力，因此政府应当坚定不移地为以房养老进行政策兜底。在面对数以亿计的养老金缺口时，政府不能躲避责任，而应拓宽养老渠道、弥补养老金缺口，积极推广有利于老百姓的多种养老模式。

（5）政府监督担保，机构良性竞争。完善市场定价与资产评估机制，建立公开化、公正化、市场化的政策操作体系。在机构具有政府信用担保和过硬服务质量的基础上，不再设置行业进入门槛，让民间资本充分参与养老产业的竞争，让银行等金融机构放下身段，促进"以房养老"相关衍生产品的创新，降低养老群体的"以房养老"成本，让更多老龄群体享受到该政策的实惠。同时，在市民与保险机构存在信息不对等的情况下，政府作为保险公司的担保方应起到监督引导的作用，确保养老市场的良性运作。

（6）推进资产证券化，补贴养老群体。通过以房养老政策，可以将缺乏流动性的房产资产逐步证券化，转换为在金融市场上可以自由买卖的证券产品，使其具有流动性。金融机构以资产管理公司的名义，通过将参与政策的房产资产进行打包操作，获取一定的经营收益，并按一定比例补贴给相应的业主。由此，养老群体在定期获得应有养老金的基础上，还可以获得部分数目可观的补贴。

（7）重视养老服务，提高服务质量。在新建、改建与以房养老政策相关的地产项目时，应切实考虑周边配套设施等问题。避免因公众认可不足，设计、配套和服务无法满足老年人需求，地段过于偏远等因素，使养老项目陷入无人问津的窘境。同时，重视养老服务配套及服务体系建设，提高养老服务质量，让"以房养老"群体真正享受到新型养老方式带来的便利性和舒适性。

# 参考文献

［1］柴效武.反向抵押贷款风险与防范［M］.杭州:浙江大学出版社,2008.

［2］黄民安.发展住房反抵押市场对我国居民和社会福利的影响［D］.北京:清华大

学,2013.

[3] 黎慧萍.关于"住房反向抵押贷款"的思考及建议[J].经济研究导刊,2014(16):142-143.

[4] 刘永宁.新政策下"以房养老"试点的前景分析[A].2013 北京经济论坛,2013.

[5] 孟晓苏.论建立"反向抵押贷款"的寿险服务[J].保险研究,2002(12):44-45.

[6] 沈志江."住房反向抵押贷款"养老模式的精算模型构建与应用[J].统计与决策,2008(20):30-32.

[7] 张佩,毛茜.中国养老金融创新发展:现实障碍、经验借鉴与应对策略[J].西南金融,2014(7):43-47.

[8] 赵玛丽.基于生命周期理论视角的以房养老问题研究[D].杭州:浙江大学,2013.

[9] 中华人民共和国国家统计局.中华人民共和国 2012 年国民经济和社会发展统计公告[R].北京:中华人民共和国国家统计局,2013.

# 附录

## 附录1　访谈提纲

1.您对老龄化问题的看法。

2.您对杭州市老年人养老问题的见解。

3.您对我国推出以房养老政策的看法。

4.您对杭州市推行以房养老政策的看法。

5.您认为影响以房养老政策推广的原因。

6.您对各类新型养老模式的看法。

7.您对我国养老改革的期望。

## 附录2　调查问卷

### 杭州市民对以房养老政策态度的调查研究

问卷编号：_____

您好！

　　我们是浙江省第三届统计调查大赛的参赛人员,感谢您能在百忙之中抽空填写问卷。本次调查主要是想了解杭州市民对以房养老政策的看法,从而提出相关建议,为杭州市养老政策的进一步优化提供参考。本调查采取不记名方式,您的回答和个人信息将完全保密,您的认真回答将成为本研究的珍贵资料。感谢您的配合和理解！

**A.第一部分**

A1.您的性别是　　　　　　　　　　　　　　　　　　　　　　　（　　）

　　A.男　　　　　　　　B.女

A2.您的年龄是　　　　　　　　　　　　　　　　　　　　　　　（　　）

　　A.18～29 岁　　　　　B.30～39 岁　　　　　C.40～49 岁

　　D.50～59 岁　　　　　E.60 岁及以上

A3.您的受教育程度是　　　　　　　　　　　　　　　　　　　　　　（　　）

　　A.初中及以下　　　B.高中或中专　　　C.本科或大专　　　D.硕士及以上

A4.您的职业性质是　　　　　　　　　　　　　　　　　　　　　　　（　　）

　　A.企业单位　　　　　　B.事业单位　　　　　　C.机关单位

　　D.社会团体　　　　　　E.个体工商户　　　　　F.其他

A5.您的大致月收入是　　　　　　　　　　　　　　　　　　　　　　（　　）

　　A.0～1500元　　　　　B.1500～3000元　　　C.3000～5000元

　　D.5000～6500元　　　E.6500～8000元　　　F.8000元及以上

A6.您的婚姻状况是　　　　　　　　　　　　　　　　　　　　　　　（　　）

　　A.未婚　　　　　　　　B.已婚　　　　　　　　C.离异或丧偶

A7.您的子女个数：　　　　　　　　　　　　　　　　　　　　　　　（　　）

　　A.无　　　　　　　　　B.一个　　　　　　　　C.两个及以上

**B.第二部分**

B1.您拥有房产权的住房数目是　　　　　　　　　　　　　　　　　　（　　）

　　A.没有　　　　　　　　B.一套　　　　　　　　C.多套

B2.您退休后的生活最主要来源是　　　　　　　　　　　　　　　　　（　　）

　　A.社会基本养老保险　　B.个人储蓄性养老保险　C.企业补充养老保险

　　D.商业养老保险　　　　E.配偶或子女补助　　　F.其他

B3.您对以房养老政策的了解程度是　　　　　　　　　　　　　　　　（　　）

　　A.不了解　　　　　　　B.了解不多　　　　　　C.了解

B4.您对以房养老政策的态度是　　　　　　　　　　　　　　　　　　（　　）

　　A.支持　　　　　　　　B.中立,观望一下　　　　C.不支持

**C.第三部分**

重要度量表:请按照您的自身情况,在相应的等级上打"√"。其中:5,非常重要;4,重要;3,一般;2,不太重要;1,非常不重要。

以下为影响您对以房养老政策态度的因素,请按您的重视程度进行选择。

| 影响对以房养老政策态度的因素 | 重要 | | | | 不重要 |
|---|---|---|---|---|---|
| 房产是否留给子女 | 5 | 4 | 3 | 2 | 1 |
| 能否避免房产纠纷 | 5 | 4 | 3 | 2 | 1 |
| 政策体制是否成熟、法律有无保障 | 5 | 4 | 3 | 2 | 1 |
| 宣传力度大小 | 5 | 4 | 3 | 2 | 1 |
| 市场上房价是否稳定、风险大小 | 5 | 4 | 3 | 2 | 1 |
| 能否自助养老、减轻子女负担 | 5 | 4 | 3 | 2 | 1 |
| 能否缓解国家和社会的养老负担 | 5 | 4 | 3 | 2 | 1 |
| 能否补贴养老、提高生活品质 | 5 | 4 | 3 | 2 | 1 |
| 养老金是否充足 | 5 | 4 | 3 | 2 | 1 |

# 杭州市交通警察工作压力
# 及其影响因素调查研究

汪　丹　王忠玉　许梦迪　陈沁雪　刘国华

"十二五"时期,我国经济社会发展保持较高增长速度,机动车保有量、驾驶人数量和道路交通流量持续增长,道路交通在保障和促进经济社会发展方面的作用越来越明显。然而,城市化和机动化带来的现代交通矛盾已演变成全球性的"世纪难题"。与其他大城市类似,杭州市的道路交通状况值得关注,改善道路交通现状是保障和促进经济社会发展、改善民生的必然要求。

维护道路交通秩序,是交通警察的职责所在,也是改善道路交通现状的渠道之一。同时,交通警察的高效执法对市民安全出行、警民和谐共处有着不可忽视的作用。但是,城市道路发展滞后于激增的机动车数量,群众日益提高的法制意识和公开透明的执法环境都考验着交警的执法艺术。而连续工作时间过长,风吹日晒、汽车尾气、噪声污染的工作环境更是使广大交通警察尤其是基层一线交警的身心长期处于疲惫状态。而目前有关杭州市交通警察工作压力方面的研究结论较少,故实施本项目就显得尤为必要。

鉴于此,本项目将以隶属于杭州市公安局交警支队的所有交通警察为研究对象,针对其工作压力现状及影响因素进行调查。利用列联表、方差分析、因子分析、累积 Logit 回归、Probit 回归和 Logistic 回归等分析方法,对所采集的样本数据进行系统分析,得出有关交通警察工作压力及其影响因素的结论,从而为有关部门采取积极有效的措施来缓解交通警察工作压力献计献策。

## 一、调查简介

### (一)调查目的

(1)通过对搜集的基本信息进行描述性分析,以了解交警的组成情况,如性别结构、年龄结构、文化水平结构、工作年限结构等。

(2)通过对搜集的交警总体压力值进行描述性分析、列联分析,以了解不同交警的压力现状与差异性。

(3)对不同维度下的影响因素进行描述性分析、方差分析、因子分析、回归分析,研究交警在各个维度下压力的差异性及主要的影响因子。

（4）对研究结果进行分析，得出相关结论并为相关部门建立交通警察工作压力缓解机制提供依据。

## （二）调查意义

利用描述统计、推断统计的方法研究杭州市交通警察工作压力现状及其影响因素。通过数据整理分析得出相关结论，据此提出相应的对策与建议。其次，在调查过程中，小组通过访谈杭州市公安局交警支队团委了解到现有关于交警工作压力方面的研究较少。同时缓解交警工作压力对于交警高效执法、城市道路畅通、市民出行安全有着不可忽视的作用。为此本小组会将所做出的最终成果，以对策、建议的形式提交给交通警察管理部门，为有关单位制定缓解交警工作压力的措施提供依据与参考。

## （三）问卷发放

本项目通过设定的抽样方法确定了 302 个调查样本。在选定区域发放问卷 302 份，回收 302 份，回收率 100％。有效问卷 287 份，问卷有效率 95.03％。

# 二、调查数据基本分析

## （一）性别结构

由表 6-1 和图 6-1 可知，样本中男性占 95.82％，女性占 4.18％，男性交警数量远多于女性交警。样本中的男女比例符合杭州市交警总体男女比例，由此可见，样本具有代表性。

表 6-1　交通警察样本性别结构

| 性别 | 男 | 女 |
| --- | --- | --- |
| 数量（人） | 275 | 12 |

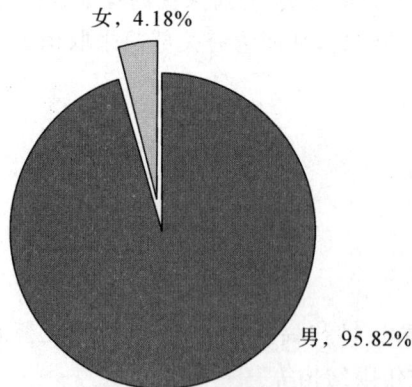

图 6-1　交通警察样本比例

## (二)年龄结构

由表 6-2 和图 6-2 可知,交警年龄分布集中在 31～45 岁,最小值为 24 岁,最大值为 60 岁,平均年龄约为 38 岁。由表 6-3 可知,在 K-S 检验中,$Z=2.05$,$p<0.05$,故拒绝原假设,认为年龄分布不属于正态分布。由图 6-3 可知,偏度系数为 $0.88>0$,因此认为样本年龄分布为右偏分布。

表 6-2　样本年龄结构分布

| 频数(人) | | 极小值 | 极大值 | 均值 | 方差 | 偏度 |
|---|---|---|---|---|---|---|
| 有效 | 缺失 | | | | | |
| 287 | 0 | 24.00 | 60.00 | 38.14 | 50.80 | 0.88 |

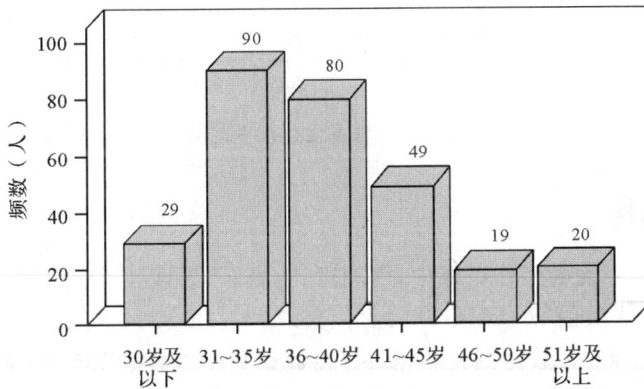

图 6-2　样本年龄分布

表 6-3　单样本 Kolmogorov-Smirnov 检验

| 频数(人) | 正态参数 | | 最极端差别 | | | Kolmogorov-Smirnov Z | 渐近显著性(双侧) |
|---|---|---|---|---|---|---|---|
| | 均值 | 标准差 | 绝对值 | 正 | 负 | | |
| 287 | 38.14 | 7.13 | 0.12 | 0.12 | −0.06 | 2.05 | 0.00 |

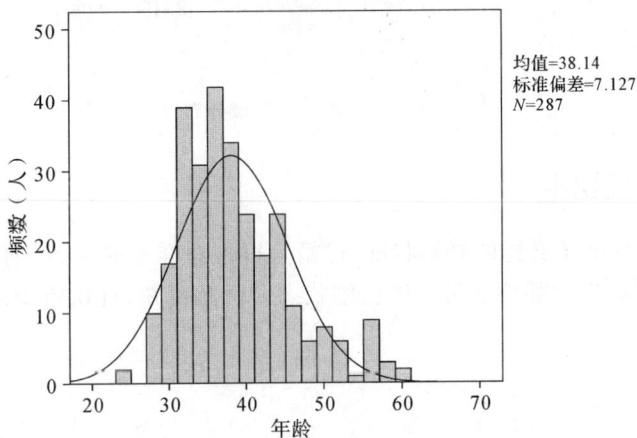

均值=38.14
标准偏差=7.127
$N=287$

图 6-3　样本年龄正态分布拟合

## （三）文化水平结构

由图 6-4 可知,交通警察的文化水平集中在本科和专科,分别占 70.73％、26.83％。学历为高中及以下与研究生及以上的交警分别占样本总体的 1.05％、1.39％。由此可见,杭州市交通警察的文化水平较高,有助于对调查问卷的理解。

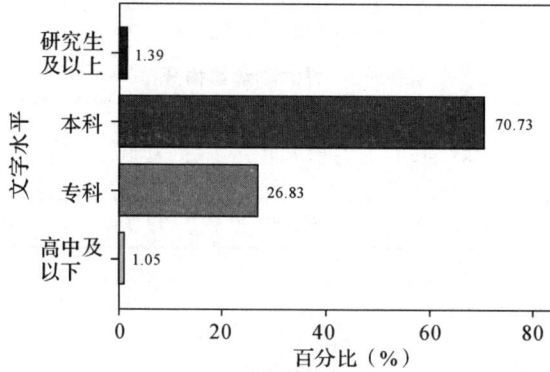

图 6-4　样本文化水平比例

## （四）区域结构

由图 6-5 可见,在交警工作区域中,西湖区、上城区、下城区、江干区、拱墅区和滨江区的交警人数分别占总人数的 20.56％、28.22％、15.68％、18.82％、9.06％和 7.66％。这与小组从交警支队了解到的人数比例大致相符。由此认为样本数据真实、可靠。

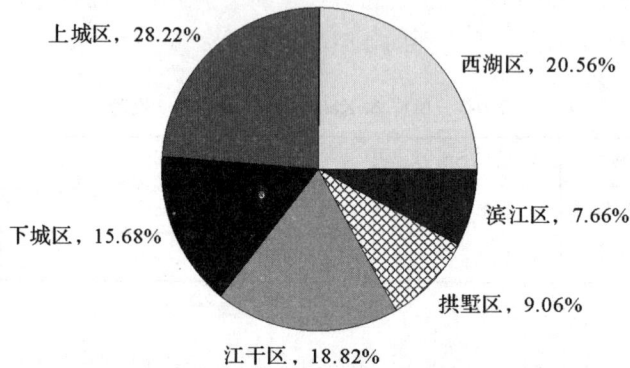

图 6-5　样本工作区域分布

## （五）婚姻状况结构

图 6-6 直观地反映了交警的婚姻状况,已婚人群占总样本的 90.59％,未婚和离异分别占 6.27％和 3.14％,即大部分交警处于已婚状态。由此可知,杭州市交通警察目前的婚姻状况尚属稳定。

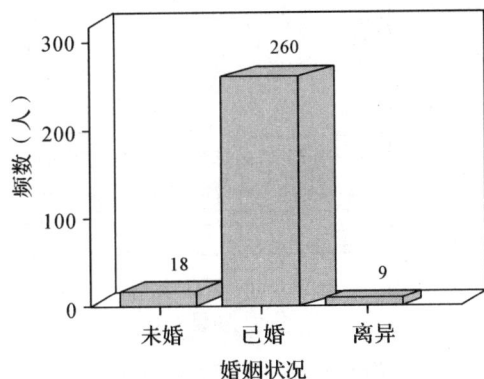

图 6-6　样本婚姻状况区域

## (六)工作年限结构

由图 6-7 可知,样本中 5～10 年工作年限的交警人数最多,占 36.24％;10～15 年工作年限的交警人数次之,占 26.48％;0～5 年、15～20 年、20 年及以上工作年限的交警人数分布较为均匀且占比较低。由此认为,样本中交警的工作年限分布较为合理。

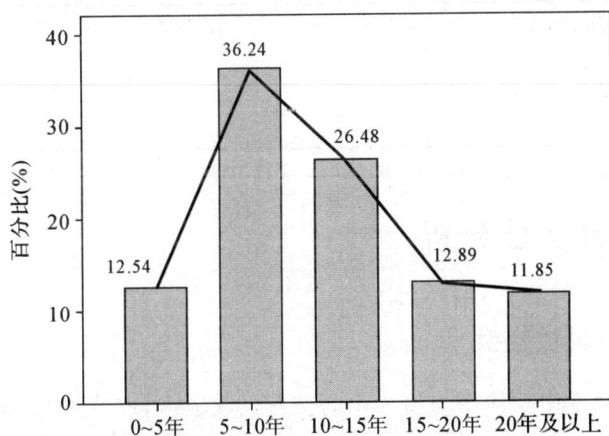

图 6-7　样本工作年限比例图

## (七)行政级别结构

由图 6-8 可知,样本中行政级别为副科级以下的交警人数占 41.81％,副科级占 34.15％;科级和副处级实职领导干部的比重不大,分别占 21.25％和 2.79％,但基本能够满足调查行政级别对工作压力影响的被试数量需求,符合实际情况。

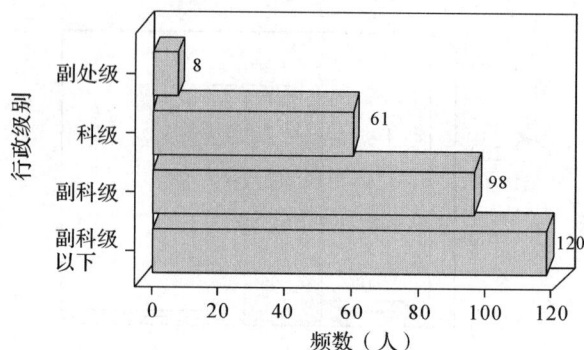

图 6-8　样本行政级别分布

## （八）工作性质结构

由表 6-4 可得,样本中外勤交警有 212 人、内勤交警有 75 人,分别占总人数的 73.9％和 26.1％。内、外勤交警的比例分布表明,交警工作的重心在于外出执勤。该结果符合实际,为本项目后续研究奠定了基础。

**表 6-4　样本工作性质比例**

| 工作性质 | 频数(人) | 百分比(％) | 有效百分比(％) | 累计百分比(％) |
|---|---|---|---|---|
| 内勤 | 75 | 26.1 | 26.1 | 26.1 |
| 外勤 | 212 | 73.9 | 73.9 | 100.0 |

# 三、总体压力实证分析

## （一）总体压力现状分析

由图 6-9 可见,样本中总体压力值为 4 的交警人数最多,占总体的 36.59％;其次是总体

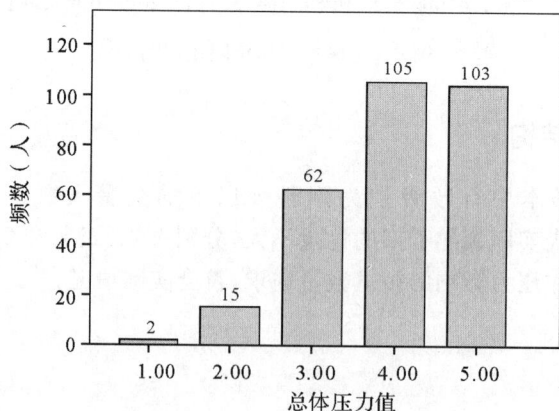

图 6-1　样本总体压力值分布

压力值为 5 的交警,占总体的 35.89％;压力值为 1 和 2 的人数最少。总体压力值的均值为 4.02,中位数为 4,由此说明杭州市交通警察的工作压力较大。总体压力值的 G-S 系数为 0.688、熵值为 1.256,说明总体压力值的分布比较离散。交警工作压力总体压力值的偏度系数为 -0.655,说明总体压力值的分布形态为左偏分布。

## (二)总体压力差异性分析

为了研究不同性别、年龄、文化水平、区域、婚姻状况、工作年限、行政级别和工作性质的交通警察总体压力的差异性,本报告运用了列联分析的方法,具体分析结果如下。

### 1.不同性别交警总体压力的差异性分析

由表 6-5 可知,样本中男性交警压力值为 4 的人数最多,占 37.8％,压力值为 1 的人数最少,占 0.7％。女性交警压力值为 3 的人数最多,占 58.3％,压力值为 1 的人数最少。由此初步推断不同性别的交警总体工作压力值具有差异性。

表 6-5　性别与总体压力值列联分析结果

| 交通警察总体压力值 | 计数及比例 | 性别 | | 合计 |
| --- | --- | --- | --- | --- |
| | | 男 | 女 | |
| 1 | 计数(人) | 2 | 0 | 2 |
| | 所在行比例(%) | 100.0 | 0.0 | 100.0 |
| | 所在列比例(%) | 0.7 | 0.0 | 0.7 |
| | 总数的比例(%) | 0.7 | 0.0 | 0.7 |
| 2 | 计数(人) | 14 | 1 | 15 |
| | 所在行比例(%) | 93.3 | 6.7 | 100.0 |
| | 所在列比例(%) | 5.1 | 8.3 | 5.2 |
| | 总数的比例(%) | 4.9 | 0.3 | 5.2 |
| 3 | 计数(人) | 55 | 7 | 62 |
| | 所在行比例(%) | 88.7 | 11.3 | 100.0 |
| | 所在列比例(%) | 20.0 | 58.3 | 21.6 |
| | 总数的比例(%) | 19.2 | 2.4 | 21.6 |
| 4 | 计数(人) | 104 | 1 | 105 |
| | 所在行比例(%) | 99.0 | 1.0 | 100.0 |
| | 所在列比例(%) | 37.8 | 8.3 | 36.6 |
| | 总数的比例(%) | 36.2 | 0.4 | 36.6 |
| 5 | 计数(人) | 100 | 3 | 103 |
| | 所在行比例(%) | 97.1 | 2.9 | 100.0 |
| | 所在列比例(%) | 36.4 | 25.0 | 35.9 |
| | 总数的比例(%) | 34.8 | 1.1 | 35.9 |
| 总计 | 计数(人) | 275 | 12 | 287 |
| | 总数的比例(%) | 95.8 | 4.2 | 100.0 |

进一步运用 Kendall's tau-b、Kendall's tau-c 和 $\gamma$ 统计量对表 6-6 中的顺序变量进行独立性的度量和检验,验证上述分析结果。首先,假设检验问题如下:

$H_0$:性别和总体压力值之间无有序关联。

$H_1$:性别和总体压力值之间存在有序关联。

由表 6-6 可见,在 5% 显著性水平下,Kendall's tau-b、Kendall's tau-c 和 $\gamma$ 的 $p$ 值都大于 0.05,故接受原假设,表明不同性别交警的总体压力值无显著性差异。

**表 6-6　独立性度量与检验统计量**

| 统计量 | 系数值 | 渐进标准误差 | 近似值 $T$ | 近似值 Sig. |
|---|---|---|---|---|
| Kendall's tau-b | −0.068 | 0.037 | −1.696 | 0.090 |
| Kendall's tau-c | −0.326 | 0.171 | −1.696 | 0.090 |
| $\gamma$ | −0.038 | 0.022 | −1.696 | 0.090 |
| 有效案例中的频数(人) | 287 | | | |

### 2.不同年龄交警总体压力的差异性分析

由表 6-7 可见,样本中 30 岁及以下和 31～35 岁年龄段交警压力值为 5 的人数最多,分别占 51.7% 和 40.0%;36～40 岁、41～45 岁和 46～50 岁年龄段交警压力值为 4 的人数最多,分别占 38.8%、55.1% 和 33.3%;51 岁及以上年龄段中,压力值为 3 的人数最多,占 52.4%;所有年龄段中压力值为 1 的人数最少。由此初步推断交警的工作压力值随着年龄的增长有逐渐减小的趋势。

**表 6-7　年龄与总体压力值列联分析结果**

| 交通警察总体压力值 | 计数及比例 | 年龄分段 | | | | | | 合计 |
|---|---|---|---|---|---|---|---|---|
| | | 30 岁及以下 | 31～35 岁 | 36～40 岁 | 41～45 岁 | 46～50 岁 | 51 岁及以上 | |
| 1 | 计数(人) | 0 | 0 | 1 | 0 | 1 | 0 | 2 |
| | 所在行比例(%) | 0.0 | 0.0 | 50.0 | 0.0 | 50.0 | 0.0 | 100.0 |
| | 所在列比例(%) | 0.0 | 0.0 | 1.2 | 0.0 | 5.6 | 0.0 | 0.7 |
| | 总数的比例(%) | 0.0 | 0.0 | 0.3 | 0.0 | 0.3 | 0.0 | 0.7 |
| 2 | 计数(人) | 0 | 3 | 7 | 0 | 3 | 2 | 15 |
| | 所在行比例(%) | 0.0 | 20.0 | 46.7 | 0.0 | 20.0 | 13.3 | 100.0 |
| | 所在列比例(%) | 0.0 | 3.3 | 8.7 | 0.0 | 16.7 | 9.5 | 5.2 |
| | 总数的比例(%) | 0.0 | 1.0 | 2.4 | 0.0 | 1.1 | 0.7 | 5.2 |
| 3 | 计数(人) | 5 | 24 | 13 | 6 | 3 | 11 | 62 |
| | 所在行比例(%) | 8.1 | 38.7 | 21.0 | 9.7 | 4.8 | 17.7 | 100.0 |
| | 所在列比例(%) | 17.3 | 26.7 | 16.3 | 12.2 | 16.7 | 52.4 | 21.6 |
| | 总数的比例(%) | 1.7 | 8.4 | 4.5 | 2.1 | 1.1 | 3.8 | 21.6 |

续表

| 交通警察总体压力值 | 计数及比例 | 年龄分段 | | | | | | 合计 |
| --- | --- | --- | --- | --- | --- | --- | --- | --- |
| | | 30 岁及以下 | 31～35 岁 | 36～40 岁 | 41～45 岁 | 46～50 岁 | 51 岁及以上 | |
| 4 | 计数（人） | 9 | 27 | 31 | 27 | 6 | 5 | 105 |
| | 所在行比例（%） | 8.6 | 25.7 | 29.5 | 25.7 | 5.7 | 4.8 | 100.0 |
| | 所在列比例（%） | 31.0 | 30.0 | 38.8 | 55.1 | 33.3 | 23.8 | 36.6 |
| | 总数的比例（%） | 3.2 | 9.4 | 10.8 | 9.4 | 2.1 | 1.7 | 36.6 |
| 5 | 计数（人） | 15 | 36 | 28 | 16 | 5 | 3 | 103 |
| | 所在行比例（%） | 14.6 | 35.0 | 27.2 | 15.5 | 4.8 | 2.9 | 100.0 |
| | 所在列比例（%） | 51.7 | 40.0 | 35.0 | 32.7 | 27.8 | 14.3 | 35.9 |
| | 总数的比例（%） | 5.2 | 12.5 | 9.8 | 5.6 | 1.7 | 1.1 | 35.9 |
| 总计 | 计数（人） | 29 | 90 | 80 | 49 | 18 | 21 | 287 |
| | 总数的比例（%） | 10.1 | 31.3 | 27.9 | 17.1 | 6.3 | 7.3 | 100.0 |

由图 6-10 可得，随着年龄的增长，交警总体压力为 5 的比例越来越小。每个年龄段集中的压力值由 5 至 3 逐渐减小。这更直观地反映了上述分析结果。因此进一步考虑假设检验问题：

$H_0$：年龄和总体压力值之间无有序关联。

$H_1$：年龄和总体压力值之间存在有序关联。

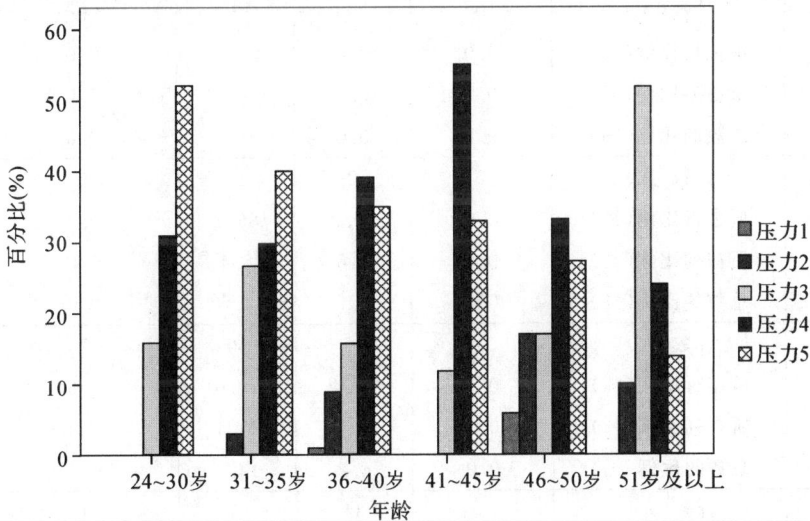

图 6-10　不同年龄段交警压力值的频率分布

由表 6-8 可见，在 5％显著性水平下，Kendall's tau-b、Kendall's tau-c 和 $\gamma$ 的 $p$ 值都小于 0.05，故拒绝原假设，表明不同年龄交警的总体压力值有显著性差异。随着年龄的增长，交通警察的工作压力有逐渐减小的趋势。

表 6-8  独立性度量与检验统计量

| 统计量 | 系数值 | 渐进标准误差 | 近似值 $T$ | 近似值 Sig. |
|---|---|---|---|---|
| Kendall's tau-b | −0.129 | 0.049 | −2.603 | 0.009 |
| Kendall's tau-c | −0.121 | 0.046 | −2.603 | 0.009 |
| $\gamma$ | −0.137 | 0.052 | −2.603 | 0.009 |
| 有效案例中的频数（人） | 287 | | | |

### 3. 不同文化水平交警总体压力的差异性分析

由表 6-9 可知,样本中高中以下学历交警的总体压力值均为 4;专科学历交警压力值为 4 的人数最多,占 44.2%;本科学历交警压力值为 5 的人数最多,占 35.5%;研究生及以上学历交警压力值为 5 的人数最多,占 50.0%。所有交警压力值为 1 的人数均最少。由此初步推断随着文化水平的提高,交警的工作压力值有逐渐增加的趋势。因此,进一步考虑假设检验问题:

$H_0$:学历和总体压力值之间无有序关联。

$H_1$:学历和总体压力值之间存在有序关联。

表 6-9  文化水平和总体压力值列联分析结果

| 交通警察总体压力值 | 计数及比例 | 学历 | | | | 合计 |
|---|---|---|---|---|---|---|
| | | 高中及以下 | 专科 | 本科 | 研究生及以上 | |
| 1 | 计数（人） | 0 | 0 | 2 | 0 | 2 |
| | 所在行比例（%） | 0.0 | 0.0 | 100.0 | 0.0 | 100.0 |
| | 所在列比例（%） | 0.0 | 0.0 | 1.0 | 0.0 | 0.7 |
| | 总数的比例（%） | 0.0 | 0.0 | 0.7 | 0.0 | 0.7 |
| 2 | 计数（人） | 0 | 2 | 13 | 0 | 15 |
| | 所在行比例（%） | 0.0 | 13.3 | 86.7 | 0.0 | 100.0 |
| | 所在列比例（%） | 0.0 | 2.6 | 6.4 | 0.0 | 5.2 |
| | 总数的比例（%） | 0.0 | 0.7 | 4.5 | 0.0 | 5.2 |
| 3 | 计数（人） | 0 | 12 | 49 | 1 | 62 |
| | 所在行比例（%） | 0.0 | 19.4 | 79.0 | 1.6 | 100.0 |
| | 所在列比例（%） | 0.0 | 15.6 | 24.1 | 25.0 | 21.6 |
| | 总数的比例（%） | 0.0 | 4.2 | 17.1 | 0.3 | 21.6 |
| 4 | 计数（人） | 3 | 34 | 67 | 1 | 105 |
| | 所在行比例（%） | 2.9 | 32.4 | 63.8 | 0.9 | 100.0 |
| | 所在列比例（%） | 100.0 | 44.2 | 33.0 | 25.0 | 36.6 |
| | 总数的比例（%） | 1.1 | 11.8 | 23.3 | 0.4 | 36.6 |

| 交通警察<br>总体压力值 | 计数及比例 | 学历 | | | | 合计 |
|---|---|---|---|---|---|---|
| | | 高中及以下 | 专科 | 本科 | 研究生及以上 | |
| 5 | 计数（人） | 0 | 29 | 72 | 2 | 103 |
| | 所在行比例（%） | 0.0 | 28.2 | 69.9 | 1.9 | 100.0 |
| | 所在列比例（%） | 0.0 | 37.7 | 35.5 | 50.0 | 35.9 |
| | 总数的比例（%） | 0.0 | 10.1 | 25.1 | 0.7 | 35.9 |
| 总计 | 计数（人） | 3 | 77 | 203 | 4 | 287 |
| | 总数的比例（%） | 1.0 | 26.8 | 70.7 | 1.4 | 100.0 |

由表 6-10 可见，在 5% 显著性水平下，Kendall's tau-b、Kendall's tau-c 和 $\gamma$ 的 $p$ 值都大于 0.05，故接受原假设，表明不同文化水平交警的总体压力值无显著性差异。

**表 6-10 独立性度量与检验统计量**

| 统计量 | 系数值 | 渐进标准误差 | 近似值 $T$ | 近似值 Sig. |
|---|---|---|---|---|
| Kendall's tau-b | −0.063 | 0.049 | −1.281 | 0.200 |
| Kendall's tau-c | −0.082 | 0.064 | −1.281 | 0.200 |
| $\gamma$ | −0.051 | 0.040 | −1.281 | 0.200 |
| 有效案例中的频数（人） | 287 | | | |

**4. 不同区域交警总体压力的差异性分析**

由表 6-11 可知，样本中西湖区和下城区的交警压力值为 4 的人数最多，分别占 39% 和 42.2%；上城区、江干区、拱墅区和滨江区压力值为 5 的人数最多，分别占 37.0%、37.0%、42.3%、54.4%。各区域压力值为 4 和 5 的交警比例各不相同，其中拱墅区和滨江区最大，达到 84.6% 和 86.3%。由此初步推断不同区域的交警总体压力值存在显著性差异。因此，进一步考虑假设检验问题：

$H_0$：区域和总体压力值之间无有序关联。

$H_1$：区域和总体压力值之间存在有序关联。

**表 6-11 区域和总体压力值列联分析结果**

| 交通警察<br>总体压力值 | 计数及比例 | 区域 | | | | | | 合计 |
|---|---|---|---|---|---|---|---|---|
| | | 西湖区 | 上城区 | 下城区 | 江干区 | 拱墅区 | 滨江区 | |
| 1 | 计数（人） | 0 | 0 | 2 | 0 | 0 | 0 | 2 |
| | 所在行比例（%） | 0.0 | 0.0 | 100.0 | 0.0 | 0.0 | 0.0 | 100.0 |
| | 所在列比例（%） | 0.0 | 0.0 | 4.4 | 0.0 | 0.0 | 0.0 | 0.7 |
| | 总数的比例（%） | 0.0 | 0.0 | 0.7 | 0.0 | 0.0 | 0.0 | 0.7 |

**续表**

| 交通警察<br>总体压力值 | 计数及比例 | 区域 | | | | | | 合计 |
|---|---|---|---|---|---|---|---|---|
| | | 西湖区 | 上城区 | 下城区 | 江干区 | 拱墅区 | 滨江区 | |
| 2 | 计数（人） | 6 | 4 | 2 | 2 | 1 | 0 | 15 |
| | 所在行比例（%） | 40.0 | 26.7 | 13.3 | 13.3 | 6.7 | 0.0 | 100.0 |
| | 所在列比例（%） | 10.2 | 4.9 | 4.4 | 3.7 | 3.8 | 0.0 | 5.2 |
| | 总数的比例（%） | 2.1 | 1.4 | 0.7 | 0.7 | 0.3 | 0.0 | 5.2 |
| 3 | 计数（人） | 12 | 21 | 10 | 13 | 3 | 3 | 62 |
| | 所在行比例（%） | 19.4 | 33.9 | 16.1 | 21.0 | 4.8 | 4.8 | 100.0 |
| | 所在列比例（%） | 20.3 | 25.9 | 22.2 | 24.1 | 11.5 | 13.6 | 21.6 |
| | 总数的比例（%） | 4.2 | 7.3 | 3.5 | 4.5 | 1.0 | 1.0 | 21.6 |
| 4 | 计数（人） | 23 | 26 | 19 | 19 | 11 | 7 | 105 |
| | 所在行比例（%） | 21.9 | 24.7 | 18.1 | 18.1 | 10.5 | 6.7 | 100.0 |
| | 所在列比例（%） | 39.0 | 32.1 | 42.2 | 35.2 | 42.3 | 31.8 | 36.6 |
| | 总数的比例（%） | 8.0 | 9.1 | 6.6 | 6.6 | 3.8 | 2.4 | 36.6 |
| 5 | 计数（人） | 18 | 30 | 12 | 20 | 11 | 12 | 103 |
| | 所在行比例（%） | 17.5 | 29.1 | 11.7 | 19.4 | 10.7 | 11.7 | 100.0 |
| | 所在列比例（%） | 30.5 | 37.0 | 26.7 | 37.0 | 42.3 | 54.5 | 35.9 |
| | 总数的比例（%） | 6.3 | 10.4 | 4.2 | 7.0 | 3.8 | 4.2 | 35.9 |
| 总计 | 计数（人） | 59 | 81 | 45 | 54 | 26 | 22 | 287 |
| | 总数的比例（%） | 20.5 | 28.2 | 15.7 | 18.8 | 9.1 | 7.7 | 100.0 |

由表 6-12 可见，在 5% 显著性水平下，Kendall's tau-b、Kendall's tau-c 和 $\gamma$ 的 $p$ 值都小于 0.05，故拒绝原假设，表明不同区域交警的总体压力值有显著性差异。

**表 6-12　独立性度量与检验统计量**

| 统计量 | 系数值 | 渐进标准误差 | 近似值 $T$ | 近似值 Sig. |
|---|---|---|---|---|
| Kendall's tau-b | 0.096 | 0.048 | 2.012 | 0.044 |
| Kendall's tau-c | 0.089 | 0.044 | 2.012 | 0.044 |
| $\gamma$ | 0.104 | 0.052 | 2.012 | 0.044 |
| 有效案例中的频数（人） | 287 | | | |

**5. 不同婚姻状况交警总体压力的差异性分析**

由表 6-13 可知，样本中未婚交警压力值为 3 的人数最多，占 72.2%；已婚交警压力值为 4 的人数最多，占 38.5%；离异交警压力值为 5 的人数最多，占 55.6%。由此初步推断离异交警和已婚交警的工作压力远远高于未婚交警，不同婚姻状况交警的总体压力值具有差异性。因此，进一步考虑假设检验问题：

$H_0$：婚姻状况和总体压力值之间无有序关联。

$H_1$：婚姻状况和总体压力值之间存在有序关联。

表 6-13　婚姻状况和总体压力值列联分析结果

| 交通警察总体压力值 | 计数及比例 | 婚姻状况 | | | 合计 |
|---|---|---|---|---|---|
| | | 未婚 | 已婚 | 离异 | |
| 1 | 计数（人） | 0 | 2 | 0 | 2 |
| | 所在行比例（%） | 0.0 | 100.0 | 0.0 | 100.0 |
| | 所在列比例（%） | 0.0 | 0.8 | 0.0 | 0.7 |
| | 总数的比例（%） | 0.0 | 0.7 | 0.0 | 0.7 |
| 2 | 计数（人） | 0 | 15 | 0 | 15 |
| | 所在行比例（%） | 0.0 | 100.0 | 0.0 | 100.0 |
| | 所在列比例（%） | 0.0 | 5.8 | 0.0 | 5.2 |
| | 总数的比例（%） | 0.0 | 5.2 | 0.0 | 5.2 |
| 3 | 计数（人） | 13 | 49 | 0 | 62 |
| | 所在行比例（%） | 21.0 | 79.0 | 0.0 | 100.0 |
| | 所在列比例（%） | 72.2 | 18.8 | 0.0 | 21.6 |
| | 总数的比例（%） | 4.5 | 17.1 | 0.0 | 21.6 |
| 4 | 计数（人） | 1 | 100 | 4 | 105 |
| | 所在行比例（%） | 1.0 | 95.2 | 3.8 | 100.0 |
| | 所在列比例（%） | 5.6 | 38.5 | 44.4 | 36.6 |
| | 总数的比例（%） | 0.4 | 34.8 | 1.4 | 36.6 |
| 5 | 计数（人） | 4 | 94 | 5 | 103 |
| | 所在行比例（%） | 3.9 | 91.3 | 4.8 | 100.0 |
| | 所在列比例（%） | 22.2 | 36.2 | 55.6 | 35.9 |
| | 总数的比例（%） | 1.4 | 32.8 | 1.7 | 35.9 |
| 总计 | 计数（人） | 18 | 260 | 9 | 287 |
| | 总数的比例（%） | 6.3 | 90.6 | 3.1 | 100.0 |

由表 6-14 可见，在 5% 显著性水平下，Kendall's tau-b、Kendall's tau-c 和 $\gamma$ 的 $p$ 值都小于 0.05，故拒绝原假设，认为不同婚姻状况交警的总体压力值有显著性差异，已婚和离异交警的工作压力较大。

表 6-14　独立性度量与检验统计量

| 统计量 | 系数值 | 渐进标准误差 | 近似值 $T$ | 近似值 Sig. |
|---|---|---|---|---|
| Kendall's tau-b | 0.140 | 0.041 | 3.030 | 0.002 |
| Kendall's tau-c | 0.347 | 0.097 | 3.030 | 0.002 |
| $\gamma$ | 0.088 | 0.029 | 3.030 | 0.002 |
| 有效案例中的频数（人） | 287 | | | |

**6. 不同工作年限交警总体压力的差异性分析**

由表 6-15 可见，样本中工作年限为 5～10 年、15～20 年和 20 年及以上的交警压力值为

4的人数最多,分别占37.9%、40.5%、41.2%;工作年限为0～5年和10～15年的交警压力值为5的人数最多,分别占37.8%、44.7%。所有交警压力值为1的人数最少,且各工作年限交警压力值为4和5的总比例基本相同。由此初步推断不同工作年限交警的总体压力值基本相同。因此,进一步考虑假设检验问题:

H₀:工作年限和总体压力值之间无有序关联。

$H_0$:工作年限和总体压力值之间无有序关联。

$H_1$:工作年限和总体压力值之间存在有序关联。

表6-15    工作年限和总体压力值列联分析结果

| 交通警察总体压力值 | 计数及比例 | 工作年限 | | | | | 合计 |
|---|---|---|---|---|---|---|---|
| | | 0～5年 | 5～10年 | 10～15年 | 15～20年 | 20年及以上 | |
| 1 | 计数(人) | 0 | 1 | 0 | 0 | 1 | 2 |
| | 所在行比例(%) | 0.0 | 50.0 | 0.0 | 0.0 | 50.0 | 100.0 |
| | 所在列比例(%) | 0.0 | 1.0 | 0.0 | 0.0 | 2.9 | 0.7 |
| | 总数的比例(%) | 0.0 | 0.3 | 0.0 | 0.0 | 0.3 | 0.7 |
| 2 | 计数(人) | 2 | 4 | 2 | 4 | 3 | 15 |
| | 所在行比例(%) | 13.3 | 26.7 | 13.3 | 26.7 | 20.0 | 100.0 |
| | 所在列比例(%) | 5.5 | 3.9 | 2.6 | 10.8 | 8.8 | 5.2 |
| | 总数的比例(%) | 0.7 | 1.4 | 0.7 | 1.4 | 1.0 | 5.2 |
| 3 | 计数(人) | 13 | 23 | 11 | 6 | 9 | 62 |
| | 所在行比例(%) | 21.0 | 37.1 | 17.7 | 9.7 | 14.5 | 100.0 |
| | 所在列比例(%) | 35.1 | 22.3 | 14.5 | 16.2 | 26.5 | 21.6 |
| | 总数的比例(%) | 4.5 | 8.0 | 3.8 | 2.1 | 3.2 | 21.6 |
| 4 | 计数(人) | 8 | 39 | 29 | 15 | 14 | 105 |
| | 所在行比例(%) | 7.6 | 37.1 | 27.6 | 14.3 | 13.3 | 100.0 |
| | 所在列比例(%) | 21.6 | 37.8 | 38.2 | 40.6 | 41.2 | 36.6 |
| | 总数的比例(%) | 2.8 | 13.6 | 10.1 | 5.2 | 4.9 | 36.6 |
| 5 | 计数(人) | 14 | 36 | 34 | 12 | 7 | 103 |
| | 所在行比例(%) | 13.6 | 35.0 | 33.0 | 11.7 | 6.8 | 100.0 |
| | 所在列比例(%) | 37.8 | 35.0 | 44.7 | 32.4 | 20.6 | 35.9 |
| | 总数的比例(%) | 4.9 | 12.5 | 11.9 | 4.2 | 2.4 | 35.9 |
| 总计 | 计数(人) | 36 | 103 | 76 | 37 | 35 | 287 |
| | 总数的比例(%) | 12.5 | 35.9 | 26.5 | 12.9 | 12.2 | 100.0 |

由表6-16可见,在5%显著性水平下,Kendall's tau-b、Kendall's tau-c和 $\gamma$ 的 $p$ 值都大于0.05,故接受原假设,认为不同工作年限交警的总体压力值无显著性差异。

表6-16    独立性度量与检验统计量

| 统计量 | 系数值 | 渐进标准误差 | 近似值 $T$ | 近似值 Sig. |
|---|---|---|---|---|
| Kendall's tau-b | −0.020 | 0.052 | −0.379 | 0.705 |

续表

| 统计量 | 系数值 | 渐进标准误差 | 近似值 $T$ | 近似值 Sig. |
|---|---|---|---|---|
| Kendall's tau-c | −0.019 | 0.050 | −0.379 | 0.705 |
| $\gamma$ | −0.021 | 0.055 | −0.379 | 0.705 |
| 有效案例中的频数(人) | 287 | | | |

### 7. 不同行政级别交警总体压力的差异性分析

由表 6-17 可得,样本中副科级以下交警压力值为 4 的人数最多,占 35.8%;副科级交警压力值为 5 的人数最多,占 44.9%;科级交警压力值为 4 的人数最多,占 44.3%;副处级交警压力值为 3、4 和 5 的人数相当,都占到 25.0%。由此初步推断不同行政级别的交通警察总体工作压力基本相同。因此,进一步考虑假设检验问题:

$H_0$:行政级别和总体压力值之间无有序关联。

$H_1$:行政级别和总体压力值之间存在有序关联。

表 6-17　行政级别和总体压力值列联分析结果

| 交通警察总体压力值 | 计数及比例 | 行政级别 | | | | 合计 |
|---|---|---|---|---|---|---|
| | | 副科级以下 | 副科级 | 科级 | 副处级 | |
| 1 | 计数(人) | 0 | 1 | 0 | 1 | 2 |
| | 所在行比例(%) | 0.0 | 50.0 | 0.0 | 50.0 | 100.0 |
| | 所在列比例(%) | 0.0 | 1.0 | 0.0 | 12.5 | 0.7 |
| | 总数的比例(%) | 0.0 | 0.3 | 0.0 | 0.3 | 0.7 |
| 2 | 计数(人) | 4 | 4 | 6 | 1 | 15 |
| | 所在行比例(%) | 26.7 | 26.7 | 40.0 | 6.7 | 100.0 |
| | 所在列比例(%) | 3.4 | 4.1 | 9.8 | 12.5 | 5.2 |
| | 总数的比例(%) | 1.4 | 1.4 | 2.1 | 0.3 | 5.2 |
| 3 | 计数(人) | 34 | 16 | 10 | 2 | 62 |
| | 所在行比例(%) | 54.9 | 25.8 | 16.1 | 3.2 | 100.0 |
| | 所在列比例(%) | 28.3 | 16.3 | 16.4 | 25.0 | 21.6 |
| | 总数的比例(%) | 11.8 | 5.6 | 3.5 | 0.7 | 21.6 |
| 4 | 计数(人) | 43 | 33 | 27 | 2 | 105 |
| | 所在行比例(%) | 41.0 | 31.4 | 25.7 | 1.9 | 100.0 |
| | 所在列比例(%) | 35.8 | 33.7 | 44.3 | 25.0 | 36.6 |
| | 总数的比例(%) | 15.0 | 11.5 | 9.4 | 0.7 | 36.6 |
| 5 | 计数(人) | 39 | 44 | 18 | 2 | 103 |
| | 所在行比例(%) | 37.9 | 42.7 | 17.5 | 1.9 | 100.0 |
| | 所在列比例(%) | 32.5 | 44.9 | 29.5 | 25.0 | 35.9 |
| | 总数的比例(%) | 13.6 | 15.3 | 6.3 | 0.7 | 35.9 |
| 总计 | 计数(人) | 120 | 98 | 61 | 8 | 287 |
| | 总数的比例(%) | 41.8 | 34.1 | 21.3 | 2.8 | 100.0 |

由表 6-18 可见,在 5%显著性水平下,Kendall's tau-b、Kendall's tau-c 和 $\gamma$ 的 $p$ 值都大于 0.05,故接受原假设,认为不同行政级别交警的总体压力值无显著性差异。

表 6-18　独立性度量与检验统计量

| 统计量 | 值 | 渐进标准误差 | 近似值 $T$ | 近似值 Sig. |
|---|---|---|---|---|
| Kendall's tau-b | 0.004 | 0.052 | 0.081 | 0.935 |
| Kendall's tau-c | 0.004 | 0.053 | 0.081 | 0.935 |
| $\gamma$ | 0.004 | 0.051 | 0.081 | 0.935 |
| 有效案例中的频数(人) | 287 | | | |

### 8. 不同工作性质交警总体压力的差异性分析

由表 6-19 可知,样本中内勤交警压力值为 4 的人数最多,占 45.3%;外勤交警压力值为 5 的人数最多,占 44.3%。内、外勤交警压力值为 4 和 5 的总比例相近,均在 80% 左右。由此初步推断不同工作性质交警的总体压力值基本相同。因此,进一步考虑假设检验问题:

$H_0$:工作性质和总体压力值之间无有序关联。

$H_1$:工作性质和总体压力值之间存在有序关联。

表 6-19　工作性质和总体压力值列联分析结果

| 交通警察<br>总体压力值 | 计数及比例 | 工作性质 | | 合计 |
|---|---|---|---|---|
| | | 内勤 | 外勤 | |
| 1 | 计数(人) | 0 | 2 | 2 |
| | 所在行比例(%) | 0.0 | 100.0 | 100.0 |
| | 所在列比例(%) | 0.0 | 1.0 | 0.7 |
| | 总数的比例(%) | 0.0 | 0.7 | 0.7 |
| 2 | 计数(人) | 6 | 3 | 9 |
| | 所在行比例(%) | 66.7 | 33.3 | 100.0 |
| | 所在列比例(%) | 8.0 | 1.4 | 3.1 |
| | 总数的比例(%) | 2.1 | 1.0 | 3.1 |
| 3 | 计数(人) | 13 | 36 | 49 |
| | 所在行比例(%) | 26.5 | 73.5 | 100.0 |
| | 所在列比例(%) | 17.3 | 17.0 | 17.1 |
| | 总数的比例(%) | 4.5 | 12.6 | 17.1 |
| 4 | 计数(人) | 34 | 77 | 111 |
| | 所在行比例(%) | 30.6 | 69.4 | 100.0 |
| | 所在列比例(%) | 45.3 | 36.3 | 38.7 |
| | 总数的比例(%) | 11.9 | 26.8 | 38.7 |

**续表**

| 交通警察<br>总体压力值 | 计数及比例 | 工作性质 | | 合计 |
| --- | --- | --- | --- | --- |
| | | 内勤 | 外勤 | |
| 5 | 计数(人) | 22 | 94 | 116 |
| | 所在行比例(%) | 19.0 | 81.0 | 100.0 |
| | 所在列比例(%) | 29.4 | 44.3 | 40.4 |
| | 总数的比例(%) | 7.7 | 32.8 | 40.4 |
| 总计 | 计数(人) | 75 | 212 | 287 |
| | 总数的比例(%) | 26.1 | 73.9 | 100.0 |

由表 6-20 可见,在 5％显著性水平下,Kendall's tau-b、Kendall's tau-c 和 $\gamma$ 的 $p$ 值都大于 0.05,故接受原假设,认为不同工作性质交警的总体工作压力值无显著性差异。

**表 6-20　独立性度量和检验统计量**

| 统计量 | 系数值 | 渐进标准误差 | 近似值 $T$ | 近似值 Sig. |
| --- | --- | --- | --- | --- |
| Kendall's tau-b | 0.032 | 0.055 | 0.577 | 0.564 |
| Kendall's tau-c | 0.044 | 0.077 | 0.577 | 0.564 |
| $\gamma$ | 0.025 | 0.043 | 0.577 | 0.564 |
| 有效案例中的频数(人) | 287 | | | |

## (三)总体压力的累积 Logit 模型和 Probit 模型

当因变量为各等级的有序变量,且因变量取值和每个类别的概率仍与一组自变量有关时,对于样本,顺序类别回归模型有两种:一种是位置结构模型,另一种是规模结构模型。

本报告主要采用位置结构中的累积 Logit 函数和 Probit 函数,建立不同年龄和婚姻状况交警总体压力的累积 Logit 模型和 Probit 模型。

**1. 累积 Logit 模型**

根据上述列联分析结果可知,交警总体压力与年龄、区域、婚姻状况显著相关。因此,本报告通过累积 Logit 模型研究交警总体压力与各变量之间的关系。首先,利用 Kendall's tau-b 相关性检验统计量对总体压力与年龄、区域、婚姻状况进行相关性分析。结果显示,交警总体压力与年龄、区域、婚姻状况之间的相关系数分别为 $-0.115$、$0.097$、$0.174$。总体压力与区域的相关系数比较低,且区域作为名义型变量,共有六类,在进行累积 Logit 回归时需要引入 5 个哑变量,会降低模型的准确性。因此本报告选择因变量为总体压力,自变量为年龄、婚姻状况,建立不同年龄和婚姻状况交警总体压力的累积 Logit 模型。

(1)定义变量

自变量:表示年龄,为连续型变量。

由上述列联分析结果可得,样本中离异交警只有 9 位,比重较少,而且压力值为 4 和 5 的交警比例与已婚的相差不大。故将离异与已婚定义为变量已婚,用 1 表示;未婚为另一个变量,用 0 表示。

婚姻状况：$x_2 = \begin{cases} 1, \text{已婚}; \\ 0, \text{未婚}。 \end{cases}$

因变量：$y$ 表示各等级压力值，为有序分类变量。

（2）构建模型

在累积 Logit 模型中，$y$ 的累积概率指落在一个低于特定点的概率，$y$ 的累积概率如下：

$$P(y \leqslant j | x) = P(y=1|x) + P(y=2|x) + \cdots + P(y=j|x) \quad j=1,2,\cdots,5 \quad (6\text{-}1)$$

$$\text{Logit} P_j = \text{Logit}[P(y \leqslant j | x)] = \ln \frac{p(y \leqslant j)}{1-p(y \leqslant j)} = \alpha_j - \sum_{i=1}^{k} \beta_i x_i \quad (6\text{-}2)$$

其中，$y$ 表示有序数据的因变量；$P(x \leqslant j)$ 表示因变量的序数小于等于 $j$ 类别的概率；$P(x=j) = p_j$，即因变量的序数等于 $j$ 类别的概率，本报告中 $j=1,2,\cdots,5$ 分别表示压力值的类别；$p(x \leqslant j)$ 表示压力值小于等于 $j$ 的概率，其中 $P(x \leqslant 5) = 1$。

建立 Logit 模型如下：

$$\ln \frac{p(x \leqslant j)}{1-p(x \leqslant j)} = \alpha_j - \beta_1 x_1 + \beta_2 x_2, \quad j=1,2,3,4 \quad (6\text{-}3)$$

假设检验问题如下：

$$H_0: \alpha_j = 0, \quad j=1,2,3,4$$
$$H_1: \alpha_j \neq 0$$

利用 SPSS 中的有序回归估计参数，对每个参数进行显著性检验，4 个类别参数估计与检验的数据如表 6-21 所示。

表 6-21　显著性检验结果

| 参数 | | 估计 | 标准误 | Wald | df | 显著性 | 95%置信区间 | |
|---|---|---|---|---|---|---|---|---|
| | | | | | | | 下限 | 上限 |
| 阈值 | 压力=1 | −7.912 | 0.987 | 64.309 | 1 | 0.000 | −9.845 | −5.978 |
| | 压力=2 | −5.709 | 0.721 | 62.667 | 1 | 0.000 | −7.123 | −4.296 |
| | 压力=3 | −3.796 | 0.666 | 32.450 | 1 | 0.000 | −5.102 | −2.490 |
| | 压力=4 | −2.120 | 0.637 | 11.095 | 1 | 0.001 | −3.368 | −0.873 |
| 位置 | 年龄 | −0.069 | 0.016 | 17.872 | 1 | 0.000 | −0.101 | −0.037 |
| | 婚姻状况=0 | −1.866 | 0.476 | 15.388 | 1 | 0.000 | −2.798 | −0.933 |
| | 婚姻状况=1 | 0 | | | 0 | | | |

由表 6-21 可知，压力值的 4 个类别的回归系数都在 5% 的显著性水平下通过检验，得到累积 Logit 模型如下：

$$\begin{cases} \ln \dfrac{\hat{p}(y \leqslant 1)}{1-\hat{p}(y \leqslant 1)} = -7.912 + 0.069 x_1 + 1.866 x_2 \\[2mm] \ln \dfrac{\hat{p}(y \leqslant 2)}{1-\hat{p}(y \leqslant 2)} = -5.709 + 0.069 x_1 + 1.866 x_2 \\[2mm] \ln \dfrac{\hat{p}(y \leqslant 3)}{1-\hat{p}(y \leqslant 3)} = -3.796 + 0.069 x_1 + 1.866 x_2 \\[2mm] \ln \dfrac{\hat{p}(y \leqslant 4)}{1-\hat{p}(y \leqslant 4)} = -2.120 + 0.069 x_1 + 1.866 x_2 \end{cases} \quad (6\text{-}4)$$

本报告用优势比 $OR$ 来反映年龄与婚姻状况对总体压力的影响程度。$OR>1$，表示影响因素增加，压力值等级提高的可能性增大；$OR<1$，表示影响因素增加，压力值等级提高的可能性减小；$OR=1$，表明总体压力与该影响因素变化无关。$OR$ 的表达式如下：

$$OR=\exp[\text{Logit}P(x=1)-\text{Logit}P(x=0)]=\exp(\beta_i) \tag{6-5}$$

其中，回归系数 $\beta_i$ 表示自变量 $x_i$ 增加一个单位时，因变量 $y$ 提高一个及以上等级优势比的对比值。

由 Logit 模型可得：同年龄不同婚姻状况交警的优势比 $OR=\exp(-1.866)=0.1547$，表明未婚交警压力提高至少一个等级的可能性是已婚交警的 0.1547 倍，即未婚交警相对已婚交警压力小。

同婚姻状况不同年龄交警的优势比 $OR=\exp(-0.069)=0.9333$，表明年龄每增加一个单位时，压力提高一个及以上等级的优势比为 0.9333（$OR<1$），即随着年龄的增加，交警总体压力值增高的概率逐渐减小。

为进一步研究年龄与总体压力的关系，本报告利用 MATLAB 给出 4 个压力级别下已婚交警和未婚交警年龄与总体压力级别概率之间的关系图，其中横轴表示交警的年龄，纵轴之差表示各压力等级的概率。

由图 6-11、图 6-12 可得，已婚和未婚的交警都有随着年龄的增长压力逐渐减小的趋势。已婚交警随着年龄的增加，总体压力为 4 和 5 的概率逐渐减小；总体压力为 1、2、3 的概率逐渐增大。未婚交警随着年龄的增加，总体压力为 5 的概率逐渐减小，总体压力为 4 的概率几乎不变，总体压力为 1、2、3 的概率逐渐增大。同时，在 41 岁及以上样本中，随着年龄的增长未婚交警压力减小的概率大于已婚交警。这是因为 41 岁及以上的、尚未结婚的交警，多数为独身主义者，不用承担传统中年人赡养家庭的责任。且其随着工作年限的增加，工作经验和处事能力有所提高，人际关系趋于稳定，工作压力随之减小。

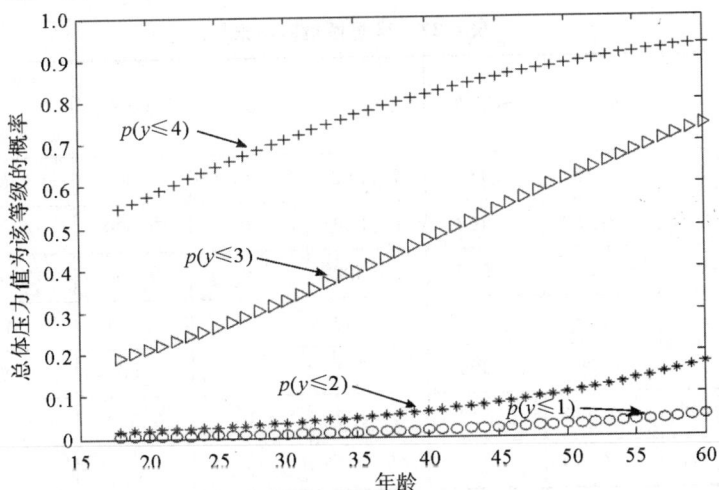

图 6-11　已婚交警年龄与总体压力等级分布概率

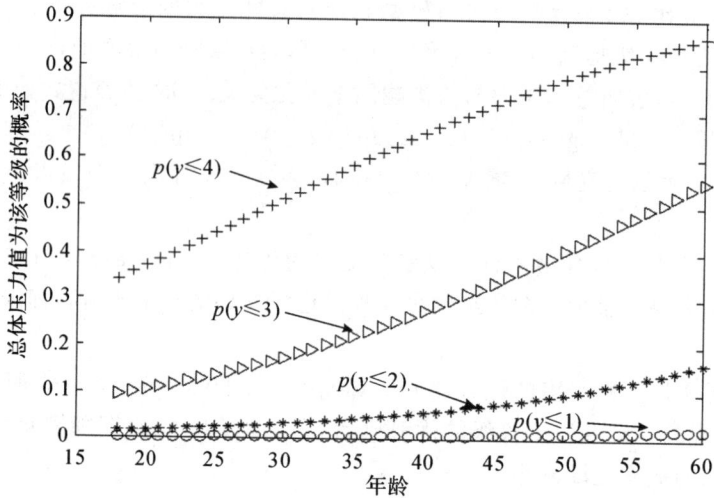

图 6-12 未婚交警年龄与总体压力等级分布概率

### 2. Probit 模型

为使建立的模型能更好地反映实际问题,本报告还建立与累积 Logit 模型类似的 Probit 模型。具体模型建立过程如下:

$$\Phi^{-1}(p \leqslant j) = \alpha_j + \beta_1 x_1 + \beta_2 x_2, \quad j = 1,2,3,4 \tag{6-6}$$

其中,$\Phi^{-1}$ 表示标准正态函数的逆函数,其参数检验的假设如下:

$$H_0 : \alpha_j = 0, \quad j = 1,2,3,4$$

$$H_1 : \alpha_j \neq 0$$

利用 SPSS 对每个参数进行显著性检验,结果如表 6-22 所示。

表 6-22  显著性检验结果

| 参数 | | 估计 | 标准误 | Wald | df | 显著性 | 95% 置信区间 | |
|---|---|---|---|---|---|---|---|---|
| | | | | | | | 下限 | 上限 |
| 阈值 | 压力=1 | −4.131 | 0.469 | 77.552 | 1 | 0.000 | −5.050 | −3.211 |
| | 压力=2 | −3.220 | 0.403 | 63.856 | 1 | 0.000 | −4.010 | −2.430 |
| | 压力=3 | −2.204 | 0.382 | 33.332 | 1 | 0.000 | −2.952 | −1.456 |
| | 压力=4 | −1.191 | 0.372 | 10.259 | 1 | 0.001 | −1.919 | −0.462 |
| 位置 | 年龄 | −0.040 | 0.009 | 17.571 | 1 | 0.000 | −0.058 | −0.021 |
| | 婚姻状况=0 | −0.960 | 0.272 | 12.422 | 1 | 0.000 | −1.493 | −0.426 |
| | 婚姻状况=1 | 0 | | | 0 | | | |

由表 6-22 可知,压力值的 4 个级别的回归系数都在 $\alpha = 5\%$ 的显著性水平下通过检验。因此建立 Probit 模型如下:

$$\begin{cases} \hat{\Phi}^{-1}(y\leqslant 1) = -4.131 + 0.040x_1 + 0.960x_2 \\ \hat{\Phi}^{-1}(y\leqslant 2) = -3.220 + 0.040x_1 + 0.960x_2 \\ \hat{\Phi}^{-1}(y\leqslant 3) = -2.204 + 0.040x_1 + 0.960x_2 \\ \hat{\Phi}^{-1}(y\leqslant 4) = -1.191 + 0.040x_1 + 0.960x_2 \end{cases} \tag{6-7}$$

利用 MATLAB,本报告给出 4 个压力级别下已婚交警和未婚交警年龄与总体压力级别概率之间的关系图,其中横轴表示交警的年龄,纵轴之差表示各压力等级的概率。

由图 6-13、图 6-14 可得,其结论与累积 Logit 模型基本一致。相同年龄的交警,已婚交警的压力大于未婚交警的压力。婚姻状况相同的交警,随着年龄的增大,交警的压力呈减小的趋势。在 41 岁及以上样本中,随着年龄的增长未婚交警压力减小的概率大于已婚交警。

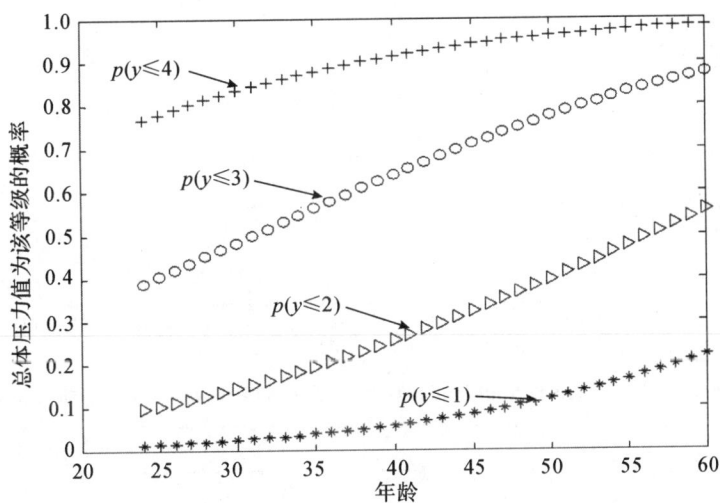

图 6-13　已婚交警年龄与总体压力等级分布概率

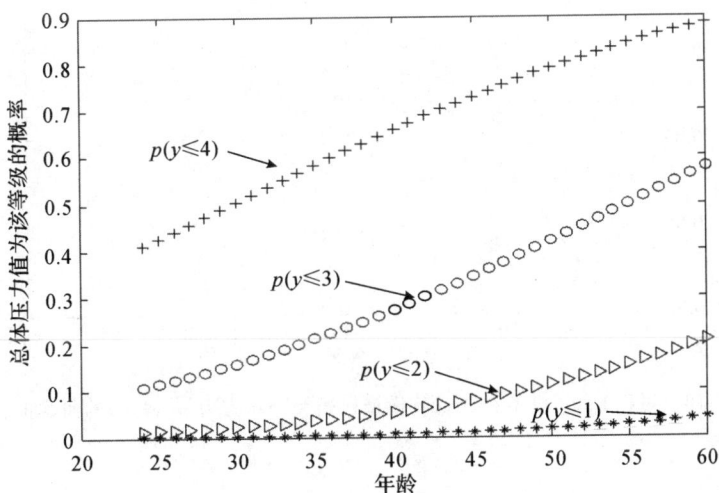

图 6-14　未婚交警年龄与总体压力等级分布概率

### 3. 累积 Logit 与 Probit 模型比较

为说明模型建立的可靠性,本报告将两个模型中已婚和未婚交警压力值小于等于 3 和 4[即 $p(y \leqslant 3)$ 和 $p(y \leqslant 4)$]的概率分别画图进行拟合比较。

由图 6-15 至图 6-18 可得,分别用累积 Logit 模型和 Probit 模型求得的曲线基本拟合,说明两个模型的可靠性都很高。由此得出结论:相同年龄的交警,已婚交警的压力大于未婚交警;随着年龄的增大,不同交警的压力有逐渐减小的趋势,且 41 岁及以上未婚交警压力减小的概率大于已婚交警。

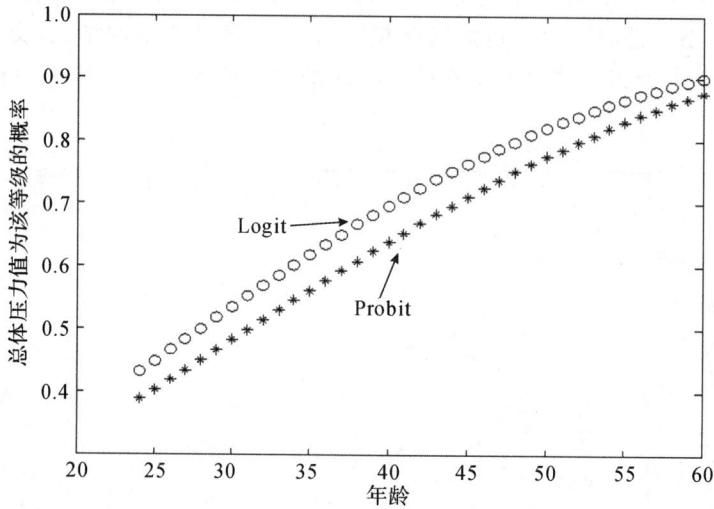

图 6-15　累积 Logit 模型和 Probit 模型已婚交警压力为 $p(y \leqslant 3)$ 的曲线拟合

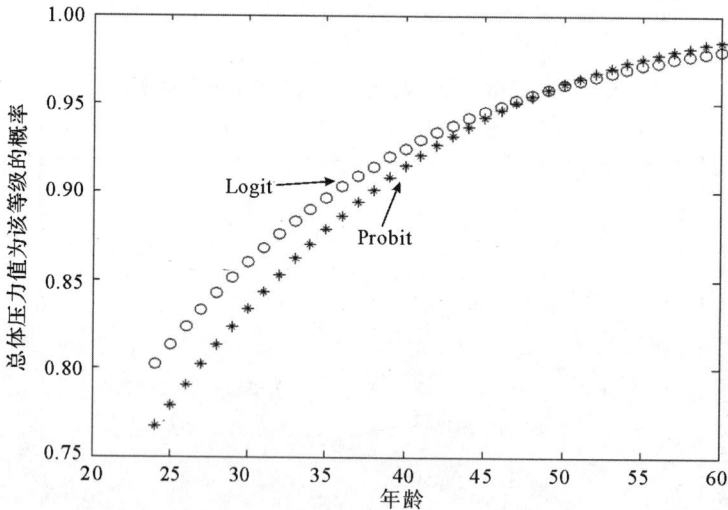

图 6-16　累积 Logit 模型和 Probit 模型已婚交警压力为 $p(y \leqslant 4)$ 的曲线拟合

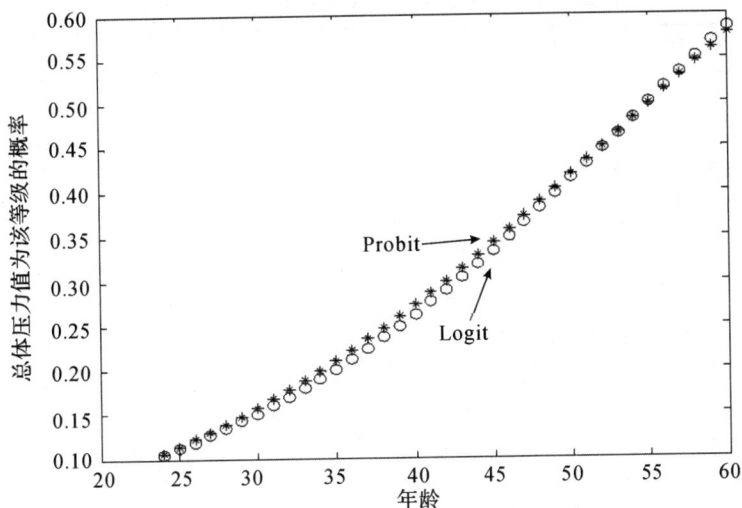

图 6-17　累积 Logit 模型和 Probit 模型未婚交警压力为 $p(y \leqslant 3)$ 的曲线拟合

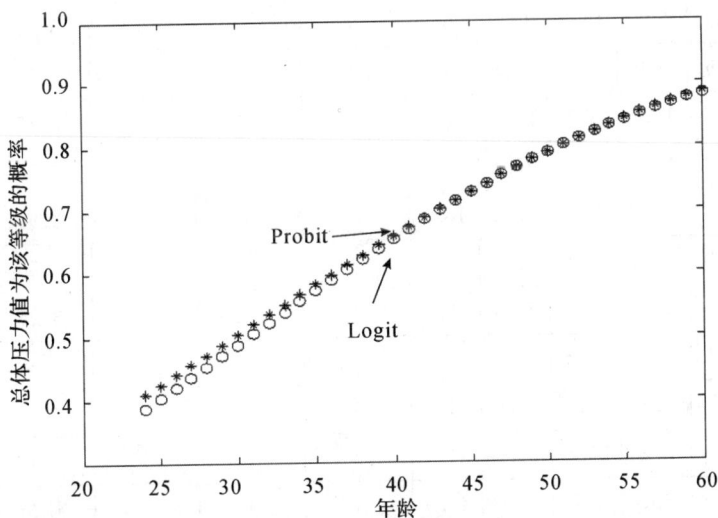

图 6-18　累积 Logit 模型和 Probit 模型未婚交警压力为 $p(y \leqslant 4)$ 的曲线拟合

# 四、压力影响因素实证分析

## (一)各影响因素下交警压力的描述性分析

本报告计算出了各个维度影响因素下交警压力的下四分位数、中位数、上四分位数、均值以及各维度的压力均值,其结果如表 6-23 所示。

表 6-23　量表中各因素压力得分的频率及分布状况

| 因素 | | 各个压力值分布情况（%） | | | | | 下四分位 | 中位数 | 上四分位 | 均值 | 各维度均值 |
|---|---|---|---|---|---|---|---|---|---|---|---|
| | | 1 | 2 | 3 | 4 | 5 | | | | | |
| 工作本身 | b1 | 0.1 | 2.4 | 4.5 | 34.8 | 58.2 | 4 | 5 | 5 | 4.49 | 4.25 |
| | b2 | 0.0 | 1.7 | 4.2 | 35.9 | 58.2 | 4 | 5 | 5 | 4.51 | |
| | b3 | 0.7 | 0.0 | 7.3 | 30.3 | 61.7 | 4 | 5 | 5 | 4.52 | |
| | b4 | 5.6 | 14.6 | 26.5 | 34.1 | 19.2 | 3 | 4 | 4 | 3.47 | |
| 内部组织 | c1 | 1.4 | 7.3 | 15.3 | 31.4 | 44.6 | 4 | 4 | 5 | 4.10 | 4.10 |
| | c2 | 1.4 | 4.5 | 7.7 | 27.2 | 59.2 | 4 | 5 | 5 | 4.38 | |
| | c3 | 2.1 | 8.0 | 11.5 | 43.9 | 34.5 | 4 | 4 | 5 | 4.01 | |
| | c4 | 4.2 | 5.2 | 19.5 | 27.9 | 43.2 | 3 | 4 | 5 | 4.01 | |
| | c5 | 3.5 | 6.6 | 16.7 | 43.2 | 30.0 | 3 | 4 | 5 | 3.90 | |
| | c6 | 0.7 | 4.5 | 13.9 | 34.2 | 46.7 | 4 | 4 | 5 | 4.22 | |
| 工作环境 | d1 | 18.8 | 5.9 | 15.3 | 30.0 | 30.0 | 3 | 4 | 5 | 3.46 | 3.59 |
| | d2 | 5.6 | 6.6 | 25.8 | 27.9 | 34.1 | 3 | 4 | 5 | 3.78 | |
| | d3 | 18.1 | 15.7 | 20.2 | 27.2 | 18.8 | 2 | 3 | 4 | 3.13 | |
| 法律环境 | e1 | 4.9 | 13.6 | 12.5 | 28.6 | 40.4 | 3 | 4 | 5 | 3.86 | 3.57 |
| | e2 | 17.4 | 22.0 | 23.0 | 19.5 | 18.1 | 2 | 3 | 4 | 2.99 | |
| | e3 | 2.1 | 14.4 | 14.6 | 33.4 | 35.5 | 3 | 4 | 5 | 3.86 | |
| 社会支持 | f1 | 1.4 | 9.4 | 13.9 | 54.4 | 20.9 | 4 | 4 | 4 | 3.84 | 4.03 |
| | f2 | 4.2 | 12.2 | 33.4 | 24.4 | 25.8 | 3 | 4 | 5 | 3.55 | |
| | f3 | 0.7 | 7.3 | 16.7 | 43.6 | 31.7 | 4 | 4 | 4 | 3.98 | |
| | f4 | 1.4 | 5.2 | 25.8 | 26.5 | 41.1 | 3 | 4 | 5 | 4.01 | |
| | f5 | 0.7 | 3.8 | 7.7 | 43.9 | 43.9 | 4 | 4 | 5 | 4.26 | |
| | f6 | 0.0 | 7.3 | 6.6 | 38.7 | 47.4 | 4 | 4 | 5 | 4.26 | |
| | f7 | 0.0 | 4.5 | 11.5 | 31.0 | 53.0 | 4 | 5 | 5 | 4.32 | |
| 人际关系 | g1 | 19.9 | 16.7 | 21.6 | 27.2 | 14.6 | 2 | 3 | 4 | 3.00 | 3.07 |
| | g2 | 16.4 | 11.1 | 19.5 | 22.3 | 30.7 | 2 | 4 | 5 | 3.40 | |
| | g3 | 22.0 | 16.1 | 33.4 | 16.7 | 11.8 | 2 | 3 | 4 | 2.81 | |
| 个人成长 | h1 | 17.8 | 5.6 | 25.1 | 36.9 | 14.6 | 3 | 4 | 4 | 3.25 | 3.20 |
| | h2 | 20.6 | 23.7 | 23.0 | 22.3 | 10.4 | 2 | 3 | 4 | 2.78 | |
| | h3 | 17.8 | 11.8 | 16.7 | 32.8 | 20.9 | 2 | 4 | 4 | 3.27 | |
| | h4 | 8.4 | 9.8 | 26.5 | 37.3 | 18.0 | 3 | 4 | 4 | 3.47 | |

（1）从工作本身看,交通警察的工作负荷(b1)、非警务性工作任务的承担(b2)以及加班的频率(b3)的压力值的中位数都达到了5,压力值为5的人数均占到50％以上。相对交警的工作地位(b4)来说,这三个因素带来的压力较大。

（2）从社会支持看,新闻媒体(f2)、市民配合程度(f4)、非机动车驾驶员的配合程度(f5)、民众投诉(f6)、家人支持(f7)的压力值上四分位数为5,而压力评价值为1和2的仅占0％和1％左右。其中,非机动车与市民的配合程度的影响力相比较社会舆论以及家人支持更大。

（3）从内部组织看,薪资福利(c1)、考核制度(c3)、请假制度(c4)、奖惩制度(c5)、按规行事(c6)对应的压力值的上四分位数为5、中位数为4。其中,晋升因素(c2)对应的压力值为5的人数占59.2％,相比于其他因素的影响力更大;薪资福利和晋升因素相比较请假制度、奖惩制度对交通警察工作压力的影响更加明显。

（4）从人际关系看,和领导关系(g1)以及和同事的关系(g3)这两个因素的压力值上四分位数为4、下四分位数为2,相比其他几个维度的影响较小。与家人朋友之间的关系(g2)压力值达到5的人数占30.7％,相对于其他因素占的比例最大。初步推断家庭带来的压力相对于与同事和领导相处带来的压力更大。

（5）从个人成长看,交警个人成长带来的压力相比其他因素不大。其中把握执法尺度(h2)的下四分位数为2、上四分位数为4,是整个维度下压力影响最小的一个因素。整个维度的压力均值为3.20。

综上所述,杭州市交警的工作压力属中等偏高。其中来自工作本身和内部组织维度的工作压力明显高于其他维度,压力均值分别达到4.25和4.10,相应的因素成为交警希望得到改善的焦点问题。社会支持的压力均值仅次于上述两个维度,因而也是一个重要的工作压力源。反观工作环境与法律环境这两个维度,压力均值相对较小,其中交通设施和法律依据对压力形成的影响最小,这得益于国家经济实力的增强和社会制度的完善。在问卷所涉及的结构内容中,交警在把握执法尺度上的压力均值最低,为2.78,表明交警对自身能力的自信,因此在个人成长维度下执法水平对工作压力的影响微弱。

## （二）各影响因素下交警压力的差异性分析

由上文可得,不同性别、文化水平、工作年限、行政级别、工作性质的交警总体压力不存在显著性差异。因此,本报告通过方差分析对总体压力无显著性差异的交警进一步研究其在各维度影响因素下压力的差异性。

### 1.各影响因素下不同性别交警压力的差异性分析

由不同性别交警的总体压力值差异性分析可得,不同性别的交通警察的工作压力无显著性差异。因此,本报告继续研究假设检验问题:

$$H_0:u_1=u_2$$
$$H_1:u_1\neq u_2$$

其中,$u_1,u_2$为各维度不同性别交警的压力均值。

通过SPSS 19.0检验得到的方差检验如表6-24所示。

表 6-24  各维度对不同性别交通警察压力影响的方差分析

| 影响因素 | | 平方和 | df | 均方 | F | 显著性 |
|---|---|---|---|---|---|---|
| 工作本身 | 组间 | 0.545 | 1 | 0.545 | 0.845 | 0.359 |
| | 组内 | 183.834 | 285 | 0.645 | | |
| | 总数 | 184.379 | 286 | | | |
| 内部组织 | 组间 | 1.856 | 1 | 1.856 | 0.729 | 0.394 |
| | 组内 | 725.510 | 285 | 2.546 | | |
| | 总数 | 727.365 | 286 | | | |
| 工作环境 | 组间 | 2.640 | 1 | 2.640 | 2.832 | 0.093 |
| | 组内 | 265.693 | 285 | 0.932 | | |
| | 总数 | 268.333 | 286 | | | |
| 法律环境 | 组间 | 0.636 | 1 | 0.636 | 1.507 | 0.221 |
| | 组内 | 120.240 | 285 | 0.422 | | |
| | 总数 | 120.876 | 286 | | | |
| 社会支持 | 组间 | 0.189 | 1 | 0.189 | 0.141 | 0.708 |
| | 组内 | 382.508 | 285 | 1.342 | | |
| | 总数 | 382.698 | 286 | | | |
| 人际关系 | 组间 | 0.579 | 1 | 0.579 | 0.693 | 0.406 |
| | 组内 | 238.404 | 285 | 0.837 | | |
| | 总数 | 238.983 | 286 | | | |
| 个人成长 | 组间 | 0.003 | 1 | 0.003 | 0.012 | 0.912 |
| | 组内 | 78.429 | 285 | 0.275 | | |
| | 总数 | 78.432 | 286 | | | |

由表 6-24 可得,7 个维度下的 $p$ 值都大于 0.05,故接受原假设,说明各个维度对不同性别交警工作压力的影响无显著性差异。

**2. 各影响因素下不同文化水平交警压力的差异性分析**

由不同文化水平交警的总体压力值差异性分析可得,不同文化水平的交通警察的工作压力无显著性差异。因此,本报告继续研究假设检验问题:

$$H_0 : u_1 = u_2 = u_3 = u_4$$

$$H_1 : u_1 , u_2 , u_3 , u_4 \text{ 不全相等}$$

其中,$u_1 , u_2 , u_3 , u_4$ 为各维度不同文化水平交警的压力均值。

通过 SPSS 19.0 检验得到的方差检验如表 6-25 所示。

表 6-25　各维度对不同文化水平交通警察压力影响的方差分析

| 影响因素 | | 平方和 | df | 均方 | F | 显著性 |
|---|---|---|---|---|---|---|
| 工作本身 | 组间 | 3.374 | 3 | 1.125 | 4.240 | 0.006 |
| | 组内 | 75.059 | 283 | 0.265 | | |
| | 总数 | 78.432 | 286 | | | |
| 内部组织 | 组间 | 0.366 | 3 | 0.122 | 0.188 | 0.905 |
| | 组内 | 184.014 | 283 | 0.650 | | |
| | 总数 | 184.379 | 286 | | | |
| 工作环境 | 组间 | 16.265 | 3 | 5.422 | 2.158 | 0.093 |
| | 组内 | 711.101 | 283 | 2.513 | | |
| | 总数 | 727.365 | 286 | | | |
| 法律环境 | 组间 | 9.695 | 3 | 3.232 | 3.536 | 0.015 |
| | 组内 | 258.638 | 283 | 0.914 | | |
| | 总数 | 268.333 | 286 | | | |
| 社会支持 | 组间 | 0.547 | 3 | 0.182 | 0.429 | 0.732 |
| | 组内 | 120.329 | 283 | 0.425 | | |
| | 总数 | 120.876 | 286 | | | |
| 人际关系 | 组间 | 21.633 | 3 | 7.211 | 5.652 | 0.001 |
| | 组内 | 361.065 | 283 | 1.276 | | |
| | 总数 | 382.698 | 286 | | | |
| 个人成长 | 组间 | 9.008 | 3 | 3.003 | 3.695 | 0.012 |
| | 组内 | 229.975 | 283 | 0.813 | | |
| | 总数 | 238.983 | 286 | | | |

　　由表 6-25 可得,只有工作本身因素、人际关系因素、法律环境因素和个人成长因素的 $p$ 值小于 0.05,这四个维度下不同文化水平交警的压力有显著性差异。计算出不同文化水平的交通警察在这四个维度下的压力均值如表 6-26 所示。

表 6-26　不同文化水平的交通警察在各维度下的压力均值

| 影响因素 | 高中及以下 | 专科 | 本科 | 研究生及以上 |
|---|---|---|---|---|
| 工作本身 | 4.50 | 4.09 | 4.31 | 3.88 |
| 人际关系 | 3.00 | 3.45 | 2.90 | 4.00 |
| 法律环境 | 4.30 | 4.01 | 3.24 | 3.00 |
| 个人成长 | 3.50 | 3.41 | 3.09 | 4.06 |

由表 6-26 可见,工作本身因素对高中及以下文化水平的交通警察带来的影响最大,人际关系因素和个人成长因素对研究生及以上文化水平的交通警察工作压力的影响最大。由此推断学历越高,从事内勤工作的概率越高,在人际关系和个人成长方面承受的压力更大。

**3. 各影响因素下不同工作年限交警压力的差异性分析**

由不同工作年限交通警察的总体压力值差异性分析可得,不同工作年限的交通警察的工作压力无显著性差异。因此,本报告继续研究假设检验问题:

$$H_0 : u_1 = u_2 = u_3 = u_4 = u_5$$

$$H_1 : u_1 , u_2 , u_3 , u_4 , u_5 \text{ 不全相等}$$

其中,$u_1 , u_2 , u_3 , u_4 , u_5$ 为各维度不同工作年限水平交警的压力均值。

通过 SPSS 19.0 检验得到的方差检验如表 6-27 所示。

表 6-27　不同工作年限的交通警察在各维度下的压力均值

| 影响因素 | | 平方和 | df | 均方 | F | 显著性 |
|---|---|---|---|---|---|---|
| 工作本身 | 组间 | 0.468 | 4 | 0.117 | 0.423 | 0.792 |
| | 组内 | 77.964 | 282 | 0.276 | | |
| | 总数 | 78.432 | 286 | | | |
| 内部组织 | 组间 | 2.659 | 4 | 0.665 | 1.031 | 0.391 |
| | 组内 | 181.721 | 282 | 0.644 | | |
| | 总数 | 184.379 | 286 | | | |
| 工作环境 | 组间 | 8.658 | 4 | 2.164 | 0.849 | 0.495 |
| | 组内 | 718.707 | 282 | 2.549 | | |
| | 总数 | 727.365 | 286 | | | |
| 法律环境 | 组间 | 5.718 | 4 | 1.429 | 1.535 | 0.192 |
| | 组内 | 262.615 | 282 | 0.931 | | |
| | 总数 | 268.333 | 286 | | | |
| 社会支持 | 组间 | 2.523 | 4 | 0.631 | 1.503 | 0.201 |
| | 组内 | 118.353 | 282 | 0.420 | | |
| | 总数 | 120.876 | 286 | | | |
| 人际关系 | 组间 | 7.833 | 4 | 1.958 | 1.473 | 0.210 |
| | 组内 | 374.865 | 282 | 1.329 | | |
| | 总数 | 382.698 | 286 | | | |
| 个人成长 | 组间 | 2.615 | 4 | 0.654 | 0.780 | 0.539 |
| | 组内 | 236.368 | 282 | 0.838 | | |
| | 总数 | 238.983 | 286 | | | |

由表 6-27 可见,各个维度下的 $p$ 值都大于 0.05,故接受原假设,说明各个维度对不同工作年限交警工作压力的影响无显著性差异。

**4. 各影响因素下不同行政级别交警压力的差异性分析**

由不同行政级别交警的总体压力值差异性分析可得,不同行政级别的交通警察的工作压力无显著性差异。因此,本报告继续研究假设检验问题:

$$H_0 : u_1 = u_2 = u_3 = u_4$$

$$H_1 : u_1 , u_2 , u_3 , u_4 \text{ 不全相等}$$

其中,$u_1 , u_2 , u_3 , u_4$ 为各维度不同行政级别交警的压力均值。

通过 SPSS 19.0 检验得到的方差检验如表 6-28 所示。

表 6-28　各维度对不同行政级别交通警察的方差分析

| 影响因素 | | 平方和 | df | 均方 | F | 显著性 |
|---|---|---|---|---|---|---|
| 工作本身 | 组间 | 1.234 | 3 | 0.411 | 0.636 | 0.593 |
| | 组内 | 183.145 | 283 | 0.647 | | |
| | 总数 | 184.379 | 286 | | | |
| 内部组织 | 组间 | 5.081 | 3 | 1.694 | 0.664 | 0.575 |
| | 组内 | 722.284 | 283 | 2.552 | | |
| | 总数 | 727.365 | 286 | | | |
| 工作环境 | 组间 | 0.578 | 3 | 0.193 | 0.204 | 0.894 |
| | 组内 | 267.755 | 283 | 0.946 | | |
| | 总数 | 268.333 | 286 | | | |
| 法律环境 | 组间 | 0.592 | 3 | 0.197 | 0.464 | 0.707 |
| | 组内 | 120.284 | 283 | 0.425 | | |
| | 总数 | 120.876 | 286 | | | |
| 社会支持 | 组间 | 9.667 | 3 | 3.222 | 2.445 | 0.064 |
| | 组内 | 373.031 | 283 | 1.318 | | |
| | 总数 | 382.698 | 286 | | | |
| 人际关系 | 组间 | 0.358 | 3 | 0.119 | 0.141 | 0.935 |
| | 组内 | 238.626 | 283 | 0.843 | | |
| | 总数 | 238.983 | 286 | | | |
| 个人成长 | 组间 | 0.089 | 3 | 0.030 | 0.107 | 0.956 |
| | 组内 | 78.343 | 283 | 0.277 | | |
| | 总数 | 78.432 | 286 | | | |

由表 6-28 可见,7 个维度下的 $p$ 值都大于 0.05,故接受原假设,说明各个维度对不同行政级别交通警察工作压力的影响无显著性差异。

### 5. 各影响因素下不同工作性质交警压力的差异性分析

由不同工作性质交通警察的总体压力值差异性分析可得,不同工作性质的交通警察的工作压力无显著性差异。因此,本报告继续研究假设检验问题:

$$H_0 : u_1 = u_2$$
$$H_1 : u_1 \neq u_2$$

其中,$u_1$,$u_2$ 为各维度不同性别交警的压力均值。

通过 SPSS 19.0 检验得到的方差检验如表 6-29 所示。

表 6-29　各维度对不同工作性质交通警察的方差分析

| 影响因素 | | 平方和 | df | 均方 | $F$ | 显著性 |
|---|---|---|---|---|---|---|
| 工作本身 | 组间 | 4.294 | 1 | 4.294 | 16.506 | 0.000 |
| | 组内 | 74.138 | 285 | 0.260 | | |
| | 总数 | 78.432 | 286 | | | |
| 内部组织 | 组间 | 2.660 | 1 | 2.660 | 3.721 | 0.055 |
| | 组内 | 203.774 | 285 | 0.715 | | |
| | 总数 | 206.434 | 286 | | | |
| 工作环境 | 组间 | 0.472 | 1 | 0.472 | 0.220 | 0.639 |
| | 组内 | 611.944 | 285 | 2.147 | | |
| | 总数 | 612.417 | 286 | | | |
| 法律环境 | 组间 | 1.874 | 1 | 1.874 | 1.641 | 0.201 |
| | 组内 | 325.445 | 285 | 1.142 | | |
| | 总数 | 327.319 | 286 | | | |
| 社会支持 | 组间 | 0.696 | 1 | 0.696 | 1.408 | 0.236 |
| | 组内 | 140.838 | 285 | 0.494 | | |
| | 总数 | 141.534 | 286 | | | |
| 人际关系 | 组间 | 2.732 | 1 | 2.732 | 3.316 | 0.070 |
| | 组内 | 234.791 | 285 | 0.824 | | |
| | 总数 | 237.522 | 286 | | | |
| 个人成长 | 组间 | 6.454 | 1 | 6.454 | 5.015 | 0.026 |
| | 组内 | 366.823 | 285 | 1.287 | | |
| | 总数 | 373.277 | 286 | | | |

由表 6-29 可见,只有工作本身因素和个人成长因素的 $p$ 值小于 0.05,这两个维度对不同工作性质交警的压力影响有显著性差异。

计算出不同工作性质的交通警察在这两个维度下的压力均值如表 6-30 所示。可见在工作本身因素这一维度下,内勤的压力均值为 4.04、外勤的压力均值为 4.32;在个人成长因素这一维度下,内勤的压力均值为 3.42、外勤的压力均值为 3.11。由此推断出工作本身因素对外勤交警的工作压力的影响比内勤交警大,个人成长因素对内勤交警的工作压力的影响比外勤交警大。

表 6-30　工作本身因素和个人成长因素维度下内外勤的压力均值

| 影响因素 | 内勤 | 外勤 |
|---|---|---|
| 工作本身 | 4.04 | 4.32 |
| 个人成长 | 3.42 | 3.11 |

### (三)交警工作压力影响因素的因子分析

由于各因素的分类之间可能存在交叉关系,因此本报告采用因子分析法对各影响因素进行分类。鉴于交警压力影响因素的一些内容关联性较强,本报告在进行因子分析之前,考虑将 30 个因素根据关联性原则降维成 13 个因素。具体结果如表 6-31 所示。

表 6-31　因素降维结果

| 原因素 | 13 个新因素 |
|---|---|
| 交警的工作负荷 | 工作负荷 |
| 非警务性工作量 | |
| 节假日加班频率 | 加班频率 |
| 社会地位高低 | 自我期望 |
| 职务的重要性 | |
| 薪资福利 | 薪资福利 |
| 晋升压力 | 晋升压力 |
| 考核制度 | 组织制度 |
| 请假制度 | |
| 奖惩制度 | |
| 工作地段的交通事故 | 工作环境 |
| 非机动车的数量 | |
| 工作地段的交通设施 | |
| 执法法律依据 | 执法环境 |
| 交通法规完善度 | |
| 市民的法制意识 | |
| 非机动车驾驶员配合程度 | |

**续表**

| 原因素 | 13 个新因素 |
|---|---|
| 民众舆论 | 社会舆论 |
| 新闻媒体 | |
| 网络舆论 | |
| 民众投诉 | 民众投诉 |
| 家人支持 | 家人支持 |
| 和领导的关系 | 人际关系 |
| 和家人朋友的关系 | |
| 和同事的关系 | |
| 才能的发挥 | 个人成长 |
| 执法尺度的把握 | |
| 事业目标的实现 | |
| 职务的重要性 | |

得到 13 个新的因素之后,本报告以这 13 个因素进行接下来的因子分析。

**1. 信度检验**

由表 6-32 可见,标准化后的克朗巴哈系数为 0.866＞0.8。对于社会调查来说,信度达到标准,说明合并的 13 个因素较为合理、信度较高。

表 6-32　信度统计——克朗巴哈系数

| 克朗巴哈系数 | 标准化后的克朗巴哈系数 |
|---|---|
| 0.868 | 0.866 |

由表 6-33 可得,各因素得分之间的均值差异不大,均为 3.067～4.523,方差为 0.336～2.543,13 个因素均值的方差只有 0.289;同样各因素之间方差的差异也很小,为 0.318,没有发现极端的因素。

表 6-33　变量综合统计

| 统计量 | 均值 | 极小值 | 极大值 | 范围 | 极大值/极小值 | 方差 |
|---|---|---|---|---|---|---|
| 项的均值 | 3.871 | 3.067 | 4.523 | 1.456 | 1.475 | 0.289 |
| 项的方差 | 1.023 | 0.336 | 2.543 | 2.207 | 7.575 | 0.318 |
| 项之间的相关性 | 0.333 | −0.071 | 0.967 | 1.038 | −13.593 | 0.061 |

由表 6-34 可见,删除任何一个变量都不会使信度有较大的波动,因此将所有的因素都纳入接下来的压力影响因素分析中。

表 6-34　删除相应的因素后信度的变化

| 删除项目 | Alpha 信度值 |
|---|---|
| 工作负荷 | 0.871 |
| 加班频率 | 0.875 |
| 薪资福利 | 0.864 |
| 晋升压力 | 0.855 |
| 组织制度 | 0.851 |
| 工作环境 | 0.862 |
| 执法环境 | 0.841 |
| 社会舆论 | 0.851 |
| 民众投诉 | 0.863 |
| 家人支持 | 0.873 |
| 人际关系 | 0.852 |
| 个人成长 | 0.851 |
| 自我期望 | 0.849 |

由表 6-35 的方差分析结果可得，$p < 0.05$，则说明这 13 个因素对交通警察工作压力的影响是有显著差异的。另外，Tukey 的非可加性检验结果显示 $p < 0.05$，说明各因素之间存在交互作用。

表 6-35　方差分析

| | | | 平方和 | df | 均方 | 卡方 | Sig. |
|---|---|---|---|---|---|---|---|
| 组间 | | | 1474.032 | 286 | 5.154 | | |
| 组内 | 项之间 | | 996.307 | 12 | 83.026 | 122.266 | 0.000 |
| | 残差 | 非可加性 | 203.683 | 1 | 203.683 | 328.580 | 0.000 |
| | | 平衡 | 2126.838 | 3431 | 0.620 | | |
| | | 小计 | 2330.521 | 3432 | 0.679 | | |
| | 合计 | | 3326.828 | 3444 | 0.966 | | |
| 总计 | | | 4800.860 | 3730 | 1.287 | | |

由表 6-36 可知，两个部分的相关系数值为 0.560，较为理想。所得到的斯皮尔曼-布朗系数和古特曼分半系数均大于 0.7，说明折半信度较高。

表 6-36　折半信度系数

| 克朗巴哈系数 | 第一部分 | 系数值 | 0.797 |
| | | 因素个数 | 7 |
| | 第二部分 | 系数值 | 0.838 |
| | | 因素个数 | 6 |
| | 因素总个数 | | 13 |
| 两个部分的相关系数 | | | 0.560 |
| 斯皮尔曼-布朗系数 | 因素个数相等时 | | 0.718 |
| | 因素个数不等时 | | 0.719 |
| 古特曼分半系数 | | | 0.719 |

在进行尝试性分析以后,由于"个人成长"因素的加入会影响因子分析的结果,而剔除这个因素能在损失数据最少的情况下,最大限度地提高因子的方差贡献率。故本报告将这个因素剔除,进行接下来的因子模型的建立。

**2. 因子模型建立**

(1)KMO 和 Bartlett's 球形检验

由表 6-37 可见,KMO 检验值为 0.673,一般在社会调查中认为 KMO 大于 0.5 是可信的,近似卡方值为 6683.823。Bartlett's 球形检验的结果表明,在相关系数矩阵是一个单位矩阵的原假设下,在显著性水平为 0.05 时,观测的 $p=0.000<0.05$,故拒绝原假设,说明代表母群体的相关矩阵间有共同因素存在,同样认为适用因子分析法。

表 6-37　KMO 和 Bartlett's 球形检验结果

| 取样足够度的 Kaiser-Meyer-Olkin 度量 | | 0.673 |
| Bartlett's 球形检验 | 近似卡方 | 6683.823 |
| | 自由度 | 78 |
| | Sig. 值 | 0.000 |

(2)变量共同度

由表 6-38 可知,降维后各个变量的共同度几乎都达到了 0.7 以上,即使是最小值的民众投诉变量也达到了 0.609,在社会调查中认为是可以接受的。说明这些变量的信息丢失较少,都能被因子解释。

表 6-38　提取的变量共同度

| 因素 | 初始值 | 提取后的值 |
| --- | --- | --- |
| 工作负荷 | 1.000 | 0.732 |
| 加班频率 | 1.000 | 0.816 |
| 薪资福利 | 1.000 | 0.821 |

续表

| 因素 | 初始值 | 提取后的值 |
|---|---|---|
| 晋升压力 | 1.000 | 0.968 |
| 组织制度 | 1.000 | 0.984 |
| 工作环境 | 1.000 | 0.680 |
| 执法环境 | 1.000 | 0.681 |
| 社会舆论 | 1.000 | 0.925 |
| 民众投诉 | 1.000 | 0.609 |
| 家人支持 | 1.000 | 0.910 |
| 人际关系 | 1.000 | 0.932 |
| 自我期望 | 1.000 | 0.732 |

(3)因子贡献率

本报告从这 12 个因素中提取了 5 个因子,其因子贡献率如表 6-39 所示。

表 6-39　因子解释原始变量总方差的情况

| 因子 | 初始特征值 | | | 被提取的载荷平方 | | |
|---|---|---|---|---|---|---|
| | 总共 | 因子贡献率（%） | 累计方差贡献率（%） | 总共 | 方差贡献率（%） | 累计方差贡献率（%） |
| 1 | 4.895 | 40.788 | 40.788 | 4.895 | 40.788 | 40.788 |
| 2 | 2.368 | 19.734 | 60.522 | 2.368 | 19.734 | 60.522 |
| 3 | 1.061 | 8.840 | 69.362 | 1.061 | 8.840 | 69.362 |
| 4 | 0.837 | 6.976 | 76.338 | 0.837 | 6.976 | 76.338 |
| 5 | 0.725 | 6.039 | 82.377 | 0.725 | 6.039 | 82.377 |
| 6 | 0.656 | 5.468 | 87.845 | | | |
| 7 | 0.482 | 4.019 | 91.865 | | | |
| 8 | 0.386 | 3.220 | 95.085 | | | |
| 9 | 0.333 | 2.771 | 97.856 | | | |
| 10 | 0.224 | 1.869 | 99.725 | | | |
| 11 | 0.032 | 0.268 | 99.993 | | | |
| 12 | 0.001 | 0.007 | 100.000 | | | |

由表 6-39 可知,前 5 个公共因子的累计方差贡献率为 82.377%。可见取前 5 个因子时,已提取了各原始变量 82%左右的信息。从理论上讲,实际社会调查中累计方差贡献率应大于 80%,因此提取前 5 个公共因子即可满足需求。由碎石图(见图 6-19)可见,提取前 5 个公共因子较为合理。

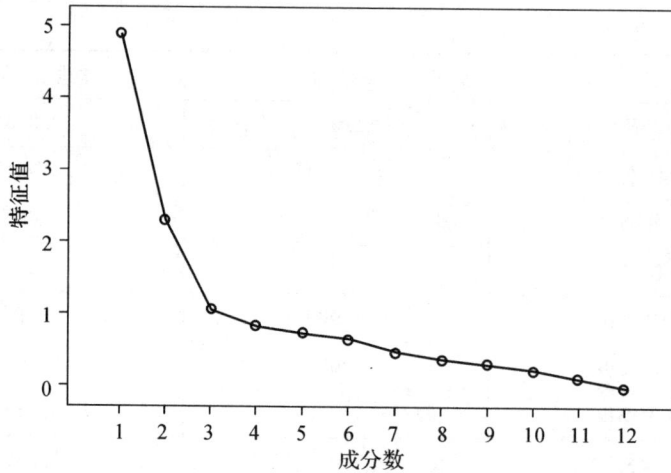

图 6-19　碎石图

　　表 6-40 是未经过旋转的因子载荷矩阵,然而初始载荷矩阵结构不够简单,各因子的典型代表变量不很突出,容易使因子的意义含糊不清,不便于对因子进行解释。为此需对因子载荷矩阵实行旋转,达到简化结构的目的,使各变量在某单个因子上有高额载荷,而在其余因子上只有小到中等的载荷。

表 6-40　旋转前的因子载荷矩阵

| 影响因素 | 成分 | | | | |
|---|---|---|---|---|---|
| | 1 | 2 | 3 | 4 | 5 |
| 执法环境 | 0.867 | −0.214 | −0.226 | −0.348 | 0.122 |
| 组织制度 | 0.804 | 0.276 | −0.177 | 0.014 | −0.268 |
| 社会舆论 | 0.780 | −0.147 | 0.160 | 0.163 | −0.034 |
| 晋升压力 | 0.764 | 0.381 | −0.038 | −0.035 | −0.292 |
| 工作环境 | 0.662 | −0.429 | −0.192 | −0.462 | 0.311 |
| 个人成长 | 0.659 | −0.568 | −0.059 | 0.332 | −0.036 |
| 人际关系 | 0.631 | −0.604 | 0.006 | 0.323 | 0.080 |
| 薪资福利 | 0.605 | 0.574 | −0.001 | −0.067 | −0.207 |
| 工作负荷 | 0.395 | 0.590 | −0.308 | 0.087 | 0.089 |
| 加班频率 | 0.252 | 0.589 | −0.156 | 0.388 | 0.572 |
| 家人支持 | 0.357 | 0.357 | 0.655 | −0.252 | 0.265 |
| 民众投诉 | 0.550 | −0.054 | 0.604 | 0.129 | −0.042 |

　　在运用方差最大正交旋转法之后,并将旋转后的因子载荷矩阵根据载荷的大小进行排序得旋转因子载荷矩阵(见表 6-41)。由此可以看出,经旋转后,因子便于命名和解释。

表 6-41　　方差最大化正交旋转后的载荷矩阵

| 旋转后因子 | | 成分 | | | | |
|---|---|---|---|---|---|---|
| | | 1 | 2 | 3 | 4 | 5 |
| 工作因子 | 晋升压力 | 0.845 | 0.197 | 0.141 | 0.196 | 0.074 |
| | 组织制度 | 0.824 | 0.297 | 0.211 | 0.059 | 0.100 |
| | 薪资福利 | 0.802 | −0.023 | 0.056 | 0.248 | 0.183 |
| | 工作负荷 | 0.578 | −0.094 | 0.068 | −0.042 | 0.515 |
| 个人因子 | 人际关系 | −0.001 | 0.891 | 0.280 | 0.019 | −0.014 |
| | 个人成长 | 0.109 | 0.890 | 0.248 | −0.051 | −0.056 |
| | 社会舆论 | 0.380 | 0.634 | 0.221 | 0.294 | 0.040 |
| 环境因子 | 工作环境 | 0.080 | 0.327 | 0.921 | 0.080 | −0.037 |
| | 执法环境 | 0.423 | 0.388 | 0.804 | 0.086 | 0.015 |
| 情感因子 | 家人支持 | 0.165 | −0.108 | 0.126 | 0.862 | 0.143 |
| | 民众投诉 | 0.207 | 0.466 | −0.027 | 0.650 | −0.077 |
| 时间因子 | 加班频率 | 0.189 | −0.002 | −0.050 | 0.108 | 0.929 |
| 方差贡献率(%) | | 40.788 | 19.734 | 8.840 | 6.976 | 6.039 |
| 累计方差贡献率(%) | | 40.788 | 60.522 | 69.362 | 76.338 | 82.377 |

最后本报告提取了 5 个因子达到了 82.377% 的贡献率。

①晋升压力因素、组织制度因素、薪资福利因素、工作负荷因素在第一个因子上具有较高的载荷,将其命名为工作因子。

②人际关系因素、个人成长因素、社会舆论因素在第二个因子上具有较高的载荷,将其命名为个人因子。

③工作环境因素、执法环境因素在第三个因子上具有较高的载荷,将其命名为环境因子。

④家人支持因素和民众投诉因素在第四个因子上有较高的载荷,将其命名为情感因子。

⑤加班频率因素在第五个因子上有较高的载荷,将其命名为时间因子。

前 5 个因子解释了杭州市交通警察工作压力的 82.377% 的原因。其中,工作因子解释了 40.788% 的原因,表明工作负荷和组织制度这些因素是重要因素;个人因子解释了 19.734% 的原因,表明个人成长和人际关系等源于个人自身的因素对压力的影响程度较高;环境、情感和时间因子分别解释了 8.840%、6.976% 和 6.039% 的原因,起到了补充作用。

## (四)总体压力的二值 Logistic 回归

### 1. 变量的选取

首先,本报告利用 Kendall's tau-b 检验统计量对总体压力与五个影响因子进行相关性分析。结果显示,总体压力与工作因子、个人因子、环境因子、情感因子的相关系数较大,分别为 0.148、0.427、0.462、0.154;总体压力与时间因子之间的相关系数较小,为 0.104,故选择前四个相关系数较大的因子进行回归分析。

由于因变量总体压力值为有序分类变量,故不适合进行一般的多元线性回归分析。由于交警压力大部分集中在 4 和 5,因此本报告将总体压力值进行分类:1～3 为低压力,用"0"表示;4～5 为高压力,用"1"表示。选择各因子得分为自变量,总体压力为因变量,建立二值 Logistic 模型。

**2. 变量的定义**

自变量:工作因子、个人因子、环境因子、情感因子,均为连续型变量。

因变量:$y=\begin{cases}1,高压力;\\0,低压力。\end{cases}$

建立因子与总体压力的二值 Logistic 模型如下:

$$\ln\frac{\hat{p}}{1-\hat{p}}=\alpha+\beta_1 x_1+\beta_2 x_2+\beta_3 x_3+\beta_4 x_4 \tag{6-8}$$

由表 6-42 可见,各因子检验值的 $p$ 值均小于 0.05,表明模型系数通过检验,工作因子、个人因子、环境因子、情感因子对总体压力影响显著。

表 6-42　单因素分析参数估计

| 统计量 | | 得分 | df | Sig. |
|---|---|---|---|---|
| 步骤 0 | 工作因子 | 104.280 | 1 | 0.000 |
| | 个人因子 | 20.693 | 1 | 0.000 |
| | 环境因子 | 41.485 | 1 | 0.000 |
| | 情感因子 | 5.104 | 1 | 0.024 |
| 总统计量 | | 171.562 | 4 | 0.000 |

但由于在对某一因素进行单因素分析时并没有控制其他因素的干扰,因此结果误差偏大。有必要将多个因素一起考虑,进行多因素分析,其参数估计如表 6-43 所示。

表 6-43　多因素分析参数估计

| 参数 | $B$ | S.E | Wald | Sig. | Exp($B$) |
|---|---|---|---|---|---|
| 工作因子 | 2.803 | 0.443 | 40.018 | 0.000 | 16.500 |
| 个人因子 | 2.130 | 0.447 | 22.698 | 0.000 | 8.411 |
| 环境因子 | 4.033 | 0.897 | 20.233 | 0.000 | 56.415 |
| 情感因子 | 1.785 | 0.417 | 18.342 | 0.000 | 5.958 |
| 常量 | 3.226 | 0.593 | 29.569 | 0.000 | 25.171 |

由表 6-43 可见,在显著性水平 $\alpha=5\%$ 的条件下,Wald 检验统计量的 $p$ 值均小于 0.05,模型系数显著,故模型结果如下:

$$\ln\frac{\hat{p}}{1-\hat{p}}=3.226+2.803x_1+2.130x_2+4.033x_3+1.785x_4 \tag{6-9}$$

由二值 Logistic 回归方程系数可得：

当其他变量不变时，每增加一个单位的工作因子，交警高压力与低压力的概率之比的对数变化值为 2.803；

当其他变量不变时，每增加一个单位的个人因子，交警高压力与低压力的概率之比的对数变化值为 2.130；

当其他变量不变时，每增加一个单位的环境因子，交警高压力与低压力的概率之比的对数变化值为 4.033；

当其他变量不变时，每增加一个单位的情感因子，交警高压力与低压力的概率之比的对数变化值为 1.785。

为比较各因子对总体压力的影响程度，将偏回归系数 $B_i$ 标准化，结果如下：

$$B' = \frac{B \times S.D}{1.8138} \tag{6-10}$$

其中，$B'$ 为标准化回归系数，S.D 为各因子的标准差。

计算得各因子标准回归系数如下：

$$B_1' = 1.5454, \quad B_2' = 1.1744, \quad B_3' = 2.2235, \quad B_4' = 0.9805$$

根据标准回归系数的大小，得到各因子对总体压力的影响程度由大到小排序为：环境因子、工作因子、个人因子、情感因子，这与前述结论和事实基本一致。环境因子对交警工作压力的影响最大，因为恶劣的工作与执法环境时刻考验着交警的执法水平。其次为工作因子，薪资水平偏低、工作负荷过大、内部制度不够合理已成为绝大多数交警关注的焦点。在个人因子中，和谐的人际关系、积极的舆论导向以及自我价值的肯定，有助于激发交警的工作热情。此外，情感因子也不容忽视，家庭和民众的支持可以减轻交警的工作压力。

# 五、调查数据分析总结

## (一)基本信息方面

(1)交警以男性和已婚为主，学历、年龄较为集中。杭州市交警多为男性，在 287 个样本中有 275 位男性交警。同时已婚交警比例较高，大部分交警肩负着照顾妻儿和赡养父母的责任，在样本中已婚交警占 90.59%。同时交警文化程度较高，学历以本科居多。样本中本科与专科学历分别占 70.73% 和 26.83%，专科交警有 75% 年龄在 38 岁及以上。且交警的年龄集中于 31～45 岁，共有 219 人，占 76.31%。

(2)交警以外勤居多，不同区域警力存在差异。在 287 位交警中，内、外勤的比例接近为 1：4，外勤居多。西湖区、上城区、下城区、江干区的交警分别占样本数的 20.56%、28.22%、15.68%、18.82%，而拱墅区与滨江区仅为 9.06% 和 7.66%。由此可见六大主城区的交警人数存在差异，这是由于各城区交通状况不同，所需警力不同。

## (二)压力现状方面

杭州市交警的总体工作压力值为左偏分布，属中等偏高水平，且在不同属性上具有不同的水平差异。

（1）交警的工作压力随着年龄的增长逐渐减小。从年龄角度看，51岁及以上年龄段的交警压力值为3的比例最多，占52.4％，这部分交警大多处于领导地位或较高行政级别，有较多应对工作压力的经验和丰富的人生阅历，压力较小。35岁及以下的交警压力值集中在5，这部分交警由于工作经验不足，对现实认识不够全面，理想难以在短时间内实现增加了工作压力。从总体看，随着年龄的增长，压力值为5的比例不断减小，压力值为4的比例不断增大，即交警的工作压力随着年龄的增长逐渐减小。

（2）不同区域的交警工作压力水平不同。滨江区交警的工作压力最大，压力值为5的比例高达54.5％。滨江区交警的管理面积较大，但交警人数的占比最少，仅占7.66％，警力相对不足在一定程度上加重了该区域交警的工作压力。西湖区和下城区的交警压力值相对较小，压力值为4的人数较多。西湖区和下城区虽为闹市区，但中队分布密集，相对减轻了该区域交警的工作压力。江干区和上城区交警的压力水平介于以上两者之间。江干区和上城区的警力分布密度也介于两者之间，考虑到这两个区域分别负责维持杭州东站和城站火车站的秩序，对该区域交警的工作压力产生了一定影响。

（3）已婚和离异交警的压力水平高于未婚交警。杭州市交警以已婚为主，极少一部分为离异状况。同一年龄段的交警，已婚交警的压力大于未婚交警。其中，41岁及以上未婚交警压力减小的概率大于已婚交警，因为未婚交警没有较多家庭因素的束缚，将工作摆在第一位；且41岁及以上的未婚交警，其工作经验更为丰富，人际关系趋于稳定，工作压力相对较小。还有一个值得关注的问题是离异交警的情况，其工作压力值偏高。这解释了来自家庭的影响与交警的工作感受相关。

（4）内勤和外勤交警工作压力的内部来源存在差异。内、外勤交警的总体工作压力基本相同。外勤交警由工作负荷带来的工作压力显著高于内勤交警。究其原因，可知内部行政性工作处理的事务具有较大的程序性和规律性，复杂性不大。而外勤交警常年工作于不良天气和嘈杂环境之中，解决各种突发状况的同时还要顾虑自身安全，精神长时间处于紧绷状态，更容易产生过激反应。而对内勤交警的文化要求较高，其证明能力的渠道较窄、获得晋升的竞争激烈，因此就个人成长和人际关系而言，内勤交警的工作压力大于外勤交警。

## （三）影响因素方面

（1）总体工作压力值受多种因素影响。杭州市交通警察的总体工作压力值主要受5个方面影响，分别为工作、个人、环境、情感、时间。在工作因子中，交警需要承担非警务性工作、晋升名额过少、奖惩制度不够合理。就个人因子而言，交警自身的人际状态、对事业的追求以及接受舆论后的心理状态一定程度上影响了工作压力的大小。在环境因子下，交警工作地点的交通状况和设施、市民的法制意识和配合程度对工作压力本身有较大影响。对于情感因子，家人支持可以激发交警在工作上的热情和在事业上的追求，但民众投诉会打击交警的工作积极性。此外，时间因子（即节假日的加班频率）对交警工作压力也有一定程度上的影响。

（2）组织制度的合理性对工作压力的影响极大。当前交警部门的各种禁令、纪律、规范及规章制度繁多，然而从优待警的措施却很少，无论是政治待遇还是经济待遇，都没有落实到位。一些困扰交警的机制性、体制性制度层出不穷，如请假制度、奖惩制度、绩效考核、岗位责任制等，这都给交警带来了很大的压力。

（3）薪资福利水平的偏低降低了交警工作积极性。工资待遇低已成为广大交警最大的抱怨。一些交警认为自己获得的工资报酬和福利待遇,与其所从事的高强度、高危险、超负荷的工作十分不符,部分交警心理失衡、感情变得脆弱、情绪经常出现波动,进而导致部分交通警察事业心不强、职业道德低下、出现消极怠工的现象。

(4)个人目标难以实现是一个压力源。交警队伍里中青年干部比例较高,他们往往面临着事业的成败、仕途的升迁问题,但升迁往往存在着激烈竞争。因此,交警为了争取晋升而努力表现,甚至担心工作做得不够好而得不到领导的信任与重用,担心自己的前途、命运,从而个人的职业目标成为其工作压力源。

(5)工作与执法环境的完善能够减轻交警的工作压力。交警工作是一个工作环境恶劣而风险系数极大的职业。在声音嘈杂、空气飘尘、有害气体超标的情况下,交警又承担着打击路面违法犯罪活动的责任。同时,当前执法环境日益复杂,社会关系盘根错节,说情现象多。这不仅影响交警的公正执法,而且使其在人民群众中的形象大打折扣,付出的辛劳得不到客观的认可和肯定。

(6)外部支持较少是形成压力的因素之一。交通警察正确履行职责,顺利完成任务,离不开外部的广泛支持。一方面,交警作为与社会接触面最广的警种之一,在普通群众的心目中有着举足轻重的影响力,他们的一言一行被社会广泛关注,时刻被社会舆论监督。这就无形中增加了基层交警的心理压力,使其陷入正常执法与害怕被恶意投诉的两难境地。另一方面,家人对交警的工作支持力度也不容乐观。交警因将多数时间与精力投入工作而对家庭责任承担不够、事业与家庭无法合理兼顾,既而得不到家人、亲朋的支持与关心,感到格外孤独无助。长此以往,造成交警与家人、亲朋产生隔阂和距离,人际关系紧张。

(7)节假日加班频率过高加剧了交警的工作压力。尽管这些年我国的警力得到了一定的增长,但是相对于14亿多人口的大国,警察数量却不到200万人,这样的配置仅仅是西方国家的1/3,警力不足的矛盾依然非常突出。由于工作性质的特殊性,节假日全员执勤站岗,重大活动几天几夜不回家的现象时有发生。长期的超负荷工作,容易积劳成疾、产生厌烦情绪,直接影响着交警的生理健康和心理健康,增加了交警的工作压力。

# 六、对策与建议

本报告针对杭州市交通警察工作压力及影响因素的问题,结合所搜集的信息,提出如下缓解交警工作压力的对策与建议。

## (一)对于交警个人

(1)树立正确的职业观,把工作变成爱好。交警只有热爱自己的职业,对工作任务表现出极大的信心,才能以顽强的毅力克服困难,积极地应对挑战。这份对职业的爱好会是一种强大的精神动力,能够抵御各类压力的侵袭。

(2)加强情绪自我调节,提高执法能力。负面情感、精神焦虑和不良心理体验可以通过情绪自我调节缓解。交警情绪失控和情绪障碍的比例较高,因不良情绪导致身心疾病及家庭、同事之间关系并不融洽的状况也比较多。因此,交警应当学会控制和管理自身的情绪,增强认知、自控能力。

(3)合理分配时间,提高工作效率。由于交警的工作特性,短时间内减少工作量和避免加值班是无法做到的,而拖延时间和不合理的工作进度安排往往是压力的根源。因此本报告认为交警可以把主要精力投入到最有价值和最重要的工作上,以达到合理分配时间、提高工作效率的目的。

## (二)对于各级管理部门

(1)合理安排警力,科学减压减负。过重的工作负荷是杭州市交警工作压力产生的主要原因。各级交警支队可通过结合更多基层交警的建议加强内部的协调与整合,减少重复的工作布置,为本市交警减压减负。同时,在实际工作中,合理安排警务活动,提高警力使用的效能,把警力从传统的工作方式中解放出来,实现可持续发展的科学用警。此外,要结合实际设计交警的工作任务、绩效目标和考核标准,避免考核指标过高造成心理压力。

(2)加强媒体引导,提高交警社会地位。社会支持是杭州市交警工作的主要压力源之一。现实生活中大众媒体往往把少数交警违纪违法的行为放大,影响着交警的工作热情。因此,有必要加强对舆论与媒体的正确引导,充分发挥舆论的正面导向作用。同时,通过各类警务活动,加强与群众的直接接触和沟通,了解群众的所需所思所想以及对交警工作的要求,进而建立良好的警民关系,间接降低交警工作压力。

(3)增加对交警个人家庭的关注。工作压力会导致人与人之间心理和感情上的疏远,而家庭关系紧张、婚姻关系破裂等都是杭州市交警面临的问题。对此,一方面应当尽可能保障交警的休假时间,让其有时间照顾家庭和陪伴家属,加强与家人子女的沟通和情感投入;另一方面,组织家属间进行有效的沟通和倾诉,使交警家属更加清醒地认识和理解交警的职业特性和压力现状,成为交警的强大后盾。

(4)提倡从优待警,提高经济保障。在工作压力的影响因素中,薪资福利水平不高得到广大交警的普遍认可,说明大多数杭州市交警对职业所带来的经济回报并不满意。目前,杭州市交警的薪酬待遇基本处于全市的中下水平。有关部门要尽可能提高杭州市交警的薪酬、奖金、津贴补贴、保险、福利等待遇,减轻交警的经济负担。

(5)建立健全激励机制,满足交警需求。在个人成长方面,有关部门可以建立健全激励机制,不断满足交警个人职业发展的需要。通过制定出台各种相关政策,从制度保障、政策优惠、利益挂钩等方面为基层交警提供全方位的保障。将基层工作经历作为提拔干部的硬性条件,激发交警基层工作的积极性和创造性,为交警的进步和队伍的发展提供广阔的舞台和宽松的空间。

(6)改善交警执法环境,发展警营文化。交警管理部门可以成立专门的正当权益保护机构,并大力开展交警宣传工作和形象公关,争取社会各界的理解与配合,最大限度地改善交警的执法环境。同时,通过组织各类文体活动、建立工作互助网络、加强民主管理和沟通反馈等措施激发交警的工作积极性和主人翁意识,从而增强警营内部的凝聚力和向心力。

## 参考文献

[1] 艾森克.心理学——一条整合的途径:上册[M].阎巩固,译.上海:华东师范大学出版社,2001.

[2] 赖斯.压力与健康[M].石林,古丽娜,梁竹苑,等译.北京:中国轻工业出版社,2000.

[3] 李黎红.警察心理压力源分析与缓解压力对策建议[J].公安研究,2007,16(9):89-93.

[4] 刘贵萍,叶亨奎.当前交警心理压力源的分析[J].公安理论与实践,2006,18(6):72-75.

[5] 潘莹欣,王垒,任湘云,等.员工工作压力感问卷的初步编制[J].心理科学,2006,9(2):312-314.

[6] 王艳.中国城市市容管理:困境与出路[D].苏州:苏州大学,2010.

[7] 于文宏,李焰.工作压力研究综述[J].沈阳教育学院报,2006,8(1):67-70.

[8] 张振声.现代警察心理学[M].北京:中国人民公安大学出版社,1999.

# 附录

## 附录1　访谈内容

(一)对于杭州市公安局交通警察支队的交通警察

1.您在您的单位中所担任的是什么职位?您的行政级别是什么?

2.您已经工作了多少年?大概每天的工作时间为多少呢?

3.您觉得当前你们工作的环境如何(关于交通方面)?

4.你们单位中同事、领导之间的关系是什么样子的?

5.对于外界媒体的各种报道,您持什么样的态度?

6.因为您的工作比较特殊,平时有给您的生活带来什么麻烦吗?

7.您觉得目前的工作压力大吗?

8.平常您是通过什么样的方式释放自身的工作压力的?

(二)对于交警支队的相关领导

1.您觉得支队里对于交警的工作压力重视吗?

2.您觉得交警们的工作压力主要来源于哪些方面?

3.交警支队有针对交警的工作压力做过一些措施吗?

4.您觉得是否应该制定一些制度来缓解交警的工作压力?

5.如果会制定制度的话,主要会以哪些方面为主呢?

## 附录2　调查问卷
### 杭州市交通警察工作压力及其影响因素调查研究

尊敬的交警同志:

　　您好,我们是××大学的学生。我们正在对杭州市交通警察的工作压力及其影响因素进行问卷调查,您只需要在相应的位置打"√"或填空即可。本问卷采取无名制,我们保证绝对会对您的所有信息保密,谢谢您给予我们的支持!

**个人基本资料**

A1.您的性别:①男　②女

A2.您的年龄是_____。

A3.您的学历:①高中及以下　②专科　③本科　④研究生及以上

A4.您工作的地区是:

　　①西湖区　②上城区　③下城区　④江干区　⑤拱墅区　⑥滨江区

A5.您的婚姻状况:①未婚　②已婚　③离异　④丧偶

A6.您担任交警的工作年限:

　　①0～5年　②5～10年　③10～15年　④15～20年　⑤20年及以上

A7.您的行政级别:①副科级以下　②副科级　③科级　④副处级　⑤处级

A8.您的工作性质:①内勤　②外勤

## 杭州市交通警察工作压力量表

以下各语句代表交通警察的工作压力,请根据自身的实际情况,仔细区分各个条目之间的区别,按照非常同意、同意、不确定、不同意、非常不同意5个等级在相应方框内打"√"。

| 影响因素 | 非常同意 | 同意 | 不确定 | 不同意 | 非常不同意 |
|---|---|---|---|---|---|
| 1.工作本身因素 | | | | | |
| ①交通警察的工作负荷大 | □5 | □4 | □3 | □2 | □1 |
| ②交通警察经常会承担一些非警务性的工作 | □5 | □4 | □3 | □2 | □1 |
| ③交通警察经常需要在节假日加班 | □5 | □4 | □3 | □2 | □1 |
| ④我感觉交通警察这个职业的社会地位较高 | □1 | □2 | □3 | □4 | □5 |
| 2.内部组织因素 | | | | | |
| ①我的薪酬福利不能达到我的期望 | □5 | □4 | □3 | □2 | □1 |
| ②组织内部提供的晋升名额少造成升职难的现状 | □5 | □4 | □3 | □2 | □1 |
| ③工作考核制度不够完善,存在争议 | □5 | □4 | □3 | □2 | □1 |
| ④请假制度不够完善,经常带病工作 | □5 | □4 | □3 | □2 | □1 |
| ⑤交警的奖惩制度不够合理,难以调动我的工作积极性 | □5 | □4 | □3 | □2 | □1 |
| ⑥交警必须完全按照规章和上级指示办事,不按主观行事 | □5 | □4 | □3 | □2 | □1 |
| 3.工作环境因素 | | | | | |
| ①工作地段时常发生需要处理的紧急交通事故 | □5 | □4 | □3 | □2 | □1 |
| ②外来务工人员增加带来的非机动车的增多,阻碍交通运行 | □5 | □4 | □3 | □2 | □1 |
| ③工作地段的交通设施不是很完善 | □5 | □4 | □3 | □2 | □1 |
| 4.法律环境因素 | | | | | |
| ①警察每天都要应付外界的环境变化,现行的执法法律依据可能无法完全跟上这些变化 | □5 | □4 | □3 | □2 | □1 |

续表

| 影响因素 | 非常同意 | 同意 | 不确定 | 不同意 | 非常不同意 |
|---|---|---|---|---|---|
| ②交通法规不完善使得交通事故频发 | □5 | □4 | □3 | □2 | □1 |
| ③市民法治观念淡薄,很多人不愿意接受相应的处罚 | □5 | □4 | □3 | □2 | □1 |
| **5.社会支持因素** | | | | | |
| ①我经常会有意无意地听到民众对交通警察的议论 | □5 | □4 | □3 | □2 | □1 |
| ②新闻媒体对交通警察经常有负面性的报道 | □5 | □4 | □3 | □2 | □1 |
| ③经常有通过网络舆论对交通警察进行诋毁和攻击的行为 | □5 | □4 | □3 | □2 | □1 |
| ④市民对交通警察的工作不配合,使得管理难度加大 | □5 | □4 | □3 | □2 | □1 |
| ⑤非机动车驾驶人员对交通法规的漠视使得管理混乱 | □5 | □4 | □3 | □2 | □1 |
| ⑥在工作时会由于严格执法而受到民众的投诉 | □5 | □4 | □3 | □2 | □1 |
| ⑦我的家人时常埋怨我工作太忙 | □5 | □4 | □3 | □2 | □1 |
| **6.人际关系因素** | | | | | |
| ①领导的人格和能力有时让我无法信服 | □5 | □4 | □3 | □2 | □1 |
| ②交警的工作影响了我的家庭生活,工作忙,家庭关系变淡 | □5 | □4 | □3 | □2 | □1 |
| ③同事之间有时存在冷竞争,造成关系不融洽 | □5 | □4 | □3 | □2 | □1 |
| **7.个人成长因素** | | | | | |
| ①我的职业没有使我的才能得到充分发挥 | □5 | □4 | □3 | □2 | □1 |
| ②工作中,我经常难以把握执法的尺度 | □5 | □4 | □3 | □2 | □1 |
| ③我的事业目标很难在当前单位实现 | □5 | □4 | □3 | □2 | □1 |
| ④我目前的职位对单位极其重要 | □5 | □4 | □3 | □2 | □1 |

您对自己承受的压力程度的综合评分:

①5　②4　③3　④2　⑤1

# 杭州市民对养老服务专业认可度的调查分析

古　琰　朱晓丽　周红燕　王佳萍　吴　艳

面对日益加剧的老龄化趋势,养老成了我国亟待解决的问题。"十二五"期间,民政部指出要连续五年开展养老服务体系建设,以多元化的方式来解决养老问题,启动敬老、爱老、助老工程。老龄群体规模的扩大在为养老服务业的发展提供黄金机遇的同时,也刺激了社会对该行业专业人才的需求。为了加快养老服务专业人才的培养,2014 年 6 月教育部、民政部、国家发展改革委等九部门联合制定了《关于加快推进养老服务业人才培养的意见》。该意见积极引导和鼓励高校设置养老服务相关专业。为此,我国正在积极探索养老服务本科层次职业教育,鼓励并引导高校设置康复治疗学、应用心理学和社会工作等相关本科专业,开设老年社会工作、老年护理、老年心理学等课程。这无疑有利于培养专业化的养老服务业人才。只有让养老服务更加贴近老人的实际需求,让养老服务业人才更加满足社会的需求,才能使我国庞大的老龄群体过上更加健康幸福的晚年生活,社会发展才能更加稳健。

本项目针对杭州市民对养老服务专业的认可度进行调查,并利用列联表、Logistic 回归和多元线性回归等分析方法,对所采集的样本数据进行系统分析,并结合广大市民群体的态度和愿望就养老服务专业的设置提出对策与建议。

## 一、调查简介

### (一)调查目的

(1)通过对所收集的情况、信息做描述性分析、列联表分析,以了解杭州市民对养老服务专业的了解情况及其影响因素。

(2)通过对收集的认可度情况信息做描述性分析、列联表分析、Logistic 回归分析、多元线性回归分析,以了解杭州市民对养老服务专业的认可情况及其影响因素。

(3)通过对收集到的影响养老服务专业发展的因素信息做描述性分析,以了解影响养老服务专业发展的主要因素,并为相关机构提供一些建议。

(4)综合上述分析结果,以了解杭州市民对养老服务专业的总体认可情况,来为养老服务专业的设置、发展提出相应的对策与建议。

## (二)调查意义

本报告使用描述性分析、列联表分析、回归分析等多种分析方法研究调查收集的数据，了解杭州市民对养老服务专业的了解情况、认可情况以及影响养老服务专业发展的因素；最后通过整理、总结相关信息，提出相应的对策与建议。

## (三)调查方法

### 1. 问卷调查

抽样方式：配额抽样与偶遇抽样。

调查对象：杭州市 18 周岁及以上的市民。

调查地点：江干区、上城区、下城区。

### 2. 访问调查

访问对象：浙江省民政厅社会福利与老年服务处处长；浙江省教育厅高等教育处副处长；江干区九堡镇敬老院院长。

## (四)调查过程

本调研小组根据抽样设计，确定样本量 $N=422$，共发放 450 份问卷，问卷回收率为 100%。通过后期问卷整理与数据录入，确定有效问卷为 426 份，问卷有效回收率为 94.67%。

# 二、问卷调查结果实证分析

## (一)基本信息分析

### 1. 性别结构

由表 7-1 可知，样本男女比例接近 1∶1，与从《2013 年杭州统计年鉴——分地区总户数和总人口数》所了解到的信息：男性占市区人口比例为 49.84%、女性占市区人口比例为 50.16%，相差不大，从而认为样本具有代表性，基本达到了按性别进行配额的要求。

表 7-1　样本性别分布情况

| 性别 | 频数(个) | 有效百分比(%) |
| --- | --- | --- |
| 男 | 211 | 49.53 |
| 女 | 215 | 50.47 |
| 总计 | 426 | 100.00 |

### 2. 年龄段结构

由表 7-2 可知，样本 18～35 岁人口占样本比例为 35.91%，36～60 岁人口占样本比例为 43.90%，61 岁及以上人口占样本比例为 20.19%。与从《2013 年杭州统计年鉴——分地区户籍人口年龄构成》所了解到的信息：18～35 岁人口占市区总人数的比例为 30.77%、

36～60 岁人口占市区总人数的比例为 47.04%、61 岁及以上人口占市区总人数的比例为 22.19% 相差不大,可认为样本的年龄分布比较合理,基本达到了按年龄进行配额的要求。

表 7-2　样本年龄段分布情况

| 年龄分布 | 频数(个) | 有效百分比(%) |
| --- | --- | --- |
| 18～35 岁 | 153 | 35.91 |
| 36～60 岁 | 187 | 43.90 |
| 61 岁及以上 | 86 | 20.19 |
| 总计 | 426 | 100.00 |

### 3. 文化程度结构

由表 7-3 可知,样本中文化程度为初中及以下的市民占 27.23%;高中或中专的占 30.28%;本科(或大专)及以上的占 42.49%,所占比例最大。

表 7-3　样本文化程度分布情况

| 文化程度分布 | 频数(个) | 有效百分比(%) |
| --- | --- | --- |
| 初中及以下 | 116 | 27.23 |
| 高中或中专 | 129 | 30.28 |
| 本科(或大专)及以上 | 181 | 42.49 |
| 总计 | 426 | 100.00 |

### 4. 职业结构

由表 7-4 和图 7-1 可以看出,样本中企业职员最多,占 19.25%;其次为离、退休人员,占 12.91%;除此之外,自由职业者和工人也较多,分别达到 12.68% 和 10.09%;其他职业的人员均未达到 10%。

表 7-4　样本职业分布情况

| 职业分布 | 频数(个) | 有效百分比(%) |
| --- | --- | --- |
| 政府机关人员 | 27 | 6.34 |
| 科技人员 | 21 | 4.93 |
| 企业职员 | 82 | 19.25 |
| 农民 | 21 | 4.93 |
| 商人 | 35 | 8.22 |
| 工人 | 43 | 10.09 |
| 医务人员 | 13 | 3.05 |
| 教师 | 20 | 4.69 |
| 学生 | 41 | 9.62 |
| 无业者 | 14 | 3.29 |

| 职业分布 | 频数(个) | 有效百分比(%) |
|---|---|---|
| 自由职业者 | 54 | 12.68 |
| 离、退休人员 | 55 | 12.91 |
| 总计 | 426 | 100.00 |

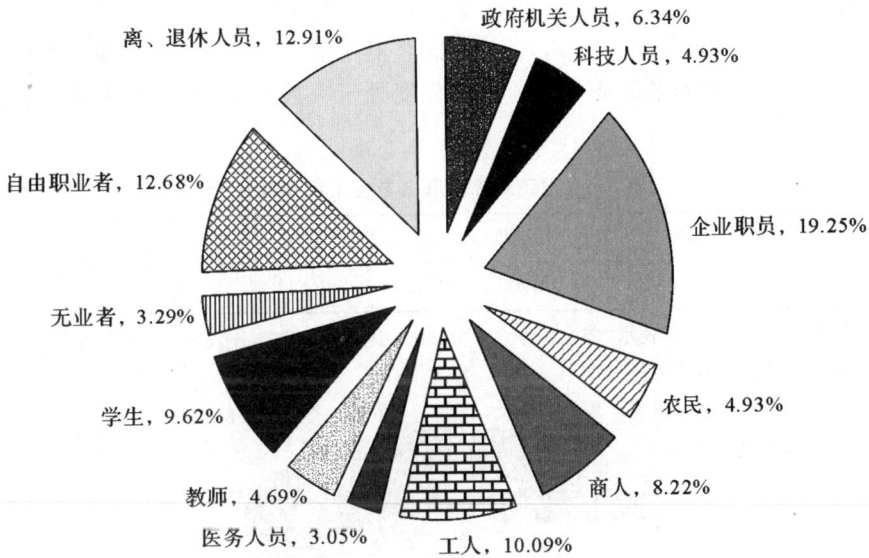

图 7-1　样本职业分布情况

### 5. 月收入结构

由表 7-5 可知,月收入为 1500～4000 元的市民最多,占样本比例为 41.31%;其次是 4000～6500 元的,占样本比例为 24.88%;月收入低于 1500 元的市民也较多,占样本比例 19.25%;其他收入情况的市民比例均不高。

表 7-5　样本月收入分布情况

| 月收入 | 频数(个) | 有效百分比(%) |
|---|---|---|
| 0～1500 元 | 82 | 19.25 |
| 1500～4000 元 | 176 | 41.31 |
| 4000～6500 元 | 106 | 24.88 |
| 6500～9000 元 | 35 | 8.22 |
| 9000 元及以上 | 27 | 6.34 |
| 总计 | 426 | 100.00 |

### （二）描述性分析

#### 1. 了解情况分析

（1）了解程度分析

由表 7-6 和图 7-2 可见,市民对养老服务专业了解程度的众数和中值数值均为 3.00,代表了解程度为"一般";均值数值为 2.79,代表了解程度介于"比较不了解"和"一般"之间,较靠近"一般"。由图 7-2 可知,对养老服务专业了解程度为"非常了解"的市民占 6.34%;大部分市民为"一般了解",占 38.03%;而"非常不了解"和"比较不了解"的人总共占了 37.56%。可见市民对养老服务专业的了解程度处于一般水平,需要加强对养老服务专业的宣传工作。

表 7-6　市民对养老服务专业了解程度分析

| 频数（个） | 均值 | 众数 | 标准差 | 方差 | 中值 |
|---|---|---|---|---|---|
| 426 | 2.79 | 3.00 | 1.089 | 1.185 | 3.00 |

注:此题采用 5 分法,5 分表示"非常了解",4 分表示"比较了解",3 分表示"一般了解",2 分表示"比较不了解",1 分表示"非常不了解"。

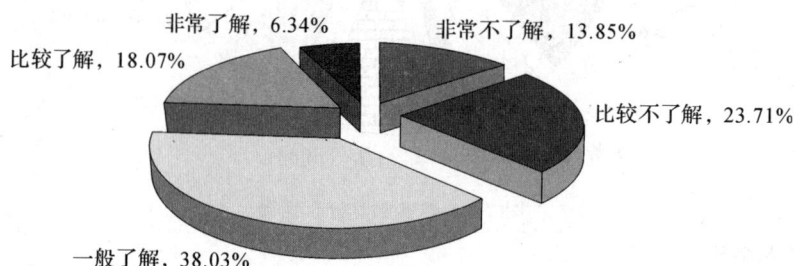

图 7-2　市民对养老服务专业了解程度分布

（2）了解途径分析

由表 7-7 和图 7-3 可知,市民了解养老服务专业的主要途径分别是电视新闻、网络平台和报纸杂志,分别占 28.0%、19.6% 和 16.6%。这说明电视新闻、网络平台和报纸杂志是养老服务专业信息传播的主要渠道,可见,大众媒体在养老服务专业的宣传上发挥了有效的作用。

表 7-7　了解途径分布情况

| 了解途径 | 响应值 | | 个案百分比（%） |
|---|---|---|---|
| | 频数（个） | 百分比（%） | |
| 电视新闻 | 175 | 28.0 | 41.1 |
| 报纸杂志 | 104 | 16.6 | 24.4 |
| 网络平台 | 123 | 19.6 | 28.9 |
| 亲朋好友 | 82 | 13.1 | 19.2 |
| 学校教育 | 27 | 4.3 | 6.3 |

续表

| 了解途径 | 响应值 | | 个案百分比(%) |
|---|---|---|---|
| | 频数(个) | 百分比(%) | |
| 广播 | 17 | 2.7 | 4.0 |
| 不了解 | 78 | 12.5 | 18.3 |
| 其他 | 20 | 3.2 | 4.7 |
| 总计 | 626 | 100 | 146.9 |

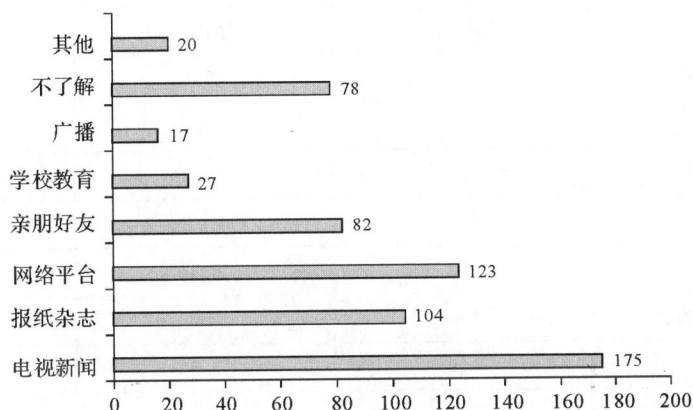

图 7-3　了解途径分布情况

（3）专业涉及学科分析

由表 7-8 可知，超过 50％市民认为养老服务专业设置需要涉及医学，且选择心理学、社会工作学、护理学、保健与营养学等学科的市民均超过 40％。由此可见，市民认为这五门学科在养老服务专业课程设置中比较重要。

表 7-8　养老服务专业涉及学科分布情况

| 学科 | 响应值 | | 个案百分比(%) |
|---|---|---|---|
| | 频数(个) | 百分比(%) | |
| 医学 | 244 | 19.3 | 57.3 |
| 管理学 | 127 | 10.1 | 29.8 |
| 心理学 | 188 | 14.9 | 44.1 |
| 社会工作学 | 181 | 14.3 | 42.5 |
| 护理学 | 182 | 14.4 | 42.7 |
| 生命伦理学 | 86 | 6.8 | 20.2 |
| 人口学 | 59 | 4.7 | 13.8 |
| 保健与营养学 | 188 | 14.9 | 44.1 |
| 其他 | 8 | 0.6 | 1.9 |
| 总计 | 1263 | 100.0 | 296.4 |

（4）专业学生应具备的素质分析

由表 7-9 可知,市民认为养老服务专业的学生主要应具备"有责任心"、"懂得关爱他人"和"做事有耐心"这些素质,且选择这三个选项的市民分别占 75.4％、73.2％和 69.2％;此外有 52.3％的市民认为养老服务专业的学生应善于交流;其他选项的占比均不高。由此可见,设置该专业的学校在培养专业学生时应重视"做事有耐心"、"懂得关爱他人"、"有责任心"、"善于交流"等方面的素质培养。

表 7-9　专业学生应具备的素质分布情况

| 素质 | 响应值 | | 个案百分比（％） |
| --- | --- | --- | --- |
| | 频数（个） | 百分比（％） | |
| 做事有耐心 | 295 | 17.6 | 69.2 |
| 懂得关爱他人 | 312 | 18.7 | 73.2 |
| 有责任心 | 321 | 19.2 | 75.4 |
| 善于交流 | 223 | 13.3 | 52.3 |
| 观察能力强 | 152 | 9.1 | 35.7 |
| 动手实践能力强 | 103 | 6.2 | 24.2 |
| 抗压力强 | 109 | 6.5 | 25.6 |
| 性格活泼开朗 | 157 | 9.4 | 36.9 |
| 总计 | 1672 | 100.0 | 392.5 |

### 2. 认可程度分析

（1）专业将来普及情况分析

由表 7-10 可见,64.8％的市民认为养老服务专业将来会在高校普及,虽然该比例超过了半数,但还是有 35.2％的市民认为该专业不会在高校普及。

表 7-10　养老服务专业将来普及情况分析

| 有效 | 频数（个） | 百分比（％） | 熵 | G-S 指数 |
| --- | --- | --- | --- | --- |
| 否 | 150 | 35.2 | 0.65 | 0.46 |
| 是 | 276 | 64.8 | | |
| 总计 | 426 | 100.0 | | |

当 $k=2$ 且样本为均匀分布时,熵达到最大值 0.693,G-S 指数也取得最大值 0.5。由表 7-10 可知,熵值为 0.65,接近于 0.693;G-S 指数为 0.46,接近于 0.5。由此可知,样本的分布比较均匀,没有明显的偏向性。

（2）专业存在必要性分析

由表 7-11 可知,93.9％的市民认为养老服务专业有存在的必要性,远超过半数。

表 7-11　养老服务专业存在必要性分析

| 有效 | 频数(个) | 百分比(%) | 熵 | G-S指数 |
|------|----------|-----------|------|---------|
| 否 | 26 | 6.1 | 0.23 | 0.11 |
| 是 | 400 | 93.9 | | |
| 总计 | 426 | 100.0 | | |

当 $k=2$ 且样本为均匀分布时,熵达到最大值 0.693,G-S 指数也取得最大值 0.5。由表 7-11 可知,熵值为 0.23,小于 0.693;G-S 指数为 0.11,小于 0.5。由此可知,样本的分布不均匀,有明显的偏向性。

(3)专业设置的困难分析

由表 7-12 和图 7-4 可知,仅有 4.2% 的市民认为养老服务专业没有存在的必要,由此可见绝大多数市民赞同开设此专业。并且,市民认为养老服务专业设置过程中可能遇到的主要困境为工资待遇较低、专业对口的职业不多和相关制度不够完善,所占比例分别为 57.3%、44.6%、56.4%。

表 7-12　专业设置将遇到的困难分布情况

| 困难 | 响应值 | | 个案百分比(%) |
|------|--------|--------|----------------|
| | 频数(个) | 百分比(%) | |
| 专业对口职业不多 | 190 | 19.9 | 44.6 |
| 工资待遇较低 | 244 | 25.5 | 57.3 |
| 相关制度不够完善 | 240 | 25.1 | 56.4 |
| 专业无存在的必要 | 18 | 1.9 | 4.2 |
| 师资力量薄弱 | 118 | 12.3 | 27.7 |
| 社会接受程度不高 | 142 | 14.9 | 33.3 |
| 其他 | 4 | 0.4 | 0.9 |
| 总计 | 956 | 100.0 | 224.4 |

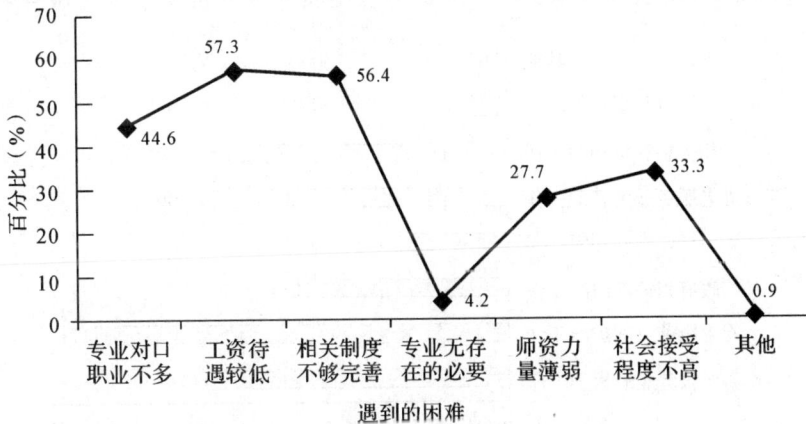

图 7-4　专业设置将遇到的困难分布情况

（4）专业毕业生就业情况预期分析

由表 7-13 可知,养老服务专业毕业生就业情况预期的中值和众数均为 1.00,代表市民对该专业毕业生将来的就业情况"不清楚"。均值为 1.141,代表就业情况预期介于"不清楚"和"比较乐观"之间,较靠近"不清楚"。由图 7-5 可知,大部分市民对养老服务专业毕业生将来的就业情况不清楚,但是选择乐观的比例还是大于不乐观,可见市民认为养老服务专业毕业生的未来就业前景还是比较乐观的。

表 7-13　专业毕业生就业情况预期

| 频数（个） | 均值 | 众数 | 标准差 | 方差 | 中值 |
| --- | --- | --- | --- | --- | --- |
| 426 | 1.141 | 1.00 | 0.4434 | 0.197 | 1.00 |

注:此题采用 5 分法,2 分表示"非常乐观",1.5 分表示"比较乐观",1 分表示"不清楚",0.5 分表示"比较不乐观",0 分表示"非常不乐观"。

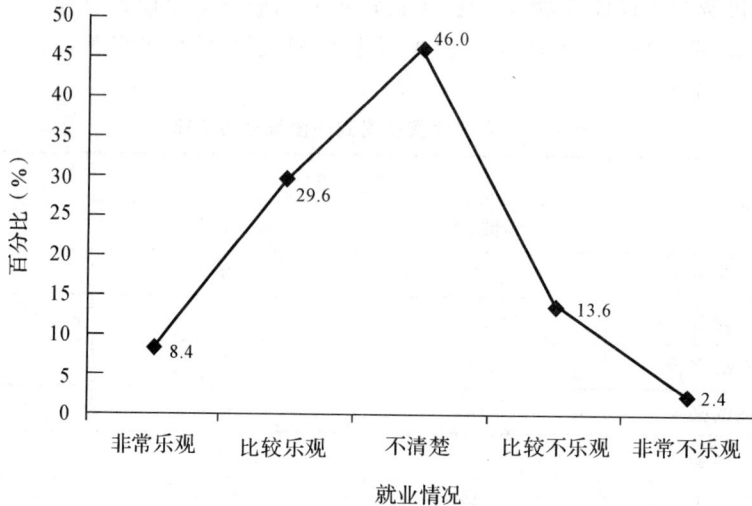

图 7-5　专业毕业生就业情况预期

（5）专业毕业生可从事的行业分析

由图 7-6 可见,市民认为养老服务专业的毕业生将来主要可从事养老服务业的护理工

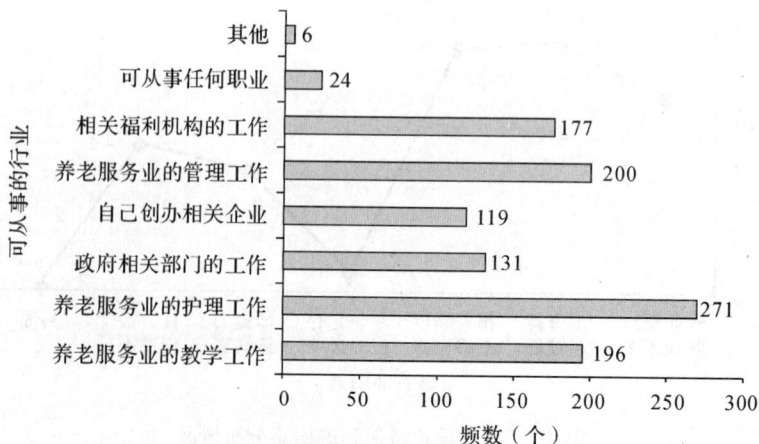

图 7-6　可从事的行业分布

作、养老服务业的管理工作、养老服务业的教学工作和相关福利机构的工作等。由表7-14可知,这四项所占比例分别为63.6%、46.9%、46.0%和41.5%。

表7-14　可从事的行业分布情况

| 行业 | 响应值 | | 个案百分比(%) |
| --- | --- | --- | --- |
| | 频数(个) | 百分比(%) | |
| 养老服务业的教学工作 | 196 | 17.4 | 46.0 |
| 养老服务业的护理工作 | 271 | 24.2 | 63.6 |
| 政府相关部门的工作 | 131 | 11.7 | 30.8 |
| 自己创办相关企业 | 119 | 10.6 | 27.9 |
| 养老服务业的管理工作 | 200 | 17.8 | 46.9 |
| 相关福利机构的工作 | 177 | 15.7 | 41.5 |
| 可从事任何职业 | 24 | 2.1 | 5.6 |
| 其他 | 6 | 0.5 | 1.4 |
| 总计 | 1124 | 100.0 | 263.7 |

(6)专业毕业生工作受尊重情况分析

当 $k=2$ 且样本为均匀分布时,熵达到最大值0.693,G-S指数也取得最大值0.5。由表7-15可见,熵值为0.681,接近于0.693;G-S指数为0.488,接近于0.5。因此可认为样本的分布均匀,无明显的偏向性。结合表7-15可知养老服务专业毕业生工作能够得到尊重的比例较高,为57.7%,认为该专业毕业生工作不能得到尊重的比例为42.3%。

表7-15　专业毕业生工作是否受到尊重情况分析

| 有效 | 频数(个) | 百分比(%) | 熵 | G-S指数 |
| --- | --- | --- | --- | --- |
| 能 | 246 | 57.7 | | |
| 不能 | 180 | 42.3 | 0.681 | 0.488 |
| 总计 | 426 | 100.0 | | |

### 3. 影响发展因素

(1)政府角度

由图7-7可以更直观地看出,从政府角度出发,市民认为完善相关政策、增加政府的资金补助和加大政府的宣传力度这三项措施最能促进养老服务专业的发展,而在表7-16中可见它们的所占比例分别为66.9%、66.0%和55.6%。

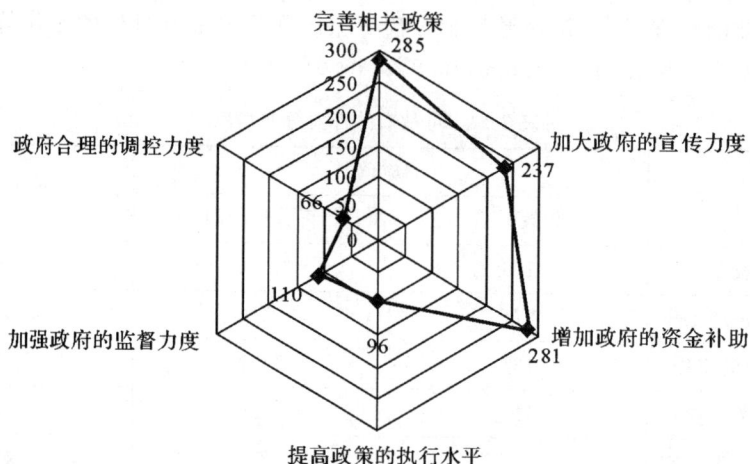

图 7-7　政府相关措施分布

表 7-16　政府相关措施分布情况

| 政府措施 | 响应值 | | 个案百分比(%) |
|---|---|---|---|
| | 频数(个) | 百分比(%) | |
| 完善相关政策 | 285 | 26.6 | 66.9 |
| 加大政府的宣传力度 | 237 | 22.0 | 55.6 |
| 增加政府的资金补助 | 281 | 26.2 | 66.0 |
| 提高政策的执行水平 | 96 | 8.9 | 22.5 |
| 加强政府的监督力度 | 110 | 10.2 | 25.8 |
| 政府合理的调控力度 | 66 | 6.1 | 15.5 |
| 总计 | 1075 | 100.0 | 252.3 |

（2）开办院校角度

由表 7-17 可知，从开办院校角度出发，63.6％的市民认为合理的专业收费标准能促进养老服务专业的发展，可见制定合理的专业收费标准是学校促进该专业发展的主要因素。由图 7-8 可见，选择合理的学科安排和强大的师资力量选项的市民人数均少于选择合理的专业收费的人数，但这两者之间无较大差别，可见市民认为这两项措施也能很好地促进养老服务专业的发展。

表 7-17　开办院校相应措施分布情况

| 学校措施 | 响应值 | | 个案百分比(%) |
|---|---|---|---|
| | 频数(个) | 百分比(%) | |
| 合理的专业收费标准 | 271 | 27.9 | 63.6 |
| 强大的师资力量 | 204 | 20.9 | 47.9 |
| 先进齐全的专业设备 | 166 | 17.0 | 39.0 |

续表

| 学校措施 | 响应值 | | 个案百分比(%) |
|---|---|---|---|
| | 频数(个) | 百分比(%) | |
| 合理的学科安排 | 197 | 20.2 | 46.2 |
| 合理的专业录取门槛 | 136 | 14.0 | 31.9 |
| 总计 | 974 | 100.0 | 228.6 |

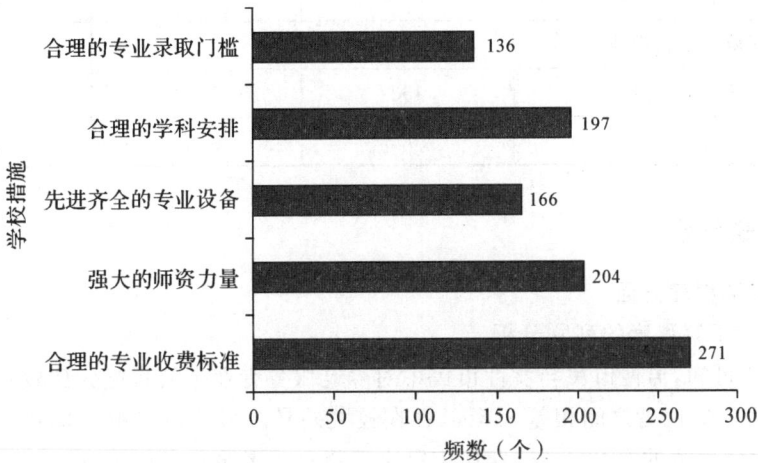

图 7-8　学校相应措施分布

（3）社会角度

由图 7-9 可见，从社会角度出发，市民认为要促进养老服务专业发展，"媒体的宣传力度"和"社会树立正确的行业观念"占主导地位。由表 7-18 可见，这两者所占的比例分别为 55.9%和 56.6%。

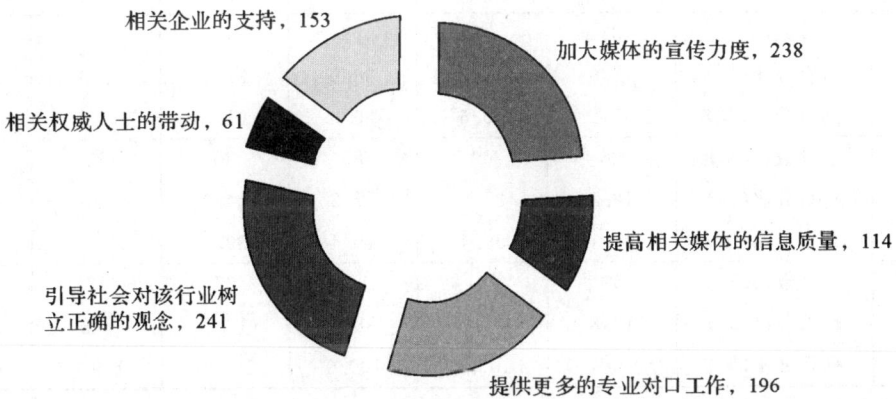

图 7-9　社会相应措施分布

表 7-18　社会相应措施分布情况

| 社会措施 | 响应值 | | 个案百分比(%) |
| --- | --- | --- | --- |
| | 频数(个) | 百分比(%) | |
| 加大媒体的宣传力度 | 238 | 23.7 | 55.9 |
| 提高相关媒体的信息质量 | 114 | 11.4 | 26.8 |
| 提供更多的专业对口工作 | 196 | 19.5 | 46.0 |
| 引导社会对该行业树立正确的观念 | 241 | 24.0 | 56.6 |
| 相关权威人士的带动 | 61 | 6.1 | 14.3 |
| 相关企业的支持 | 153 | 15.3 | 35.9 |
| 总计 | 1003 | 100.0 | 235.5 |

## (三)列联分析

### 1. 专业了解程度方面

(1)性别与了解程度的列联分析

由表 7-19 可知,男性市民与女性市民中对养老服务专业了解程度为比较不了解的分别占 19.4%、27.9%,两者之间相差 8.5%,存在较大差异。男性市民中选择对养老服务专业了解程度为比较了解的有 22.3%,女性市民中选择对养老服务专业了解程度为比较了解的有 14.0%,两者之间相差 8.3%,有明显不同。皮尔森卡方检验 $p$ 值为 0.013,小于 0.05,认为市民对养老服务专业了解程度与性别不独立,具有显著关联性。

表 7-19　性别与了解程度的列联分析结果

| 性别 | 计数及比例 | 市民对养老服务专业的了解程度 | | | | | 合计 |
| --- | --- | --- | --- | --- | --- | --- | --- |
| | | 非常不了解 | 比较不了解 | 一般 | 比较了解 | 非常了解 | |
| 男 | 计数(人) | 33 | 41 | 82 | 47 | 8 | 211 |
| | 行百分比(%) | 15.6 | 19.4 | 38.9 | 22.3 | 3.8 | 100.0 |
| | 列百分比(%) | 55.9 | 40.6 | 50.6 | 61.0 | 29.6 | 49.5 |
| 女 | 计数(人) | 26 | 60 | 80 | 30 | 19 | 215 |
| | 行百分比(%) | 12.1 | 27.9 | 37.2 | 14.0 | 8.8 | 100.0 |
| | 列百分比(%) | 44.1 | 59.4 | 49.4 | 39.0 | 70.4 | 50.5 |
| 总计 | 计数(人) | 59 | 101 | 162 | 77 | 27 | 426 |
| | 行百分比(%) | 13.8 | 23.7 | 38.1 | 18.1 | 6.3 | 100.0 |
| | 列百分比(%) | 100.0 | 100.0 | 100.0 | 100.0 | 100.0 | 100.0 |

注:皮尔森卡方检验 $p$ 值为 0.013。

(2)年龄段与了解程度的列联分析

由表 7-20 可知,36～60 岁和 61 岁及以上的市民中对养老服务专业了解程度为一般的分别占 46.0%、43.0%,两者仅差 3.0%;而 18～35 岁的市民中对养老服务专业了解程度为一般的有 25.5%,比 36～60 岁和 61 岁及以上的分别低 20.5%、17.5%,存在较大差异。

36～60岁和61岁及以上的市民中对养老服务专业比较了解的分别占15.0%和15.1%,同样相差不大;但是18～35岁的市民中对养老服务专业比较了解的占23.5%,比36～60岁和61岁及以上分别高8.5%、8.4%,有明显不同。且皮尔森卡方检验$p$值为0.000(小于0.05),认为市民对养老服务专业了解程度与年龄段不独立,具有显著关联性。

表7-20　年龄段与了解程度的列联分析结果

| 年龄段 | 计数及比例 | 市民对养老服务专业的了解程度 | | | | | 合计 |
| --- | --- | --- | --- | --- | --- | --- | --- |
| | | 非常不了解 | 比较不了解 | 一般 | 比较了解 | 非常了解 | |
| 18～35岁 | 计数(人) | 18 | 44 | 39 | 36 | 16 | 153 |
| | 行百分比(%) | 11.8 | 28.8 | 25.5 | 23.5 | 10.4 | 100.0 |
| | 列百分比(%) | 30.5 | 43.6 | 24.1 | 46.8 | 59.3 | 35.9 |
| 36～60岁 | 计数(人) | 26 | 36 | 86 | 28 | 11 | 187 |
| | 行百分比(%) | 13.9 | 19.2 | 46.0 | 15.0 | 5.9 | 100.0 |
| | 列百分比(%) | 44.1 | 35.6 | 53.1 | 36.4 | 40.7 | 43.9 |
| 61岁及以上 | 计数(人) | 15 | 21 | 37 | 13 | 0 | 86 |
| | 行百分比(%) | 17.5 | 24.4 | 43.0 | 15.1 | 0.0 | 100.0 |
| | 列百分比(%) | 25.4 | 20.8 | 22.8 | 16.9 | 0.0 | 20.2 |
| 总计 | 计数(人) | 59 | 101 | 162 | 77 | 27 | 426 |
| | 行百分比(%) | 13.8 | 23.7 | 38.1 | 18.1 | 6.3 | 100.0 |
| | 列百分比(%) | 100.0 | 100.0 | 100.0 | 100.0 | 100.0 | 100.0 |

注:皮尔森卡方检验$p$值为0.000。

(3)文化程度与了解程度的列联分析

由表7-21可知,文化程度为高中或中专、本科(或大专)及以上的市民中对养老服务专业了解程度为比较了解的分别占19.4%、20.5%,两者之间相差不大;而文化程度为初中及以下的市民中对养老服务专业了解程度为比较了解的占12.9%,比文化程度为高中或中专和本科(或大专)及以上的分别低6.5%、7.6%,存在明显不同。在文化程度为初中及以下、高中或中专、本科(或大专)及以上的市民中,对养老服务专业了解程度为非常不了解的分别占23.3%、12.4%、8.8%,三者之间有明显差异。皮尔森卡方检验$p$值为0.019(小于0.05),可认为市民对养老服务专业的了解程度与文化程度不独立,具有显著关联性。

表7-21　文化程度与了解程度的列联分析结果

| 文化程度 | 计数及比例 | 市民对养老服务专业的了解程度 | | | | | 合计 |
| --- | --- | --- | --- | --- | --- | --- | --- |
| | | 非常不了解 | 比较不了解 | 一般 | 比较了解 | 非常了解 | |
| 初中及以下 | 计数(人) | 27 | 27 | 45 | 15 | 2 | 116 |
| | 行百分比(%) | 23.3 | 23.3 | 38.8 | 12.9 | 1.7 | 100.0 |
| | 列百分比(%) | 45.8 | 26.7 | 27.8 | 19.5 | 7.4 | 27.2 |

**续表**

| 文化程度 | 计数及比例 | 市民对养老服务专业的了解程度 | | | | | 合计 |
| --- | --- | --- | --- | --- | --- | --- | --- |
| | | 非常<br>不了解 | 比较<br>不了解 | 一般 | 比较了解 | 非常了解 | |
| 高中或中专 | 计数（人） | 16 | 30 | 48 | 25 | 10 | 129 |
| | 行百分比（%） | 12.4 | 23.3 | 37.2 | 19.4 | 7.7 | 100.0 |
| | 列百分比（%） | 27.1 | 29.7 | 29.6 | 32.5 | 37.0 | 30.3 |
| 本科（或大专）<br>及以上 | 计数（人） | 16 | 44 | 69 | 37 | 15 | 181 |
| | 行百分比（%） | 8.8 | 24.3 | 38.1 | 20.5 | 8.3 | 100.0 |
| | 列百分比（%） | 27.1 | 43.6 | 42.6 | 48.1 | 55.6 | 42.5 |
| 总计 | 计数（人） | 59 | 101 | 162 | 77 | 27 | 426 |
| | 行百分比（%） | 13.8 | 23.7 | 38.1 | 18.1 | 6.3 | 100.0 |
| | 列百分比（%） | 100.0 | 100.0 | 100.0 | 100.0 | 100.0 | 100.0 |

注：皮尔森卡方检验 $p$ 值为 0.019。

**2. 专业存在必要性方面**

**（1）性别与专业存在必要性的列联分析**

由表 7-22 可知，男性市民和女性市民中认为养老服务专业没有必要存在的分别占 4.7%、9.3%，两者相差不大；男性市民和女性市民中认为养老服务专业有存在必要性的分别占 95.3%、90.7%，两者同样相差不大。且皮尔森卡方检验 $p$ 值为 0.066（大于 0.05），可认为养老服务专业是否有必要存在与性别没有显著关联性。

**表 7-22　性别与必要性的列联分析结果**

| 性别 | 计数及比例 | 养老服务专业是否有存在的必要性 | | 合计 |
| --- | --- | --- | --- | --- |
| | | 否 | 是 | |
| 男 | 计数（人） | 10 | 201 | 211 |
| | 行百分比（%） | 4.7 | 95.3 | 100.0 |
| | 列百分比（%） | 33.3 | 50.8 | 100.0 |
| 女 | 计数（人） | 20 | 195 | 215 |
| | 行百分比（%） | 9.3 | 90.7 | 100.0 |
| | 列百分比（%） | 66.7 | 49.2 | 100.0 |
| 合计 | 计数（人） | 30 | 396 | 426 |
| | 行百分比（%） | 7.0 | 93.0 | 100.0 |
| | 列百分比（%） | 100.0 | 100.0 | 100.0 |

注：皮尔森卡方检验 $p$ 值为 0.066。

（2）年龄段与专业存在必要性的列联分析

由表 7-23 可知,皮尔森卡方检验 $p$ 值为 0.644（大于 0.05）,可见养老服务专业存在的必要性与年龄段没有显著关联性。

表 7-23　年龄段与必要性的列联分析结果

| 年龄段 | 计数及比例 | 养老服务专业是否有存在的必要性 | | 合计 |
| --- | --- | --- | --- | --- |
| | | 否 | 是 | |
| 18～35 岁 | 计数（人） | 13 | 140 | 153 |
| | 行百分比（%） | 8.5 | 91.5 | 100.0 |
| | 列百分比（%） | 43.3 | 35.4 | 35.9 |
| 36～60 周岁 | 计数（人） | 11 | 176 | 187 |
| | 行百分比（%） | 5.9 | 94.1 | 100.0 |
| | 列百分比（%） | 36.7 | 44.4 | 43.9 |
| 61 岁及以上 | 计数（人） | 6 | 80 | 86 |
| | 行百分比（%） | 7.0 | 93.0 | 100.0 |
| | 列百分比（%） | 20.0 | 20.2 | 20.2 |
| 总计 | 计数（人） | 30 | 396 | 426 |
| | 行百分比（%） | 7.0 | 93.0 | 100.0 |
| | 列百分比（%） | 100.0 | 100.0 | 100.0 |

注:皮尔森卡方检验 $p$ 值为 0.644。

### 3. 就业预期方面

性别与就业预期的列联分析:由表 7-24 可知,男性市民和女性市民中对养老服务专业毕业生就业情况不清楚的分别占 39.3%、52.6%,两者之间相差 13.3%,存在差异;男性市民和女性市民中认为养老服务专业毕业生就业情况比较乐观的分别占 35.6%、23.7%,两者之间相差 11.9%,明显不同。且皮尔森卡方检验 $p$ 值为 0.019（小于 0.05）,可认为市民对养老服务专业毕业生就业情况的预期与性别不独立,具有显著关联性。

表 7-24　性别与就业预期的列联分析结果

| 性别 | 计数及比例 | 养老服务专业的毕业生就业情况如何 | | | | | 合计 |
| --- | --- | --- | --- | --- | --- | --- | --- |
| | | 非常不乐观 | 比较不乐观 | 不清楚 | 比较乐观 | 非常乐观 | |
| 男 | 计数（人） | 7 | 26 | 83 | 75 | 20 | 211 |
| | 行百分比（%） | 3.3 | 12.3 | 39.3 | 35.6 | 9.5 | 100.0 |
| | 列百分比（%） | 70.0 | 44.8 | 42.3 | 59.5 | 55.6 | 49.5 |
| 女 | 计数（人） | 3 | 32 | 113 | 51 | 16 | 215 |
| | 行百分比（%） | 1.4 | 14.9 | 52.6 | 23.7 | 7.4 | 100.0 |
| | 列百分比（%） | 30.0 | 55.2 | 57.7 | 40.5 | 44.4 | 50.5 |

**续表**

| 性别 | 计数及比例 | 养老服务专业的毕业生就业情况如何 | | | | | 合计 |
|---|---|---|---|---|---|---|---|
| | | 非常不乐观 | 比较不乐观 | 不清楚 | 比较乐观 | 非常乐观 | |
| 总计 | 计数(人) | 10 | 58 | 196 | 126 | 36 | 426 |
| | 行百分比(%) | 2.3 | 13.6 | 46.0 | 29.6 | 8.5 | 100.0 |
| | 列百分比(%) | 100.0 | 100.0 | 100.0 | 100.0 | 100.0 | 100.0 |

注:皮尔森卡方检验 $p$ 值为 0.019。

### 4. 专业普及认可方面

(1)性别与专业普及认可的列联分析

由表 7-25 可知,男性和女性的各项比例相差不大,且皮尔森卡方检验 $p$ 值为 0.641(大于 0.05),可见认为市民认为养老服务专业将来是否会在高校普及与性别独立,没有显著关联性。

**表 7-25　性别与专业普及认可的列联分析结果**

| 性别 | 计数及比例 | 养老服务专业将来是否会在高校普及 | | 合计 |
|---|---|---|---|---|
| | | 是 | 否 | |
| 男 | 计数(人) | 72 | 139 | 211 |
| | 行百分比(%) | 34.1 | 65.9 | 100.0 |
| | 列百分比(%) | 48.0 | 50.4 | 49.5 |
| 女 | 计数(人) | 78 | 137 | 215 |
| | 行百分比(%) | 36.3 | 63.7 | 100.0 |
| | 列百分比(%) | 52.0 | 49.6 | 50.5 |
| 总计 | 计数(人) | 150 | 276 | 426 |
| | 行百分比(%) | 35.2 | 64.8 | 100.0 |
| | 列百分比(%) | 100.0 | 100.0 | 100.0 |

注:皮尔森卡方检验 $p$ 值为 0.641。

(2)年龄段与专业普及认可的列联分析

由表 7-26 可知,年龄段分别为 18～35 岁、36～60 岁、61 岁及以上的市民中认为养老服务专业将来不会在高校普及的分别占 34.0%、41.7%、23.3%,存在差异。且皮尔森卡方检验 $p$ 值为 0.011(小于 0.05),可认为养老服务专业将来是否会在高校普及与年龄段之间不独立,具有显著关联性。

**表 7-26　年龄段与专业普及认可的列联分析结果**

| 年龄段 | 计数及比例 | 养老服务专业将来是否会在高校普及 | | 合计 |
|---|---|---|---|---|
| | | 是 | 否 | |
| 18～35 岁 | 计数(人) | 101 | 52 | 153 |
| | 行百分比(%) | 66.0 | 34.0 | 100.0 |
| | 列百分比(%) | 36.6 | 34.7 | 35.9 |

| 年龄段 | 计数及比例 | 养老服务专业将来是否会在高校普及 | | 合计 |
| --- | --- | --- | --- | --- |
| | | 是 | 否 | |
| 36～60 岁 | 计数（人） | 109 | 78 | 187 |
| | 行百分比（%） | 58.3 | 41.7 | 100.0 |
| | 列百分比（%） | 39.5 | 52.0 | 43.9 |
| 61 岁及以上 | 计数（人） | 66 | 20 | 86 |
| | 行百分比（%） | 76.7 | 23.3 | 100.0 |
| | 列百分比（%） | 23.9 | 13.3 | 20.2 |
| 总计 | 计数（人） | 150 | 276 | 426 |
| | 行百分比（%） | 35.2 | 64.8 | 100.0 |
| | 列百分比（%） | 100.0 | 100.0 | 100.0 |

注：皮尔森卡方检验 $p$ 值为 0.011。

（3）文化程度与专业普及认可的列联分析

由表 7-27 可知，在文化程度为初中及以下和高中或中专的市民中认为养老服务专业将来不会在高校普及的分别占 50.0%、42.6%，两者之间相差 7.4%，存在差异；而在文化程度为本科（或大专）及以上的市民中认为养老服务专业不会在高校普及的人数占 20.4%，比初中及以下和高中或中专的分别低 29.6%、22.2%，存在差异。且皮尔森卡方检验 $p$ 值为 0.000（小于 0.05），可认为专业普及认知与文化程度之间不独立，具有显著关联性。

表 7-27　文化程度与专业普及认可的列联分析结果

| 文化程度 | 计数及比例 | 养老服务专业将来是否会在高校普及 | | 合计 |
| --- | --- | --- | --- | --- |
| | | 是 | 否 | |
| 初中及以下 | 计数（人） | 58 | 58 | 116 |
| | 行百分比（%） | 50.0 | 50.0 | 100.0 |
| | 列百分比（%） | 21.0 | 38.7 | 27.2 |
| 高中或中专 | 计数（人） | 74 | 55 | 129 |
| | 行百分比（%） | 57.4 | 42.6 | 100.0 |
| | 列百分比（%） | 26.8 | 36.7 | 30.3 |
| 本科（或大专）及以上 | 计数（人） | 144 | 37 | 181 |
| | 行百分比（%） | 79.6 | 20.4 | 100.0 |
| | 列百分比（%） | 52.2 | 24.7 | 42.5 |
| 总计 | 计数（人） | 276 | 150 | 426 |
| | 行百分比（%） | 64.8 | 35.2 | 100.0 |
| | 列百分比（%） | 100.0 | 100.0 | 100.0 |

注：皮尔森卡方检验 $p$ 值为 0.000。

**5. 期待度方面**

本项目把问卷中 C1（养老服务专业将来是否会在高校普及）、C2（养老服务专业是否有存在的必要性)、C7(养老服务专业毕业生从事对应工作时能否得到尊重)题目的选项进行赋值:"是"为 1 分,"否"为 0 分;对 C5(养老服务专业毕业生就业情况预期)的选项进行赋值:"非常不乐观"为 0 分,"比较不乐观"为 0.5 分,"不清楚"为 1 分,"比较乐观"为 1.5 分,"非常乐观"为 2 分。然后把这四道题目的分数进行汇总,得出"对养老服务专业的期待度"这一变量,并把总得分"0~1 分"定义为"非常低","1~2 分"定义为"比较低","2~3 分"定义为"一般","3~4 分"定义为"比较高","4~5 分"定义为"非常高"。

(1)了解程度与期待度的列联分析

由表 7-28 可知,对养老服务专业了解程度为比较不了解和一般了解的市民中对该专业期待度比较低的人数分别占 16.8%、16.7%,仅差 0.1%;而对养老服务专业了解程度为非常不了解的市民中对该专业期待度比较低的占 32.2%,比对养老服务专业了解程度为比较不了解和一般了解的分别高 15.4%、15.5%,有明显不同。对养老服务专业了解程度为非常不了解、比较不了解和一般了解的市民中对该专业期待度一般的人数分别占 30.5%、35.6%和 31.5%,三者之间相差不大;但是对养老服务专业了解程度为非常了解的市民中对该专业期待为一般的人数占 3.7%,与对养老服务专业了解程度为非常不了解、比较不了解和一般了解的有明显差异。且皮尔森卡方检验 $p$ 值为 0.000(小于 0.05),可认为市民对养老服务专业期待度与对该专业了解程度不独立,具有显著关联性。

表 7-28　了解程度与期待度的列联分析结果

| 了解程度 | 计数及比例 | 期待度 | | | | | 合计 |
|---|---|---|---|---|---|---|---|
| | | 非常低 | 比较低 | 一般 | 比较高 | 非常高 | |
| 非常不了解 | 计数(人) | 3 | 19 | 18 | 14 | 5 | 59 |
| | 行百分比(%) | 5.1 | 32.2 | 30.5 | 23.7 | 8.5 | 100.0 |
| | 列百分比(%) | 42.9 | 28.4 | 15.3 | 8.3 | 7.7 | 13.8 |
| 比较不了解 | 计数(人) | 2 | 17 | 36 | 41 | 5 | 101 |
| | 行百分比(%) | 2.0 | 16.8 | 35.6 | 40.6 | 5.0 | 100.0 |
| | 列百分比(%) | 28.6 | 25.4 | 30.5 | 24.3 | 7.7 | 23.7 |
| 一般了解 | 计数(人) | 1 | 27 | 51 | 60 | 23 | 162 |
| | 行百分比(%) | 0.6 | 16.7 | 31.5 | 37.0 | 14.2 | 100.0 |
| | 列百分比(%) | 14.3 | 40.3 | 43.2 | 35.5 | 35.4 | 38.0 |
| 比较了解 | 计数(人) | 1 | 2 | 12 | 40 | 22 | 77 |
| | 行百分比(%) | 1.3 | 2.6 | 15.6 | 51.9 | 28.6 | 100.0 |
| | 列百分比(%) | 14.3 | 3.0 | 10.2 | 23.7 | 33.8 | 18.1 |
| 非常了解 | 计数(人) | 0 | 2 | 1 | 14 | 10 | 27 |
| | 行百分比(%) | 0.0 | 7.4 | 3.7 | 51.9 | 37.0 | 100.0 |
| | 列百分比(%) | 0.0 | 3.0 | 0.8 | 8.3 | 15.4 | 6.3 |
| 总计 | 计数(人) | 7 | 67 | 118 | 169 | 65 | 426 |
| | 行百分比(%) | 1.6 | 15.7 | 27.7 | 39.7 | 15.3 | 100.0 |
| | 列百分比(%) | 100.0 | 100.0 | 100.0 | 100.0 | 100.0 | 100.0 |

注:皮尔森卡方检验 $p$ 值为 0.000。

（2）文化程度与期待度的列联分析

由表 7-29 可知,文化程度为初中及以下的市民对养老服务专业期待度比较低的占 31.0%;文化程度为高中或中专的市民对养老服务专业期待度比较低的占 19.4%,比前者低 11.6%;文化程度为本科（或大专）及以上的市民对养老服务专业期待度比较低的占 3.3%,比文化程度为初中及以下和高中或中专的分别低 27.7%、16.1%,可见三者之间存在明显的差异。且皮尔森卡方检验 $p$ 值为 0.000（小于 0.05）,可认为市民对养老服务专业期待度与文化程度不独立,具有显著关联性。

表 7-29　文化程度与期待度的列联分析结果

| 文化程度 | 计数及比例 | 期待度 | | | | | 合计 |
| --- | --- | --- | --- | --- | --- | --- | --- |
| | | 非常低 | 比较低 | 一般 | 比较高 | 非常高 | |
| 初中及以下 | 计数（人） | 1 | 36 | 48 | 25 | 6 | 116 |
| | 行百分比（%） | 0.9 | 31.0 | 41.4 | 21.6 | 5.2 | 100.0 |
| | 列百分比（%） | 14.3 | 53.7 | 40.7 | 14.8 | 9.2 | 27.2 |
| 高中或中专 | 计数（人） | 3 | 25 | 39 | 46 | 16 | 129 |
| | 行百分比（%） | 2.3 | 19.4 | 30.2 | 35.7 | 12.4 | 100.0 |
| | 列百分比（%） | 42.9 | 37.3 | 33.1 | 27.2 | 24.6 | 30.3 |
| 本科（或大专）及以上 | 计数（人） | 3 | 6 | 31 | 98 | 43 | 181 |
| | 行百分比（%） | 1.7 | 3.3 | 17.1 | 54.1 | 23.8 | 100.0 |
| | 列百分比（%） | 42.9 | 9.0 | 26.3 | 58.0 | 66.2 | 42.5 |
| 总计 | 计数（人） | 7 | 67 | 118 | 169 | 65 | 426 |
| | 行百分比（%） | 1.6 | 15.7 | 27.7 | 39.7 | 15.3 | 100.0 |
| | 列百分比（%） | 100.0 | 100.0 | 100.0 | 100.0 | 100.0 | 100.0 |

注:皮尔森卡方检验 $p$ 值为 0.000。

（3）性别与期待度的列联分析

由表 7-30 可知,男性市民和女性市民对养老服务专业期待度为非常高的人数分别占 23.2%、7.4%,两者之间相差 15.8%,有明显不同;男性市民和女性市民对养老服务专业期待度比较高的人数分别占 36.5%、42.8%,两者之间相差 6.3%,存在差异。且皮尔森卡方检验 $p$ 值为 0.000（小于 0.05）,可认为市民对养老服务专业期待度与性别不独立,具有显著关联性。

表 7-30　性别与期待度的列联分析结果

| 性别 | 计数及比例 | 期待度 | | | | | 合计 |
| --- | --- | --- | --- | --- | --- | --- | --- |
| | | 非常低 | 比较低 | 一般 | 比较高 | 非常高 | |
| 男 | 计数（人） | 3 | 29 | 53 | 77 | 49 | 211 |
| | 行百分比（%） | 1.4 | 13.8 | 25.1 | 36.5 | 23.2 | 100.0 |
| | 列百分比（%） | 42.9 | 43.3 | 44.9 | 45.6 | 75.4 | 49.5 |

续表

| 性别 | 计数及比例 | 期待度 | | | | | 合计 |
| --- | --- | --- | --- | --- | --- | --- | --- |
| | | 非常低 | 比较低 | 一般 | 比较高 | 非常高 | |
| 女 | 计数（人） | 4 | 38 | 65 | 92 | 16 | 215 |
| | 行百分比（%） | 1.9 | 17.7 | 30.2 | 42.8 | 7.4 | 100.0 |
| | 列百分比（%） | 57.1 | 56.7 | 55.1 | 54.4 | 24.6 | 50.5 |
| 总计 | 计数（人） | 7 | 67 | 118 | 169 | 65 | 426 |
| | 行百分比（%） | 1.6 | 15.7 | 27.7 | 39.7 | 15.3 | 100.0 |
| | 列百分比（%） | 100.0 | 100.0 | 100.0 | 100.0 | 100.0 | 100.0 |

注：皮尔森卡方检验 $p$ 值为 0.000。

(4)年龄段与期待度的列联分析

由表 7-31 可知，年龄段为 18～35 岁和 61 岁及以上的市民中对养老服务专业期待度非常高的人数分别占 10.5%、12.8%，两者相差不大，但 36～60 岁的市民中对养老服务专业期待度非常高的人数占 20.3%，比 18～35 岁和 61 岁及以上的分别高 9.8%、7.5%，存在差异；18～35 岁、36～60 岁和 61 岁及以上的市民中对养老服务专业期待度比较低的人数分别占 14.4%、20.3%、8.1%，三者之间存在明显不同。且皮尔森卡方检验 $p$ 值为 0.001（小于 0.05），可认为市民对养老服务专业期待度与年龄段之间不独立，具有显著关联性。

表 7-31　年龄段与期待度的列联分析结果

| 年龄段 | 计数及比例 | 期待度 | | | | | 合计 |
| --- | --- | --- | --- | --- | --- | --- | --- |
| | | 非常低 | 比较低 | 一般 | 比较高 | 非常高 | |
| 18～35 周岁 | 计数（人） | 3 | 22 | 36 | 76 | 16 | 153 |
| | 行百分比（%） | 1.9 | 14.4 | 23.5 | 49.7 | 10.5 | 100.0 |
| | 列百分比（%） | 42.9 | 32.8 | 30.5 | 45.0 | 24.6 | 35.9 |
| 36～60 岁 | 计数（人） | 4 | 38 | 50 | 57 | 38 | 187 |
| | 行百分比（%） | 2.1 | 20.3 | 26.8 | 30.5 | 20.3 | 100.0 |
| | 列百分比（%） | 57.1 | 56.7 | 42.4 | 33.7 | 58.5 | 43.9 |
| 61 岁及以上 | 计数（人） | 0 | 7 | 32 | 36 | 11 | 86 |
| | 行百分比（%） | 0.0 | 8.1 | 37.2 | 41.9 | 12.8 | 100.0 |
| | 列百分比（%） | 0.0 | 10.4 | 27.1 | 21.3 | 16.9 | 20.2 |
| 总计 | 计数（人） | 7 | 67 | 118 | 169 | 65 | 426 |
| | 行百分比（%） | 1.6 | 15.7 | 27.7 | 39.7 | 15.3 | 100.0 |
| | 列百分比（%） | 100.0 | 100.0 | 100.0 | 100.0 | 100.0 | 100.0 |

注：皮尔森卡方检验 $p$ 值为 0.001。

(5)月收入与期待度的列联分析

由表 7-32 可知，月收入为 0～1500 元、1500～4000 元、4000～6500 元、6500～9000 元、9000 元及以上的市民对养老服务专业期待度一般的人数分别占 42.7%、30.1%、20.8%、17.1%、7.4%，可见这五者之间存在明显不同。且皮尔森卡方检验 $p$ 值为 0.000（小于

0.05），可认为市民对养老服务专业期待度与月收入之间不独立，具有显著关联性。

### 表 7-32　月收入与期待度列联分析结果

| 月收入 | 计数及比例 | 期待度 | | | | | 合计 |
| --- | --- | --- | --- | --- | --- | --- | --- |
| | | 非常低 | 比较低 | 一般 | 比较高 | 非常高 | |
| 0～1500 元 | 计数（人） | 1 | 15 | 35 | 27 | 4 | 82 |
| | 行百分比（%） | 1.2 | 18.3 | 42.7 | 32.9 | 4.9 | 100.0 |
| | 列百分比（%） | 14.3 | 22.4 | 29.7 | 16.0 | 6.2 | 19.2 |
| 1500～4000 元 | 计数（人） | 2 | 33 | 53 | 65 | 23 | 176 |
| | 行百分比（%） | 1.1 | 18.8 | 30.1 | 36.9 | 13.1 | 100.0 |
| | 列百分比（%） | 28.6 | 49.3 | 44.9 | 38.5 | 35.4 | 41.3 |
| 4000～6500 元 | 计数（人） | 1 | 12 | 22 | 51 | 20 | 106 |
| | 行百分比（%） | 0.9 | 11.3 | 20.8 | 48.1 | 18.9 | 100.0 |
| | 列百分比（%） | 14.3 | 17.9 | 18.6 | 30.2 | 30.8 | 24.9 |
| 6500～9000 元 | 计数（人） | 1 | 4 | 6 | 12 | 12 | 35 |
| | 行百分比（%） | 2.9 | 11.4 | 17.1 | 34.3 | 34.3 | 100.0 |
| | 列百分比（%） | 14.3 | 6.0 | 5.1 | 7.1 | 18.5 | 8.2 |
| 9000 元及以上 | 计数（人） | 2 | 3 | 2 | 14 | 6 | 27 |
| | 行百分比（%） | 7.4 | 11.1 | 7.4 | 51.9 | 22.2 | 100.0 |
| | 列百分比（%） | 28.6 | 4.5 | 1.7 | 8.3 | 9.2 | 6.3 |
| 总计 | 计数（人） | 7 | 67 | 118 | 169 | 65 | 426 |
| | 行百分比（%） | 1.6 | 15.7 | 27.7 | 39.7 | 15.3 | 100.0 |
| | 列百分比（%） | 100.0% | 100.0 | 100.0 | 100.0 | 100.0 | 100.0 |

注：皮尔森卡方检验 $p$ 值为 0.000。

### 6.总认可度方面

本项目首先对养老服务专业积极影响认可度表（C3）进行赋值，"完全不认可"为 1 分，"比较不认可"为 2 分，"一般认可"为 3 分，"比较认可"为 4 分，"非常认可"为 5 分；然后将市民对六项积极影响认可度的得分进行加总，得出"总认可度"这个变量，并把总得分"6～10分"定义为"非常低"，"10～15 分"定义为"比较低"，"15～20 分"定义为"一般"，"20～25 分"定义为"比较高"，"25～30 分"定义为"非常高"。

（1）性别与总认可度的列联分析

由表 7-33 可知，男性市民和女性市民中对养老服务专业总认可度非常低的分别占20.0%、2.5%，两者之间相差 17.5%，有明显不同。男性市民与女性市民中对养老服务专业总认可度为一般的分别占 30.5%、14.6%，两者之间相差 15.9%，存在差异。且皮尔森卡方检验 $p$ 值为 0.000（小于 0.05），说明市民对养老服务专业总认可度与性别不独立，具有显著关联性。

表 7-33　性别与总认可度的列联分析结果

| 性别 | 计数及比例 | 总认可度 | | | | | 合计 |
|---|---|---|---|---|---|---|---|
| | | 非常低 | 比较低 | 一般 | 比较高 | 非常高 | |
| 男 | 计数(人) | 40 | 20 | 61 | 30 | 49 | 200 |
| | 行百分比(%) | 20.0 | 10.0 | 30.5 | 15.0 | 24.5 | 100.0 |
| | 列百分比(%) | 88.9 | 51.3 | 67.8 | 28.6 | 40.8 | 50.1 |
| 女 | 计数(人) | 5 | 19 | 29 | 75 | 71 | 199 |
| | 行百分比(%) | 2.5 | 9.5 | 14.6 | 37.7 | 35.7 | 100.0 |
| | 列百分比(%) | 11.1 | 48.7 | 32.2 | 71.4 | 59.2 | 49.9 |
| 总计 | 计数(人) | 45 | 39 | 90 | 105 | 120 | 399 |
| | 行百分比(%) | 11.3 | 9.8 | 22.6 | 26.3 | 30.0 | 100.0 |
| | 列百分比(%) | 100.0 | 100.0 | 100.0 | 100.0 | 100.0 | 100.0 |

注:皮尔森卡方检验 $p$ 值为 0.000。

(2)年龄段与总认可度的列联分析

由表 7-34 可知,35～60 岁年龄段对养老服务专业总认可度非常高的人数占 40.8%,分别高出 18～35 岁、61 岁及以上 16.6% 和 15.8%,存在显著差异。且皮尔森卡方检验 $p$ 值为 0.000(小于 0.05),由此可见市民对养老服务专业总认可度与年龄段不独立,具有显著关联性。

表 7-34　年龄段与总认可度的列联分析结果

| 年龄段 | 计数及比例 | 总认可度 | | | | | 合计 |
|---|---|---|---|---|---|---|---|
| | | 非常低 | 比较低 | 一般 | 比较高 | 非常高 | |
| 18～35 岁 | 计数(人) | 21 | 24 | 51 | 20 | 29 | 145 |
| | 行百分比(%) | 14.5 | 16.5 | 35.2 | 13.8 | 20.0 | 100.0 |
| | 列百分比(%) | 46.7 | 61.5 | 56.7 | 19.0 | 24.2 | 36.3 |
| 36～60 岁 | 计数(人) | 5 | 4 | 19 | 75 | 71 | 174 |
| | 行百分比(%) | 2.9 | 2.3 | 10.9 | 43.1 | 40.8 | 100.0 |
| | 列百分比(%) | 11.1 | 10.3 | 21.1 | 71.4 | 59.2 | 43.6 |
| 61 岁及以上 | 计数(人) | 19 | 11 | 20 | 10 | 20 | 80 |
| | 行百分比(%) | 23.8 | 13.7 | 25.0 | 12.5 | 25.0 | 100.0 |
| | 列百分比(%) | 42.2 | 28.2 | 22.2 | 9.5 | 16.7 | 20.1 |
| 总计 | 计数(人) | 45 | 39 | 90 | 105 | 120 | 399 |
| | 行百分比(%) | 11.3 | 9.8 | 22.6 | 26.3 | 30.0 | 100.0 |
| | 列百分比(%) | 100.0 | 100.0 | 100.0 | 100.0 | 100.0 | 100.0 |

注:皮尔卡森方检验 $p$ 值为 0.000。

(3)文化程度与总认可度的列联分析

由表 7-35 可知,皮尔森卡方检验 $p$ 值为 0.090(大于 0.05),说明市民对养老服务专业总认可度与文化程度独立,没有显著关联性。

表 7-35　文化程度与总认可度的列联分析结果

| 文化程度 | 计数及比例 | 总认可度 | | | | | 合计 |
|---|---|---|---|---|---|---|---|
| | | 非常低 | 比较低 | 一般 | 比较高 | 非常高 | |
| 初中及以下 | 计数（人） | 7 | 7 | 25 | 32 | 37 | 108 |
| | 行百分比（%） | 6.5 | 6.5 | 23.1 | 29.6 | 34.3 | 100.0 |
| | 列百分比（%） | 15.6 | 17.9 | 27.8 | 30.5 | 30.8 | 27.1 |
| 高中或中专 | 计数（人） | 21 | 11 | 20 | 32 | 36 | 120 |
| | 行百分比（%） | 17.5 | 9.2 | 16.7 | 26.7 | 30.0 | 100.0 |
| | 列百分比（%） | 46.7 | 28.2 | 22.2 | 30.5 | 30.0 | 30.1 |
| 本科（或大专）及以上 | 计数（人） | 17 | 21 | 45 | 41 | 47 | 171 |
| | 行百分比（%） | 9.9 | 12.3 | 26.3 | 24.0 | 27.5 | 100.0 |
| | 列百分比（%） | 37.8 | 53.8 | 50.0 | 39.0 | 39.2 | 42.9 |
| 总计 | 计数（人） | 45 | 39 | 90 | 105 | 120 | 399 |
| | 行百分比（%） | 11.3 | 9.8 | 22.6 | 26.3 | 30.0 | 100.0 |
| | 列百分比（%） | 100.0 | 100.0 | 100.0 | 100.0 | 100.0 | 100.0 |

注：皮尔森卡方检验 $p$ 值为 0.090。

（4）月收入与总认可度的列联分析

由表 7-36 可知，皮尔森卡方检验 $p$ 值为 0.209（大于 0.05），说明市民对养老服务专业总认可度与月收入独立，没有显著关联性。

表 7-36　月收入与总认可度的列联分析结果

| 月收入 | 计数及比例 | 总认可度 | | | | | 合计 |
|---|---|---|---|---|---|---|---|
| | | 非常低 | 比较低 | 一般 | 比较高 | 非常高 | |
| 0～1500 元 | 计数（人） | 9 | 4 | 16 | 25 | 23 | 77 |
| | 行百分比（%） | 11.7 | 5.2 | 20.8 | 32.4 | 29.9 | 100.0 |
| | 列百分比（%） | 20.0 | 10.3 | 17.8 | 23.8 | 19.2 | 19.3 |
| 1500～4000 元 | 计数（人） | 18 | 16 | 36 | 46 | 50 | 166 |
| | 行百分比（%） | 10.9 | 9.6 | 21.7 | 27.7 | 30.1 | 100.0 |
| | 列百分比（%） | 40.0 | 41.0 | 40.0 | 43.8 | 41.6 | 40.4 |
| 4000～6500 元 | 计数（人） | 13 | 15 | 20 | 23 | 27 | 98 |
| | 行百分比（%） | 13.3 | 15.3 | 20.4 | 23.5 | 27.5 | 100.0 |
| | 列百分比（%） | 28.9 | 38.5 | 22.2 | 21.9 | 22.5 | 24.6 |
| 6500～9000 元 | 计数（人） | 4 | 3 | 14 | 5 | 8 | 34 |
| | 行百分比（%） | 11.8 | 8.8 | 41.2 | 14.7 | 23.5 | 100.0 |
| | 列百分比（%） | 8.9 | 7.7 | 15.6 | 4.8 | 6.7 | 8.5 |
| 9000 元及以上 | 计数（人） | 1 | 1 | 4 | 6 | 12 | 24 |
| | 行百分比（%） | 4.2 | 4.2 | 16.6 | 25.0 | 50.0 | 100.0 |
| | 列百分比（%） | 2.2 | 2.6 | 4.4 | 5.7 | 10.0 | 6.0 |

**续表**

| 月收入 | 计数及比例 | 总认可度 | | | | | 合计 |
| --- | --- | --- | --- | --- | --- | --- | --- |
| | | 非常低 | 比较低 | 一般 | 比较高 | 非常高 | |
| 总计 | 计数(人) | 45 | 39 | 90 | 105 | 120 | 399 |
| | 行百分比(%) | 11.3 | 9.8 | 22.6 | 26.3 | 30.0 | 100.0 |
| | 列百分比(%) | 100.0 | 100.0 | 100.0 | 100.0 | 100.0 | 100.0 |

注:皮尔森卡方检验 $p$ 值为 0.209。

(5)了解程度与总认可度的列联分析

由表 7-37 可知,对养老服务专业非常了解的市民对该专业总认可度非常高的占 64.0%,分别比对养老服务专业比较了解、一般了解、比较不了解和非常不了解高出 36.3%、36.9%、46.8%和 48.1%;对养老服务专业非常不了解的市民对该专业总认可度非常低的占 43.5%,分别比对养老服务专业非常了解、比较了解、一般了解和比较不了解高出 43.5%、42.3%、37.6%和 33.2%。且皮尔森卡方检验 $p$ 值为 0.000(小于 0.05),说明市民对养老服务专业总认可度与对该专业了解程度不独立,具有显著关联性。

**表 7-37　了解程度与总认可度的列联分析结果**

| 了解程度 | 计数及比例 | 总认可度 | | | | | 合计 |
| --- | --- | --- | --- | --- | --- | --- | --- |
| | | 非常低 | 比较低 | 一般 | 比较高 | 非常高 | |
| 非常不了解 | 计数(人) | 30 | 6 | 12 | 10 | 11 | 69 |
| | 行百分比(%) | 43.5 | 8.7 | 17.4 | 14.5 | 15.9 | 100.0 |
| | 列百分比(%) | 66.7 | 15.4 | 13.3 | 9.5 | 9.2 | 17.3 |
| 比较不了解 | 计数(人) | 9 | 26 | 21 | 16 | 15 | 87 |
| | 行百分比(%) | 10.3 | 29.9 | 24.2 | 18.4 | 17.2 | 100.0 |
| | 列百分比(%) | 20.0 | 66.7 | 23.3 | 15.2 | 12.5 | 21.8 |
| 一般了解 | 计数(人) | 5 | 6 | 33 | 18 | 23 | 85 |
| | 行百分比(%) | 5.9 | 7.0 | 38.8 | 21.2 | 27.1 | 100.0 |
| | 列百分比(%) | 11.1 | 15.4 | 36.7 | 17.1 | 19.2 | 21.3 |
| 比较了解 | 计数(人) | 1 | 1 | 20 | 38 | 23 | 83 |
| | 行百分比(%) | 1.2 | 1.2 | 24.1 | 45.8 | 27.7 | 100.0 |
| | 列百分比(%) | 2.2 | 2.6 | 22.2 | 36.2 | 19.2 | 20.8 |
| 非常了解 | 计数(人) | 0 | 0 | 4 | 23 | 48 | 75 |
| | 行百分比(%) | 0.0 | 0.0 | 5.3 | 30.7 | 64.0 | 100.0 |
| | 列百分比(%) | 0.0 | 0.0 | 4.4 | 21.9 | 40.0 | 18.8 |
| 总计 | 计数(人) | 45 | 39 | 90 | 105 | 120 | 399 |
| | 行百分比(%) | 11.3 | 9.8 | 22.6 | 26.3 | 30.0 | 100.0 |
| | 列百分比(%) | 100.0 | 100.0 | 100.0 | 100.0 | 100.0 | 100.0 |

注:皮尔森卡方检验 $p$ 值为 0.000。

(6)专业普及认可与总认可度的列联分析

由表 7-38 可知,认为养老服务专业将来会在高校普及的市民中对养老服务专业总认可度为非常低的占 18.2%,认为养老服务专业将来不会在高校普及的市民中对养老服务专业总认可度为非常低的占 7.6%,比前者低 10.6%,两者之间存在差异。且皮尔森卡方检验 $p$ 值为 0.000(小于 0.05),说明市民对养老服务专业总认可度与其认为该专业是否会在高校普及不独立,具有显著关联性。

表 7-38　专业普及认可与总认可度的列联分析结果

| 是否会普及 | 计数及比例 | 总认可度 | | | | | 合计 |
| --- | --- | --- | --- | --- | --- | --- | --- |
| | | 非常低 | 比较低 | 一般 | 比较高 | 非常高 | |
| 是 | 计数(人) | 25 | 26 | 29 | 28 | 29 | 137 |
| | 行百分比(%) | 18.2 | 19.0 | 21.2 | 20.4 | 21.2 | 100.0 |
| | 列百分比(%) | 55.6 | 66.7 | 32.2 | 26.7 | 24.2 | 34.3 |
| 否 | 计数(人) | 20 | 13 | 61 | 77 | 91 | 262 |
| | 行百分比(%) | 7.6 | 5.0 | 23.3 | 29.4 | 34.7 | 100.0 |
| | 列百分比(%) | 44.4 | 33.3 | 67.8 | 73.3 | 75.8 | 65.7 |
| 总计 | 计数(人) | 45 | 39 | 90 | 105 | 120 | 399 |
| | 行百分比(%) | 11.3 | 9.8 | 22.6 | 26.3 | 30.0 | 100.0 |
| | 列百分比(%) | 100.0 | 100.0 | 100.0 | 100.0 | 100.0 | 100.0 |

注:皮尔森卡方检验 $p$ 值为 0.000。

(7)必要性与总认可度的列联分析

由表 7-39 可知,皮尔森卡方检验 $p$ 值为 0.434(大于 0.05),说明市民对养老服务专业总认可度与其认为该专业是否有存在的必要之间相互独立,没有显著关联性。

表 7-39　必要性与总认可度的列联分析结果

| 是否有存在的必要 | 计数及比例 | 总认可度 | | | | | 合计 |
| --- | --- | --- | --- | --- | --- | --- | --- |
| | | 非常低 | 比较低 | 一般 | 比较高 | 非常高 | |
| 是 | 计数(人) | 0 | 0 | 2 | 0 | 2 | 4 |
| | 行百分比(%) | 0.0 | 0.0 | 50.0 | 0.0 | 50.0 | 100.0 |
| | 列百分比(%) | 0.0 | 0.0 | 2.2 | 0.0 | 1.7 | 1.0 |
| 否 | 计数(人) | 45 | 39 | 88 | 105 | 118 | 395 |
| | 行百分比(%) | 11.4 | 9.9 | 22.2 | 26.6 | 29.9 | 100.0 |
| | 列百分比(%) | 100.0 | 100.0 | 97.8 | 100.0 | 98.3 | 99.0 |
| 总计 | 计数(人) | 45 | 39 | 90 | 105 | 120 | 399 |
| | 行百分比(%) | 11.3 | 9.8 | 22.6 | 26.3 | 30.0 | 100.0 |
| | 列百分比(%) | 100.0 | 100.0 | 100.0 | 100.0 | 100.0 | 100.0 |

注:皮尔森卡方检验 $p$ 值为 0.434。

(8)就业期望与总认可度的列联分析

由表 7-40 可知,皮尔森卡方检验 $p$ 值为 0.888(大于 0.05),说明市民对养老服务专业的总认可度与其对该专业毕业生的就业期望之间相互独立,没有显著关联性。

表 7-40　就业期望与总认可度的列联分析结果

| 就业期望 | 计数及比例 | 总认可度 | | | | | 合计 |
| --- | --- | --- | --- | --- | --- | --- | --- |
| | | 非常低 | 比较低 | 一般 | 比较高 | 非常高 | |
| 非常不乐观 | 计数(人) | 1 | 1 | 1 | 2 | 4 | 9 |
| | 行百分比(%) | 11.1 | 11.1 | 11.1 | 22.2 | 44.5 | 100.0 |
| | 列百分比(%) | 2.2 | 2.6 | 1.1 | 1.9 | 3.3 | 2.3 |
| 比较不乐观 | 计数(人) | 7 | 4 | 12 | 11 | 19 | 53 |
| | 行百分比(%) | 13.2 | 7.6 | 22.6 | 20.8 | 35.8 | 100.0 |
| | 列百分比(%) | 15.6 | 10.3 | 13.3 | 10.5 | 15.8 | 13.3 |
| 不清楚 | 计数(人) | 19 | 19 | 42 | 52 | 49 | 181 |
| | 行百分比(%) | 10.5 | 10.5 | 23.2 | 28.7 | 27.1 | 100.0 |
| | 列百分比(%) | 42.2 | 48.7 | 46.7 | 49.5 | 40.8 | 45.4 |
| 比较乐观 | 计数(人) | 13 | 12 | 30 | 26 | 39 | 120 |
| | 行百分比(%) | 10.8 | 10.0 | 25.0 | 21.7 | 32.5 | 100.0 |
| | 列百分比(%) | 28.9 | 30.8 | 33.3 | 24.8 | 32.5 | 30.1 |
| 非常乐观 | 计数(人) | 5 | 3 | 5 | 14 | 9 | 36 |
| | 行百分比(%) | 13.9 | 8.3 | 13.9 | 38.9 | 25.0 | 100.0 |
| | 列百分比(%) | 11.1 | 7.7 | 5.6 | 13.3 | 7.5 | 9.0 |
| 总计 | 计数(人) | 45 | 39 | 90 | 105 | 120 | 399 |
| | 行百分比(%) | 11.3 | 9.8 | 22.6 | 26.3 | 30.0 | 100.0 |
| | 列百分比(%) | 100.0 | 100.0 | 100.0 | 100.0 | 100.0 | 100.0 |

注:皮尔森卡方检验 $p$ 值为 0.888。

(9)社会尊重与总认可度的列联分析

由表 7-41 可知,认为养老服务专业毕业生工作时能得到尊重的市民中对该专业总认可度为非常高的占 37.4%,认为养老服务专业毕业生工作时不能得到尊重的市民中对该专业总认可度为非常高的占 20.1%,两者之间相差 17.3%,有明显不同。且皮尔森卡方检验 $p$ 值为 0.000(小于 0.05),说明市民对养老服务专业的总认可度与市民认为该专业毕业生在从事相关工作时能否得到尊重不独立,具有显著关联性。

表 7-41    社会尊重与总认可度的列联分析结果

| 能否得到尊重 | 计数及比例 | 总认可度 | | | | | 合计 |
|---|---|---|---|---|---|---|---|
| | | 非常低 | 比较低 | 一般 | 比较高 | 非常高 | |
| 能 | 计数（人） | 13 | 4 | 48 | 79 | 86 | 230 |
| | 行百分比（%） | 5.7 | 1.7 | 20.9 | 34.3 | 37.4 | 100.0 |
| | 列百分比（%） | 28.9 | 10.3 | 53.3 | 75.2 | 71.7 | 57.6 |
| 不能 | 计数（人） | 32 | 35 | 42 | 26 | 34 | 169 |
| | 行百分比（%） | 18.9 | 20.7 | 24.9 | 15.4 | 20.1 | 100.0 |
| | 列百分比（%） | 71.1 | 89.7 | 46.7 | 24.8 | 28.3 | 42.4 |
| 总计 | 计数（人） | 45 | 39 | 90 | 105 | 120 | 399 |
| | 行百分比（%） | 11.3 | 9.8 | 22.6 | 26.3 | 30.0 | 100.0 |
| | 列百分比（%） | 100.0 | 100.0 | 100.0 | 100.0 | 100.0 | 100.0 |

注：皮尔森卡方检验 $p$ 值为 0.000。

## （四）回归分析

### 1. 二值 Logistic 回归分析

（1）变量选择

本报告将养老服务专业将来是否会在高校普及与性别、年龄段、文化程度进行相关性分析。结果显示：性别与养老服务专业将来是否会在高校普及无显著相关性，而年龄段和文化程度与其之间的相关系数分别为 0.143、0.236。因此，选择相关系数最大的变量（即文化程度）为自变量，养老服务专业将来是否会在高校普及为因变量，进行二值 Logistic 回归分析。

（2）定义变量

是否会在高校普及 $Y$：其中，$Y=0$，不会；$Y=1$，会。

文化程度 $X$：$X=\begin{cases} 0, & 初中及以下； \\ 1, & 高中或中专； \\ 2, & 本科（或大专）及以上。 \end{cases}$

（3）构建模型

令 $p$ 表示养老服务专业将来会在高校普及的概率，建立二值 Logistic 回归模型：

$$\ln \frac{p}{1-p} = \beta_0 + \beta_1 X \tag{7-1}$$

运用 SPSS 软件，得到如下结果。

由表 7-42 可知，在显著性水平为 $\alpha=0.05$ 的条件下，对应于 Wald 检验统计量的 $p$ 值均小于 0.05，说明模型系数显著。故模型结果如下：

$$\ln \frac{\hat{p}}{1-\hat{p}} = -0.817 + 0.683 X \tag{7-2}$$

表 7-42　方程中的变量参数估计

| 统计量 | | $B$ | S.E | Wald | df | Sig. | Exp($B$) |
|---|---|---|---|---|---|---|---|
| Step1 | $X$ | 0.683 | 0.129 | 28.186 | 1 | 0.000 | 1.980 |
| | 常量 | −0.817 | 0.282 | 8.419 | 1 | 0.004 | 0.442 |

用该模型预测不同文化程度的市民认为养老服务专业将来是否会在高校普及的情况为：

当 $X=0$ 时：

$$\ln \frac{\hat{p}}{1-\hat{p}} = -0.817$$

即 $\hat{p}=30.7\%$，说明文化程度为初中及以下的市民中有 30.7％的人认为养老服务专业将来会在高校普及。

当 $X=1$ 时：

$$\ln \frac{\hat{p}}{1-\hat{p}} = -0.134$$

即 $\hat{p}=46.7\%$，说明文化程度为高中或中专的市民中有 46.7％的人认为养老服务专业将来会在高校普及。

当 $X=2$ 时：

$$\ln \frac{\hat{p}}{1-\hat{p}} = 0.549$$

即 $\hat{p}=63.4\%$，说明文化程度为本科(或大专)及以上的市民中有 63.4％的人认为养老服务专业将来会在高校普及。

由以上分析可以看出，文化程度为高中或中专的市民认为养老服务专业将来会在高校普及的比例比文化程度为初中及以下的高出 16.0％；文化程度为本科(或大专)及以上的市民认为养老服务专业将来会在高校普及的比例比文化程度为高中或中专的高出 16.7％。这说明在其他条件一定时，文化程度越高的市民认为养老服务专业将来会在高校普及的可能性更高。

**2.多值 Logistic 回归分析**

(1)变量选择

本报告将市民对养老服务专业的期待度与其他项进行相关性分析。结果显示：市民对养老服务专业的期待度与性别、年龄段、文化程度、月收入及其对该专业了解程度的相关系数较大，分别为 0.251、0.236、0.370、0.309、0.302，但同时发现市民对养老服务专业的了解程度与性别、年龄段、文化程度和月收入之间存在相关性，所以将市民对养老服务专业的了解程度这个变量删除。因此，将市民对养老服务专业的期待度作为因变量，将性别、年龄段、文化程度和月收入作为自变量，建立多值 Logistic 回归模型。

(2)定义变量

$$对养老服务专业的期待度:Y=\begin{cases} 1, & 非常低; \\ 2, & 比较低; \\ 3, & 一般; \\ 4, & 比较高; \\ 5, & 非常高。 \end{cases}$$

$$\text{性别：}X_1=\begin{cases}1, & \text{男；}\\2, & \text{女。}\end{cases}\qquad\text{所属年龄段：}X_2=\begin{cases}1, & 18\sim35\text{ 岁；}\\2, & 36\sim60\text{ 岁；}\\3, & 61\text{ 岁及以上。}\end{cases}$$

$$\text{文化程度：}X_3=\begin{cases}1, & \text{初中及以下；}\\2, & \text{高中或中专；}\\3, & \text{本科（或大专）及以上。}\end{cases}\qquad\text{月收入：}X_4=\begin{cases}1, & 0\sim1500\text{ 元；}\\2, & 1500\sim4000\text{ 元；}\\3, & 4000\sim6500\text{ 元；}\\4, & 6500\sim9000\text{ 元；}\\5, & 9000\text{ 元及以上。}\end{cases}$$

（3）构建模型

因为因变量有 5 个选择，本报告要选择一个因变量的取值为基准因变量，同时各个自变量也要设置一个哑变量，否则会存在共线性，因此将建立如下 4 个模型：

当 $Y=1$ 时：

$$\ln\frac{p(Y=1)}{p(Y=5)}=\beta_{10}+\beta_{11}X_{11}+\beta_{12}X_{21}+\beta_{13}X_{22}+\beta_{14}X_{31}+\beta_{15}X_{32}+\beta_{16}X_{41}+$$
$$\beta_{17}X_{42}+\beta_{18}X_{43}+\beta_{19}X_{44} \qquad (7\text{-}3)$$

当 $Y=2$ 时：

$$\ln\frac{p(Y=2)}{p(Y=5)}=\beta_{20}+\beta_{21}X_{11}+\beta_{22}X_{21}+\beta_{23}X_{22}+\beta_{24}X_{31}+\beta_{25}X_{32}+\beta_{26}X_{41}+$$
$$\beta_{27}X_{42}+\beta_{28}X_{43}+\beta_{29}X_{44} \qquad (7\text{-}4)$$

当 $Y=3$ 时：

$$\ln\frac{p(Y=3)}{p(Y=5)}=\beta_{30}+\beta_{31}X_{11}+\beta_{32}X_{21}+\beta_{33}X_{22}+\beta_{34}X_{31}+\beta_{35}X_{32}+\beta_{36}X_{41}+$$
$$\beta_{37}X_{42}+\beta_{38}X_{43}+\beta_{39}X_{44} \qquad (7\text{-}5)$$

当 $Y=4$ 时：

$$\ln\frac{p(Y=4)}{p(Y=5)}=\beta_{40}+\beta_{41}X_{11}+\beta_{42}X_{21}+\beta_{43}X_{22}+\beta_{44}X_{31}+\beta_{45}X_{32}+\beta_{46}X_{41}+$$
$$\beta_{47}X_{42}+\beta_{48}X_{43}+\beta_{49}X_{44} \qquad (7\text{-}6)$$

运用 SPSS 软件，得到以下结果。

由模型拟合信息（见表 7-43）知，模型的似然比检验 $p$ 值小于 0.05，说明模型成立。

表 7-43　模型拟合信息

| 模型 | 模型拟合标准 | 似然比检验 | | |
|---|---|---|---|---|
| | $-2$ 倍对数似然值 | 卡方 | df | 显著水平 |
| 截距 | 1082.224 | — | — | — |
| 最终 | 898.727 | 183.497 | 16 | 0.000 |

当 $Y=1$ 时，所有变量的 $p$ 值均大于 0.05，故将第一个模型排除。由表 7-44 可知，在显著性水平为 $\alpha=0.05$ 的条件下，对应于 Wald 检验统计量的 $p$ 值均小于 0.05，模型均通过检验。则最终可得到如下模型：

当 $Y=2$ 时：

$$\ln\frac{\hat{p}(Y=2)}{\hat{p}(Y=5)}=9.505-1.452X_{11}+3.497X_{21}+2.112X_{22}+5.272X_{31}+$$

$$3.302X_{32}-15.649X_{41}-15.615X_{42}-15.677X_{43}-$$

$$15.633X_{44}-15.215X_{45} \tag{7-7}$$

当 $Y=3$ 时：

$$\ln\frac{\hat{p}(Y=3)}{\hat{p}(Y=5)}=11.512-1.281X_{11}+2.919X_{31}+1.75X_{32}-14.696X_{41}-$$

$$15.442X_{42}-15.640X_{43}-15.788X_{44}-16.570X_{45} \tag{7-8}$$

当 $Y=4$ 时：

$$\ln\frac{\hat{p}(Y=4)}{\hat{p}(Y=5)}=15.232-1.227X_{11}-14.758X_{41}-15.161X_{42}-$$

$$14.805X_{43}-15.442X_{44} \tag{7-9}$$

表 7-44　参数估计

| 期待度 | | $B$ | 标准误 | Wald | df | 显著水平 | Exp($B$) | Exp($B$)的置信区间 95% | |
|---|---|---|---|---|---|---|---|---|---|
| | | | | | | | | 下限 | 上限 |
| 比较低 | 截距 | 9.505 | 2.159 | 19.386 | 1 | 0.000 | | | |
| | $X_{11}$ | −1.452 | 0.488 | 8.851 | 1 | 0.003 | 0.234 | 0.090 | 0.609 |
| | $X_{21}$ | 3.497 | 0.945 | 13.700 | 1 | 0.000 | 33.030 | 5.183 | 210.482 |
| | $X_{22}$ | 2.112 | 0.796 | 7.040 | 1 | 0.008 | 8.262 | 1.736 | 39.311 |
| | $X_{31}$ | 5.272 | 0.871 | 36.653 | 1 | 0.000 | 194.721 | 35.338 | 1072.969 |
| | $X_{32}$ | 3.302 | 0.687 | 23.097 | 1 | 0.000 | 27.156 | 7.065 | 104.383 |
| | $X_{41}$ | −15.649 | 1.871 | 69.974 | 1 | 0.000 | 1.599E-007 | 4.087E-009 | 6.254E-006 |
| | $X_{42}$ | −15.615 | 1.684 | 85.954 | 1 | 0.000 | 1.653E-007 | 6.091E-009 | 4.488E-006 |
| | $X_{43}$ | −15.677 | 1.703 | 84.706 | 1 | 0.000 | 1.555E-007 | 5.517E-009 | 4.380E-006 |
| | $X_{44}$ | −15.633 | 1.834 | 72.698 | 1 | 0.000 | 1.624E-007 | 4.467E-009 | 5.907E-006 |
| | $X_{45}$ | −15.215 | 1.729 | 77.409 | 1 | 0.000 | 2.468E-007 | 8.327E-009 | 7.318E-006 |
| 一般 | 截距 | 11.512 | 1.993 | 33.355 | 1 | 0.000 | | | |
| | $X_{11}$ | −1.281 | 0.425 | 9.067 | 1 | 0.003 | 0.278 | 0.121 | 0.640 |
| | $X_{31}$ | 2.919 | 0.699 | 17.413 | 1 | 0.000 | 18.519 | 4.702 | 72.946 |
| | $X_{32}$ | 1.751 | 0.512 | 11.704 | 1 | 0.001 | 5.758 | 2.112 | 15.700 |
| | $X_{41}$ | −14.696 | 1.706 | 74.192 | 1 | 0.000 | 4.145E-007 | 1.463E-008 | 1.174E-005 |
| | $X_{42}$ | −15.442 | 1.528 | 102.169 | 1 | 0.000 | 1.967E-007 | 9.848E-009 | 3.927E-006 |
| | $X_{43}$ | −15.640 | 1.536 | 103.748 | 1 | 0.000 | 1.613E-007 | 7.952E-009 | 3.270E-006 |
| | $X_{44}$ | −15.788 | 1.612 | 95.929 | 1 | 0.000 | 1.391E-007 | 5.903E-009 | 3.276E-006 |
| | $X_{45}$ | −16.570 | 1.579 | 110.105 | 1 | 0.000 | 6.363E-008 | 2.881E-009 | 1.406E-006 |

续表

| 期待度 | | $B$ | 标准误 | Wald | df | 显著水平 | Exp($B$) | Exp($B$)的置信区间95% | |
|---|---|---|---|---|---|---|---|---|---|
| | | | | | | | | 下限 | 上限 |
| 比较高 | 截距 | 15.232 | 1.005 | 229.657 | 1 | 0.000 | | | |
| | $X_{11}$ | −1.227 | 0.384 | 10.198 | 1 | 0.001 | 0.293 | 0.138 | 0.622 |
| | $X_{41}$ | −14.758 | 1.018 | 210.217 | 1 | 0.000 | 3.895E-007 | 5.297E-008 | 2.864E-006 |
| | $X_{42}$ | −15.161 | 0.643 | 556.632 | 1 | 0.000 | 2.603E-007 | 7.388E-008 | 9.173E-007 |
| | $X_{43}$ | −14.805 | 0.637 | 540.549 | 1 | 0.000 | 3.719E-007 | 1.067E-007 | 1.295E-006 |
| | $X_{44}$ | −15.442 | 0.728 | 450.238 | 1 | 0.000 | 1.967E-007 | 4.724E-008 | 8.189E-007 |

由参数估计(见表7-44)可知,期待度"非常高"为参照水平。将变量值代入模型,可以得到相应拟合值。举例分析:

当选择 $X_{11}$、$X_{21}$、$X_{31}$、$X_{41}$ 时,带入式(7-7),得 $\ln\dfrac{\hat{p}(Y=2)}{\hat{p}(Y=5)}=3.23$,这说明相对于对养老服务专业总认可度非常高的市民而言,性别为男、年龄段为18～35岁、文化程度为初中及以下、月收入为0～1500元的市民对养老服务专业总认可度为比较低的发生比是性别为女、年龄段为36～60岁、文化程度为高中或中专、月收入为4000～6500元的市民对养老服务专业总认可度比较低的发生比的3.23倍。

当选择 $X_{11}$、$X_{31}$、$X_{41}$ 时,带入式(7-8),算出 $\ln\dfrac{\hat{p}(Y=3)}{\hat{p}(Y=5)}=1.57$,这说明相对于对养老服务专业总认可度非常高的市民而言,性别为男、文化程度为初中及以下、月收入为0～1500元的市民对养老服务专业总认可度为一般的发生比是性别为女、文化程度为高中或中专、月收入为4000～6500元的市民对养老服务专业总认可度为一般的发生比的1.57倍。

当选择 $X_{11}$、$X_{41}$ 时,带入式(7-9),算出 $\ln\dfrac{\hat{p}(Y=4)}{\hat{p}(Y=5)}=0.47$,这说明相对于对养老服务专业总认可度非常高的市民而言,性别为男、月收入为0～1500元的市民对养老服务专业总认可度为比较高的发生比是性别为女、月收入为4000～6500元的市民对养老服务专业总认可度为比较高的发生比的0.47倍。

**3. 多元线性回归分析**

(1)变量选择与定义:

本报告以总认可度为因变量 $Y$:

$$Y=C_{41}+C_{42}+C_{43}+C_{44}+C_{45}+C_{46} \tag{7-10}$$

其中,$C_{41}$ 为对养老服务专业可以拓宽学生对专业选择范围的认可度;$C_{42}$ 为对养老服务专业可以为社会提供更多就业岗位的认可度;$C_{43}$ 为对养老服务专业可以为国家培养相应专业人才的认可度;$C_{44}$ 为对养老服务专业可以提高养老服务质量的认可度;$C_{45}$ 为对养老服务专业可以完善养老服务业管理机制的认可度;$C_{46}$ 对养老服务专业可以促进养老模式改革创新的认可度。

由表7-45可知,总认可度非常高和比较高的分别占30.1%和26.3%,两者之和大于50%,说明市民对养老服务专业的认可度比较高。

表 7-45　总认可度分布情况

| 总认可度 | 频数（个） | 百分比（%） |
|---|---|---|
| 非常高 | 120 | 30.1 |
| 比较高 | 105 | 26.3 |
| 一般 | 90 | 22.5 |
| 比较低 | 39 | 9.8 |
| 非常低 | 45 | 11.3 |
| 总计 | 399 | 100.0 |

对总认可度进行线性回归分析。根据列联分析可知，性别、年龄段、职业、养老服务专业是否会在高校普及和该专业毕业生工作时能否得到尊重与市民对养老服务专业总认可度有显著相关关系。汇总得到如表 7-46 所示的自变量。

表 7-46　自变量

| 自变量 | 编号 | 说明 |
|---|---|---|
| 性别 | $E_1$ | "男"=1，"女"=2 |
| 年龄段 | $E_2$ | 与之前的分类相同 |
| 职业 | $E_3$ | 与之前的分类相同 |
| 专业是否会普及 | $E_4$ | "是"=1，"否"=0 |
| 专业毕业生工作能否得到尊重 | $E_5$ | "是"=1，"否"=0 |

（2）建立回归分析模型

运用 SPSS 软件对数据进行回归分析，选择逐步法，得到如表 7-47、表 7-48 所示结果。

表 7-47　模型拟合

| 模型 | $R$ | $R^2$ | 调整后的 $R^2$ | 标准估计的误差 | 更改统计量 | | | | |
|---|---|---|---|---|---|---|---|---|---|
| | | | | | $R^2$ 更改 | F 更改 | df1 | df2 | Sig. F 更改 |
| 1 | 0.373 | 0.139 | 0.137 | 1.221 | 0.139 | 64.143 | 1 | 397 | 0.000 |
| 2 | 0.456 | 0.208 | 0.204 | 1.172 | 0.069 | 34.361 | 1 | 396 | 0.000 |
| 3 | 0.466 | 0.218 | 0.212 | 1.167 | 0.010 | 4.932 | 1 | 395 | 0.027 |

表 7-48　方差分析

| 模型 | | 平方和 | df | 均方 | F | Sig. |
|---|---|---|---|---|---|---|
| 1 | 回归 | 95.568 | 1 | 95.568 | 64.143 | 0.000 |
| | 残差 | 591.500 | 397 | 1.490 | | |
| | 总计 | 687.068 | 398 | | | |

续表

| 模型 | | 平方和 | df | 均方 | F | Sig. |
|---|---|---|---|---|---|---|
| 2 | 回归 | 142.794 | 2 | 71.397 | 51.947 | 0.000 |
| | 残差 | 544.274 | 396 | 1.374 | | |
| | 总计 | 687.068 | 398 | | | |
| 3 | 回归 | 149.505 | 3 | 49.835 | 36.619 | 0.000 |
| | 残差 | 537.562 | 395 | 1.361 | | |
| | 总计 | 687.068 | 398 | | | |

由表 7-49 可知,未被剔除变量的 $p$ 值均小于 0.05,且 VIF 值均小于 10,可知,未被剔除变量之间并不存在共线性。因此,得到回归模型为:

$$\hat{Y}=1.865+0.687E_1+0.304E_4+0.776E_5 \tag{7-11}$$

表 7-49　系数

| 模型 | | 非标准化系数 | | 标准系数 | $T$ | Sig. | $B$ 的 95.0% 置信区间 | | 共线性统计量 | |
|---|---|---|---|---|---|---|---|---|---|---|
| | | $B$ | 标准误差 | 试用版 | | | 下限 | 上限 | 容差 | VIF |
| 1 | 常量 | 2.970 | 0.094 | | 31.636 | 0.000 | 2.786 | 3.155 | | |
| | C7 | 0.990 | 0.124 | 0.373 | 8.009 | 0.000 | 0.747 | 1.234 | 1.000 | 1.000 |
| 2 | 常量 | 1.981 | 0.191 | | 10.358 | 0.000 | 1.605 | 2.358 | | |
| | A1 | 0.693 | 0.118 | 0.264 | 5.862 | 0.000 | 0.461 | 0.926 | 0.984 | 1.016 |
| | C7 | 0.903 | 0.120 | 0.340 | 7.543 | 0.000 | 0.668 | 1.138 | 0.984 | 1.016 |
| 3 | 常量 | 1.865 | 0.197 | | 9.447 | 0.000 | 1.477 | 2.253 | | |
| | A1 | 0.687 | 0.118 | 0.262 | 5.832 | 0.000 | 0.455 | 0.918 | 0.984 | 1.016 |
| | C1 | 0.304 | 0.137 | 0.110 | 2.221 | 0.027 | 0.035 | 0.573 | 0.808 | 1.238 |
| | C7 | 0.776 | 0.132 | 0.292 | 5.873 | 0.000 | 0.516 | 1.036 | 0.800 | 1.250 |

由模型可知,$E_1$(性别)、$E_4$(认为养老服务专业是否会普及)和 $E_5$(认为该专业毕业生工作能否得到尊重)的系数都大于 0,说明 $Y$(总认可度)与性别、认为养老服务专业是否会普及和认为该专业毕业生工作能否得到尊重存在正相关关系。

# 三、描述与结论

## (一)专业了解情况描述

(1)市民对养老服务专业的了解程度并不高。从此次调查的总体情况来看,市民对养老服务专业了解程度的众数和中位数数值均为 3.00,代表了解程度为"一般了解";均值为 2.79,代表了解程度介于"比较不了解"和"一般了解"之间,较靠近"一般了解"。市民对该专业非常了解和比较了解的共占 24.41％,而比较不了解和非常不了解的共占 37.56％。由此可见,杭州市民对该专业的了解程度并不高,需要提高该专业在社会中的知名度。

(2)市民了解养老服务专业的主要渠道是电视、网络和报纸杂志。从调查结果中得知,市民了解养老服务专业的途径为电视新闻、网络平台和报纸杂志的所占比例分别为28.0％、19.6％和16.6％。对该专业不了解的市民也较多,占12.5％。这说明电视新闻、网络平台和报纸杂志是养老服务专业信息传播的主要渠道,但是此类信息在其他渠道的普及不够,需要加强该专业的社会普及度。

(3)市民对养老服务专业的了解程度受性别、年龄、文化程度的影响。皮尔森卡方检验 $p$ 值小于 0.05,本报告认为市民对养老服务专业的了解程度与其性别、年龄、文化程度存在显著关联。综合来看,男性市民对该专业的了解程度要大于女性市民,可见男性比女性更加关注这方面的信息。从年龄分布来看,中青年群体对该专业的了解程度明显大于老年群体,可见在这个网络信息时代,老年人获取信息的能力比较弱。就文化程度而言,学历越高的市民对该专业的了解程度也越高,在一定程度上两者呈正相关。

(4)市民认为养老服务专业课程设置应涉及医学、心理学等学科。调查数据显示,有57.3％的市民认为养老服务专业设置需要涉及医学,可见老人的生命健康是市民关心的重中之重。其次有 44.1％的市民认为需要涉及心理学、保健与营养学,老人的心理健康和养生也是社会关注的焦点。除此之外,护理学和社会工作学的选择比例也较高。在市民眼里,养老服务不只是会照顾好老人,也需要系统的管理和运作机制。由此可见,市民认为医学、心理学、保健与营养学、护理学和社会工作学这五门学科在养老服务专业课程设置中比较重要。

## (二)专业认可程度描述

(1)大部分市民认为养老服务专业将来会在高校普及,并且此认可程度与年龄和文化程度有关。根据调查结果,64.8％的市民认为养老服务专业将来会在高校普及,但仍有35.2％的市民认为该专业不会在高校普及。从列联表分析可知,专业的普及认可度与年龄段和文化水平的皮尔森卡方检验 $p$ 值均小于 0.05,并且 61 岁及以上的市民认为该专业将来会在高校普及的占比最高,其次是 18～35 岁的。而市民中文化程度越高的越认为该专业将来会在高校普及。

(2)绝大多数市民认为养老服务专业有存在的必要性,且与性别无显著联系。调查样本中有 93.9％的市民认为养老服务专业有存在的必要性,仅有 6.1％的市民认为该专业无存在的必要性。男性市民和女性市民中认为养老服务专业没有必要存在的分别占 4.7％、9.3％,两者相差不大;男性市民和女性市民中认为养老服务专业有存在必要性的分别占95.3％、90.7％,两者同样相差不大。性别与养老服务专业是否必要存在的皮尔森卡方检验 $p$ 值大于 0.05,由此可见市民对养老服务专业是否有必要存在的观点与性别没有显著关系。

(3)大部分市民对养老服务专业抱有期待的态度,但在不同方面其期待度有所差别。调查结果研究显示,市民的文化程度、月收入及其对养老服务专业的了解程度和其对该专业的期待度在一定程度上呈正相关。而男性市民较之女性市民而言,对该专业的期待度更高。从年龄段来看,18～35 岁的市民对该专业的期待度最高,其次是 61 岁及以上的群体。

（4）市民对养老服务专业的总认可度比较高，但在不同方面有所差别。在涉及市民对养老服务专业设置的一系列积极影响的总认可度中，女性市民的认可度比男性高，并且36～60岁这一年龄段的市民对该专业的总认可度的比例最高。市民对该专业的了解程度、专业普及的认可度、毕业生就业受社会尊重的认可度与总认可度有相关性，市民在这三方面的认可度越高，他们对该专业的总认可度也越高。

### （三）影响专业发展因素描述

（1）相对于开办院校和社会对养老服务专业的发展而言，市民认为政府的影响力更大。从此次调查收到的总体反馈数可以看到，关于政府部门的有效反馈有1075个，关于开办院校的有974个，关于社会的有1003个。有关政府部门的反馈数量分别比开办院校和社会多10.3％和7.2％。其中，增加政府的资金补助和完善相关政策两个选项均有超过280个人选择。可见要促进养老服务专业的发展，政府需要发挥很大的作用。

（2）从政府角度来说，市民认为政策、资金补助、宣传这三方面是影响养老服务专业发展的主要因素。从政府角度出发，市民认为完善相关政策、增加政府的资金补助和加大政府的宣传力度这三项措施最能促进养老服务专业的发展。这三项措施的选择比例分别为66.9％、66.0％和55.6％。可见在养老服务专业设置过程中，政府需要在这三个方面加强力度。

（3）从开办院校角度来说，市民认为影响养老服务专业发展的因素主要包括专业收费标准、师资力量、学科安排这三方面。从学校角度出发，63.6％的市民认为合理的专业收费标准能促进养老服务专业的发展，可见制定合理的专业收费标准是学校促进该专业发展的主要因素。47.9％的市民认为强大的师资力量能促进养老服务专业的发展，39.0％的市民认为先进齐全的专业设备能促进该专业的发展，46.2％的市民认为合理的学科安排能促进该专业的发展，这三者比例无较大差别，可见市民认为此三项措施也能促进养老服务专业的发展。因此，为了促进养老服务专业的发展，开办院校在加强专业软硬设施实力的同时，更应该给予学费上的优惠，鼓励更多的学生报考该专业。

（4）从社会角度来说，市民认为影响养老服务专业发展的因素主要是媒体的宣传力度、社会职业观和专业对口工作数量。从社会角度出发，55.9％的市民认为加大媒体的宣传力度能促进养老服务专业的发展，46.0％的市民认为提供更多的专业对口工作能促进该专业的发展，56.6％的市民认为引导社会对该行业树立正确的观念能促进该专业的发展。这三个选项所占比例较高，可见市民认为这三个方面是促进养老服务专业发展的主要措施。所以要通过媒体的积极宣传来引导市民转变对养老服务行业的固有观念，树立正确的职业观，社会也应该提供更多的相关工作，从而吸引和引导更多的学生填报该专业。

### （四）被调查者的相关建议

从调查的结果看，给养老服务专业的发展提出自己建议的市民并不是很多。本调研小组将市民提出的建议总结归纳为以下几点：要促进该专业的发展，首先得加大宣传力度，使相关知识、信息得以普及，从而引起社会的高度关注。其次国家要加大这方面的资金投入、提供就业支持、提高相关工作的薪资待遇，并且完善养老服务方面的设施和技术。最后，社会各界需要协同合作，共同为养老服务专业的发展而努力。

### (五)访谈总结

为了更好地获取有关养老服务专业的信息,本调研小组走访了浙江省民政厅、浙江省教育厅、江干区九堡镇敬老院。

在和民政厅社会福利与老年服务处的交流中,了解到目前杭州市的养老院有公办和民办两类,大部分民办养老机构的员工是通过招聘和签订合同的方式招收的,而公办养老机构的工作人员则是事业编制的。从实际情况来看,当前养老机构的工作人员非常紧缺,时常供不应求,近年来杭州市政府也一直在鼓励和引导各院校培养相关专业人才。

在对省教育厅高教处进行访谈后,认识到在本科院校设置养老服务相关专业需要与学校整体的专业规划相结合,经过长时间的规划之后再报教育厅批准。另外针对市民们普遍不愿意让自己的子女选择该专业的现象,高教处认为这是一个社会问题,要解决这个问题必须得通过正面宣传来引导大家树立正确的择业观、消除职业歧视。

敬老院随着老人入住数量的增加,突发情况也随之增多。这就要求工作人员不仅能够提供基础性服务,还要能根据不同老人的实际需求,提供针对性护理。一个优秀的养老服务专业人才不仅需要具备丰富的理论知识,更应该拥有从事实质性养老服务工作的技能,将理论付诸实践。

养老服务业是个符合社会需求且很有前途的产业,而养老服务专业是可以推动该产业发展的助燃剂。政府颁布在本科院校设置该专业的意见是有现实依据的。

### (六)结论

在老龄化日趋严重的社会环境下,养老服务专业应运而生。从调查结果看,杭州市民对养老服务专业的认可度处于比较高的水平,而对该专业的了解程度却仅处于一般水平。这说明该专业的宣传和推广力度还有待加强,需要通过多种途径让更多的市民了解这个专业。同时,市民对养老服务专业的未来发展存在一些忧虑,比如将来工作不好找、工资待遇比较低等。此外,又因为该专业处于发展的起步阶段,各方面都还不成熟,需要政府、各开办院校以及社会的配合和支持来进一步完善此专业。

# 四、对策与建议

## (一)针对政府

(1)政府与相关部门协作,共同推进养老服务专业的宣传工作,提高社会知晓度。
(2)完善相关政策并加以落实,为养老服务专业提供有力的制度保障。
(3)在试点学校及相关行业投入资金以扶持养老服务专业的建设和发展。

## (二)针对院校

(1)制定合理的专业收费标准,解决相关专业生源不足的问题。
(2)建立完整的学科体系和强大的师资力量。
(3)做好学生的素质及能力培养工作,为社会培养有用的人才。

### (三)针对社会

(1)加大媒体的宣传力度,提高媒体的信息质量。

(2)引导大家树立职业平等观。

(3)提供更多的专业对口工作,鼓励民间资本流入行业。

综合各方因素,形成一个关于养老服务行业发展的完善系统,在这个系统里政府、社会、各高等院校各司其职,相互促进。政府的政策扶持以及资金补助可以通过社会企业、高等院校的配合得以更好地落实,而学校因为获得了政府和社会企业的支持又可以更加顺利地开办养老服务专业,为国家和社会培养更加专业的人才,促进养老服务行业的发展。

## 参考文献

[1] 杭州市统计局.杭州统计年鉴.2013[M].北京:中国统计出版社,2013.

[2] 孙华.养老服务专业人才供需矛盾的根源与对策:基于政府职能视角——以南京市养老服务专业人才供需矛盾为例[J].社会福利:理论版,2013(12).

[3] 徐志新.加快发展杭州养老服务业[J].政策瞭望,2011(6):41-43.

[4] 叶宝华.在卫生职业院校设置独立养老护理专业的可行性分析[J].中华护理教育,2013,10(3):142-143.

[5] 章丹晓,袁湾湾.社会工作专业社会认同度调查报告——以金华地区为例[J].青年与社会,2013(10):157-158.

[6] 朱晨."养老专业"大学生路在何方[N].解放日报,2008-09-01(8).

## 附录

### 附录1　访谈问题

访谈对象:

1.相关专业的大学教授

(1)您对养老服务专业的看法如何?

(2)您对养老服务专业的学科设置有什么建议?

(3)您认为在大学开设这门专业对大学本身有什么影响(从生源、师资等角度回答)?对学生呢? 对社会呢?

(4)您认为养老服务专业的就业前景如何?

(5)如果有亲朋好友来向您咨询高考的专业填报,您会考虑这个专业吗?原因是什么?

(6)如果您所在的学校欲开设养老服务专业,您认为可以通过什么方式扩大宣传?

(7)您认为要使这个专业顺利开办下去,学校需要做哪些方面的工作?

2.职业学校的老师或领导

(1)您所在的学校目前已开设的与养老服务相关的专业有哪些?

(2)这些专业主要开设了哪些课程?

（3）报考这类专业的人数如何？

（4）在开设这些专业后有出现哪些问题？

（5）这些问题又是如何解决的呢？

（6）学生对这类专业的反应如何？

（7）他们的就业率如何（以及对口就业情况）？

（8）学校对该专业有什么激励措施吗？

（9）您对大学本科设置养老服务专业的看法如何？

（10）您对此有什么建议？

3.政府部门（浙江省民政厅社会福利与老年服务处）

（1）目前杭州市的人口老龄化现状如何？

（2）杭州市的养老服务业现状如何？发展前景（从业人员的工资待遇）如何？

（3）杭州市现阶段对养老服务业的发展有哪些政策？

（4）中央政府拟在我国大学本科及研究生阶段设置养老服务专业，您对此有何看法？

（5）杭州市政府对此有何政策或举措（专业收费、政府补贴）？

（6）您认为在大学开设养老服务专业对社会将会产生怎样的影响？

（7）您对此有何建议？

（8）如果要推广养老服务专业，您认为政府可以做哪些方面的工作？

4.浙江省教育厅

（1）目前是否有设置此专业的打算或者已经有明确的计划（在哪个地方或学校进行试点）？

（2）教育厅对各高校设置专业有哪些规定和要求？

（3）高校设置养老服务专业应该具备什么条件？

（4）如果要设置养老服务专业，会选择一所试点还是多所？这样选择的原因又是什么？

（5）对该专业的学科划分将会有什么规定？

（6）对于该专业的推广有什么相应的措施和建议？

（7）设置这个专业的意义是什么？

5.养老机构（管理层）

（1）杭州目前的养老现状如何？

（2）目前入住养老院的老人人数大概有多少？与以往相比有何变化？

（3）对工作人员有何要求？

（4）工作人员的工作情况如何？工资待遇如何？老人们对他们的服务满意程度如何？

（5）对养老服务专业人才的看法？现阶段人才资源的状况如何？人才需求现状如何？是否需引入高学历、专业化人才？

（6）现阶段养老服务业发展存在哪些方面的困难？

（7）引入专业化人才对这些问题的解决有何帮助？

（8）您认为当前最需培养的专业化人才应该是怎样的？

（9）他们应该具备哪些条件、才能？

（10）您对大学本科设置养老服务专业的看法？有何建议？

## 附录 2　调查问卷

### 杭州市民对养老服务专业认可度的调查分析

问卷编号：_____

您好！

我们是××大学调研小组。为了了解杭州市民对养老服务专业的认可度以及影响此专业发展的因素，我们展开了本次调查。本次调查采用匿名形式，答案无对错之分，您只需根据自己的实际情况填写即可。您所提供的个人信息，我们只用于统计分析，不会提供给任何单位或者个人，请您放心填写。

感谢您在百忙之中的配合和支持，在此表示诚挚谢意！

**A. 基本信息**

A1. 您的性别是　　　　　　　　　　　　　　　　　　　　　　　（　　）

    A. 男　　　　　　　B. 女

A2. 您所属的年龄段是　　　　　　　　　　　　　　　　　　　　（　　）

    A. 18～35 岁　　　B. 36～60 岁　　　C. 61 岁及以上

A3. 您的文化程度是　　　　　　　　　　　　　　　　　　　　　（　　）

    A. 初中及以下　　B. 高中或中专　　C. 本科（或大专）及以上

A4. 您的职业是　　　　　　　　　　　　　　　　　　　　　　　（　　）

    A. 政府机关人员　B. 科技人员　　　C. 企业职员　　　D. 农民

    E. 商人　　　　　F. 工人　　　　　G. 医务人员　　　H. 教师

    I. 自由职业者　　J. 学生　　　　　K. 无业者　　　　L. 离、退休人员

    M. 其他_____（请注明）

A5. 您的月收入是　　　　　　　　　　　　　　　　　　　　　　（　　）

    A. 0～1500 元　　　B. 1500～4000 元　　C. 4000～6500 元

    D. 6500～9000 元　　E. 9000 元及以上

**B. 了解情况**

B1. 您对养老服务专业的了解程度是　　　　　　　　　　　　　　（　　）

    A. 非常了解　　　B. 比较了解　　　C. 一般了解　　　D. 比较不了解

    E. 非常不了解

B2. 您从以下哪些渠道了解此专业（可多选）　　　　　　　　　　（　　）

    A. 电视新闻　　　B. 报纸杂志　　　C. 网络平台　　　D. 亲朋好友

    E. 学校教育　　　F. 广播

    G. 不了解　　　　H. 其他_____（请注明）

B3. 养老服务专业涉及以下哪些学科（可多选）　　　　　　　　　（　　）

    A. 医学　　　　　B. 管理学　　　　C. 心理学　　　　D. 社会工作学

    E. 护理学　　　　F. 生命伦理学　　G. 人口学　　　　H. 保健与营养学

    I. 其他_____（请注明）

B4. 您认为养老服务专业的学生应具备下列哪些素质（　　）（可多选）

A. 做事有耐心　　B. 懂得关爱他人　　C. 有责任心　　D. 善于交流

E. 观察能力强　　F. 动手实践能力强　　G. 抗压力强　　H. 性格开朗活泼

I. 其他_____（请注明）

### C. 认可程度

C1. 您认为养老服务专业将来是否会在高校普及　　　　　　　　　　（　　）

A. 是　　　　　　　　B. 否

C2. 您认为养老服务专业是否有存在的必要性　　　　　　　　　　（　　）

A. 是　　　　　　　　B. 否（请跳至 C4 题）

C3. 您对以下养老服务专业积极影响的描述是否认可

| 养老服务专业的影响 | 完全认可 | 比较认可 | 一般认可 | 比较不认可 | 完全不认可 |
|---|---|---|---|---|---|
| 拓宽学生对专业的选择范围 | | | | | |
| 促进社会提供更多的就业岗位 | | | | | |
| 为国家培养相应的专业人才 | | | | | |
| 提高养老服务质量 | | | | | |
| 完善养老服务业的管理机制 | | | | | |
| 促进养老模式的改革创新 | | | | | |

C4. 您认为养老服务专业设置过程中会遇到哪些困境（可多选）　　（　　）

A. 专业对口的职业不多　　　　　　B. 工资待遇较低

C. 相关制度不够完善　　　　　　　D. 专业本身没有存在的必要

E. 师资力量薄弱　　　　　　　　　F. 社会接受程度不高

G. 其他_____（请注明）

C5. 您认为养老服务专业毕业生的就业情况如何　　　　　　　　　（　　）

A. 非常乐观　　　B. 比较乐观　　　C. 不清楚

D. 比较不乐观　　E. 非常不乐观

C6. 您认为养老服务专业的毕业生可以从事下列哪些行业（可多选）（　　）

A. 养老服务专业的教学工作　　　　B. 养老服务业的护理工作

C. 政府相关部门的工作　　　　　　D. 自己创办相关企业

E. 养老服务业的管理工作　　　　　F. 相关福利机构的工作

G. 其他专业对口职业_____（请注明）　H. 没有限制,可以从事任何职业

C7. 您认为养老服务专业的毕业生在从事对应工作时,是否能得到社会的尊重（　　）

A. 是　　　　　　　　B. 否

### D. 影响养老服务专业发展的因素

D1. 基于政府角度,您认为下列哪些举措能促进养老服务专业的发展（限选3项）（　　）

A. 完善相关政策　　　B. 加大政府的宣传力度　　C. 增加政府的资金补助

D. 提高政策的执行水平　　E. 加强政府的监督力度　　F. 政府合理的调控力度

G. 其他_____（请注明）

D2.基于开办院校角度,您认为下列哪些因素能促进养老服务专业的发展(限选3项)
（　　）

　　A.合理的专业收费标准　　B.强大的师资力量　　　　C.先进齐全的专业设备

　　D.合理的学科安排　　　　E.合理的专业录取门槛　F.其他_____（请注明）

D3.基于社会角度,您认为下列哪些举措能促进养老服务业的发展(限选3项)（　　）

　　A.加大媒体的宣传力度　　　　　B.提高相关媒体的信息质量

　　C.提供更多的专业对口工作　　　D.引导社会对该行业树立正确的观念

　　E.相关权威人士的带动　　　　　F.相关企业的支持(如设立额外奖学金)

　　G.其他_____（请注明）

D4.您对养老服务专业的发展还有什么其他建议:

_____

# 杭州市环卫工人基本生活现状及满意度的调查

金　诚　丁　倩　黄云雷　雷双群　周天翊

每个城市都离不开环卫工人,他们的生存发展问题是民生问题的重要部分。随着城市化进程不断加快,优良的城市环境卫生的重要性日益突出,环卫工作的主力军环卫工人为城市的环境贡献了巨大的力量。环卫工作对改善城市环境卫生、让城市文明进步、推动我国可持续发展战略的贯彻实施,发挥着重要作用。但是,目前我国环卫工人的工作现状存在着很多问题。例如,工作时间长、工资较低、生活最低保障难以兑现、社会地位低下不受尊重等。这在一定程度上影响了环卫工人的工作积极性,不利于城市环境卫生事业的可持续发展。

本项目将针对环卫工人的基本生活现状及满意度方面进行调查,并利用列联表、因子分析、Logistic 回归和多元线性回归等分析方法,对所采集的样本数据进行系统分析,并就改善杭州市环卫工人的生活现状提出对策与建议。

## 一、调查简介

### (一)调查目的

(1)通过对收集的基本信息做描述性分析,以了解环卫工人的组成情况,如性别结构、年龄结构、工龄结构、文化水平结构等。

(2)通过对收集的生活状况信息做描述性分析、列联表分析、回归分析,以了解环卫工人的基本生活状况及其影响因素。

(3)通过对收集的满意度结果做描述性分析、因子分析、回归分析,以了解环卫工人对生活满意度的分布情况及影响因素。

(4)综合上述分析结果,对环卫工人的生活现状及面临的问题,提出相应的对策与建议。

### (二)调查意义

使用描述性分析、列联表分析、回归分析等多种分析方法分析调查收集回的数据,了解杭州市环卫工人的组成情况、生活现状以及对生活总体的满意度情况,并通过整理、总结,提出相应的对策与建议。另外,本次调查与杭州市市容环境卫生监管中心(环卫工人所属环卫处或环卫公司的上级机构)进行了合作,在取得数据支持的同时,将所得出的最终成果,以建议的形式提交该中心,为该中心制定改善环卫工人生活状况的措施提供参考。

### (三)调查方法

(1)抽样方式:配额抽样与偶遇抽样。

(2)调查对象:杭州市环卫工人。

(3)调查地点:余杭区、西湖区、下城区。

根据抽样设计,确定样本量 $N=426$。对选定的余杭区、西湖区以及下城区共发放 450 份问卷,回收率为 100%。通过后期问卷整理与数据录入,确定有效问卷为 436 份,问卷有效率为 96.89%。

## 二、问卷调查结果实证分析

### (一)基本信息分析

#### 1. 性别结构

由表 8-1 和图 8-1 可知,样本男女比例为 2.8∶7.2,与我们从杭州市环卫局所了解到的信息,即男女比例为 3∶7 相差不大,从而认为样本具有代表性。

表 8-1　样本性别分布

| 性别 | 男 | 女 |
| --- | --- | --- |
| 数量(人) | 122 | 314 |

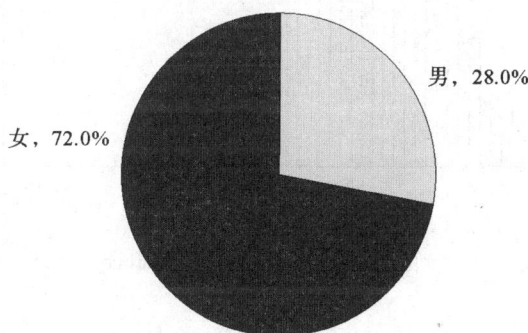

图 8-1　样本性别分布

#### 2. 年龄结构

(1)年龄基本分布

由图 8-2、图 8-3 可知,环卫工人年龄分布大致为右偏分布。由表 8-2 可见,K-S 检验中 $Z=2.340$,$p<0.05$,故拒绝原假设,认为不属于正态分布。由表 8-3 知偏度系数为 $0.794>0$,所以认为样本年龄分布呈现右偏趋势。由图 8-2 看出年龄分布主要集中在 41～55 岁。年龄的最小值为 35 岁,最大值为 72 岁,平均年龄接近 50 岁,可以看出环卫工人老龄化情况严重。

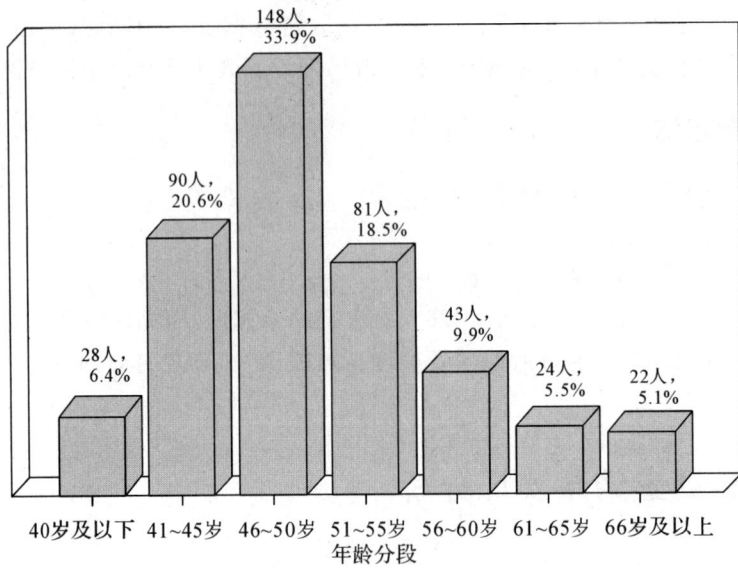

图 8-2　样本年龄分段分布

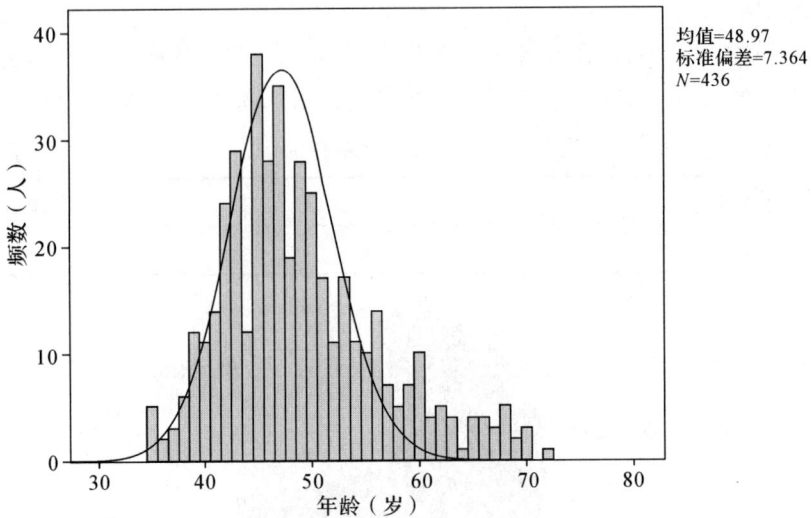

图 8-3　样本年龄分布正态拟合

表 8-2　年龄的单样本 Kolmogorov-Smirnov 检验

| 频数（人） | 正态参数 | | Kolmogorov-Smirnov Z | 渐近显著性（双侧） |
|---|---|---|---|---|
| | 均值 | 标准差 | | |
| 436 | 48.97 | 7.364 | 2.340 | 0.000 |

表 8-3　样本年龄分布

| 频数（人） | | 均值 | 众数 | 方差 | 偏度 | 偏度的标准误 | 极小值 | 极大值 |
|---|---|---|---|---|---|---|---|---|
| 有效 | 缺失 | | | | | | | |
| 436 | 0 | 48.97 | 45 | 54.227 | 0.794 | 0.117 | 35 | 72 |

（2）年龄分段与区域的列联分析

由表 8-4 可知，余杭区 55 岁及以下的实际人数明显低于期望值，而 56 岁及以上人数明显高于期望值；西湖区 46～60 岁实际人数高于期望值；下城区 50 岁及以下的实际人数都高于期望值。综上所述，可以看出年龄与区域有明显的关联，结合皮尔森卡方检验 $p < 0.05$，故拒绝原假设，即区域与年龄分布显著相关。此外，由图 8-4 可见，余杭区与西湖、下城两区中年龄分布有较大差异。其中，西湖区与下城区的数据分布接近正态分布，而余杭区数据呈明显的上升趋势，年龄越大，人数越多。

表 8-4　年龄分段与区域的列联分析结果

| 区域 | 计数（人） | 年龄分段 | | | | | | | 合计 |
|---|---|---|---|---|---|---|---|---|---|
| | | 40 岁及以下 | 41～45 岁 | 46～50 岁 | 51～55 岁 | 56～60 岁 | 61～65 岁 | 66 岁及以上 | |
| 余杭 | 计数 | 0 | 2 | 5 | 7 | 14 | 20 | 21 | 69 |
| | 期望的计数 | 4.4 | 14.2 | 23.4 | 12.8 | 6.8 | 3.8 | 3.5 | 68.9 |
| 西湖 | 计数 | 12 | 41 | 85 | 52 | 26 | 4 | 1 | 221 |
| | 期望的计数 | 14.2 | 45.6 | 75.0 | 41.1 | 21.8 | 12.2 | 11.2 | 221.1 |
| 下城 | 计数 | 16 | 47 | 58 | 22 | 3 | 0 | 0 | 146 |
| | 期望的计数 | 9.4 | 30.1 | 49.6 | 27.1 | 14.4 | 8.0 | 7.4 | 146.0 |
| 总计 | 计数 | 28 | 90 | 148 | 81 | 43 | 24 | 22 | 436 |
| | 期望的计数 | 28.0 | 90.0 | 148.0 | 81.0 | 43.0 | 24.0 | 22.0 | 436.0 |

注：皮尔森卡方检验 $p$ 值为 0.000。

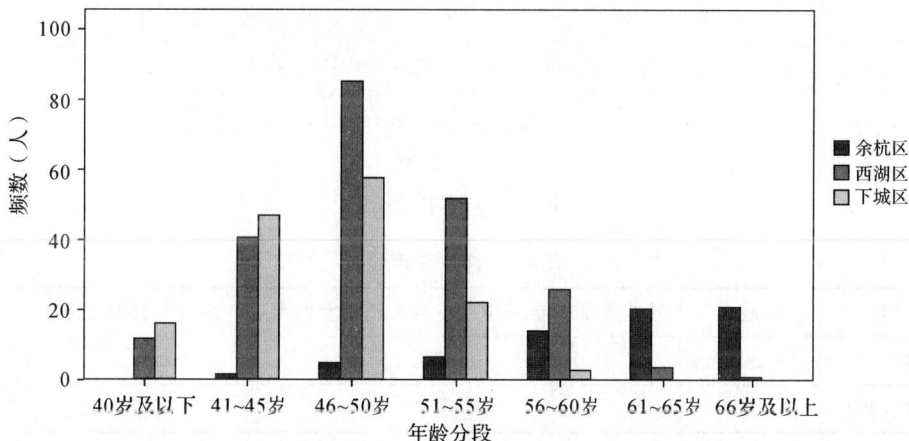

图 8-4　区域与分段年龄的列联条形图分布情况

### 3. 工龄结构

由表 8-5 和图 8-5 可知,环卫工人工龄分布在 3～6 年的人数最多,9 年及以上的人数最少,工龄分布没有明显的倾向性,且分布较为符合常理。从工龄上看,样本的代表性较好。

表 8-5　样本工龄分布

| 统计量 | 0～3 年 | 3～6 年 | 6～9 年 | 9 年及以上 | 合计 |
|---|---|---|---|---|---|
| 频数(人) | 116 | 165 | 88 | 67 | 436 |
| 百分比(%) | 26.6 | 37.8 | 20.2 | 15.4 | 100.0 |

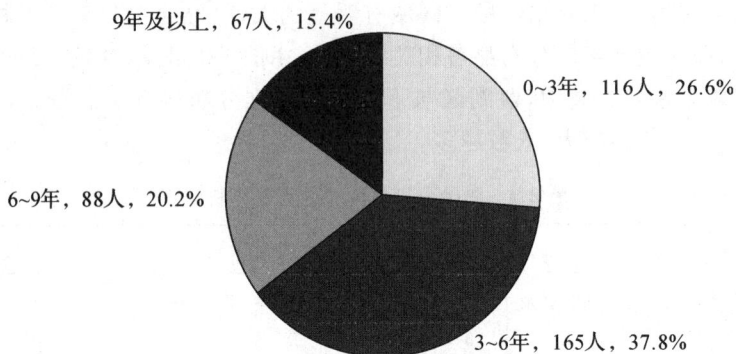

图 8-5　样本工龄分布

### 4. 户籍结构

由图 8-6 和表 8-6 可知,本地人与外地人的人数比例约为 1∶4,本地人占少数。而外地人中,过年过节回家困难是一个普遍的问题。

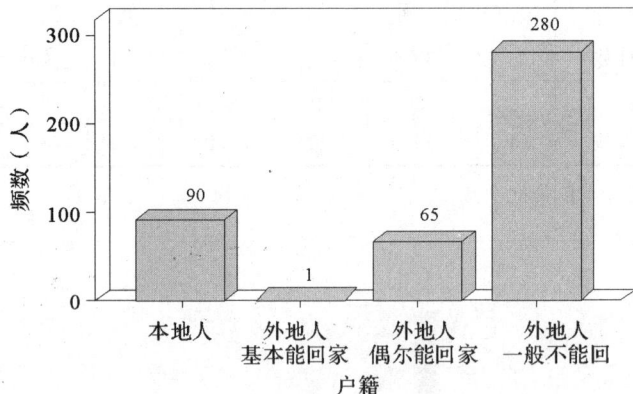

图 8-6　样本户籍分布

表 8-6　样本户籍分布

| 统计量 | 本地人 | 外地人基本能回家 | 外地人偶尔能回家 | 外地人一般不能回 | 合计 |
|---|---|---|---|---|---|
| 频数(人) | 90 | 1 | 65 | 280 | 436 |
| 百分比(%) | 20.7 | 0.2 | 14.9 | 64.2 | 100.0 |

### 5.文化水平结构

由表 8-7 和图 8-7 可知,环卫工人中文盲的比例为 38.5%,学历为小学的比例为 50.5%,小学学历及以下的比例达到了 89.0%。初中和高中的总人数只占 11.0%,即仅有 11.0% 的人完成了九年制义务教育。图 8-7 更直观地反映了环卫工人的学历水平,即初中学历的人数远远少于小学与文盲,而高中学历的人数几乎可以忽略不计。由此可以看出环卫工人的文化程度普遍偏低。

表 8-7    样本文化水平分布

| 统计量 | 文盲 | 小学 | 初中 | 高中 | 合计 |
|---|---|---|---|---|---|
| 频数(人) | 168 | 220 | 45 | 3 | 436 |
| 百分比(%) | 38.5 | 50.5 | 10.3 | 0.7 | 100.0 |
| 累计百分比(%) | 38.5 | 89.0 | 99.3 | 100.0 | — |

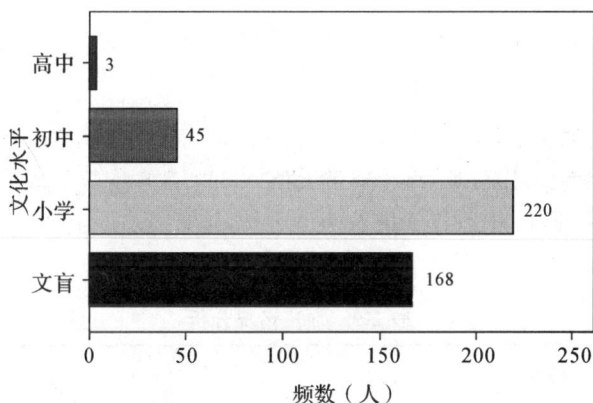

图 8-7    样本文化水平分布

## (二)生活现状分析

本小组从杭州市环卫工人中抽取一份样本容量为 436 的样本,分析其生活基本状况。选取六项指标作为分析依据,这些指标分别是:工作情况、保障情况、住房情况、月收入情况、月剩余情况、精神生活情况。通过这些指标,本小组综合分析了杭州市环卫工人的生活基本状况。

### 1.描述性分析与列联表分析

(1)工作情况

①日平均工作时间情况分析结果

由表 8-8 和图 8-8 可知,日工作时间(小时)的极小值为 7、极大值为 12、均值为 7.90,而环卫工人每日规定的工作时间为 7 小时,这说明有不少人选择加班。从图 8-8 可以看出,不加班的人数最多,有 230 人,占总体的 52.7%;加班 1 小时的人数与加班 2 小时的人数基本相同,分别为 79 人和 74 人,占总体的比例分别为 18.1% 和 17.0%;加班 3 小时的人数更少一些,有 50 人,占总体的 11.5%;而加班 5 小时的人数最少,只有 3 人,占总体的 0.7%,可以认为是特殊情况。从总体上来看,人数随加班时间的增加而减少,图像呈现明显的递减趋势。

表 8-8　日工作时间情况分析

| 频数（人） | 均值 | 众数 | 标准差 | 方差 | 极小值 | 极大值 |
|---|---|---|---|---|---|---|
| 436 | 7.90 | 7 | 1.122 | 1.259 | 7 | 12 |

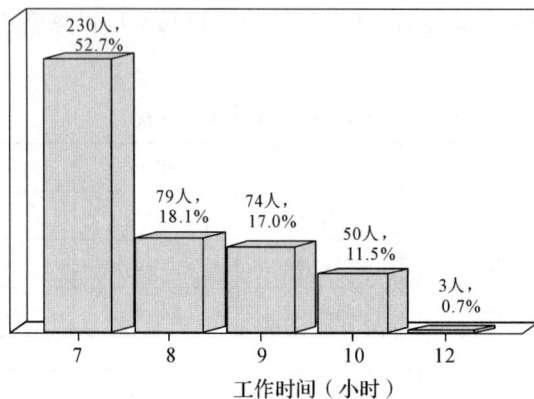

图 8-8　日工作时间频数分布

②加班情况分析结果

当 $k=2$ 且样本为均匀分布时，熵达到最大值 0.693，G-S 指数也取最大值 0.5。由表 8-9 可知，熵值为 0.692，接近 0.693；G-S 指数为 0.498，接近 0.5。由此可知，样本的分布较为均匀，没有明显的偏向性。

表 2-9　加班情况分析

| 有效频数（人） | | | 熵 | G-S 指数 |
|---|---|---|---|---|
| 有加班 | 无加班 | 合计 | | |
| 206 | 230 | 436 | 0.692 | 0.498 |

由图 8-9 可见，加班的人占 47.3%，不加班的人占 52.7%。加班的人所占比例接近一半。

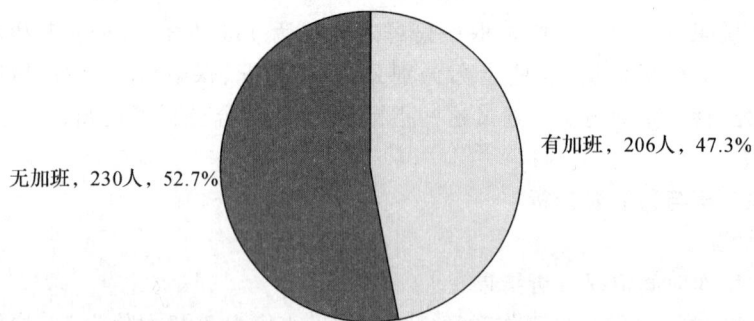

图 8-9　加班情况

③兼职情况分析结果

当 $k=2$ 且样本为均匀分布时，熵达到最大值 0.693，G-S 指数也取最大值 0.5。由表 8-10 可知，熵值为 0.421，远小于 0.693；G-S 指数为 0.254，远小于 0.5，由此可知，样本的分布不均匀，有明显的偏向性。

表 8-10　兼职情况分析

| 统计量 | 兼职情况 | | | 熵 | G-S 指数 |
|---|---|---|---|---|---|
| | 有 | 无 | 合 计 | | |
| 频数（人） | 65 | 371 | 436 | 0.421 | 0.254 |
| 百分比（%） | 14.9 | 85.1 | 100.0 | | |

结合图 8-10 可知,有兼职的人占 14.9%,无兼职的人占 85.1%,因此认为没有兼职的人占大多数。

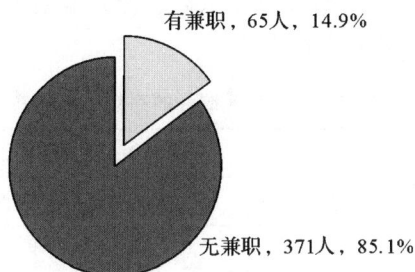

图 8-10　兼职情况

（2）保障情况

①保障情况描述性分析结果

由表 8-11 可知,医保和社保都有的有 378 人,占总体的 86.7%;只有社保和只有医保的人分别占总体的 0.9% 和 3.5%;医保和社保都无的有 39 人,占总体的 8.9%。

表 8-11　保障情况频数分布

| 统计量 | 两者都有 | 只有社保 | 只有医保 | 两者都无 | 总计 |
|---|---|---|---|---|---|
| 频数（人） | 378 | 4 | 15 | 39 | 436 |
| 百分比（%） | 86.7 | 0.9 | 3.5 | 8.9 | 100.0 |
| 累计百分比（%） | 86.7 | 87.6 | 91.1 | 100.0 | — |

从图 8-11 易见,医保和社保都有的人占据主体地位,但同时也可以看出,没有医保和社

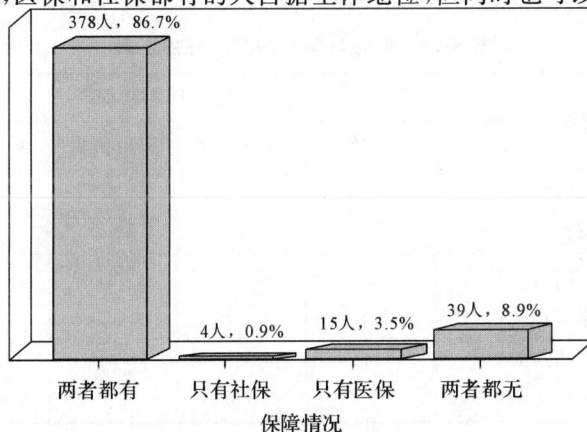

图 8-11　保障情况分布

保以及医保、社保不全的人仍占不小的比重。这说明在提高杭州市环卫工人的保障方面仍有较大的发展空间。

②保障情况列联分析结果

• 保障与区域性的列联分析

由表8-12可知，余杭区与西湖区有医保和社保的人数分别占82.6％与83.3％，两者仅相差0.7％；而下城区有医保和社保的人数占93.8％，比余杭区和西湖区分别高出11.2％和10.5％，有明显的不同。而在样本中，医保和社保都没有的人占总数的8.9％，余杭区与西湖区没有医保和社保的人分别占10.1％与14.5％，两者依旧相差不多，但下城区没有医保和社保的比例为0，与余杭区、西湖区明显不同。皮尔森卡方检验$p < 0.05$，认为有无医保和社保与区域性不独立，有显著关联性。

表 8-12　保障与区域性的列联分析结果

| 区域 | 计数及比例 | 有无医保和社保 | | | | 合计 |
| | | 两者都无 | 只有社保 | 只有医保 | 两者都有 | |
| 余杭 | 计数（人） | 7 | 2 | 3 | 57 | 69 |
| | 所在行比例（％） | 10.1 | 2.9 | 4.4 | 82.6 | 100.0 |
| 西湖 | 计数（人） | 32 | 1 | 4 | 184 | 221 |
| | 所在行比例（％） | 14.5 | 0.4 | 1.8 | 83.3 | 100.0 |
| 下城 | 计数（人） | 0 | 1 | 8 | 137 | 146 |
| | 所在行比例（％） | 0.0 | 0.7 | 5.5 | 93.8 | 100.0 |
| 总计 | 计数（人） | 39 | 4 | 15 | 378 | 436 |
| | 所在行比例（％） | 8.9 | 0.9 | 3.5 | 86.7 | 100.0 |

注：皮尔森卡方检验 $p$ 值为 0.000。

• 保障与年龄的列联分析

由表8-13可知，在各年龄段中，除了56～60岁这一组外，其他各组的各项比例相差不大，而在56～60岁这一组中，只有"医保和社保都有"和"医保和社保都无"这两项指标的比例与其他各组差距较大。由皮尔森卡方检验$p > 0.05$可知，有无医保和社保与年龄没有显著关联性。

表 8-13　保障与年龄的列联分析结果

| 年龄分段 | 计数及比例 | 有无医保和社保 | | | | 合计 |
| | | 两者都无 | 只有社保 | 只有医保 | 两者都有 | |
| 40 岁及以下 | 计数（人） | 2 | 0 | 3 | 23 | 28 |
| | 所在行比例（％） | 7.1 | 0.0 | 10.7 | 82.2 | 100.0 |
| 41～45 岁 | 计数（人） | 6 | 1 | 2 | 81 | 90 |
| | 所在行比例（％） | 6.7 | 1.1 | 2.2 | 90.0 | 100.0 |
| 46～50 岁 | 计数（人） | 11 | 0 | 6 | 131 | 148 |
| | 所在行比例（％） | 7.4 | 0.0 | 4.1 | 88.5 | 100.0 |

| 年龄分段 | 计数及比例 | 有无医保和社保 | | | | 合计 |
| --- | --- | --- | --- | --- | --- | --- |
| | | 两者都无 | 只有社保 | 只有医保 | 两者都有 | |
| 51～55 岁 | 计数(人) | 5 | 2 | 2 | 72 | 81 |
| | 所在行比例(%) | 6.1 | 2.5 | 2.5 | 88.9 | 100.0 |
| 56～60 岁 | 计数(人) | 11 | 1 | 0 | 31 | 43 |
| | 所在行比例(%) | 25.6 | 2.3 | 0.0 | 72.1 | 100.0 |
| 61～65 岁 | 计数(人) | 2 | 0 | 1 | 21 | 24 |
| | 所在行比例(%) | 8.3 | 0.0 | 4.2 | 87.5 | 100.0 |
| 66 岁及以上 | 计数(人) | 2 | 0 | 1 | 19 | 22 |
| | 所在行比例(%) | 9.1 | 0.0 | 4.5 | 86.4 | 100.0 |
| 总计 | 计数 | 39 | 4 | 15 | 378 | 436 |
| | 所在行比例(%) | 8.9 | 0.9 | 3.5 | 86.7 | 100.0 |

注:皮尔森卡方检验 $p$ 值为 0.060。

- 保障与工龄的列联分析

由表 8-14 可知,在各工龄段中,除了 0～3 年这一组外,其他各组的各项比例相差不大,而在 0～3 年这一组中,只有"医保和社保都有"和"医保和社保都无"这两项指标的比例与其他各组差距较大。由皮尔森卡方检验 $p > 0.05$ 可知,有无医保和社保与工龄没有显著关联性。

表 8-14　保障与工龄的列联分析结果

| 工龄 | 计数及比例 | 有无医保和社保 | | | | 合计 |
| --- | --- | --- | --- | --- | --- | --- |
| | | 两者都无 | 只有社保 | 只有医保 | 两者都有 | |
| 0～3 年 | 计数(人) | 17 | 2 | 5 | 92 | 116 |
| | 所在行比例(%) | 14.7 | 1.7 | 4.3 | 79.3 | 100.0 |
| 3～6 年 | 计数(人) | 11 | 1 | 6 | 147 | 165 |
| | 所在行比例(%) | 6.7 | 0.6 | 3.6 | 89.1 | 100.0 |
| 6～9 年 | 计数(人) | 6 | 1 | 3 | 78 | 88 |
| | 所在行比例(%) | 6.8 | 1.1 | 3.4 | 88.7 | 100.0 |
| 9 年及以上 | 计数(人) | 5 | 0 | 1 | 61 | 67 |
| | 所在行比例(%) | 7.5 | 0.0 | 1.5 | 91.0 | 100.0 |
| 总计 | 计数(人) | 39 | 4 | 15 | 378 | 436 |
| | 所在行比例(%) | 8.9 | 0.9 | 3.5 | 86.7 | 100.0 |

注:皮尔森卡方检验 $p$ 值为 0.393。

- 保障与户籍的列联分析

由表 8-15 可知,在医保和社保都有的人数比例方面,本地人与外地人仅相差 2.8%,在只有社保方面两者相差 3.0%,只有医保方面几乎一样,但在医保和社保都没有的人数比例上两者相差 5.6%,故由此不能明确判断有无医保和社保与户籍是否有关。而由皮尔森卡方检验 $p<0.05$ 可知,有无医保和社保与户籍不相互独立。考虑到户籍与地区性可能有关,故将区域作为层,形成区域、户籍、有无医保和社保的三维列联表(见表 8-16)。

表 8-15 保障与户籍的列联分析结果

| 户籍 | 计数及比例 | 有无医保和社保 | | | | 合计 |
| | | 两者都无 | 只有社保 | 只有医保 | 两者都有 | |
|---|---|---|---|---|---|---|
| 本地 | 计数(人) | 4 | 3 | 3 | 80 | 90 |
| | 所在行比例(%) | 4.5 | 3.3 | 3.3 | 88.9 | 100.0 |
| 外地 | 计数(人) | 35 | 1 | 12 | 298 | 346 |
| | 所在行比例(%) | 10.1 | 0.3 | 3.5 | 86.1 | 100.0 |
| 总计 | 计数(人) | 39 | 4 | 15 | 378 | 436 |
| | 所在行比例(%) | 8.9 | 0.9 | 3.5 | 86.7 | 100.0 |

注:皮尔森卡方检验 $p$ 值为 0.020。

由表 8-16 可知,西湖、下城两区有无医保和社保与户籍的皮尔森卡方检验 $p$ 值均大于 0.05,故在这两区,有无医保和社保与户籍无关。而在余杭区,有无医保和社保与户籍的皮尔森检验 $p<0.05$,故可以认为两者有一定关联。而余杭区样本数目较小,不具有代表性。综上所述,有无医保和社保与户籍无直接关系。

表 8-16 区域、户籍、有无医保和社保的三维列联分析结果

| 区域 | 户籍 | 计数及比例 | 有无医保和社保 | | | | 合计 |
| | | | 两者都有 | 只有社保 | 只有医保 | 两者都无 | |
|---|---|---|---|---|---|---|---|
| 余杭 | 本地 | 计数(人) | 52 | 2 | 3 | 0 | 57 |
| | | 所在行比例(%) | 91.2 | 3.5 | 5.3 | 0.0 | 100 |
| | 外地 | 计数(人) | 5 | 0 | 0 | 7 | 12 |
| | | 所在行比例(%) | 41.7 | 0.0 | 0.0 | 58.3 | 100 |
| | 总计 | 计数(人) | 57 | 2 | 3 | 7 | 69 |
| 皮尔森卡方检验 $p$ 值为 0.000。 | | | | | | | |
| 西湖 | 本地 | 计数(人) | 25 | 1 | 0 | 4 | 30 |
| | | 所在行比例(%) | 83.3 | 3.3 | 0.0 | 13.4 | 100 |
| | 外地 | 计数(人) | 159 | 0 | 4 | 28 | 191 |
| | | 所在行比例(%) | 83.2 | 0.0 | 2.1 | 14.7 | 100 |
| | 总计 | 计数(人) | 184 | 1 | 4 | 32 | 221 |
| 皮尔森卡方检验 $p$ 值为 0.071。 | | | | | | | |

续表

| 区域 | 户籍 | 计数及比例 | 有无医保和社保 | | | | 合计 |
|---|---|---|---|---|---|---|---|
| | | | 两者都有 | 只有社保 | 只有医保 | 两者都无 | |
| 下城 | 本地 | 计数（人） | 3 | 0 | 0 | 0 | 3 |
| | | 所在行比例（%） | 100 | 0.0 | 0.0 | 0.0 | 100 |
| | 外地 | 计数（人） | 134 | 1 | 8 | 0 | 143 |
| | | 所在行比例（%） | 93.7 | 0.7 | 5.6 | 0.0 | 100 |
| | 总计 | 计数（人） | 137 | 1 | 8 | 0 | 146 |
| 皮尔森卡方检验 $p$ 值为 0.904。 | | | | | | | |

（3）住房情况

由表 8-17 和图 8-12 可知，自己租房的有 310 人，占总体的 71.1%，处于主体地位。本地有房子的有 82 人，占总体的 18.8%，所占比重不小。住政府提供住处的有 32 人，占总体的 7.3%。通过其他方式（包括住在亲戚、朋友家，或露宿等）解决住房问题的有 12 人，占总体的 2.8%。

由此可见，大部分人是自己租房，他们需要承担不低的房租，依靠政府解决住房的人只是少数。

表 8-17　住房情况频数分布

| 统计量 | 本地有房子 | 由政府提供住处 | 自己租房 | 其他 | 总计 |
|---|---|---|---|---|---|
| 频数（人） | 82 | 32 | 310 | 12 | 436 |
| 百分比（%） | 18.8 | 7.3 | 71.1 | 2.8 | 100.0 |

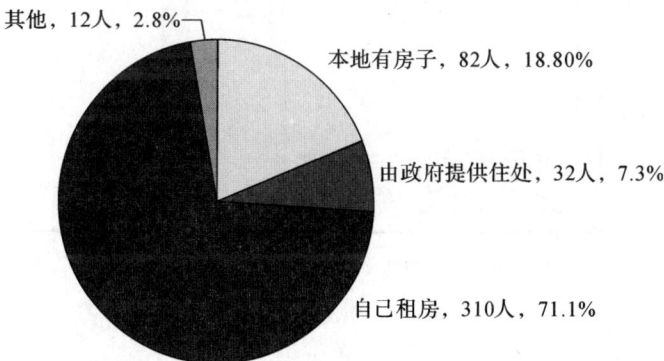

图 8-12　住房情况

由表 8-18 可知，从行比来看，工龄为 0～3 年组的比例为 18.8%，3～6 年组的比例为 25.0%，比前一组高出 6.2%，6～9 年组的比例为 12.5%，9 年及以上组的比例为 43.7%，在一定程度上政府提供住房与工龄呈正相关。再看列比，在工龄为 0～9 年的三组中，拥有政府提供住房的人数占该组总人数的比例相差不大，但 9 年及以上组的比例远远高于前三组。结合以上两点，可以看出工龄超过 9 年，政府提供住房的可能性较高。

表 8-18　政府供房情况分析

| 统计量 | 工龄 | | | | 总计 |
|---|---|---|---|---|---|
| | 0~3 年 | 3~6 年 | 6~9 年 | 9 年及以上 | |
| 计数(人) | 6 | 8 | 4 | 14 | 32 |
| 所占政府提供住房的比例(%) | 18.8 | 25.0 | 12.5 | 43.7 | 100.0 |
| 所占工龄段中的比例(%) | 5.2 | 4.8 | 4.6 | 20.9 | 7.3 |

(4)月收入情况

①月收入情况描述性分析结果

由表 8-19 可知,月收入 0~1500 元的有 62 人,占总体的 14.2%,月收入1500~2000 元的有 61 人,占总体的 14.0%,两者近乎相同。月收入 2000~2500 元的人有 276 个,占总体的 63.3%,是数量最多的一部分。月收入 2500 元及以上的有 37 人,占总体的 8.5%。

表 8-19　月收入情况

| 统计量 | 0~1500 元 | 1500~2000 元 | 2000~2500 元 | 2500 元及以上 | 合计 |
|---|---|---|---|---|---|
| 频数(人) | 62 | 61 | 276 | 37 | 436 |
| 百分比(%) | 14.2 | 14.0 | 63.3 | 8.5 | 100.0 |

由图 8-13 可知,月收入 2000~2500 元组远高于另外三组,而月收入 2500 元及以上这一组是最低的。

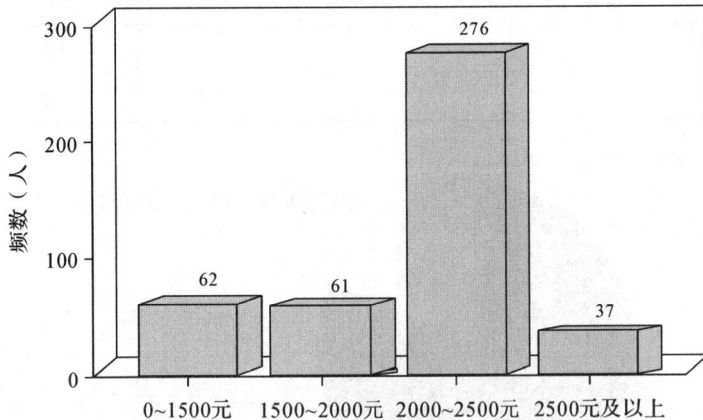

图 8-13　月收入情况分布

②收入情况列联分析结果

• 月收入与性别的列联分析

由表 8-20 可知,月收入 0~1500 元的比例男性比女性低 2.7%,月收入 1500~2000 元的比例男性比女性低 10.4%,但在月收入 2000 元及以上的比例中,男性比女性高 13.1%。由此可以看出,在总体上,男性较高月收入的比例高于女性。另外,结合皮尔森卡方检验 $p < 0.05$,可认为月收入与性别有显著关联性。

表 8-20　月收入与性别的列联分析结果

| 性别 | 计数及比例 | 月收入 | | | | 合计 |
| --- | --- | --- | --- | --- | --- | --- |
| | | 0～1500 元 | 1500～2000 元 | 2000～2500 元 | 2500 元及以上 | |
| 男 | 计数（人） | 15 | 8 | 90 | 9 | 122 |
| | 所在行比例（%） | 12.3 | 6.5 | 73.8 | 7.4 | 100.0 |
| 女 | 计数（人） | 47 | 53 | 186 | 28 | 314 |
| | 所在行比例（%） | 15.0 | 16.9 | 59.2 | 8.9 | 100.0 |
| 总计 | 计数（人） | 62 | 61 | 276 | 37 | 436 |
| | 所在行比例（%） | 14.2 | 14.0 | 63.3 | 8.5 | 100.0 |

注：皮尔森卡方检验 $p$ 值为 0.016。

- 月收入与工龄的列联分析

由表 8-21 可知，在月收入 0～1500 元的人当中，工龄为 0～3 年组占的比例最大，远高于另外三个工龄分组；在月收入 1500～2000 元和 2000～2500 元的人当中，工龄为 3～6 年的人数所占的比例最高；在月收入 2500 元及以上的人当中，可以明显看出比例随工龄的增加而增加，并且工龄为 9 年及以上的人数也达到了总人数的一半以上。另外，由皮尔森卡方检验 $p < 0.05$ 可知，工龄与月收入有显著关联。

表 8-21　月收入与工龄的列联分析结果

| 工龄 | 计数及比例 | 月收入 | | | | 合计 |
| --- | --- | --- | --- | --- | --- | --- |
| | | 0～1500 元 | 1500～2000 元 | 2000～2500 元 | 2500 元及以上 | |
| 0～3 年 | 计数（人） | 40 | 17 | 57 | 2 | 116 |
| | 所在列比例（%） | 64.5 | 27.9 | 20.7 | 5.4 | 26.6 |
| 3～6 年 | 计数（人） | 15 | 21 | 124 | 5 | 165 |
| | 所在列比例（%） | 24.2 | 34.4 | 44.9 | 13.5 | 37.8 |
| 6～9 年 | 计数（人） | 5 | 16 | 56 | 11 | 88 |
| | 所在列比例（%） | 8.1 | 26.2 | 20.3 | 29.7 | 20.2 |
| 9 年及以上 | 计数（人） | 2 | 7 | 39 | 19 | 67 |
| | 所在列比例（%） | 3.2 | 11.5 | 14.1 | 51.4 | 15.4 |
| 总计 | 计数 | 62 | 61 | 276 | 37 | 436 |

注：皮尔森卡方检验 $p$ 值为 0.000。

- 月收入与户籍的列联分析

由表 8-22 可知，在月收入 0～1500 元这一组中，本地人的比例为 57.8%，比外地人高出 54.9%；而在月收入 2000～2500 元这一组中，外地人的比例为 74.3%，比本地人高出 53.2%；而在另外两个月收入分组中，本地人与外地人的比例基本相同。另外，由皮尔森卡方检验 $p < 0.05$ 可知，是否本地户籍与月收入有显著关联。

表 8-22　月收入与户籍的列联分析结果

| 户籍 | 计数及比例 | 月收入 | | | | 合计 |
|------|-----------|--------|--------|--------|--------|------|
| | | 0～1500 元 | 1500～2000 元 | 2000～2500 元 | 2500 元及以上 | |
| 本地 | 计数(人)<br>所在行比例(%) | 52<br>57.8 | 11<br>12.2 | 19<br>21.1 | 8<br>8.9 | 90<br>100.0 |
| 外地 | 计数(人)<br>所在行比例(%) | 10<br>2.9 | 50<br>14.4 | 257<br>74.3 | 29<br>8.4 | 346<br>100.0 |
| 总计 | 计数(人)<br>所在行比例(%) | 62<br>14.2 | 61<br>14.0 | 276<br>63.3 | 37<br>8.5 | 436<br>100.0 |

注:皮尔森卡方检验 $p$ 值为 0.000。

- 月收入与区域的列联分析

余杭区月收入 0～1500 元的人占该区的 87.0%,而西湖区与下城区月收入 0～1500 元的人分别占 0.5% 和 0.7%,西湖区与下城区相差甚小,但与余杭区则相差悬殊。而在月收入 1500～2000 元的这一组中,余杭区有 9 人,占该区的 13.0%,西湖区与下城区相差不大,各自的比例为 13.1% 和 15.7%,两个区的比例与余杭区接近。月收入 2000 元及以上的人数,余杭区为 0;西湖区月收入 2000～2500 元的人数占比为 72.8%,与下城区的 78.8% 相差 6.0%,差距不大,月收入 2500 元及以上的人数占比为 13.6%,比下城区的 4.8% 大了 8.8%。由此可以看出,在月收入方面,余杭区与西湖区、下城区明显不同,应该说是远低于西湖区和下城区。西湖区与下城区虽然接近,但仍然有一定的差别。由表 8-23 中可得皮尔森卡方检验 $p<0.05$,故可以得出月收入与区域不独立,有关联性。

表 8-23　月收入与区域的列联分析结果

| 区域 | 计数及比例 | 月收入 | | | | 合计 |
|------|-----------|--------|--------|--------|--------|------|
| | | 0～1500 元 | 1500～2000 元 | 2000～2500 元 | 2500 元及以上 | |
| 余杭 | 计数(人)<br>所在行比例(%) | 60<br>87.0 | 9<br>13.0 | 0<br>0.0 | 0<br>0.0 | 69<br>100.0 |
| 西湖 | 计数(人)<br>所在行比例(%) | 1<br>0.5 | 29<br>13.1 | 161<br>72.8 | 30<br>13.6 | 221<br>100.0 |
| 下城 | 计数(人)<br>所在行比例(%) | 1<br>0.7 | 23<br>15.7 | 115<br>78.8 | 7<br>4.8 | 146<br>100.0 |
| 总计 | 计数(人)<br>所在行比例(%) | 62<br>14.2 | 61<br>14.0 | 276<br>63.3 | 37<br>8.5 | 436<br>100.0 |

注:皮尔森卡方检验 $p$ 值为 0.000。

- 月收入与文化水平的列联分析

由表 8-24 可知,由于文化水平为高中的人数太少,不具代表性,所以不考虑该组。其他三组在月收入 2000～2500 元的情况下,其比例都高于 50%,但小学组、初中组的比例都远高于文盲组的比例,而在月收入 0~1500 元的情况下,文盲组的比例又远高于小学组、初中组的比例。这说明学历越高,工资可能会越高。另外,由皮尔森卡方检验 $p<0.05$ 可知,文化水平与月收入有显著关联。

表 8-24　月收入与文化水平的列联分析结果

| 文化水平 | 计数及比例 | 月收入 | | | | 合计 |
| --- | --- | --- | --- | --- | --- | --- |
| | | 0~1500 元 | 1500~2000 元 | 2000~2500 元 | 2500 元及以上 | |
| 文盲 | 计数(人) | 47 | 21 | 86 | 14 | 168 |
| | 所在行比例(%) | 28.0 | 12.5 | 51.2 | 8.3 | 100.0 |
| 小学 | 计数(人) | 9 | 34 | 159 | 18 | 220 |
| | 所在行比例(%) | 4.1 | 15.4 | 72.3 | 8.2 | 100.0 |
| 初中 | 计数(人) | 6 | 5 | 31 | 3 | 45 |
| | 所在行比例(%) | 13.3 | 11.1 | 68.9 | 6.7 | 100.0 |
| 高中 | 计数(人) | 0 | 1 | 0 | 2 | 3 |
| | 所在行比例(%) | 0.0 | 33.3 | 0.0 | 66.7 | 100.0 |
| 总计 | 计数(人) | 62 | 61 | 276 | 37 | 436 |
| | 所在行比例(%) | 14.2 | 14.0 | 63.3 | 8.5 | 100.0 |

注:皮尔森卡方检验 $p$ 值为 0.000。

• 月收入与年龄的列联分析

从横向看表 8-25,在 61 岁及以上的两组中,月收入 0~1500 元的比例都不小于 75%,说明这两个年龄段的环卫工人的月收入较低;而 50 岁及以下这三个年龄段月收入 2000~2500 元的比例都大于 70%。从纵向看,月收入 0~1500 元的人的比例随年龄的增加而增加,月收入 2000~2500 元的人的比例随年龄的增加而减少。另外,由皮尔森卡方检验 $p<0.05$ 可知,月收入与年龄有显著关联。

表 8-25　月收入与年龄的列联分析结果

| 年龄分段 | 计数及比例 | 月收入 | | | | 合计 |
| --- | --- | --- | --- | --- | --- | --- |
| | | 0~1500 元 | 1500~2000 元 | 2000~2500 元 | 2500 元及以上 | |
| 40 岁及以下 | 计数(人) | 0 | 7 | 20 | 1 | 28 |
| | 所在行比例(%) | 0.0 | 25.0 | 71.4 | 3.6 | 100.0 |
| 41~45 岁 | 计数(人) | 1 | 14 | 73 | 2 | 90 |
| | 所在行比例(%) | 1.1 | 15.6 | 81.1 | 2.2 | 100.0 |
| 46~50 岁 | 计数(人) | 6 | 22 | 107 | 13 | 148 |
| | 所在行比例(%) | 4.0 | 14.9 | 72.3 | 8.8 | 100.0 |
| 51~55 岁 | 计数(人) | 6 | 8 | 55 | 12 | 81 |
| | 所在行比例(%) | 7.4 | 9.9 | 67.9 | 14.8 | 100.0 |
| 56~60 岁 | 计数(人) | 12 | 4 | 21 | 6 | 43 |
| | 所在行比例(%) | 27.9 | 9.3 | 48.8 | 14.0 | 100.0 |

续表

| 年龄分段 | 计数及比例 | 月收入 | | | | 合计 |
| --- | --- | --- | --- | --- | --- | --- |
| | | 0~1500 元 | 1500~2000 元 | 2000~2500 元 | 2500 元及以上 | |
| 61~65 岁 | 计数（人） | 18 | 3 | 0 | 3 | 24 |
| | 所在行比例（%） | 75.0 | 12.5 | 0.0 | 12.5 | 100.0 |
| 66 岁及以上 | 计数（人） | 19 | 3 | 0 | 0 | 22 |
| | 所在行比例（%） | 86.4 | 13.6 | 0.0 | 0.0 | 100.0 |
| 总计 | 计数（人） | 62 | 61 | 276 | 37 | 436 |
| | 所在行比例（%） | 14.2 | 14.0 | 63.3 | 8.5 | 100.0 |

注：皮尔森卡方检验 $p$ 值为 0.000。

- 月收入与加班情况的列联分析

由表 8-26 可知，有加班的人月收入在 0~1500 元的人数比例低于没有加班的人数比例。但月收入在 1500 元及以上的比例中，有加班的人数比例都高于没加班的人数比例。由此可以看出，有加班的人的月收入水平高于没有加班的。由皮尔森卡方检验 $p < 0.05$ 可知，是否加班与月收入有显著关联。

表 8-26　月收入与加班情况的列联分析结果

| 加班情况 | 计数及比例 | 月收入 | | | | 合计 |
| --- | --- | --- | --- | --- | --- | --- |
| | | 0~1500 元 | 1500~2000 元 | 2000~2500 元 | 2500 元及以上 | |
| 有加班 | 计数（人） | 2 | 19 | 96 | 13 | 130 |
| | 所在行比例（%） | 1.5 | 14.6 | 73.9 | 10.0 | 100.0 |
| 无加班 | 计数（人） | 60 | 42 | 180 | 24 | 306 |
| | 所在行比例（%） | 19.6 | 13.7 | 58.8 | 7.9 | 100.0 |
| 总计 | 计数（人） | 62 | 61 | 276 | 37 | 436 |
| | 所在行比例（%） | 14.2 | 14.0 | 63.3 | 8.5 | 100.0 |

注：皮尔森卡方检验 $p$ 值为 0.000。

（5）月剩余情况

①月剩余情况描述性分析结果

由表 8-27 和图 8-14 可知，月剩余为 0~300 元的人最多，月剩余为 300~600 元的人占第二，月剩余为 600~1000 元的人占第三，月剩余为 1000 元及以上的人数很少。从图 8-14 上可以看出，随着月剩余的增加，对应的人数也在减少，呈明显的递减趋势。

表 8-27　月剩余频数分布

| 统计量 | 0~300 元 | 300~600 元 | 600~1000 元 | 1000~1500 元 | 1500 元及以上 | 合计 |
| --- | --- | --- | --- | --- | --- | --- |
| 频数（人） | 199 | 139 | 80 | 15 | 3 | 436 |
| 百分比（%） | 45.6 | 31.9 | 18.4 | 3.4 | 0.7 | 100.0 |

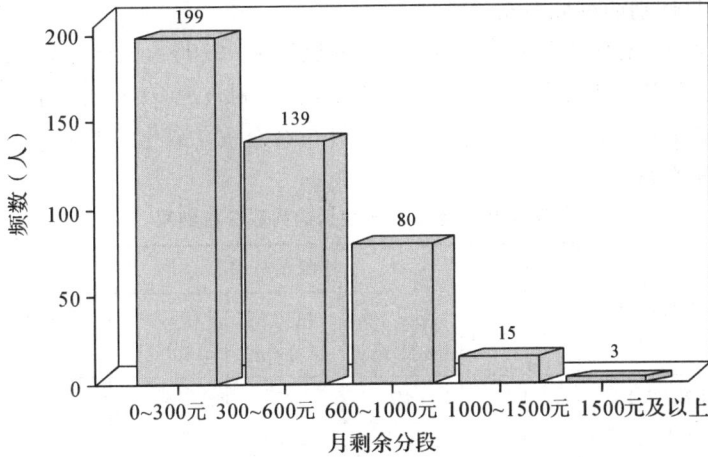

图 8-14　月剩余频数分布

②月剩余情况列联分析结果

• 月剩余与月收入的列联分析

由表 8-28 可以看出，在月收入 0～1500 元的人中，其月剩余都在 600 元以下。在月收入 1500～2500 元的两组人中，其月剩余都在 1500 元以下，且月剩余越多，人数就越少。而在月收入 2500 元及以上的人中，各月剩余分段中的人数分布接近正态分布，且在月剩余 600 元及以上的各组中，其行比高于另外三个月收入分组在该月剩余分段中的比例。可以看出各比例的分布呈明显的阶梯形，月收入越高、月剩余越多的人所占比例就越大，可以认为月剩余随月收入的增加而增加。再结合皮尔森卡方检验 $p<0.05$，即可以拒绝原假设，认为月剩余与月收入有显著关联。

表 8-28　月剩余与月收入的列联分析结果

| 月收入 | 计数及比例 | 月剩余分段 | | | | | 合计 |
|---|---|---|---|---|---|---|---|
| | | 0～300 元 | 300～600 元 | 600～1000 元 | 1000～1500 元 | 1500 元及以上 | |
| 0～1500 元 | 计数(人) | 44 | 18 | 0 | 0 | 0 | 62 |
| | 所在行比例(%) | 71.0 | 29.0 | 0.0 | 0.0 | 0.0 | 100.0 |
| 1500～2000 元 | 计数(人) | 33 | 21 | 6 | 1 | 0 | 61 |
| | 所在行比例(%) | 54.1 | 34.4 | 9.9 | 1.6 | 0.0 | 100.0 |
| 2000～2500 元 | 计数(人) | 115 | 95 | 58 | 8 | 0 | 276 |
| | 所在行比例(%) | 41.7 | 34.4 | 21.0 | 2.9 | 0.0 | 100.0 |
| 2500 元及以上 | 计数(人) | 7 | 5 | 16 | 6 | 3 | 37 |
| | 所在行比例(%) | 18.9 | 13.5 | 43.3 | 16.2 | 8.1 | 100.0 |
| 总计 | 计数(人) | 199 | 139 | 80 | 15 | 3 | 436 |
| | 所在行比例(%) | 45.6 | 31.9 | 18.4 | 3.4 | 0.7 | 100.0 |

注：皮尔森卡方检验 $p$ 值为 0.000。

- 月剩余与性别的列联分析

由表 8-29 可知,女性中月剩余 0～300 元的比例为 49.0%,比男性高 12.1%;而在月剩余 300～1000 元的各分组比例中,男性又高于女性,月剩余 1000 元及以上的比例中,女性略高于男性。从整体来看,数据没有明显的关联性。结合皮尔森卡方检验 $p>0.05$,可知月剩余与性别无显著关联。

表 8-29　月剩余与性别的列联分析结果

| 性别 | 计数及比例 | 月剩余分段 | | | | | 合计 |
|---|---|---|---|---|---|---|---|
| | | 0～300 元 | 300～600 元 | 600～1000 元 | 1000～1500 元 | 1500 元及以上 | |
| 男 | 计数(人)<br>所在行比例(%) | 45<br>36.9 | 45<br>36.9 | 28<br>22.9 | 4<br>3.3 | 0<br>0.0 | 122<br>100.0 |
| 女 | 计数(人)<br>所在行比例(%) | 154<br>49.0 | 94<br>29.9 | 52<br>16.6 | 11<br>3.5 | 3<br>1.0 | 314<br>100.0 |
| 总计 | 计数(人)<br>所在行比例(%) | 199<br>45.6 | 139<br>31.9 | 80<br>18.4 | 15<br>3.4 | 3<br>0.7 | 436<br>100.0 |

注:皮尔森卡方检验 $p$ 值为 0.120。

- 月剩余与年龄的列联分析

由表 8-30 可知,在 40 岁及以下和 66 岁及以上这两组中,月剩余 0～300 元的比例都大于 70%,且都没有月剩余大于 1000 元的人,说明在这两个年龄段的环节工人的月剩余较少。而 41～45 岁和 61～65 岁这两个年龄段月剩余 0～300 元的比例都不小于 50%,且月剩余大于 600 元的比例也不高。其余三个年龄段,其月剩余 0～300 元的比例都不到 40%,且月剩余较多的人数比例较高。综上可以看出,月剩余与年龄的关系是:月剩余先随年龄的增加而增加,再随年龄的增加而减少。由皮尔森卡方检验 $p<0.05$ 可知,月剩余与年龄有显著关联。

表 8-30　月剩余与年龄的列联分析结果

| 年龄分段 | 计数及比例 | 月剩余分段 | | | | | 合计 |
|---|---|---|---|---|---|---|---|
| | | 0～300 元 | 300～600 元 | 600～1000 元 | 1000～1500 元 | 1500 元及以上 | |
| 40 岁及以下 | 计数(人)<br>所在行比例(%) | 24<br>85.7 | 4<br>14.3 | 0<br>0.0 | 0<br>0.0 | 0<br>0.0 | 28<br>100.0 |
| 41～45 岁 | 计数(人)<br>所在行比例(%) | 45<br>50.0 | 27<br>30.0 | 17<br>18.9 | 1<br>1.1 | 0<br>0.0 | 90<br>100.0 |
| 46～50 岁 | 计数(人)<br>所在行比例(%) | 59<br>39.9 | 59<br>39.9 | 26<br>17.5 | 1<br>0.7 | 3<br>2.0 | 148<br>100.0 |
| 51～55 岁 | 计数(人)<br>所在行比例(%) | 26<br>32.1 | 22<br>27.2 | 24<br>29.6 | 9<br>11.1 | 0<br>0.0 | 81<br>100.0 |

| 年龄分段 | 计数及比例 | 月剩余分段 | | | | | 合计 |
|---|---|---|---|---|---|---|---|
| | | 0～300 元 | 300～600 元 | 600～1000 元 | 1000～1500 元 | 1500 元及以上 | |
| 56～60 岁 | 计数（人） | 14 | 15 | 11 | 3 | 0 | 43 |
| | 所在行比例（%） | 32.5 | 34.9 | 25.6 | 7.0 | 0.0 | 100.0 |
| 61～65 岁 | 计数（人） | 15 | 7 | 1 | 1 | 0 | 24 |
| | 所在行比例（%） | 62.5 | 29.1 | 4.2 | 4.2 | 0.0 | 100.0 |
| 66 岁及以上 | 计数（人） | 16 | 5 | 1 | 0 | 0 | 22 |
| | 所在行比例（%） | 72.7 | 22.7 | 4.5 | 0.0 | 0.0 | 100.0 |
| 总计 | 计数 | 199 | 139 | 80 | 15 | 3 | 436 |
| | 所在行比例（%） | 45.6 | 31.9 | 18.4 | 3.4 | 0.7 | 100.0 |

注：皮尔森卡方检验 $p$ 值为 0.000。

- 月剩余与区域的列联从分析

由表 8-31 可知，从纵向看，余杭、西湖、下城三区月剩余 0～300 元的比例分别为 68.1%、46.6%、33.6%，依次递减。而月剩余 300～1500 元这三个分组的比例又接近依次递增。从横向看，余杭、西湖、下城三区的环卫工人都呈现月剩余越多、人数就越少的趋势，但很明显余杭区的变化幅度最大，西湖区次之，下城区的变化最为平缓。综上所述，可以看出余杭、西湖、下城三区环卫工人的月剩余的多少，从总体上米看是依次递增的。再结合皮尔森卡方检验 $p < 0.05$，认为月剩余与区域有显著关联。

表 8-31　月剩余与区域的列联分析结果

| 区域 | 计数及比例 | 月剩余分段 | | | | | 合计 |
|---|---|---|---|---|---|---|---|
| | | 0～300 元 | 300～600 元 | 600～1000 元 | 1000～1500 元 | 1500 元及以上 | |
| 余杭 | 计数（人） | 47 | 21 | 1 | 0 | 0 | 69 |
| | 所在行比例（%） | 68.1 | 30.4 | 1.5 | 0.0 | 0.0 | 100.0 |
| 西湖 | 计数（人） | 103 | 66 | 45 | 4 | 3 | 221 |
| | 所在行比例（%） | 46.6 | 29.9 | 20.4 | 1.8 | 1.3 | 100.0 |
| 下城 | 计数（人） | 49 | 52 | 34 | 11 | 0 | 146 |
| | 所在行比例（%） | 33.6 | 35.6 | 23.3 | 7.5 | 0.0 | 100.0 |
| 总计 | 计数（人） | 199 | 139 | 80 | 15 | 3 | 436 |
| | 所在行比例（%） | 45.6 | 31.9 | 18.4 | 3.4 | 0.7 | 100.0 |

注：皮尔森卡方检验 $p$ 值为 0.000。

- 月剩余与户籍的列联分析

由表 8-32 可知，本地人月剩余 0～300 元的比例比外地人高 11.1%，外地人在月剩余 300～1500 元的三个分组中，比本地人分别高 7.9%、3.5%、1.6%，而外地人月剩余 1500 元及以上的比例比本地人低 1.9%。从整体上看不出月剩余与户籍之间有明显的关联性。再结合皮尔森卡方检验 $p > 0.05$，认为月剩余与户籍无显著关联。

表 8-32　月剩余与户籍的列联分析结果

| 户籍 | 计数及比例 | 月剩余分段 | | | | | 合计 |
|---|---|---|---|---|---|---|---|
| | | 0~300 元 | 300~600 元 | 600~1000 元 | 1000~1500 元 | 1500 元及以上 | |
| 本地 | 计数（人） | 49 | 23 | 14 | 2 | 2 | 90 |
| | 所在行比例（%） | 54.4 | 25.6 | 15.6 | 2.2 | 2.2 | 100.0 |
| 外地 | 计数（人） | 150 | 116 | 66 | 13 | 1 | 346 |
| | 所在行比例（%） | 43.3 | 33.5 | 19.1 | 3.8 | 0.3 | 100.0 |
| 总计 | 计数 | 199 | 139 | 80 | 15 | 3 | 436 |
| | 所在行比例（%） | 45.6 | 31.9 | 18.4 | 3.4 | 0.7 | 100.0 |

注：皮尔森卡方检验 $p$ 值为 0.085。

• 月剩余与文化水平的列联分析

由表 8-33 可知，高中组的人由于人数太少，不具代表性，所以不予考虑。其他三组，在月剩余 0~300 元的情况下，文盲组的比例为 57.7%，小学组、初中组的比例分别为 37.7%、42.2%，都远低于文盲组的比例；而在月剩余 300 元及以上的各组中，文盲组的比例又远低于小学组与初中组。结合皮尔森卡方检验 $p < 0.05$，认为月剩余与文化水平有显著关联。

表 8-33　月剩余与文化水平的列联分析结果

| 文化水平 | 计数及比例 | 月剩余分段 | | | | | 合计 |
|---|---|---|---|---|---|---|---|
| | | 0~300 元 | 300~600 元 | 600~1000 元 | 1000~1500 元 | 1500 元及以上 | |
| 文盲 | 计数（人） | 97 | 45 | 21 | 5 | 0 | 168 |
| | 所在行比例（%） | 57.7 | 26.8 | 12.5 | 3.0 | 0.0 | 100.0 |
| 小学 | 计数（人） | 83 | 79 | 49 | 8 | 1 | 220 |
| | 所在行比例（%） | 37.7 | 35.9 | 22.3 | 3.6 | 0.5 | 100.0 |
| 初中 | 计数（人） | 19 | 15 | 10 | 1 | 0 | 45 |
| | 所在行比例（%） | 42.2 | 33.4 | 22.2 | 2.2 | 0.0 | 100.0 |
| 高中 | 计数（人） | 0 | 0 | 0 | 1 | 2 | 3 |
| | 所在行比例（%） | 0.0 | 0.0 | 0.0 | 33.3 | 66.7 | 100.0 |
| 总计 | 计数（人） | 199 | 139 | 80 | 15 | 3 | 436 |
| | 所在行比例（%） | 45.6 | 31.9 | 18.4 | 3.4 | 0.7 | 100.0 |

注：皮尔森卡方检验 $p$ 值为 0.000。

⑦月剩余与住房情况的列联分析

由表 8-34 可知，从纵向看，在月剩余 0~300 元及 300~600 元这两组的比例中，本地有房子和自己租房这两组的比例远高于由政府提供住处组的比例。在月剩余 600~1000 元和 1000~1500 元这两组中，本地有房子和自己租房这两组的比例又低于由政府提供住处和其他这两组的比例。且可以看出由政府提供这一组的比例显得较均匀,而本地有房子和自己租房这两组的比例呈现明显的递减,显示出住房情况与月剩余有一定关系。结合皮尔森卡方检验 $p < 0.05$,可以认为月剩余与住房情况有显著关联。

表 8-34　月剩余与住房情况的列联分析结果

| 住房情况 | 计数及比例 | 月剩余分段 | | | | | 合计 |
| --- | --- | --- | --- | --- | --- | --- | --- |
| | | 0～300 元 | 300～600 元 | 600～1000 元 | 1000～1500 元 | 1500 元及以上 | |
| 本地有房子 | 计数(人)<br>所在行比例(%) | 42<br>51.2 | 22<br>26.8 | 13<br>15.9 | 3<br>3.7 | 2<br>2.4 | 82<br>100.0 |
| 由政府提供住处 | 计数(人)<br>所在行比例(%) | 9<br>28.1 | 6<br>18.8 | 9<br>28.1 | 8<br>25.0 | 0<br>0.0 | 32<br>100.0 |
| 自己租房 | 计数(人)<br>所在行比例(%) | 145<br>46.8 | 106<br>34.2 | 55<br>17.7 | 3<br>1.0 | 1<br>0.3 | 310<br>100.0 |
| 其他 | 计数(人)<br>所在行比例(%) | 3<br>25.0 | 5<br>41.7 | 3<br>25.0 | 1<br>8.3 | 0<br>0.0 | 12<br>100.0 |
| 总计 | 计数(人)<br>所在行比例(%) | 199<br>45.6 | 139<br>31.9 | 80<br>18.4 | 15<br>3.4 | 3<br>0.7 | 436<br>100.0 |

注:皮尔森卡方检验 $p$ 值为 0.000。

- 月剩余与医保、社保的列联分析

由表 8-35 可知,从横向看,在有无医保和社保的前四个分组中,月剩余分段的比例都依次递减,这与月剩余的分布情况相一致。从纵向看,医保、社保越齐全,月剩余就越多,但考虑到医保、社保不全的人的比例较低,不能很好地反映相应组的月剩余分布情况,还需要从其他方面进行综合考虑。结合皮尔森卡方检验 $p > 0.05$,可认为有无医保和社保与月剩余无显著关联。

表 8-35　月剩余与医保社保的列联分析结果

| 有无医保和社保 | 计数及比例 | 月剩余分段 | | | | | 合计 |
| --- | --- | --- | --- | --- | --- | --- | --- |
| | | 0～300 元 | 300～600 元 | 600～1000 元 | 1000～1500 元 | 1500 元及以上 | |
| 两者都无 | 计数(人)<br>所在行比例(%) | 16<br>41.0 | 15<br>38.5 | 7<br>17.9 | 0<br>0.0 | 1<br>2.6 | 39<br>100.0 |
| 只有社保 | 计数(人)<br>所在行比例(%) | 3<br>75.0 | 0<br>0.0 | 1<br>25.0 | 0<br>0.0 | 0<br>0.0 | 4<br>100.0 |
| 只有医保 | 计数(人)<br>所在行比例(%) | 6<br>40.0 | 4<br>26.7 | 5<br>33.3 | 0<br>0.0 | 0.<br>0.0 | 15<br>100.0 |

续表

| 有无医保和社保 | 计数及比例 | 月剩余分段 | | | | | 合计 |
|---|---|---|---|---|---|---|---|
| | | 0~300元 | 300~600元 | 600~1000元 | 1000~1500元 | 1500元及以上 | |
| 两者都有 | 计数(人)<br>所在行比例(%) | 174<br>46.0 | 120<br>31.8 | 67<br>17.7 | 15<br>4.0 | 2<br>0.5 | 378<br>100.0 |
| 总计 | 计数(人)<br>所在行比例(%) | 199<br>45.6 | 139<br>31.9 | 80<br>18.4 | 15<br>3.4 | 3<br>0.7 | 436<br>100.0 |

注:皮尔森卡方检验 $p$ 值为 0.654。

(6)精神生活情况

①文体方面情况分析结果

由表 8-36 和图 8-15 可知,没有文艺体育活动的情况占 85.1%,说明大部分环卫工人缺乏文艺体育活动。只有环卫处有组织的情况占 13.5%,说明环卫处组织的文艺体育活动受益面较窄,有待加强。只有员工自己组织和既有环卫处组织又有自己组织的文体活动的比例都是 0.7%,几乎可以忽略不计,说明环卫工人文体活动的意识不强,对此类事情并不看重。

表 8-36　平时有无文艺体育活动的频数分布

| 统计量 | 环卫处有组织,员工自己也有 | 只有环卫处有组织 | 只有员工自己组织 | 没有 | 合计 |
|---|---|---|---|---|---|
| 频数(人) | 3 | 59 | 3 | 371 | 436 |
| 百分比(%) | 0.7 | 13.5 | 0.7 | 85.1 | 100.0 |

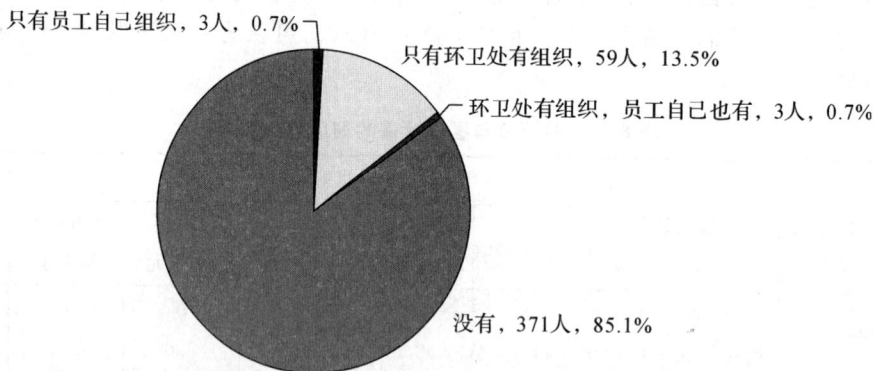

图 8-15　文体活动情况分析

②娱乐方面情况分析结果

由表 8-37 可知,样本中空闲时什么也不干的人占 20.3%,会看看电视或者做其他方面事情的占 71.9%,说明大部分环卫工人在娱乐方面还是有事可做、有自己的爱好的。但这也暴露出环卫工人闲暇时娱乐手段单一的问题,同时 20.3% 的人什么也不干说明了在娱乐方面,环卫工人仍有不小的改善空间。

表 8-37　娱乐生活方面情况分析

| 统计量 | 娱乐方面 | | | | 合计 |
|---|---|---|---|---|---|
| | 平常空闲时会看电视 | 平常空闲时什么也不干 | 平常空闲时会打牌 | 平常空闲时会做其他事情（如健身） | |
| 频数（人） | 256 | 96 | 37 | 84 | 473 |
| 百分比（%） | 54.1 | 20.3 | 7.8 | 17.8 | 100.0 |
| 个案百分比（%） | 58.7 | 22.0 | 8.5 | 19.3 | 108.5 |

由表 8-38 可知，男性和女性环卫工人的主要娱乐方式都是看电视，分别占各自总数的 50.7% 和 55.4%。男性打牌的比例远高于女性，同时女性什么也不干的比例高于男性，说明在娱乐方面，男性可能有更多的时间和更多的选择，这也符合常理，因为女性下班后可能需要做家务而没有时间去娱乐。但总体来看，男性、女性在娱乐方面没有明显的不同。

表 8-38　性别与娱乐生活的列联分析结果

| 性别 | 计数及比例 | 娱乐生活 | | | | 合计 |
|---|---|---|---|---|---|---|
| | | 平常空闲时会看电视 | 平常空闲时什么也不干 | 平常空闲时会打牌 | 平常空闲时会做其他事情（如健身） | |
| 男 | 计数（人） | 70 | 17 | 28 | 23 | 138 |
| | 所在行比例（%） | 50.7 | 12.3 | 20.3 | 16.7 | 100.0 |
| | 所在总比例（%） | 14.8 | 3.6 | 5.9 | 4.9 | 29.2 |
| 女 | 计数（人） | 186 | 79 | 9 | 62 | 336 |
| | 所在行比例（%） | 55.4 | 23.5 | 2.7 | 18.4 | 100.0 |
| | 所在总比例（%） | 39.2 | 16.7 | 1.9 | 13.0 | 70.8 |
| 总计 | 计数（人） | 256 | 96 | 37 | 85 | 474 |
| | 所在总比例（%） | 54.1 | 20.3 | 7.8 | 17.8 | 100.0 |

由表 8-39 可知，样本中本地人在空闲时看电视的比例为 76.3%，明显高于外地人的 48.3%。但是外地人空闲时什么也不干和会做其他事情的比例分别为 22.8% 和 20.7%，都高于本地人的比例，这说明本地人对娱乐更为看重，但外地人在娱乐方面的选择性可能更多。

表 8-39　户籍与娱乐生活的列联分析结果

| 户籍 | 计数及比例 | 娱乐生活 | | | | 合计 |
|---|---|---|---|---|---|---|
| | | 平常空闲时会看电视 | 平常空闲时什么也不干 | 平常空闲时会打牌 | 平常空闲时会做其他事情（如健身） | |
| 本地 | 计数（人） | 74 | 10 | 6 | 7 | 97 |
| | 所在行比例（%） | 76.3 | 10.3 | 6.2 | 7.2 | 100.0 |
| | 所在总比例（%） | 17.0 | 2.3 | 1.4 | 1.6 | 22.3 |

续表

| 户籍 | 计数及比例 | 娱乐生活 | | | | 合计 |
|---|---|---|---|---|---|---|
| | | 平常空闲时会看电视 | 平常空闲时什么也不干 | 平常空闲时会打牌 | 平常空闲时会做其他事情（如健身） | |
| 外地 | 计数（人） | 182 | 86 | 31 | 78 | 377 |
| | 所在行比例（%） | 48.3 | 22.8 | 8.2 | 20.7 | 100.0 |
| | 所在总比例（%） | 41.7 | 19.7 | 7.1 | 17.9 | 86.4 |
| 总计 | 计数（人） | 256 | 96 | 37 | 85 | 474 |
| | 所在总比例（%） | 54.1 | 20.3 | 7.8 | 17.8 | 100.0 |

③受尊重方面情况分析结果

由表 8-40 和图 8-16 可知,样本中环卫工人觉得工作时受尊重与不受尊重的比值为 56.4%：43.6%。

表 8-40　工作时是否得到尊重的频数分布

| 统计量 | 工作时是否得到尊重 | | 合计 |
|---|---|---|---|
| | 否 | 是 | |
| 频数（人） | 190 | 246 | 436 |
| 百分比（%） | 43.6 | 56.4 | 100.0 |

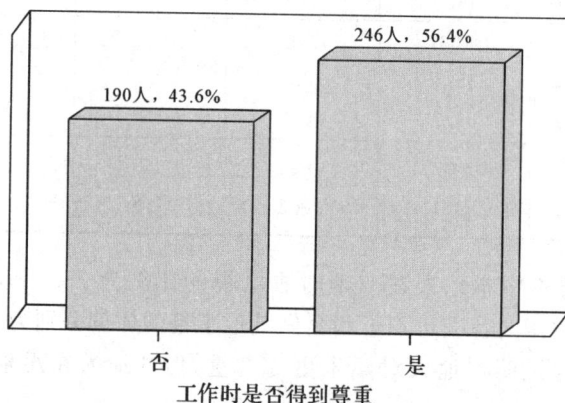

图 8-16　受尊重情况分析

表 8-41 表明,61～65 岁的人和 66 岁及以上的人感觉工作时受到尊重的比例最高,其中后者尤为突出,达到 72.7%。其他各组中,除了 41～45 岁这一组受到尊重的比例低于没有受到尊重的比例外,其余各组的比例基本相同,都是受到尊重的比例略高于不受尊重的比例。再结合皮尔森卡方检验 $p > 0.05$,故接受原假设,即认为年龄与工作时是否受到尊重无关。

表 8-41　年龄分段与是否得到尊重的列联分析结果

| 年龄分段 | 计数及比例 | 工作时是否得到尊重 | | 合计 |
| --- | --- | --- | --- | --- |
| | | 否 | 是 | |
| 40 岁及以下 | 计数（人） | 11 | 17 | 28 |
| | 所在行比例（%） | 39.3 | 60.7 | 100.0 |
| 41～45 岁 | 计数（人） | 49 | 41 | 90 |
| | 所在行比例（%） | 54.4 | 45.6 | 100.0 |
| 46～50 岁 | 计数（人） | 63 | 85 | 148 |
| | 所在行比例（%） | 42.6 | 57.4 | 100.0 |
| 51～55 岁 | 计数（人） | 35 | 46 | 81 |
| | 所在行比例（%） | 43.2 | 56.8 | 100.0 |
| 56～60 岁 | 计数（人） | 18 | 25 | 43 |
| | 所在行比例（%） | 41.9 | 58.1 | 100.0 |
| 61～65 岁 | 计数（人） | 8 | 16 | 24 |
| | 所在行比例（%） | 33.3 | 66.7 | 100.0 |
| 66 岁及以上 | 计数（人） | 6 | 16 | 22 |
| | 所在行比例（%） | 27.3 | 72.7 | 100.0 |
| 总计 | 计数（人） | 190 | 246 | 436 |
| | 所在行比例（%） | 43.6 | 56.4 | 100.0 |

注：皮尔森卡方检验 $p$ 值为 0.234。

由表 8-42 可知，西湖区环卫工人工作时感觉受到尊重的比例比余杭、下城区分别低 12.1% 和 12.8%，说明西湖区环卫工人工作时受到的尊重最低。结合皮尔森卡方检验 $p<0.05$，可知环卫工人所属区域与工作时是否受到尊重有显著关联性。

表 8-42　区域与是否得到尊重的列联分析结果

| 区域 | 计数及比例 | 工作时是否得到尊重 | | 合计 |
| --- | --- | --- | --- | --- |
| | | 否 | 是 | |
| 余杭 | 计数（人） | 26 | 43 | 69 |
| | 所在行比例（%） | 37.7 | 62.3 | 100.0 |
| 西湖 | 计数（人） | 110 | 111 | 221 |
| | 所在行比例（%） | 49.8 | 50.2 | 100.0 |
| 下城 | 计数（人） | 54 | 92 | 146 |
| | 所在行比例（%） | 37.0 | 63.0 | 100.0 |
| 总计 | 计数（人） | 190 | 246 | 436 |
| | 所在行比例（%） | 43.6 | 56.4 | 100.0 |

注：皮尔森卡方检验 $p$ 值为 0.030。

**2. 回归分析**

(1)自变量含定性变量的多元回归模型

①变量选择与定义

本报告对月剩余进行多元回归分析。由月剩余分段数据分别与年龄分段、性别、区域性、户籍、文化水平、月收入、住房、医保和社保进行列联分析,已得年龄分段、区域性、学历、月收入、住房与月剩余分段数据有显著的相关关系,同时考虑到是否高龄与是否余杭区之间有交叉效应,故添加是否余杭区且高龄为新变量,汇总得到如表 8-43 所示的几个自变量。

表 8-43　自变量

| 变量 | 编号 | 说明 |
|------|------|------|
| 年龄分段 | $X_1$ | 与之前的分类相同 |
| 是否余杭区 | $D$ | "是"=1,"否"=0 |
| 本地有房 | $E_1$ | "是"=1,"否"=0 |
| 政府供房 | $E_2$ | "是"=1,"否"=0 |
| 租房 | $E_3$ | "是"=1,"否"=0 |
| 其他住房 | $E_4$ | "是"=1,"否"=0 |
| 文化水平 | $F$ | "文盲"=0,"小学"=1,"初中"=2,"高中"=3 |
| 月收入 | $X_2$ | "0~1500 元"=1,"1500~2000 元"=2,"2000~2500 元"=3,"≥2500 元"=4 |
| 余杭区且高龄 | $D_1 X_1$ | "是"=1,"否"=0 |

②建立回归分析模型

运用 SPSS 软件对数据进行回归分析,选择 Enter 法,得到以下结果。

表 8-44 和表 8-45 为模型拟合分析结果,但由表 8-46 可见,是否余杭区这个变量的显著性检验 $p>0.05$,说明这个变量没有显著意义。同时根据变量之间的 Kendall's tau-b 等级相关系数可知,是否余杭区这个变量与年龄分段的相关性很强,为 $-0.459$,因此本报告剔除该变量,重新进行回归分析,得到如表 8-47 至表 8-49 所示结果。

表 8-44　模型拟合

| Model | $R$ | $R^2$ | Adjusted $R^2$ | Std. Error of the Estimate | Durbin-Watson |
|-------|-----|-------|----------------|----------------------------|---------------|
| 1 | 0.556 | 0.309 | 0.297 | 0.754 | 1.724 |

表 8-45　方差分析

| Model | | Sum of Squares | df | Mean Square | F | Sig. |
|-------|-----------|----------------|-----|-------------|--------|-------|
| 1 | Regression | 108.731 | 8 | 13.591 | 23.923 | 0.000 |
| | Residual | 242.590 | 427 | 0.568 | | |
| | Total | 351.321 | 435 | | | |

表 8-46　系数

| Model | | Unstandardized Coefficients | | Standardized Coefficients | T | Sig. | 95.0% Confidence Interval for B | | Collinearity Statistics | |
| --- | --- | --- | --- | --- | --- | --- | --- | --- | --- | --- |
| | | B | Std. Error | Beta | | | Lower Bound | Upper Bound | Tolerance | VIF |
| 1 | 常数 | −0.349 | 0.245 | | −1.425 | 0.155 | −0.830 | 0.132 | | |
| | 年龄分段 | 0.205 | 0.036 | 0.337 | 5.733 | 0.000 | 0.135 | 0.275 | 0.469 | 2.130 |
| | 本地有房 | 0.600 | 0.140 | 0.261 | 4.285 | 0.000 | 0.325 | 0.875 | 0.435 | 2.297 |
| | 政府供房 | 0.744 | 0.140 | 0.216 | 5.312 | 0.000 | 0.469 | 1.019 | 0.978 | 1.023 |
| | 其他住房 | 0.621 | 0.229 | 0.113 | 2.709 | 0.007 | 0.171 | 1.072 | 0.926 | 1.080 |
| | 文化水平 | 0.275 | 0.058 | 0.204 | 4.713 | 0.000 | 0.160 | 0.389 | 0.865 | 1.156 |
| | 月收入 | 0.440 | 0.075 | 0.404 | 5.832 | 0.000 | 0.292 | 0.588 | 0.338 | 2.962 |
| | 余杭区且高龄 | −0.571 | 0.254 | −0.211 | −2.249 | 0.025 | −1.070 | −0.072 | 0.183 | 5.454 |
| | 是否余杭区 | −0.113 | 0.252 | −0.046 | −0.450 | 0.653 | −0.608 | 0.381 | 0.154 | 6.475 |

由文献得，自变量均为定性变量的回归分析中，$R^2$ 的取值一般较小。调整后的 $R^2$ 为 0.298（见表 8-47），因此本报告认为该拟合程度较为合理。由方差分析结果（见表 8-48）知 $p < 0.05$，说明回归模型符合显著性检验。

表 8-47　模型拟合

| Model | $R$ | $R^2$ | Adjusted $R^2$ | Std. Error of the Estimate | Durbin-Watson |
| --- | --- | --- | --- | --- | --- |
| 1 | 0.556 | 0.309 | 0.298 | 0.753 | 1.722 |

表 8-48　方差分析

| Model | | Sum of Squares | df | Mean Square | F | Sig. |
| --- | --- | --- | --- | --- | --- | --- |
| 1 | Regression | 108.616 | 7 | 15.517 | 27.363 | 0.000 |
| | Residual | 242.705 | 428 | 0.567 | | |
| | Total | 351.321 | 435 | | | |

表 8-49　系数

| Model | | Unstandardized Coefficients | | Standardized Coefficients | T | Sig. | 95.0% Confidence Interval for B | | Collinearity Statistics | |
| --- | --- | --- | --- | --- | --- | --- | --- | --- | --- | --- |
| | | B | Std. Error | Beta | | | Lower Bound | Upper Bound | Tolerance | VIF |
| 1 | 常数 | −0.401 | 0.215 | | −1.868 | 0.062 | −0.824 | 0.021 | | |
| | 年龄分段 | 0.203 | 0.036 | 0.334 | 5.721 | 0.000 | 0.134 | 0.273 | 0.473 | 2.114 |
| | 本地有房 | 0.585 | 0.136 | 0.255 | 4.306 | 0.000 | 0.318 | 0.852 | 0.462 | 2.166 |
| | 政府供房 | 0.743 | 0.140 | 0.216 | 5.313 | 0.000 | 0.468 | 1.018 | 0.978 | 1.023 |
| | 其他住房 | 0.617 | 0.229 | 0.112 | 2.695 | 0.007 | 0.167 | 1.067 | 0.927 | 1.078 |
| | 文化水平 | 0.275 | 0.058 | 0.204 | 4.733 | 0.000 | 0.161 | 0.390 | 0.866 | 1.155 |
| | 月收入 | 0.458 | 0.063 | 0.421 | 7.260 | 0.000 | 0.334 | 0.583 | 0.481 | 2.079 |
| | 余杭区且高龄 | −0.630 | 0.218 | −0.233 | −2.892 | 0.004 | −1.058 | −0.202 | 0.249 | 4.018 |

如表 8-50 所示,为了消除自变量的共线性,首先把租房这个变量剔除,因为它与本地有房、政府供房和其他住房这三个变量之间具有共线性。同时,从表 8-49 中可以看出,各个自变量的 VIF 都小于 10,因此认为挑选出来的自变量之间不存在多重共线性。从各个自变量的显著性检验 $p$ 值来看,每个 $p$ 值均小于 0.05,说明所有变量都具有显著意义。因此,得到回归模型为:

$$Y = -0.401 + 0.203X_1 + 0.585E_1 + 0.743E_2 + 0.617E_4 + 0.275F +$$
$$0.458X_2 - 0.630D_1X_1 \tag{8-1}$$

表 8-50　不包括的变量

| Model | | Beta In | $T$ | Sig. | Partial Correlation | Collinearity Statistics | | |
| --- | --- | --- | --- | --- | --- | --- | --- | --- |
| | | | | | | Tolerance | VIF | Minimum Tolerance |
| 1 | 租房 | | | | | 0.000 | | 0.000 |

由图 8-17 符合随机分布和 D-W 值为 1.722 可以看出,误差项之间不存在自相关。

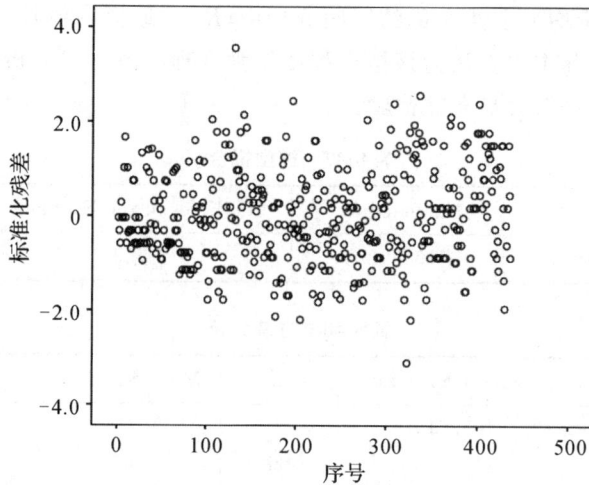

图 8-17　残差

③回代检验

如图 8-18 所示,"PRE_1"命名的变量为根据回归模型拟合出来的数值,"差值"命名的变量是实际值与预测值相减所得到的数据。本报告把绝对差值>1 视为不符合,反之则符合。结果表明符合的样本数为 383 个,样本符合率为 87.84%。因此,认为该模型拟合效果很好。

(2)二值 Logistic 回归模型

①变量选择

首先,本报告将有无兼职与区域性、性别、户籍、文化水平、月收入以及住房情况进行相关性分析,根据 Kendall's tau-b 等级相关系数,有无兼职与户籍、住房情况的相关系数最大,分别为 -0.134、-0.131,但同时这两者之间的相关系数很大,为 0.733。因此选择相关系数最大的变量(即户籍)为自变量,有无兼职为因变量,建立二值 Logistic 回归模型。

| | 序号 | 年龄分组 | 本地有房 | 政府供房 | 租房 | 其他 | 文化水平 | 月工资 | 余杭高龄 | 月剩余分组Y | 区域 | PRE_1 | 差值 |
|---|---|---|---|---|---|---|---|---|---|---|---|---|---|
| 1 | 1 | 5 | 1 | 0 | 0 | 0 | 0 | 1 | 1 | 1 | 1 | 1.03 | -0.03 |
| 2 | 2 | 6 | 1 | 0 | 0 | 0 | 0 | 1 | 1 | 1 | 1 | 1.23 | -0.23 |
| 3 | 3 | 7 | 1 | 0 | 0 | 0 | 0 | 1 | 1 | 1 | 1 | 1.44 | -0.44 |
| 4 | 4 | 6 | 1 | 0 | 0 | 0 | 2 | 1 | 1 | 2 | 1 | 1.78 | 0.22 |
| 5 | 5 | 5 | 1 | 0 | 0 | 0 | 0 | 1 | 1 | 1 | 1 | 1.03 | -0.03 |
| 6 | 6 | 5 | 1 | 0 | 0 | 0 | 0 | 1 | 1 | 1 | 1 | 1.03 | -0.03 |
| 7 | 7 | 6 | 1 | 0 | 0 | 0 | 0 | 1 | 1 | 2 | 1 | 1.23 | 0.77 |
| 8 | 8 | 2 | 0 | 0 | 1 | 0 | 0 | 1 | 0 | 2 | 1 | 0.74 | 1.26 |
| 9 | 9 | 5 | 1 | 0 | 0 | 0 | 0 | 1 | 1 | 1 | 1 | 1.03 | -0.03 |
| 10 | 10 | 7 | 1 | 0 | 0 | 0 | 0 | 1 | 1 | 1 | 1 | 1.44 | -0.44 |
| 11 | 11 | 6 | 1 | 0 | 0 | 0 | 0 | 1 | 1 | 2 | 1 | 1.23 | 0.77 |
| 12 | 12 | 6 | 0 | 0 | 0 | 1 | 0 | 1 | 1 | 1 | 1 | 1.26 | -0.26 |
| 13 | 13 | 6 | 1 | 0 | 0 | 0 | 0 | 1 | 1 | 1 | 1 | 1.23 | -0.23 |
| 14 | 14 | 6 | 1 | 0 | 0 | 0 | 0 | 1 | 1 | 1 | 1 | 1.23 | -0.23 |
| 15 | 15 | 3 | 1 | 0 | 0 | 0 | 1 | 1 | 0 | 1 | 1 | 1.53 | -0.53 |
| 16 | 16 | 6 | 1 | 0 | 0 | 0 | 0 | 1 | 1 | 1 | 1 | 1.23 | -0.23 |
| 17 | 17 | 7 | 1 | 0 | 0 | 0 | 0 | 1 | 1 | 2 | 1 | 1.44 | 0.56 |
| 18 | 18 | 7 | 1 | 0 | 0 | 0 | 0 | 1 | 1 | 2 | 1 | 1.44 | 0.56 |
| 19 | 19 | 7 | 1 | 0 | 0 | 0 | 0 | 1 | 1 | 1 | 1 | 1.44 | -0.44 |
| 20 | 20 | 5 | 1 | 0 | 0 | 0 | 0 | 1 | 1 | 1 | 1 | 1.03 | -0.03 |
| 21 | 21 | 7 | 1 | 0 | 0 | 0 | 0 | 1 | 1 | 1 | 1 | 1.44 | -0.44 |
| 22 | 22 | 4 | 1 | 0 | 0 | 0 | 0 | 1 | 0 | 1 | 1 | 1.46 | -0.46 |
| 23 | 23 | 6 | 1 | 0 | 0 | 0 | 0 | 1 | 1 | 1 | 1 | 1.23 | -0.23 |

图 8-18　部分结果

②定义变量

有无兼职:有兼职＝1,无兼职＝0。

户籍:$X$, $X=\begin{cases}1, & \text{是本地人;} \\ 0, & \text{不是本地人。}\end{cases}$

③构建模型

自变量中需定义一个变量为哑变量,否则会存在共线性。因此,模型可以定义为:

$$\ln \frac{p}{1-p}=\beta_0+\beta_1 X \tag{8-2}$$

运用 SPSS 软件,得到如下结果。由表 8-51 可知,在显著性水平为 0.05 的条件下,对应于 Wald 检验统计量的 $p$ 值均小于 0.05,模型系数显著。故模型结果为:

$$\ln\left(\frac{\hat{p}}{1-\hat{p}}\right)=\beta_0+\beta_1 X_1=-1.562-1.272X \tag{8-3}$$

表 8-51　方程中的变量参数估计

| 统计量 | | $B$ | S. E. | Wald | df | Sig. | Exp($B$) | 95% C. I. for EXP($B$) | |
|---|---|---|---|---|---|---|---|---|---|
| | | | | | | | | Lower | Upper |
| Step 1 | $X$ | -1.272 | 0.482 | 6.971 | 1 | 0.008 | 0.280 | 0.109 | 0.721 |
| | Constant | -1.562 | 0.142 | 120.950 | 1 | 0.000 | 0.210 | | |

用上述模型预测本地人与外地人兼职的情况为:

当 $X=1$ 时,$\ln\left(\frac{\hat{p}}{1-\hat{p}}\right)=-1.562-1.272\times1=-2.834$,即 $\hat{p}=5.56\%$,说明本地人中有 5.56% 的人有兼职。

当 $X=0$ 时,$\ln\left(\frac{\hat{p}}{1-\hat{p}}\right)=-1.562-1.272\times0=-1.562$,即 $\hat{p}=17.34\%$,说明外地人中有 17.34% 的人有兼职。

由以上分析可以看出,外地人有兼职的比例比本地人高出 11.78%,外地人中有兼职的比例远远大于本地人中有兼职的。这说明在兼职方面,外地人选择兼职的可能性更高。其主要原因可能是由于外地人比本地人生活压力更大,如需支付房租等。

### (三)满意度调查结果分析

#### 1.量表分析

对量表部分,首先做一个初步的描述性分析,了解各个因素的基本得分情况。其次,再对其进行因子分析,建立因子分析模型,找出影响环卫工人对生活满意度评价的主要因素。最后,将总评分作为因变量 Y,其余各因素作为自变量,进行 Logistic 回归分析。

(1)描述性分析

当 $k=5$ 且样本为均匀分布时,熵达到最大值 1.609,G-S 指数取最大值 0.8。由表 8-52可知,对每月收入的满意度的熵值为 1.280、G-S 指数为 0.667,对现有住处的满意度的熵值为 1.258、G-S 指数为 0.664,对现有医保的满意度的熵值为 1.371、G-S 指数为 0.701,对现有社保的满意度的熵值为 1.357、G-S 指数为 0.692。这四组的熵值都较为接近 1.609,G-S值也接近 0.8,所以这四组的分布都接近均匀分布。对每月作息时间的满意度、对现有饮食状况的满意度、对现有文化生活的满意度、对所受到的尊重的满意度、对现在生活总体情况的满意度这五组的熵值分别为 1.118、1.062、0.966、1.093、1.058,距 1.609 较远,G-S 指数分别为 0.595、0.581、0.523、0.644、0.581,离 0.8 的差距较大,故认为这五组的分布不均匀。

表 8-52　各因素的情况分析

| 满意度 | 和 | 均值 | 均值的标准误 | 众数 | 偏度 | 熵 | G-S 指数 |
|---|---|---|---|---|---|---|---|
| 对每月收入的满意度 | 1232 | 2.83 | 0.042 | 3 | 0.088 | 1.280 | 0.667 |
| 对每月作息时间的满意度 | 1348 | 3.09 | 0.036 | 3 | 0.145 | 1.118 | 0.595 |
| 对现有住处的满意度 | 1205 | 2.76 | 0.042 | 3 | 0.394 | 1.258 | 0.664 |
| 对现有饮食状况的满意度 | 1402 | 3.22 | 0.034 | 3 | −0.013 | 1.062 | 0.581 |
| 对现有医保的满意度 | 1417 | 3.25 | 0.048 | 3 | −0.381 | 1.371 | 0.701 |
| 对现有社保的满意度 | 1381 | 3.17 | 0.049 | 3 | −0.407 | 1.357 | 0.692 |
| 对现有文化生活的满意度 | 1214 | 2.78 | 0.031 | 3 | −0.493 | 0.966 | 0.523 |
| 对所受到的尊重的满意度 | 1265 | 2.90 | 0.038 | 3 | −0.021 | 1.093 | 0.644 |
| 对现在生活总体情况的满意度 | 1332 | 3.06 | 0.033 | 3 | 0.208 | 1.058 | 0.581 |

(2)因子分析

①信度检验

由表 8-53 可知,标准化后的克朗巴哈系数为 0.666(>0.6),对于社会调查来说,其信度是可以通过的。

表 8-53　信度统计——克朗巴哈系数

| 克朗巴哈系数 | 标准化后的克朗巴哈系数 |
|---|---|
| 0.658 | 0.666 |

由表 8-54 可知,各因素得分之间的均值差异不大,均为 2.764～3.250,方差为 0.427～1.027。8 个因素均值的方差只有 0.041,同样各因素之间方差的差异也很小,为 0.051,没有发现极端的因素。

表 8-54　变量综合统计

| 统计量 | 均值 | 极小值 | 极大值 | 范围 | 极大值/极小值 | 方差 |
|---|---|---|---|---|---|---|
| 项的均值 | 3.000 | 2.764 | 3.250 | 0.486 | 1.176 | 0.041 |
| 项的方差 | 0.711 | 0.427 | 1.027 | 0.600 | 2.405 | 0.051 |
| 项之间的相关性 | 0.200 | −0.009 | 0.800 | 0.809 | −93.905 | 0.026 |

由表 8-55 最后一列可知,删除其中任一个因素,量表的信度并不会有所增加。因此,在后续分析中,每个变量都应该用来分析环卫工人对生活满意度评价的影响。

表 8-55　删除相应的因素后信度的变化

| 满意度 | 校正的项总计相关系数 | 多元相关系数的平方 | 项已删除的克朗巴哈系数 |
|---|---|---|---|
| 对每月收入的满意度 | 0.347 | 0.260 | 0.627 |
| 对每月作息时间的满意度 | 0.397 | 0.217 | 0.617 |
| 对现有住处的满意度 | 0.306 | 0.197 | 0.638 |
| 对现有饮食状况的满意度 | 0.437 | 0.219 | 0.610 |
| 对现有医保的满意度 | 0.363 | 0.650 | 0.625 |
| 对现有社保的满意度 | 0.374 | 0.645 | 0.622 |
| 对现有文化生活的满意度 | 0.296 | 0.146 | 0.640 |
| 对所受到的尊重的满意度 | 0.311 | 0.174 | 0.636 |

如表 8-56 所示,方差分析的结果 $F = 31.266$,$p < 0.05$,则说明这 8 个因素对生活满意度的影响是有显著差异的。另外,Tukey 的非可加性检验结果显示 $p < 0.05$,说明各因素之间存在交互作用。

表 8-56　方差分析

| | | | 平方和 | 自由度 | 均方 | F 值 | Sig. 值 |
|---|---|---|---|---|---|---|---|
| 各组之间 | | | 728.500 | 435 | 1.675 | | |
| 组内 | 项之间 | | 125.495 | 7 | 17.928 | 31.266 | 0.000 |
| | 残差 | 非可加性 | 10.562 | 1 | 10.562 | 18.526 | 0.000 |
| | | 平衡 | 1735.443 | 3044 | 0.570 | | |
| | | 总计 | 1746.005 | 3045 | 0.573 | | |
| | 总计 | | 1871.500 | 3052 | 0.613 | | |
| 总计 | | | 2600.000 | 3487 | 0.746 | | |

　　表 8-57 中第一部分包括对每月收入的满意度、对现有饮食状况的满意度、对现有医保的满意度、对所受到的尊重的满意度;第二部分包括对每月作息时间的满意度、对现有住处的满意度、对现有社保的满意度、对现有文化生活的满意度。

　　两个部分的相关系数值为 0.681,较为理想。所得到的斯皮尔曼-布朗系数和古特曼分半系数分别是 0.810 和 0.809,两个数值均大于 0.7,说明折半信度较高。

表 8-57　折半信度系数

| | | | |
|---|---|---|---|
| 克朗巴哈系数 | 第一部分 | 系数值 | 0.407 |
| | | 因素个数 | 4 |
| | 第二部分 | 系数值 | 0.355 |
| | | 因素个数 | 4 |
| | 因素总个数 | | 8 |
| 两个部分的相关系数 | | | 0.681 |
| 斯皮尔曼-布朗系数 | | 因素个数相等时 | 0.810 |
| | | 因素个数不等时 | 0.810 |
| 古特曼分半系数 | | | 0.809 |

②建立因子分析模型

　　一般认为 KMO 大于 0.5,即可接受使用因子分析法。由表 8-58 可得 KMO=0.644,故认为适用因子分析法。同时 Bartlett's 球形检验的值为 805.385,自由度为 28,$p<0.05$,代表母群体的相关矩阵间有共同因素存在,同样认为适用因子分析法。

表 8-58　KMO 和 Bartlett's 球形检验结果

| | | |
|---|---|---|
| 取样足够度的 Kaiser-Meyer-Olkin 度量 | | 0.644 |
| Bartlett's 球形检验 | 近似卡方 | 805.385 |
| | 自由度 | 28 |
| | Sig. | 0.000 |

　　由表 8-59 可知,前 5 个公共因子的累计方差贡献率为 82.784％。可见取前 5 个因子时,已提取了各原始变量 82％左右的信息。从理论上讲,累计方差贡献率应大于 85％,但在实际的社会调查中,认为大于 80％也是满足需求的。

表 8-59　因子解释原始变量总方差的情况

| 成分 | 初始特征值 | | | 提取平方和载入 | | | 旋转平方和载入 | | |
|---|---|---|---|---|---|---|---|---|---|
| | 合计 | 方差的比例（％） | 累计比例（％） | 合计 | 方差的比例（％） | 累计比例（％） | 合计 | 方差的比例（％） | 累计比例（％） |
| 1 | 2.413 | 30.167 | 30.167 | 2.413 | 30.167 | 30.167 | 1.857 | 23.210 | 23.210 |
| 2 | 1.728 | 21.605 | 51.772 | 1.728 | 21.605 | 51.772 | 1.462 | 18.280 | 41.491 |
| 3 | 1.013 | 12.657 | 64.429 | 1.013 | 12.657 | 64.429 | 1.211 | 15.137 | 56.628 |
| 4 | 0.785 | 9.816 | 74.245 | 0.785 | 9.816 | 74.245 | 1.095 | 13.691 | 70.319 |
| 5 | 0.683 | 8.539 | 82.784 | 0.683 | 8.539 | 82.784 | 0.997 | 12.465 | 82.784 |
| 6 | 0.619 | 7.740 | 90.524 | | | | | | |
| 7 | 0.562 | 7.024 | 97.547 | | | | | | |
| 8 | 0.196 | 2.453 | 100.000 | | | | | | |

　　从图 8-19 看出,从第 5 个因子以后,特征值差异较小,折线趋于平缓。综合考虑,本报告认为可提取前 5 个公共因子即可。

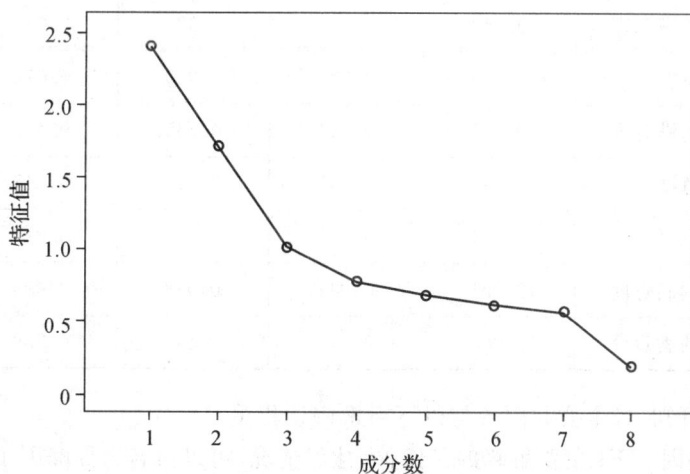

图 8-19　碎石图

　　表 8-60 是未经过旋转的因子载荷矩阵,然而初始载荷矩阵结构不够简单,各因子的典型代表变量不很突出,容易使因子的意义含糊不清,不便于对因子进行解释。为此需对因子载荷矩阵实行旋转,达到简化结构的目的,使各变量在某单个因子上有高额载荷,而在其余因子上只有小到中等的载荷。在运用方差最大正交旋转法之后,得到旋转因子载荷矩阵(见表 8-61)。由此可以看出,经旋转后,因子便于进行命名和解释。

表 8-60　旋转前的因子载荷矩阵

| 满意度 | 成分 | | | | |
|---|---|---|---|---|---|
| | 1 | 2 | 3 | 4 | 5 |
| 对每月收入的满意度 | 0.597 | −0.403 | −0.249 | 0.276 | 0.019 |
| 对每月作息时间的满意度 | 0.613 | −0.116 | −0.432 | 0.417 | −0.221 |
| 对现有住处的满意度 | 0.544 | −0.386 | −0.126 | −0.455 | 0.470 |
| 对现有饮食状况的满意度 | 0.649 | −0.048 | −0.209 | −0.457 | −0.296 |
| 对现有医保的满意度 | 0.478 | 0.812 | 0.008 | −0.009 | 0.064 |
| 对现有社保的满意度 | 0.485 | 0.800 | 0.053 | 0.037 | 0.131 |
| 对现有文化生活的满意度 | 0.485 | −0.187 | 0.650 | −0.118 | −0.433 |
| 对所受到的尊重的满意度 | 0.517 | −0.258 | 0.528 | 0.323 | 0.341 |

表 8-61　方差最大正交旋转后的因子载荷矩阵

| 满意度 | 成分 | | | | |
|---|---|---|---|---|---|
| | 1 | 2 | 3 | 4 | 5 |
| 对每月收入的满意度 | −0.085 | 0.718 | 0.271 | 0.065 | 0.239 |
| 对每月作息时间的满意度 | 0.142 | 0.880 | 0.026 | 0.046 | 0.001 |
| 对现有住处的满意度 | −0.035 | 0.135 | 0.910 | 0.012 | 0.202 |
| 对现有饮食状况的满意度 | 0.215 | 0.344 | 0.535 | 0.459 | −0.320 |
| 对现有医保的满意度 | 0.942 | 0.047 | 0.011 | 0.047 | −0.023 |
| 对现有社保的满意度 | 0.944 | 0.038 | 0.008 | 0.022 | 0.067 |
| 对现有文化生活的满意度 | 0.021 | 0.044 | 0.038 | 0.905 | 0.266 |
| 对所受到的尊重的满意度 | 0.063 | 0.173 | 0.145 | 0.239 | 0.849 |

由表 8-61 可知,各个公共因子与以下因素密切相关:

第一个公共因子 F1 主要解释的是医保、社保情况,可以命名为保障因子;

第二个公共因子 F2 主要解释的是月收入、作息时间,可以命名为工作因子;

第三个公共因子 F3 主要解释的是住处、饮食状况,可以命名为生活因子;

第四个公共因子 F4 主要解释的是文化生活,可以命名为娱乐因子;

第五个公共因子 F5 主要解释的是受到的尊重,可以命名为尊重因子。

从理论上讲,最后得到的因子之间相互独立,没有相关性。表 8-62 结果表明 5 个因子之间的相关性较低。可见,对因子进行旋转是完全有必要的。

表 8-62　因子转换矩阵

| 成分 | 1 | 2 | 3 | 4 | 5 |
| --- | --- | --- | --- | --- | --- |
| 1 | 0.459 | 0.587 | 0.465 | 0.400 | 0.263 |
| 2 | 0.880 | −0.257 | −0.300 | −0.135 | −0.227 |
| 3 | 0.023 | −0.519 | −0.201 | 0.575 | 0.599 |
| 4 | −0.002 | 0.507 | −0.675 | −0.263 | 0.466 |
| 5 | 0.121 | −0.251 | 0.445 | −0.649 | 0.551 |

由表 8-63 可以看出,前 5 个因子解释了杭州市环卫工人生活满意度影响因素的82.784%的原因。其中,F1 解释了 23.210%的原因,表明医保和社保这两项基本保障是影响环卫工人生活满意度的重要因素;F2 解释了 18.280%的原因,表明月收入与作息时间是两个较为主要的因素;F3、F4 和 F5 分别解释了 15.137%、13.691%和 12.465%的原因,起到了补充作用。

表 8-63　环卫工人生活满意度影响因素结果汇总

| 因子编号 | 因子名称 | 因素编号 | 因素名称 | 主因子 | | | | |
| --- | --- | --- | --- | --- | --- | --- | --- | --- |
| | | | | 1 | 2 | 3 | 4 | 5 |
| F1 | 保障因子 | C5 | 医保 | 0.924 | | | | |
| | | C6 | 社保 | 0.944 | | | | |
| F2 | 工作因子 | C1 | 月收入 | | 0.718 | | | |
| | | C2 | 作息时间 | | 0.880 | | | |
| F3 | 生活因子 | C3 | 住处 | | | 0.910 | | |
| | | C4 | 饮食 | | | 0.535 | | |
| F4 | 娱乐因子 | C7 | 文化生活 | | | | 0.905 | |
| F5 | 尊重因子 | C8 | 受到的尊重 | | | | | 0.849 |
| 方差贡献率(%) | | | | 23.210 | 18.280 | 15.137 | 13.691 | 12.465 |
| 累计方差贡献率(%) | | | | 23.210 | 41.491 | 56.628 | 70.319 | 82.784 |

(3)多值 Logistic 回归模型

①变量选择

首先,本报告将对生活总体的满意度与其他 8 项进行相关性分析,根据 Kendall's tau-b 等级相关系数显示,对生活总体的满意度与对月收入、住处、饮食状况、文化生活和所受到的尊重的相关系数较大,分别为 0.321、0.392、0.353、0.322 和 0.332,但同时对住处和饮食情况的满意度这两者与对文化生活和所受到的尊重这两者之间的相关系数较大,分别为0.272 和 0.324,故分别选择其相关系数较大的变量,即对住处的满意度和对所受到尊重的满意度。因此,把对生活总体的满意度作为因变量,对月收入的满意度、对住处的满意度和对所受到尊重的满意度三者作为自变量,建立多值 Logistic 回归模型。

②定义变量

$Y$:对生活总体的满意度。其中,$Y=0$,不满意;$Y=1$,一般;$Y=2$,满意。

$X_1$:对月收入的满意度。其中,$X_{11}=0$,不满意;$X_{12}=1$,一般;$X_{13}=2$,满意。

$X_2$:对现在住处的满意度。其中,$X_{21}=0$,不满意;$X_{22}=1$,一般;$X_{23}=2$,满意。

$X_3$:对受到尊重的满意度。其中,$X_{31}=0$,不满意;$X_{32}=1$,一般;$X_{33}=2$,满意。

③构建模型

因为因变量有 3 个选择,本报告要选择一个因变量的取值为基准因变量,同时各个自变量也要设置一个哑变量,否则会存在共线性,为此将建立如下两个模型。

当 $Y=0$ 时,则:

$$\ln \frac{p(Y=0)}{p(Y=2)}=\beta_{10}+\beta_{11}X_{11}+\beta_{12}X_{12}+\beta_{13}X_{21}+\beta_{14}X_{22}+\beta_{15}X_{31}+\beta_{16}X_{32} \qquad (8\text{-}4)$$

当 $Y=1$ 时,则:

$$\ln \frac{p(Y=1)}{p(Y=2)}=\beta_{20}+\beta_{21}X_{11}+\beta_{22}X_{12}+\beta_{23}X_{21}+\beta_{24}X_{22}+\beta_{25}X_{31}+\beta_{26}X_{32} \qquad (8\text{-}5)$$

运用 SPSS 软件,得到如表 8-64 所示结果。由表 8-64 知,模型的似然比检验 $p<0.05$,说明模型成立。

表 8-64　模型拟合信息

| 模型拟合标准 | 似然比检验 | | |
|---|---|---|---|
| −2 对数似然值 | 卡方 | 自由度 | Sig. |
| 150.668 | 151.687 | 12 | 0.000 |

由表 8-65 可知,在显著性水平为 0.05 的条件下,各参数 $\beta_i$ 的 Wald 检验统计量的 $p$ 值均小于 0.05,都通过检验。则最终可得到如下模型:

$$\ln \frac{p(Y=0)}{p(Y=2)}=4.876+2.132X_{20}+1.021X_{12}+3.289X_{21}+1.306X_{22}+$$
$$2.767X_{31}+1.544X_{32} \qquad (8\text{-}6)$$

$$\ln \frac{p(Y=1)}{p(Y=2)}=1.440+1.302X_{11}+0.805X_{12}+1.962X_{21}+0.985X_{22}+$$
$$1.075X_{31}+0.915X_{32} \qquad (8\text{-}7)$$

表 8-65　参数估计

| 对现在生活总体情况的满意度 | | $B$ | 标准误 | Wald | 自由度 | Sig. | $Exp(B)$ | $Exp(B)$的置信区间95% | |
|---|---|---|---|---|---|---|---|---|---|
| | | | | | | | | 下限 | 上限 |
| 不满意 | 截距 | −4.876 | 0.885 | 30.380 | 1 | 0.000 | | | |
| | $X_{11}$ | 2.132 | 0.623 | 11.720 | 1 | 0.001 | 8.428 | 2.487 | 28.557 |
| | $X_{12}$ | 1.021 | 0.583 | 3.068 | 1 | 0.049 | 2.777 | 0.886 | 8.710 |
| | $X_{13}$ | 0 | | | 0 | | | | |
| | $X_{21}$ | 3.289 | 0.720 | 20.877 | 1 | 0.000 | 26.829 | 6.543 | 110.004B |
| | $X_{22}$ | 1.306 | 0.689 | 3.596 | 1 | 0.038 | 3.691 | 0.957 | 14.236 |
| | $X_{23}$ | 0 | | | 0 | | | | |
| | $X_{31}$ | 2.767 | 0.643 | 18.486 | 1 | 0.000 | 15.905 | 4.506 | 56.136 |
| | $X_{32}$ | 1.544 | 0.611 | 6.376 | 1 | 0.012 | 4.683 | 1.413 | 15.525 |
| | $X_{33}$ | 0 | | | 0 | | | | |
| 一般 | 截距 | −1.440 | 0.347 | 17.241 | 1 | 0.000 | | | |
| | $X_{11}$ | 1.302 | 0.402 | 10.509 | 1 | 0.001 | 3.677 | 1.673 | 8.081 |
| | $X_{12}$ | 0.805 | 0.320 | 6.349 | 1 | 0.012 | 2.237 | 1.196 | 4.186 |
| | $X_{13}$ | 0 | | | 0 | | | | |
| | $X_{21}$ | 1.962 | 0.419 | 21.981 | 1 | 0.000 | 7.116 | 3.133 | 16.163 |
| | $X_{22}$ | 0.985 | 0.326 | 9.120 | 1 | 0.003 | 2.677 | 1.413 | 5.072 |
| | $X_{23}$ | 0 | | | 0 | | | | |
| | $X_{31}$ | 1.075 | 0.386 | 7.764 | 1 | 0.005 | 2.930 | 1.376 | 6.241 |
| | $X_{32}$ | 0.915 | 0.310 | 8.737 | 1 | 0.003 | 2.497 | 1.361 | 4.580 |
| | $X_{33}$ | 0 | | | 0 | | | | |

将变量值代入模型(8-6)、(8-7)，可以得到相应拟合值。举例分析：

当选择 $X_{11}$、$X_{21}$ 和 $X_{31}$ 时，代入式(8-6)，得 $\dfrac{p(Y=0)}{p(Y=2)}=27.44$。这说明相对于对总体生活满意的人而言，对收入、住房和所受到的尊重都不满意的人对总体生活也不满意的发生比是对收入、住房和所受到的尊重觉得一般或满意的人对总体生活不满意的发生比的27.44 倍。

当选择 $X_{11}$、$X_{21}$ 和 $X_{31}$ 时，代入式(8-7)，得 $\dfrac{p(Y=1)}{p(Y=2)}=18.15$。这说明相对于对总体生活满意的人而言，对收入、住房和所受到的尊重都不满意的人对总体生活觉得一般的发生比是对收入、住房和所受到的尊重觉得一般或满意的人对总体生活觉得一般的发生比的18.15 倍。

**2. 需改善方面情况分析**

本项目在需改善方面共设计了三个问题,其中两个为多选题,分别考虑物质生活与精神生活方面的改善诉求。另有一个开放式问题,希望获得除了调查问卷中所列出的选项以外的其他诉求,但是由于被调查者对于这种主观问题理解不足,绝大部分人都很排斥,不会或不愿回答,故回答率极低,不具代表性,此处不予分析。以下是两个多选题的分析。

(1)物质生活方面

由表 8-66 可知,觉得收入需要改善和觉得住房需要改善的人分别占 33.5% 和 32.8%,远超其他选项。觉得工作时间需要改善的人数比例排第三,为 10.6%。这说明收入与住房是环卫工人最迫切、最需要改善的两个方面。同时工作时间也需要进行适当调整,降低工作强度。觉得没什么需要改善的人占 9.5%,这也从另一方面说明大部分人觉得自己的生活并不如意,需要改善。从医保、社保及饮食需要改善的比例来看,这两方面也有待加强。

表 8-66　物质生活方面情况分析

| 物质生活方面需要改善的 | 响应值 | | 个案百分比(%) |
|---|---|---|---|
| | 频数(个) | 百分比(%) | |
| 觉得收入需要改善 | 222 | 33.5 | 50.9 |
| 觉得工作时间需要改善 | 70 | 10.6 | 16.1 |
| 觉得住房需要改善 | 217 | 32.8 | 49.8 |
| 觉得饮食需要改善 | 46 | 7.0 | 10.6 |
| 觉得社保、医保需要改善 | 44 | 6.6 | 10.1 |
| 觉得没什么需要改善的 | 63 | 9.5 | 14.5 |
| 总计 | 662 | 100.0 | 151.8 |

(2)精神生活方面

由表 8-67 可知,觉得要得到更多尊重的人最多,占 55.3%,觉得没什么需要改善的人数第二多,占 20.1%,觉得文体、娱乐活动需要改善的人分别占 9.8% 和 14.8%。由此可以看出,大部分人对自己的精神生活并不满意,最突出的需要改善的是受尊重程度,说明环卫工人被人所轻视的问题急需改变,而文体与娱乐方面则有待加强。

表 8-67　精神生活方面情况分析

| 物质生活方面需要改善的 | 响应值 | | 个案百分比(%) |
|---|---|---|---|
| | 频数(个) | 百分比(%) | |
| 觉得要增加文体活动 | 47 | 9.8 | 10.8 |
| 觉得要增加娱乐活动 | 71 | 14.8 | 16.3 |
| 觉得要得到更多尊重 | 265 | 55.3 | 60.8 |
| 觉得没什么需要改善的 | 96 | 20.1 | 22.0 |
| 总计 | 479 | 100.0 | 109.9 |

# 三、描述与结论

## (一)基本信息描述

(1)环卫工人中以女性居多,年龄趋老化,且文化程度普遍较低。杭州市环卫工人男女比例接近 3∶7,女性居多。在回收的 436 份有效问卷中,有 314 份来自女性。且环卫工人老龄化严重,在取得的样本中,年龄的均值为 48.97,接近 50 岁,众数为 45。40 岁及以下的人只有 28 个,占样本总数的 6.4%,其中最小的也有 35 岁。41~50 岁的人占样本总数的54.5%,51 岁及以上的人占了 39.1%,其中 61 岁及以上的人占了 10.6%,最大的有 72 岁。除了老龄化问题,环卫工人的文化水平普遍偏低。学历为小学的人数占样本总数的50.5%,甚至还有 38.5% 的人为文盲,两者一共占了样本总数的 89%,近乎九成。而初中学历的人占样本总数的 10.3%;高中学历的人更是仅占 0.7%,只有 3 个人。

(2)环卫工人以外地人居多,且过年过节难以回家。杭州市环卫工人本地人、外地人的比例约为 2∶8,外地人居多。而在 346 位外地被调查者中节假日都能回家的只有 1 人;有65 人只能偶尔回家,占外地人总数的 18.8%;有 280 人节假日一般不能回家,占外地人总数的 80.9%。

## (二)生活状况描述

(1)工作时间虽不长,但工作辛苦,且加班普遍。环卫工人每日工作时间为 7~8 个小时。时间长度虽然合理,但实际上却很辛苦。杭州市环卫工作分两个班次,早班到 11 点半,工人需要凌晨 3—4 点开始工作,且没有周末。工人加班现象普遍,虽然环卫所限制环卫工人每周加班的时间,但仍有 47.2% 的人选择加班。

(2)医保、社保覆盖率很高,但需进一步加强。杭州市环卫工人医保、社保的覆盖率很高,在调查的 436 人中,有 378 人有医保和社保,占样本总数的 86.7%,但仍有 8.9% 的人没有医保、社保,4.4% 的人医保、社保不全。且调查的不同区的情况不一样,下城区覆盖率最高,环卫工人同时有医保和社保的比例达到 93.8%,余杭区最低,只有 82.6%。这说明杭州市环卫工人的医保、社保工作有待进一步加强。

(3)大部分外地人自己租房,增加了生活负担。在杭州市外地环卫工人中,只有少数获得了政府提供的免费住房,在调查的样本中,获得政府提供住房的外地人有 32 个,占外地人总数的 9.2%,大部分外地人需要自己租房,杭州市消费水平较高,房租较贵,这无疑加重了外地环卫工人的生活负担。

(4)工资较低,且工资区域性区分明显。由样本数据计算可得杭州市环卫工人的平均月收入只有 2000 元左右,杭州市人均月收入为 3600 元,接近环卫工人平均月收入的 2 倍。在调查的样本中,环卫工人月收入超过 2500 元的人数仅有 37 人,占总数的 8.5%。而月收入不足平均值 2000 元的人数仍占总数的 28.2%。不同城区的月收入水平也相去甚远,在经济发达的下城区,83.6% 环卫工人的月收入超过 2000 元,但在经济不发达的余杭区则没有一个人月收入超过 2000 元。

(5)月剩余较少,很多人几乎没有剩余。杭州市环卫工人每月能剩余下来的钱不多。

在所调查的 436 人中,每月剩余 600 元以下的人占总数的 77.5％,其中月剩余 0～300 元的占了 45.6％,可以看出很大一部分人每月几乎没有剩余。而每月剩余 600 元及以上的人占 22.5％,只占少数,其中能剩余 1000 元及以上的人更是只有 4.1％。

(6)文体活动匮乏,娱乐活动单调。杭州市环卫工人缺乏文体活动。在调查的样本中,85.1％的人基本没有文体活动。有 14.2％的人参加过环卫处组织的文体活动,说明环卫处组织的文体活动并不面向所有环卫工人,而参加环卫工人自己组织的活动的人仅占 1.4％。杭州环卫工人不仅文体活动匮乏,而且娱乐生活单一。虽然调查结果显示有 79.7％的环卫工人在闲暇时有娱乐活动,但 54.1％的人的娱乐活动是看电视,有多种选择的人只占 17.8％,且仍有 20.3％的人表示没有娱乐活动。

(7)社会地位低下,所受尊重不足。杭州市环卫工人工作时受尊重状况堪忧,在所调查的样本中,有 43.6％的人表示自己工作时不受尊重。且这种情况尤以西湖区为甚,感觉不受尊重的比例达到 49.8％,几乎一半环卫工人有此感受。

### (三)满意度描述

(1)满意度的分布很均匀,大部分人觉得不好也不坏。从量表上看,满意度的分布很均匀,熵值与 G-S 指数显示各类满意度的分布接近均匀分布。从得分上看,所有的得分都集中在 3 附近,总体满意度略大于 3。

(2)生活满意度受多种因素影响。杭州市环卫工人的生活满意度主要受 5 种因素影响,这些因素分别为工作、保障、生活、娱乐、尊重。

(3)生活满意度的最重要影响因素。影响杭州市环卫工人的生活满意度的最重要因素是收入、住房和受到的尊重。这说明环卫工人不仅看重收入与住房等物质方面,而且关注工作本身的受尊重程度。

### (四)需求描述

本调查考虑了物质需求与精神需求,从取得的 436 份问卷的分析结果来看,在物质生活方面,环卫工人最希望改善的是收入与住房,其次是工作时间安排,在精神生活方面最希望获得的是受到尊重。

### (五)结论

杭州市环卫工人生活状况需要改善,虽然从满意度上来看,他们并没有过多的不满,但也没有特别满意,反映出的更多的是一种无奈:不好但也说不上不满,能生存但也谈不上满意。从需求上看,环卫工人还是迫切希望自己的生活能得到改善。其主要问题是:

(1)工作时间安排不够合理;

(2)保障问题有待进一步改善;

(3)住房问题亟待解决;

(4)工资有待提高;

(5)文体、娱乐活动需要加强;

(6)受尊重问题需要重视。

# 四、对策与建议

(1)适当调整工作时间,合理排班,依法增加加班费。晚班的时间可以延长,减轻早班的工作负担。合理排班,尽量减轻环卫工人的工作量,可考虑以多人承担、轮班等方法来分散作业压力。依照《劳动法》规定,加班加点应依法支付加班工资。国家法定节假日加班应支付300%的工资。环卫工人作为城市光荣的劳动者理应享受我国宪法和劳动法所赋予的基本权利。如果特殊情况下需要环卫工人加班的,相关单位应依法支付环卫工人相应的加班工资。

(2)加大资金投入,提高道路机械化作业率,加强环卫设施建设,保证环卫工人工作时的人身安全。尽量采用和推广机械化作业方式,缩小人工作业的范围,尤其是快车道等危险路段。尽量避免环卫工人单独作业,积极推行相对集中作业,这样环卫工人之间可相互照应。加强环卫设施建设,加大环卫工人休息点建设,使工人的工作更方便、更安全。

(3)进一步完善保障体系,使每一位环卫工人的生活得到保障。社会保障权也是我国法律赋予工人的一项基本权利。环卫工人依法享有劳动社会保障权。杭州市环卫工人医保、社保的覆盖率都未能达到100%,应尽快予以解决。同时,尽可能为环卫工人购买工伤保险、意外伤害保险,有条件的情况下设立作业安全基金,并将其纳入城市最低生活保障体系;建立环卫工人子女助学机制和贫困家庭帮扶机制,以便较好地解决环卫工人遭遇交通事故后的医疗问题、生活困难问题、补偿问题和子女教育问题等。

(4)改善环卫工人住宿条件,尽量使每一位工人有房可住,暂时无法安排的应给予适当租房补助。对已经解决住房的工人,应尽量改善他们的住宿条件,增加必要的生活设施。同时加大员工宿舍与廉租房的建设,尽快使每一位环卫工人的住房问题得到解决。在安排员工住处时,应尽量靠近他们的工作地点,方便工人的工作与生活。同时,对于暂时无法解决住房的环卫工人,应给予适当的租房补助,减轻他们的生活负担。

(5)依法提高环卫工人待遇,增加工人收入。逐步提高环卫工人的工资水平,加大岗位津补贴向一线环卫工人倾斜的力度。建议提高直接从事垃圾处置、粪池清理、道路清扫保洁、公厕管理等一线作业人员的特殊岗位津贴标准。设立专项考核奖励基金政策,以充分调动他们的工作积极性,建议每月每人给予一定的考核奖励基金,由环卫所和街道共同考评,保洁员负责保洁的区域也由环卫所和街道负责管理。

(6)加强环卫工人精神文明建设,多组织文体活动,并鼓励所有环卫工人参加。加强环卫工人的精神文明建设是改善环卫工人基本生活状况的重要组成部分。对此,环卫所应有足够的重视,多组织一些文体活动。这样不仅丰富了环卫工人的精神生活,还可以调动环卫工人的工作积极性,激发他们的工作热情,增加他们的归属感与自豪感。

(7)引导环卫工人选择娱乐生活,丰富工人的精神世界。合理安排工作时间,保证环卫工人有足够的休息时间,适当引导环卫工人选择休闲娱乐生活的方式。

(8)加强教育和舆论宣传,提高公众环保意识,提高环卫工人的社会地位,使之受到应有的尊重。社会公众的环保意识不强和城市意识薄弱是城市生活垃圾与日俱增的根本因素。通过教育和舆论宣传来提高社会公众的环保意识,是保障环卫工人劳动成果及合法权益的根本途径。加大宣传教育力度,提升市民素质,营造尊重环卫工人的社会氛围。首先通过教育和舆论宣传使人们认识到"职业无优劣,工作无等级,劳动无贵贱";其次,让人们认识到环卫工作的重要性,让人们从内心尊重环卫工人,尊重他们的劳动成果;再次,通过舆论宣传、教育树立环保先进模范,并对其进行表扬、激励,对污染和破坏环境卫生的行为给予批评和教育,严重者给予一定的处罚;最后,组织开展一些活动,多宣传、报道在环卫等一线岗位上爱岗奉献的先进人物,让社会公众了解环卫行业,让环卫工人多一些归属感和自豪感,以此来逐步提升环卫工人的社会地位和形象,使环卫工人得到应有的尊重。

# 参考文献

[1] 陈少杰.浅谈农民环卫工生存现状及如何稳定环卫队伍[J].现代经济信息,2009(7):234-235.

[2] 候莉.谈环卫工作在城市中的作用[R].华东地区第九届废弃物处理研讨会,2006.

[3] 金舜.上海市容环卫管理改革对策研究[D].上海:上海交通大学,2007.

[4] 李伯祥.市场化运作是环卫改革的必由之路——对经济欠发达地区环卫行业改革的思考[J].中国城市环境卫生,2001(5):33-35.

[5] 陆艳秋.浅析环卫在城市发展中的作用[J].黑龙江科技信息,2011(15):124.

[6] 梅美华.关于提高环卫职工社会地位的思考[J].中国劳动关系学院学报,2002,16(5):81-82.

[7] 王艳.中国城市市容管理:困境与出路[D].苏州:苏州大学,2010.

[8] 张立静.完善行业培训体系,促进环卫可持续发展[J].环境卫生工程,2010,18(2):41-45.

# 附录

## 调查问卷

### 杭州市环卫工人基本生活现状及满意度的调查

调查地点:＿＿＿＿＿＿＿

问卷编号:＿＿＿＿＿＿＿

您好!我们是来自×××大学的统计调查小组。为了研究如何改善环卫工人的生活,增强环卫工人的生活满意度,我们展开了本次调查。您所提供的个人信息,我们只用于统计分析,不会提供给任何单位或者个人。您的意见没有对错,只要真实反映您的情况即可。

**A.基本信息:**

A1.性别:□男　　□女

A2.年龄:＿＿＿＿

A3.您已从事该项工作的时间:

　　A.0~3年　　　　B.3~6年　　　　C.6~9年　　　　D.9年及以上

A4.户籍:□本地　□外地＿＿＿＿＿＿＿省(过年过节能否回家?)

　　A.基本都能　　　B.偶尔能回　　　C.一般不能

A5.文化水平:□文盲　□小学　□初中　□高中　□其他＿＿＿＿＿＿＿

**B. 生活基本现状**

B1. 您的月收入是：

　　A. 0~1500 元　　　　　　　　　　B. 1500~2000 元

　　C. 2000~2500 元　　　　　　　　　D. 2500 元及以上

B2. 您有做兼职来增加收入吗？　□有　　　□没有

B3. 您工作日的日平均工作_____小时。

B4. 您加班吗？若有，一般加班多少小时？加班收入如何？（以月来计）

　　□有____小时，_____元左右　　　□没有

B5. 您的住房问题是如何解决的：

　　A. 本地有房子　　　B. 由政府提供住处　　C. 自己租房　　　　D. 其他_____

B6. 您是否有医保和社保？

　　A. 两者都有　　　　B. 只有社保　　　　C. 只有医保　　　　D. 两者都没有

B7. 您每月大概能剩余_____元。

B8. 您平时有文艺体育活动（即有组织的文艺表演或体育比赛等）吗？

　　A. 有，环卫处有组织此类活动，员工平时自己也有

　　B. 有，只有环卫处组织的

　　C. 有，只有员工自己组织的

　　D. 没有

B9. 您平时有什么娱乐活动？（可多选）

　　A. 看电视　　　　　B. 什么也不干　　　C. 打牌　　　　　D. 其他_____

B10. 您觉得您是否得到足够的尊重？　　　□有　　　□没有

**C. 满意度量表**

根据被调查者的回答选择相应数字，若被调查者清楚地表示满意或不满意，则选 5、1；若被调查者表示"还行、还可以"或"不怎么样、不太好"，则选 4、2；若被调查者表示"差不多、一般"，则选 3。

请按照您的自身情况填写，在相应的等级上打"√"。

| 杭州市环卫工人生活现状满意度 | 满意 | ———————→ | | 不满意 |
|---|---|---|---|---|
| 1. 每月收入的多少 | 5 | 4 | 3 | 2 | 1 |
| 2. 每月作息时间的安排 | 5 | 4 | 3 | 2 | 1 |
| 3. 现有住处 | 5 | 4 | 3 | 2 | 1 |
| 4. 现有饮食状况 | 5 | 4 | 3 | 2 | 1 |
| 5. 现有医保 | 5 | 4 | 3 | 2 | 1 |
| 6. 现有社保 | 5 | 4 | 3 | 2 | 1 |
| 7. 现有文化生活 | 5 | 4 | 3 | 2 | 1 |
| 8. 现在所受到的尊重 | 5 | 4 | 3 | 2 | 1 |
| 9. 现在的生活总体情况 | 5 | 4 | 3 | 2 | 1 |

**D. 需求**

D1. 您觉得以下各方面有哪些需要改善的？（可多选）

　　A. 收入　　　　　　　B. 工作时间　　　　　　C. 住房

　　D. 饮食　　　　　　　E. 医保、社保　　　　　　F. 没有什么

D2. 您觉得以下各方面有哪些需要改善的？（可多选）

　　A. 增加文体活动　　　B. 增加娱乐活动　　　　　C. 得到更多的尊重

　　D. 没有什么

D3. 除了以上的问题之外，您还希望得到哪些方面的帮助与改善？

# 杭州无障碍设施现状及改善诉求调查报告

于海清　高春芸　冯星蓉　宾康维

根据第六次全国人口普查我国总人口数,及第二次全国残疾人抽样调查我国残疾人占全国总人口的比例和各类残疾人占残疾人总人数的比例,推算2010年年末我国残疾人总人数为8502万人,约占全国总人口的7%。目前中国老龄人口已达1.43亿人,2025年是中国人口老龄化的高峰,老年人将达到3亿,届时占总人口的20%。由于众多残疾人和老年人的存在和影响,就形成了人类社会中的一个特殊困难的群体。这个困难的群体渴望得到社会的理解和支持,理应具有与健全人一样的"平等"、"参与"、"共享"的权利,城市的无障碍设施正是为他们创造这种环境的关键。

无障碍环境,是残疾人走出家门、参与社会生活的基本条件,也是方便老年人、妇女儿童和其他社会人员生活的重要措施。加强无障碍环境建设,是物质文明和精神文明的集中体现,是社会进步的重要标志,对提高人的素质、培养全民公共道德意识、推动精神文明建设等都具有重要的社会意义。

基于以上背景,本项目以杭州市八大城区的无障碍设施主要需求者为对象展开调查。

## 一、调查介绍

### (一)目的和意义

本调查的目的,一是了解杭州公共设施中无障碍设施的建设与管理状况;二是了解杭州无障碍设施需求人群对杭州无障碍设施的改善诉求(需求、满意度、期望);三是了解杭州相关部门在对无障碍设施建设管理中存在的问题。

通过对杭州残疾人和老人等对无障碍设施的需求和满意度调查分析,结合实际无障碍设施的建设管理情况,有效指导杭州市无障碍设施规划建设,避免不必要浪费的同时,满足无障碍设施需求群体的需求,提高无障碍设施效用,实现经济效益、社会效益双结合。

### (二)调查方法

#### 1. 问卷调查

本调查分别设计了针对残疾人和普通人(18周岁及以上的非残疾人)的两类问卷。在总体抽样条件(不重复抽样)下确定样本量的公式为:

$$N = \frac{Z_{\alpha/2}^2}{E^2}(1-P)P \tag{9-1}$$

其中,$E$ 为估计误差,一般要求 $E=0.05$;在置信水平为 $95\%$(即 $\alpha=0.05$)的条件下,$Z_{\alpha/2}=$ 1.96;据初步调查了解,行动能力受限者对无障碍设施需求度很高,但是考虑到准确性,$P$ 估计为 0.7。这样可以得出:

$$n = \frac{1.96^2}{0.05^2} \times (1-0.7) \times 0.7 = 322.69 \tag{9-2}$$

　　因为本调查涉及两个被调查人群,为了方便样本量分配操作,故把有效问卷取为 324 份。根据以往经验,无效问卷率一般在 $10\% \sim 30\%$,取无效问卷率为 $25\%$,则最终确定样本量大小为:

$$n = \frac{324}{0.75} = 432$$

　　参考以往其他学者以城市为调查范围研究时采用的样本量大小(大多大于 200),故认为 432 这一样本量大小是合理的。

　　对于普通人的问卷发放,将实施三阶段抽样,即"城区→街道→社区"。

　　根据随机性原则,首先对每一阶段的抽样单位(城区)进行编号,然后在 Excel 中运用随机函数功能取一个编号。抽中的城区为:上城区、江干区、西湖区。

　　其次抽取街道,采用同样的方法进行第二级抽样单位(街道)的抽取。抽中的街道为:清波街道、白杨街道、西溪街道。

　　同样的方法抽取社区。抽中的社区为:柳翠井巷社区、定安路社区、景园、月雅苑、石灰桥、上马塍。

　　最后在抽取的社区中随机拦截成年人(18 周岁及以上的非残疾人)进行问卷填写。

　　对于残疾人问卷,由于杭州市持证残疾人数大约为 12 万人,占人口比例很小且在各区分布不均匀。根据残联给出的信息,在残疾人福利工厂、残疾人学校或者残疾人集中地区(残疾人康复中心、残疾人培训机构、残疾人创业基地、残疾人文体基地以及助残志愿服务共建基地等)等地进行问卷调查。问卷量为 216 份,主要针对行动不便的残疾人(即肢体残疾人、视力残疾人、听力残疾人)。

**2. 实地调查**

医院:杭州市第一人民医院、浙江大学医学院附属妇产科医院、杭州市仁和康复医院。

公园:太子湾公园、湖滨公园、学士公园。

交通设施(地铁系统):龙翔桥站、安定路站、西湖文化广场站。

交通设施(公交系统):中山八路总站、耀江广厦公交站、羊坝头公交站。

旅游景区(西湖区):花港观鱼、平湖秋月、断桥残雪。

**3. 部门访谈**

访谈对象:杭州市残联及杭州市残疾人无障碍环境促进会会长和副会长。

　　最终,普通人问卷共发放 216 份,回收 216 份,有效问卷 208 份,有效率为 $96.30\%$。残疾人问卷共发放 216 份,回收 187 份,有效问卷 172 份,有效率为 $79.63\%$。本调查总共发放问卷 432 份,最终有效问卷 380 份,整体有效率为 $87.96\%$。实地调查问卷回收率达到 $100\%$,问卷共 15 份。

# 二、问卷样本结构分析

## (一)残疾人样本结构

### 1.性别结构

由图 9-1 可知,残疾人问卷样本中男性占比 44.2%,女性占比 55.8%,女性被调查者人数略多于男性,比例接近 1∶1。按照该人口比例进行卡方检验(置信度为 0.05)得到 $\chi^2 < \chi^2_{0.05}(1)$,通过检验,即表示在置信度为 5% 的情况下,可认为残疾人样本男、女比例为1∶1。

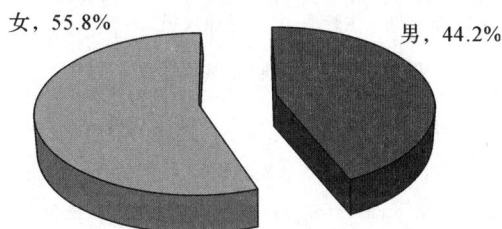

女,55.8%　　　男,44.2%

图 9-1　残疾人样本性别结构分布

### 2.年龄结构

由图 9-2 可知,样本中 46~55 岁人数最多,占比为 29.1%,56 岁及以上的人数最少,占比为 11.6%,其他三个年龄段人数较为均衡,且占比都在 17% 以上。在女性中,各年龄段分布基本一致,只有"56 岁及以上"人群在样本中分布少,仅有 6 人;在男性中,各年龄段差异较大。出现这种情况是由于问卷调查误差随机性。这可能会对后期的数据处理造成一些影响。

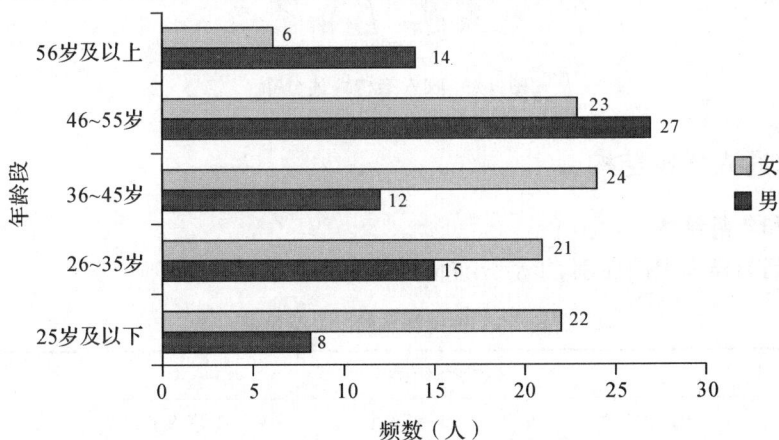

图 9-2　年龄结构频数分布

### 3.职业结构

由图 9-3 可知,残疾人的就业方向主要是商业/服务业,例如盲人推拿等典型的职业。其他类别由于社会因素和残疾人自身因素制约,导致残疾人从业人数较少。这也从一个方面表示出:无障碍设施建设除了在公共场所需要完善以外,也要在某些残疾人工作较多的场所建设完善的无障碍设施。另有一大批残疾人不参加社会生产活动,这部分人群的活动场所通常仅限于公共场所和家中,杭州市残联推行的无障碍设施进家活动对这一部分人群起到了非常大的帮助。

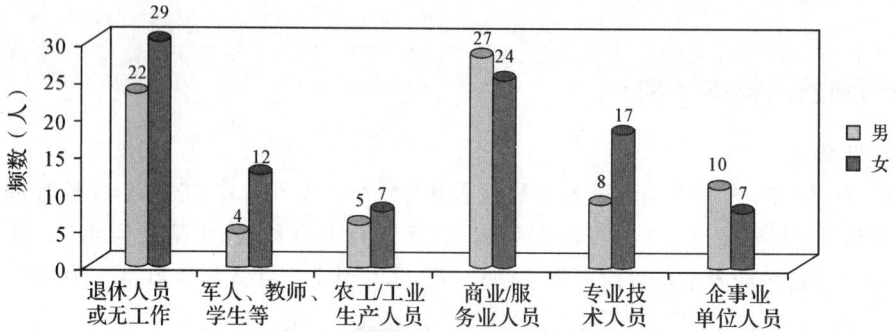

图 9-3　残疾人职业结构频数分布

### 4. 收入分布

由图 9-4 可知,残疾人样本中月收入 0~2000 元的占比最大,为 53.5%,月收入为 2000~4000 元的人数占比为 27.9%,而月收入为 4000 元及以上的人数占比共计不足 20%。

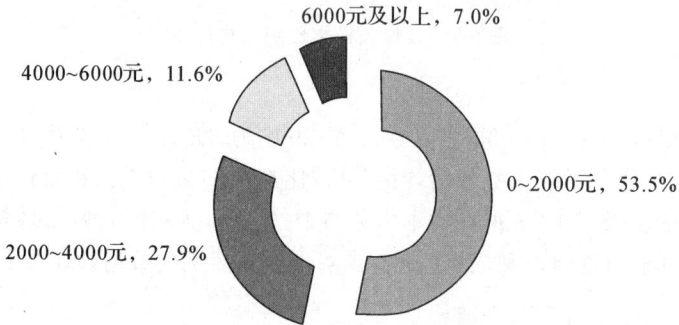

图 9-4　收入结构评述分布

## (二)普通人样本结构

### 1. 性别和年龄结构

普通人问卷样本中的性别、年龄分布情况如表 9-1、表 9-2 所示。

表 9-1　性别与年龄的交叉分析　　　　　　　　　　　　　单位:人

| 性别 | 年龄 | | | 合计 |
| --- | --- | --- | --- | --- |
| | 18~30 岁 | 31~50 岁 | 51 岁及以上 | |
| 男 | 46 | 49 | 18 | 113 |
| 女 | 37 | 44 | 14 | 95 |
| 总计 | 83 | 93 | 32 | 208 |

**表 9-2　不同性别和年龄段样本(普通人)频数分布**

| 序号 | 1 | 2 | 3 | 4 | 5 | 6 |
|---|---|---|---|---|---|---|
| 分类 | 男 18～30 岁 | 男 31～50 岁 | 男 51 岁及以上 | 女 18～30 岁 | 女 31～50 岁 | 女 51 岁及以上 |
| 人数(人) $A_i$ | 46 $A_1$ | 49 $A_2$ | 18 $A_3$ | 37 $A_4$ | 44 $A_5$ | 14 $A_6$ |

根据《杭州统计年鉴 2011》可知,杭州市人口分布接近如表 9-3 所示的比例。本报告需检验假设 $H_0:X$ 的分布如表 9-3 所示。

**表 9-3　不同性别和年龄段样本比例分布**

| $X_i$ | 男 18～30 岁 | 男 31～50 岁 | 男 51 岁及以上 | 女 18～30 岁 | 女 31～50 岁 | 女 51 岁及以上 |
|---|---|---|---|---|---|---|
| 占比 $p_i$ | 2/10 | 2/10 | 1/10 | 2/10 | 2/10 | 1/10 |

取显著水平为 0.1,所需计算列在表 9-4 中($n=208$)。

**表 9-4　$\chi^2$ 检验计算**

| $A_i$ | $f_i$ | $p_i$ | $np_i$ | $f_i^2/(np_i)$ |
|---|---|---|---|---|
| $A_1$ | 46 | 0.20 | 41.6 | 50.86538 |
| $A_2$ | 49 | 0.20 | 41.6 | 57.71635 |
| $A_3$ | 18 | 0.10 | 20.8 | 15.57692 |
| $A_4$ | 37 | 0.20 | 41.6 | 32.90865 |
| $A_5$ | 44 | 0.20 | 41.6 | 46.53846 |
| $A_6$ | 14 | 0.10 | 20.8 | 9.423077 |
| 合计 | — | — | — | 213.0288 |

计算得:

$\chi^2=5.029$,$\chi_{0.1}^2=9.236>5.029$,故接受 $H_0$,认为此次调查抽样的人口比例符合杭州市人口比例 2:2:1:2:2:1。

由卡方检验,再结合表 9-1 和表 9-2 可以看出,此次抽样中,普通人群样本的年龄、性别结构与全市人口的年龄、性别结构相吻合,接近全市真实情况。样本具有较好的代表性,在推断总体时更为准确、可信。

**2. 职业结构**

由图 9-5 可见,普通人样本中专业技术人员、学生、商业/服务业人员人数最多,分别为 51 人、50 人和 49 人。退休人员或无工作的人数最少,仅有 4 人。农业/工业生产人员人数也较少,有 9 人。

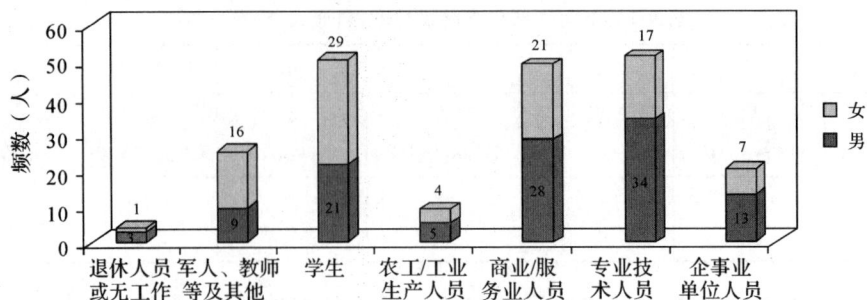

图 9-5　普通人职业结构频数分布

### 3. 收入分布

由图 9-6 可见,普通人样本中月收入在 3000~6000 元的人数占比最大,为 41.4％。此外,月收入在 6000 元及以上的人数占比也有近 20％。

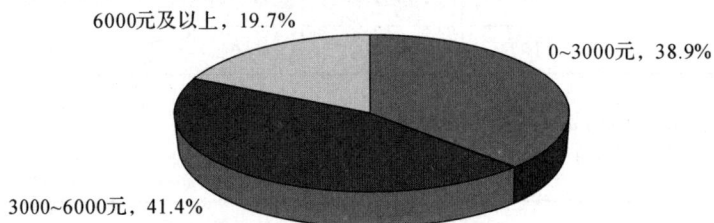

图 9-6　普通人月收入分布

# 三、基本问题分析

## (一)了解程度

由图 9-7 可知,对于无障碍设施的了解程度,残疾人要比普通人更高;88.4％的残疾人都知道无障碍设施,有接近 10％的人非常熟悉;仅有 1.7％的残疾人不知道什么是无障碍设施。但是普通人中却约有 1/4 的人不知道无障碍设施。考虑到调查误差,68.3％这个数据

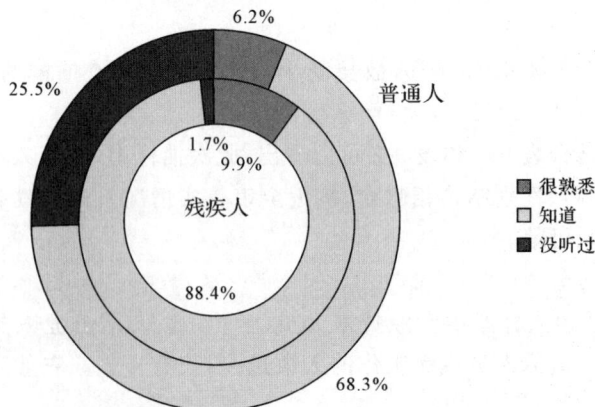

图 9-7　残疾人与普通人对无障碍设施的了解程度比较

并不非常准确,一方面在调查中有一部分人以不知道无障碍设施为理由拒绝调查,这一类人属于"没听过"类别中,这就造成此类比例偏小;另一方面,由于调查对象的心理因素,他们迫于某些社会压力,即便自己真的没有听说过无障碍设施,仍然选择"知道",这就造成了此选项比例偏大。综上可见,普通人对无障碍设施的了解程度不够是一个客观存在的而且较为严峻的现象。

由表 9-5 可见,了解程度在各自样本中的百分比:在残疾人样本中 94 人了解无障碍设施,占比 54.7%;58 人对其了解程度为知道,占比 33.7%;另有 17 人对无障碍设施非常熟悉,占比 9.9%;只有 3 人没有听过无障碍设施。如果稍加改动,将类别"没听过"分离出来,可以知道样本中 98.3% 的人知道无障碍。得出结论:残疾人对无障碍设施了解程度很高;在普通人样本中有 53 人对无障碍设施一无所知,占比高达 1/4。大部分人群基本分布在"知道",只有小部分人对无障碍设施非常了解。

表 9-5　人群类型与了解程度交叉

| 人群类型 | 计数及比例 | 了解程度 | | | 合计 |
| --- | --- | --- | --- | --- | --- |
| | | 很熟悉 | 知道 | 没听过 | |
| 残疾人 | 计数(人) | 17 | 152 | 3 | 172 |
| | 人群类型中的比例(%) | 9.9 | 88.4 | 1.7 | 100.0 |
| | 了解程度中的比例(%) | 56.7 | 51.7 | 5.4 | 45.3 |
| | 总数的比例(%) | 4.5 | 40.0 | 0.8 | 45.3 |
| 普通人 | 计数(人) | 13 | 142 | 53 | 208 |
| | 人群类型中的比例(%) | 6.2 | 68.3 | 25.5 | 100.0 |
| | 了解程度中的比例(%) | 43.3 | 48.3 | 94.6 | 54.7 |
| | 总数的比例(%) | 3.4 | 37.4 | 13.9 | 54.7 |
| 总计 | 计数(人) | 30 | 294 | 56 | 380 |
| | 人群类型中的比例(%) | 7.9 | 77.4 | 14.7 | 100.0 |
| | 了解程度中的比例(%) | 100.0 | 100.0 | 100.0 | 100.0 |
| | 总数的比例(%) | 7.9 | 77.4 | 14.7 | 100.0 |

我们对数据交叉分析,寻找相关性。首先在各自样本中进行交叉:因为职业变量不是有序变量,所以不对其做列联独立性检验。

由表 9-6 可见,在残疾人样本中,通过卡方检验的只有性别因素,即性别因素与了解程度不独立,结合实际情况,性别不是影响调查对象对无障碍设施了解程度的因素,所以本小组保守认为,性别、年龄等基本信息与了解程度均独立不相关。在普通人样本中,性别因素的情况与残疾人相同,本报告认为它们相互独立;月收入因素的 $p$ 值为 0.00,与对无障碍设施了解程度呈现出高度相关性,但并不能认为收入越高,就会对无障碍设施了解程度越高,这显然是违背常规逻辑的。故本小组猜想越高的收入代表着越高的文化程度。下面是一项关于收入与文化程度关系的调查内容节选。

表 9-6　各自样本基本信息与了解程度列联独立性的卡方检验值

| 与了解程度的卡方检验 | | 卡方值 | 自由度 | $p$ 值（双侧） |
|---|---|---|---|---|
| 残疾人 | 性别 | 5.08 | 3.00 | 0.17 |
| | 年龄 | 10.73 | 12.00 | 0.55 |
| | 月收入 | 9.44 | 9.00 | 0.40 |
| 普通人 | 性别 | 7.96 | 2.00 | 0.02 |
| | 年龄 | 3.24 | 4.00 | 0.52 |
| | 月收入 | 26.57 | 4.00 | 0.00 |

中国社会科学院社会学研究所李春林在《文化水平如何影响人们的经济收入——对目前教育的经济收益率考察》中提到："在模型中，剔除掉性别、城乡户口、体制内外等因素后，文化水平与收入水平存在正相关关系。"

由此可以得出结论，在普通人样本中，收入与文化程度呈正相关，经过检验收入越高，对无障碍设施的了解程度越高，可见，文化程度越高，对无障碍设施的了解程度越高。

接着将残疾人和普通人混合成一个集合样本，再进行交叉，考察人群种类与对无障碍设施了解程度的相关情况。

由表 9-7 可见，皮尔森卡方值为 0.000，说明人群类型和对无障碍设施的了解程度存在显著关联性，进一步进行相关性检验。

表 9-7　了解程度、样本人群种类列联独立性卡方检验

| 统计量 | 值 | df | 渐进 Sig.（双侧） | 精确 Sig.（双侧） |
|---|---|---|---|---|
| 皮尔森卡方 | 42.487 | 2 | 0.000 | 0.000 |
| 似然比 | 51.695 | 2 | 0.000 | 0.000 |
| Fisher 的精确检验 | 50.181 | 2 | 0.000 | 0.000 |
| 有效案例中的频数（人） | 380 | — | — | — |

由表 9-8 可见，Somers d 为正值，且 $p=0.000$，可以判断人群类型和对无障碍设施的了解程度呈正相关关系，且存在趋势：对无障碍设施的了解程度越高，调查对象是残疾人的比例也越大。从 $\gamma=0.0647$ 同样可以得出以上结论。

表 9-8　相关性检验

| 统计量 | | 值 | 渐进标准误差 | 近似值 $T$ | 近似值 Sig. | 精确 Sig. |
|---|---|---|---|---|---|---|
| 按顺序 Somers d | 对称的 | 0.285 | 0.041 | 6.352 | 0.000 | 0.000 |
| | Kendall's tau-b | 0.288 | 0.041 | 6.352 | 0.000 | 0.000 |
| | Kendall's tau-c | 0.247 | 0.039 | 6.352 | 0.000 | 0.000 |
| | $\gamma$ | 0.647 | 0.083 | 6.352 | 0.000 | 0.000 |

从最初直接观察到之后用科学的统计方法进行检验,我们发现,残疾人对无障碍设施的了解程度要高于普通人,无障碍设施是残疾人融入社会的重要途径,在某种程度上也是唯一途径,因此不难理解为什么会出现这种现象。但也要注意到,无障碍设施的建设和完善是衡量社会文明程度的重要维度。如果无障碍设施得不到绝大多数普通大众的理解和支持,那么推进残疾人事业的道路就会受到阻碍,这必然不能体现我们国家的宗旨,更不利于促进和谐社会的发展。

### (二)无障碍设施的必要性

#### 1. 出行频率

图 9-8 的数据显示出了与调查最初的推测完全相反的结果,从常规逻辑思考判断,残疾人的出行频率应该要明显低于普通人的出行频率,但是调查结果却显示,残疾人与普通人的出行频率并无很大差异,不论是从趋势还是数量上面来看,残疾人和普通人出行频率的差异不大。这可能是由于样本选取存的问题,例如在残疾人样本中,政府机构选取的调查对象都是轻度残疾人群,且仍然从事生活生产活动,从残疾人工作数据可以看出,调查对象中有 70% 以上的人是有工作的,这就造成了调查结果中,残疾人的出行频率虚高。同时,在针对普通人的调查中,有 24% 的人群是学生,这一类人群基本上平时待在学校,较少出行,这就造成普通人的出行频率偏低。

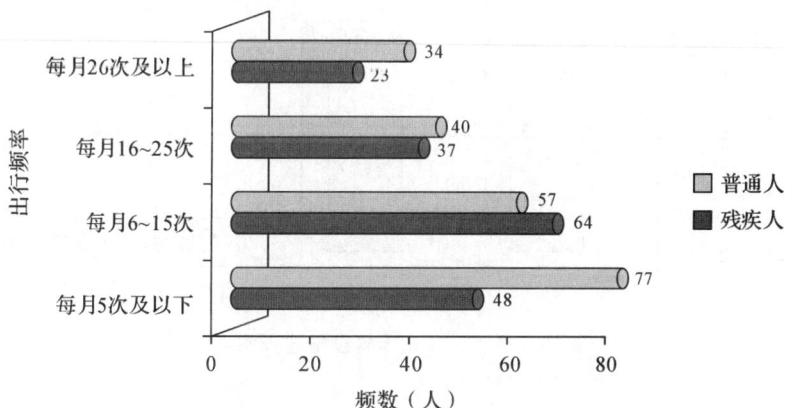

图 9-8　残疾人与普通人的出行频率

尽管存在误差,还是可以从出行频率数据中判断,残疾人并非像人们主观判断的那样很少出行。所以残疾人对于公共场所的无障碍设施需求就显得非常迫切,残疾人出行的高频率必然要求按照国家标准来建设和完善无障碍设施,让残疾人真正做到独立自主的出行。

#### 2. 无障碍设施需求

由图 9-9 可见,对于无障碍设施的需求,普通人样本中有 128 人选择一般,61 人认为用不到,只有 19 人选择"对我帮助非常大"选项。这样的结果说明普通人对无障碍设施有需求,但是需求不大。原因是大部分人认为无障碍设施是专门为残疾人设计的,普通健全人用不到。实际上,在日常生活中普通人也会使用到无障碍设施,例如电梯等。

残疾人要做到独立自主地无障碍出行,几乎都要用到无障碍设施的辅助,因此残疾人对无障碍设施的需求比较大,这里不再进行累赘。

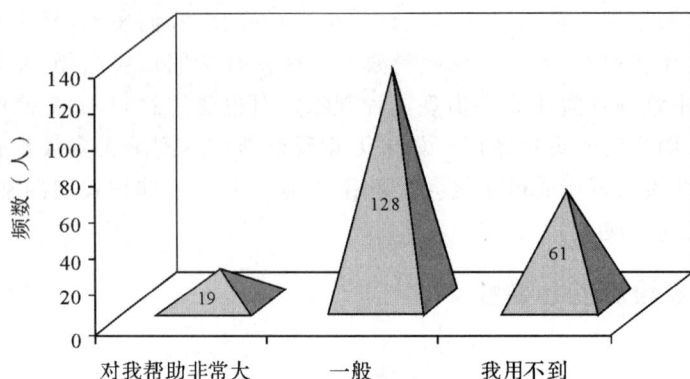

图 9-9 普通人对无障碍设施的需求

**3. 建设态度**

由图 9-10 可见,普通人对于国家建设无障碍设施的态度显示,绝大多数人是支持建设和完善无障碍设施的,50%以上的人认为建设无障碍设施非常有必要,仅有 7 人选择"有些浪费"选项,不赞同建设无障碍设施。

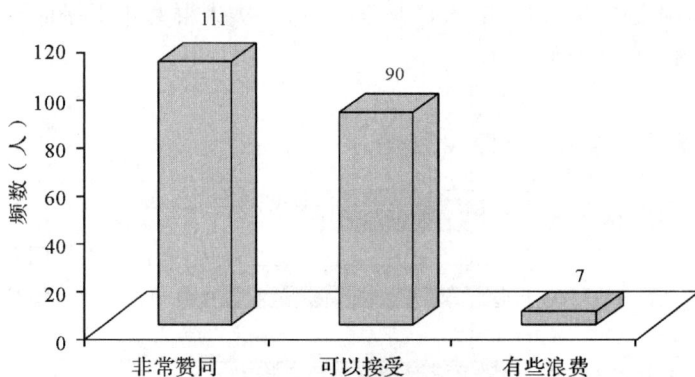

图 9-10 普通人对无障碍设施建设态度分布

## (三)无障碍设施使用情况

**1. 残疾人使用设施情况**

从表 9-9 可以看出,从总体看,电梯的使用频率最高,其次是无障碍厕所,无障碍人行天桥、盲道和语音提示系统也有较大的需求,剩余其他无障碍设施使用情况趋于平均。有行走辅助需求的人群使用最多的是电梯和无障碍厕所;有视力辅助需求的人群使用最多的是盲道,两者的结果符合调查最初的预想。

表 9-9 不同种类需求者的设施使用

| 需求类型 | 无障碍厕所 | 无障碍升降梯(电梯) | 无障碍人行天桥 | 盲道 | 语音提示系统 | 无障碍病房 | 无障碍停车位 | 其他 |
|---|---|---|---|---|---|---|---|---|
| 视力辅助需求 | 11 | 14 | 16 | 24 | 20 | 12 | 5 | 1 |
| 行走辅助需求 | 38 | 48 | 30 | 22 | 17 | 12 | 15 | 3 |

| 需求类型 | 无障碍厕所 | 无障碍升降梯(电梯) | 无障碍人行天桥 | 盲道 | 语音提示系统 | 无障碍病房 | 无障碍停车位 | 其他 |
|---|---|---|---|---|---|---|---|---|
| 听力辅助需求 | 21 | 25 | 12 | 7 | 13 | 9 | 3 | 3 |
| 合计 | 70 | 87 | 58 | 53 | 50 | 33 | 23 | 7 |

**2. 常去场所**

表9-10中数据显示,总样本中选择公共交通的频率最高,为219次,占总数的57.6%,其次是医院、康复中心和居民小区,分别为158次(41.6%)、157次(41.3%);然后是旅游景区、公园,为139次(36.6%);"其他"出现的百分比为21.3%。由此可以归纳出,调查对象在日常生活中,涉及常去场所最多的是公共交通设施,其次是医院、康复中心和居民小区。从残疾人样本出发,出现次数最多的选项是"医院、康复中心"(99次),其次是"公共交通"(91次)和"居民小区"(83次),"旅游景区、公园"出现次数56次,另有"其他"10次。对比发现,残疾人的主要场所有"医院、康复中心"、"公共交通"和"居民小区",此情况与普通人一致。

**表9-10　人群类型与常去场所交叉**

| 常去场所 | 计数及比例 | 人群类型 | | 合计 |
|---|---|---|---|---|
| | | 残疾人 | 普通人 | |
| 旅游景区、公园 | 计数(次) | 56 | 83 | 139 |
| | 总计的比例(%) | 14.7 | 21.8 | 36.6 |
| 医院、康复中心 | 计数(次) | 99 | 59 | 158 |
| | 总计的比例(%) | 26.1 | 15.5 | 41.6 |
| 公共交通 | 计数(次) | 91 | 128 | 219 |
| | 总计的比例(%) | 23.9 | 33.7 | 57.6 |
| 居民小区 | 计数(次) | 83 | 74 | 157 |
| | 总计的比例(%) | 21.8 | 19.5 | 41.3 |
| 其他 | 计数(次) | 10 | 71 | 81 |
| | 总计的比例(%) | 2.6 | 18.7 | 21.3 |
| 总计 | 计数(次) | 172 | 208 | 380 |
| | 总计的比例(%) | 45.3 | 54.7 | 100.0 |

因此在完善无障碍设施时,应该首先以"医院、康复中心"、"公共交通"和"居民小区"三个场所为重点,合理规划、规范建设无障碍设施。摸清楚残疾人在哪些公共场合对无障碍设施的需求最迫切,才能够在符合经济效益的前提下满足残疾人和普通人对无障碍设施的需求。

### (四)存在问题的无障碍设施

由表 9-11 可见,由残疾人反映的无障碍设施存在问题最多的是"无障碍人行天桥",出现次数为 71 次;第二是电梯,出现次数为 65 次;第三是"盲道",出现次数为 62 次。这就说明在杭州市众多无障碍设施中,以上三种存在问题最多,亟待改善。

表 9-11　残疾人认为存在问题的无障碍设施的频数

| 存在问题的无障碍设施 | 频数(次) |
|---|---|
| 无障碍厕所 | 44 |
| 无障碍升降梯(电梯) | 65 |
| 无障碍人行天桥 | 71 |
| 盲道 | 62 |
| 语音提示系统 | 57 |
| 无障碍病房 | 41 |
| 无障碍停车位 | 53 |
| 其他 | 5 |

从表 9-12 可以清晰地看出,普通人认为最为迫切需要改善的地方是"交通设施",也就是说在目前的交通设施中,无障碍设施是最为薄弱的。而本次调查数据显示,残疾人与普通人的出行情况基本上无太大差别,这就会给残疾人的出行造成极大困扰,由于各种担心和顾虑的存在,许多残疾人不愿意自己独立出行。这并非他们不希望独立自主,而是生活中存在的无障碍设施欠缺所导致的。

表 9-12　普通人认为无障碍设施迫切需要改善的地方

| 需改善的地方 | 频数(次) |
|---|---|
| 交通设施 | 138 |
| 旅游景区、公园 | 66 |
| 医疗场所 | 70 |
| 商业场所 | 80 |
| 文化场所 | 44 |

总体上来看,不管是残疾人还是普通人,反映需要迫切改进的设施都有一个共同的特点,即都是日常生活中需求最基本的设施。比如普通人反映最多的是交通设施,而残疾人反映更多的是人行天桥和升降梯等。所以有关部门在对无障碍设施进行规划和建设时,需留意和关注这些在日常生活中最基本的需求。

### （五）无障碍设施存在的问题

由表 9-13 可得，残疾人反映使用无障碍设施时，碰到问题最多的是"无障碍设施被占用"，联系生活中诸多盲道被自行车占用的情况，我们相信，杭州市无障碍设施被非法占用的情况非常严重。第二个比较严重的问题就是"标识不够明确"，这个问题的严重性在于，如果没有明确的标识来指明无障碍设施在何处，即使配备了齐全的无障碍设施，使用者找不到，也依然不能为其带来便利。第三个严重的问题是"无障碍设施被破坏"，许多无障碍设施被人为破坏，且无人维修，这说明大众缺乏保护无障碍设施的意识，相关部门也没有做好无障碍设施的维护工作。

表 9-13　残疾人使用无障碍设施时存在的问题

| 存在的问题 | 频数（次） |
| --- | --- |
| 标识不够明确，用的时候找不到 | 87 |
| 设计不合理，使用不方便 | 69 |
| 无障碍设施被占用 | 129 |
| 不会使用 | 24 |
| 无障碍设施被毁坏，无法使用 | 72 |
| 其他 | 2 |

由图 9-11 可知，普通人反映出的无障碍设施问题与残疾人一样，三个最为迫切的问题分别是"无障碍设施被占用"、"标识不够明确，用的时候找不到"、"无障碍设施被破坏，无法使用"。两类人群分别扮演着使用者和观察者的角色，却都反映出了相同的问题，说明这三个是最迫切需要改善的问题。

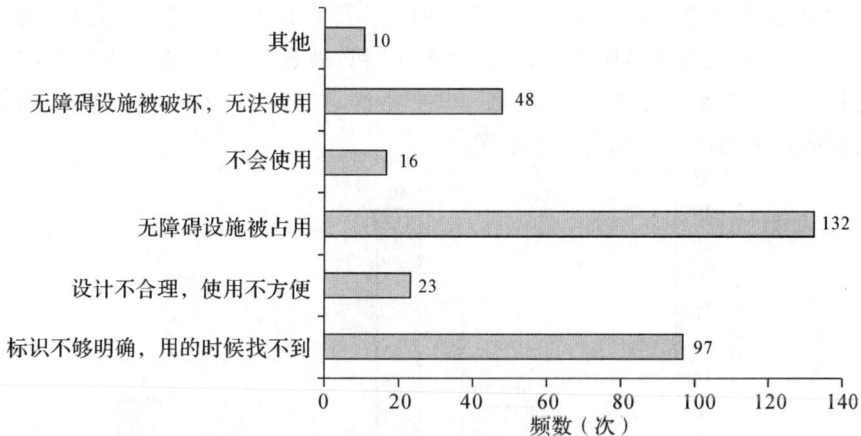

图 9-11　普通人认为无障碍设施存在的问题

杭州市虽然在无障碍设施建设方面已经有所成就，但依然存在与国内其他城市同样的问题。导致以上问题的原因，归根究底就是人的观念问题，公民没有无障碍思想，不能够清楚认识到无障碍设施的作用，就会出现例如盲道被非法占用等现象。

### (六)建设和管理的满意度

问卷通过设计李克特量表对无障碍设施的整体服务质量、建设完备情况、维护和管理的满意度进行调查。首先就每个被调查者对三个问题的评价分数进行汇总,并依据总分将被调查者划分为不同组。为对无障碍设施的整体服务质量、建设完备情况、维护和管理的评价从较低满意程度渐进进行展示,故从低分到高分所占比例进行累积计算(见图9-12)。

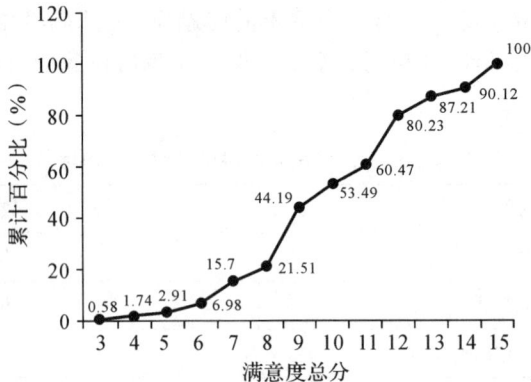

图 9-12　残疾人对无障碍设施的满意度

有一位残疾人受访者对无障碍设施的整体服务质量、无障碍设施的完备情况、无障碍设施的维护和管理的评价都为非常不满意,有9.88%的残疾人被调查者对杭州无障碍设施"非常满意"。因为采用的是"五点"量表,则总分为"9"可认为被调查者对无障碍设施的满意度评价为"中立",从而可以看出对杭州无障碍设施评价在"中立"及其以下的残疾人被调查者占44.19%,这是一个较高的比例,若按照这一比例进行满意度推断,则有接近一半的残疾人对杭州市的无障碍设施不满意或是抱谨慎态度。

图9-13展示了普通人对杭州无障碍设施的总体满意程度分布情况,总评分为8~12的人数最多,即对杭州无障碍设施总体评价持"中立"和"满意"态度的普通人(非残疾成年人)被调查者较多,持"非常不满意"、"不满意"和"非常满意"的相对较少。总体上来说,普通人对杭州无障碍设施的评价是相对中立态度。

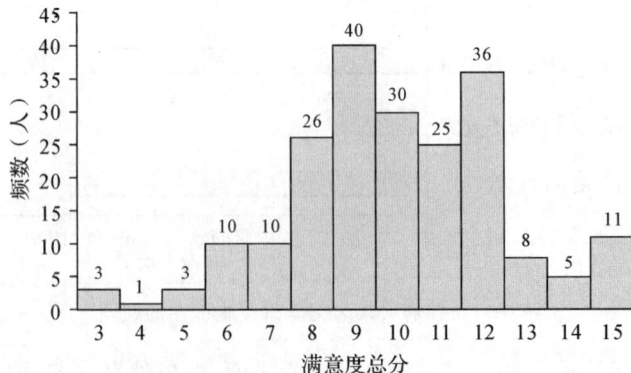

图 9-13　普通人对无障碍设施的满意度

接下来进行两类人群的满意度对比分析。

由表 9-14 可见,纵向对比,在"无障碍设施整体服务质量"评分中,残疾人样本均值要高于普通人,但是普通人样本众数要高于残疾人,由于标准差接近 1,故选取众数作为对比对象,即在此方面,普通人比残疾人的评价要高;在"无障碍设施建设完备情况"评分中,两个样本的评价得分基本一致;在"无障碍设施的维护和管理"评分中,残疾人样本的评分值高于普通人。

表 9-14　残疾人、普通人满意度打分对比

| 统计量 | | 无障碍设施<br>整体服务质量 | 无障碍设施<br>建设完备情况 | 无障碍设施的<br>维护和管理 | 平均值 |
|---|---|---|---|---|---|
| 残疾人 | 均值 | 3.53 | 3.38 | 3.42 | 3.443 |
| | 中值 | 4.00 | 3.00 | 3.00 | 3.333 |
| | 众数 | 3 | 3 | 3 | 3.000 |
| | 标准差 | 0.951 | 0.944 | 1.054 | 0.983 |
| | 方差 | 0.905 | 0.891 | 1.111 | 0.969 |
| 普通人 | 均值 | 3.50 | 3.32 | 3.14 | 3.320 |
| | 中值 | 4.00 | 3.00 | 3.00 | 3.333 |
| | 众数 | 4 | 3 | 3 | 3.333 |
| | 标准差 | 0.885 | 0.899 | 0.985 | 0.923 |
| | 方差 | 0.783 | 0.809 | 0.971 | 0.854 |

从总平均值来看,普通人对于无障碍设施的满意度要比残疾人样本的低一些,且分值≥3,故认为杭州市无障碍设施满意度较高。但考虑到前面分析的误差情况,普通人的打分情况很可能被高估。又因总平均值非常贴近 3,因此认为事实上满意度要略微偏小。即杭州市无障碍设施满意度没有数据显示得那样高。

## (七)建设和管理的改进

为探讨被调查的残疾人对杭州市无障碍设施的改善期望,首先就 172 位残疾人被调查者对以下 8 个项目的评价进行评分汇总。这 8 个无障碍设施改善期望项目题分别为:①加强对无障碍设施的管理;②加大对破坏和占用无障碍设施行为的处罚和教育;③规范使用说明和标识;④完善法律法规,规范无障碍设施建设;⑤科学设计和改造无障碍设施;⑥修建时征求无障碍设施需求群体意见;⑦设施应扩展到更多建筑和场所;⑧加大宣传力度,提高公民意识。各项目题汇总分数分布如图 9-14 所示,总体上来看 172 位残疾人被调查者对这 8 个改善期望的迫切程度没有很大差异,但相对而言,被调查者对"科学设计和改造无障碍设施"、"加大宣传力度,提高公民意识"、"加大对破坏和占用无障碍设施行为的处罚和教育"以及"加强对无障碍设施的管理"表现比较迫切。总的来说,残疾人反映的问题则是在使用过程中对设施难操控、被占用问题的一个折射。

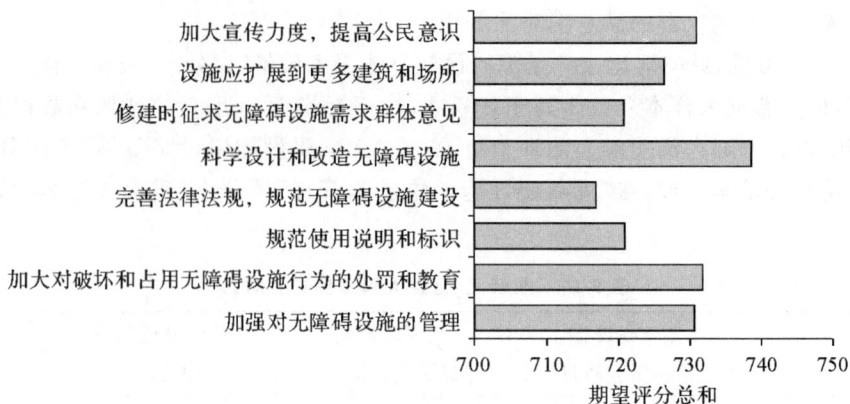

图 9-14　残疾人对杭州市无障碍设施期望评分总和

　　为探讨被调查的普通人对杭州市无障碍设施的改善期望,对普通人的量表做同样的处理,得到如图 9-15 所示的分布结果。总体上来看 208 位普通人被调查者对这 8 个改善期望的迫切程度没有很大差异,但相对而言,被调查者对"加大宣传力度,提高公民意识"、"设施应扩展到更多建筑和场所"以及"修建时征求无障碍设施需求群体意见"表现比较迫切。普通人利用无障碍设施辅助出行的需求较小,因此他们反映的都是一些比较空泛的问题,比如提高公民意识等。

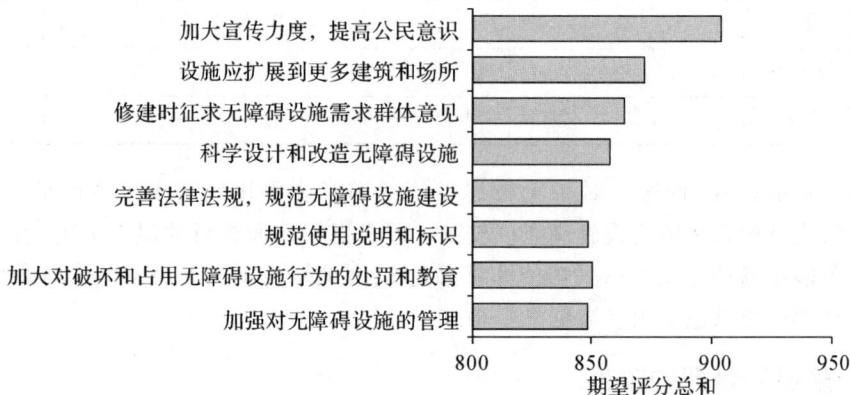

图 9-15　普通人对杭州市无障碍设施期望评分总和

　　接下来是残疾人和普通人的诉求对比分析。

　　由表 9-15 可见,对杭州市无障碍设施改善迫切程度采用的是李克特量表,该量表为"五点"量表(非常迫切、迫切、中立、不迫切、非常不迫切)。可以看出,不管是残疾人还是普通人,他们对每个改进选项的迫切程度的平均分布都在 4.0 以上,说明总体迫切水平在"迫切"与"非常迫切"之间,处于较高水平。从横向来看,残疾人对每个改进选项的迫切程度趋于平均,其均值为 4.17～4.25,普通人的均值则相对分离,为 4.06～4.34。从纵向来看,残疾人所有改进选项的迫切程度较普通人要高,说明残疾人相对普通人对无障碍设施的建设和管理改进表现得更迫切。

**表 9-15　残疾人、普通人改善诉求打分对比**

| 统计量 | | 加强管理 | 加大惩罚力度 | 规范使用标志 | 完善法规,规范建设 | 科学设计 | 征求群体建议 | 扩大建设 | 加大宣传 | 平均值 |
|---|---|---|---|---|---|---|---|---|---|---|
| 残疾人 | 均值 | 4.25 | 4.26 | 4.19 | 4.17 | 4.30 | 4.19 | 4.23 | 4.25 | 4.230 |
| | 中值 | 4.50 | 4.00 | 4.00 | 4.00 | 5.00 | 4.00 | 5.00 | 5.00 | 4.438 |
| | 众数 | 5 | 5 | 5 | 5 | 5 | 5 | 5 | 5 | 5.000 |
| | 标准差 | 0.859 | 0.854 | 0.865 | 0.931 | 0.851 | 0.926 | 0.949 | 0.962 | 0.900 |
| | 方差 | 0.738 | 0.729 | 0.749 | 0.866 | 0.724 | 0.858 | 0.902 | 0.925 | 0.811 |
| 普通人 | 均值 | 4.07 | 4.08 | 4.08 | 4.06 | 4.12 | 4.15 | 4.19 | 4.34 | 4.136 |
| | 中值 | 4.00 | 4.00 | 4.00 | 4.00 | 4.00 | 4.00 | 4.00 | 5.00 | 4.125 |
| | 众数 | 4 | 4 | 4 | 5 | 5 | 5 | 5 | 5 | 4.625 |
| | 标准差 | 0.927 | 0.937 | 0.898 | 0.948 | 0.938 | 0.969 | 0.967 | 0.923 | 0.938 |
| | 方差 | 0.860 | 0.877 | 0.806 | 0.899 | 0.879 | 0.939 | 0.936 | 0.852 | 0.881 |

## 四、构建模型

问卷中的李克特量表包括对当前杭州市无障碍设施满意度评分和对改善无障碍设施迫切程度评分两个部分。针对改善无障碍设施措施数据,本报告通过因子分析将其归类总结,将各项措施划归到各自的分属部门,探索各个部门职责所在;针对满意度评分数据,本报告联系迫切程度改善措施,对其进行 Logistic 回归分析,研究是否在满意度和改善措施之间存在关联,以及关联程度如何、改善措施的迫切程度是如何影响满意度的。

### (一)基于改善迫切程度建立因子分析模型

根据杭州市改善无障碍措施迫切程度的李克特量表中各项的得分情况,找出杭州市首要改善之处。

由表 9-16 可见,克朗巴哈系数为 0.913＞0.9,表明表中每个项目的方向是一致的,且本次调查问卷数量 380＞330,学者 DeVellis(1991)认为,克朗巴哈系数为 0.60～0.65,最好不要;0.65～0.70,最小可接受值;0.70～0.80,相当好;0.80～0.90,非常好。可见本次调查的信度非常高,可以继续进行因子分析。

**表 9-16　可靠性统计量**

| Cronbach's Alpha | 基于标准化项的 Cronbach's Alpha | 项数 |
|---|---|---|
| 0.913 | 0.913 | 8 |

由表 9-17 可知,各因素得分之间的均值差异不大,均为 4.111～4.297,方差为 0.781～0.918,8 个因素均值的方差只有 0.851;同样各因素之间方差的差异也不大,没有相反方向

的项目出现,也没有异常值出现,故可以直接进行因子分析。

表 9-17　选项间统计量

| 统计量 | 均值 | 极小值 | 极大值 | 范围 | 极大值/极小值 | 方差 | 项数 |
|---|---|---|---|---|---|---|---|
| 项的均值 | 4.178 | 4.111 | 4.297 | 0.187 | 1.045 | 0.003 | 8 |
| 项方差 | 0.851 | 0.781 | 0.918 | 0.137 | 1.176 | 0.003 | 8 |
| 项之间的协方差 | 0.483 | 0.350 | 0.601 | 0.251 | 1.716 | 0.003 | 8 |
| 项之间的相关性 | 0.567 | 0.430 | 0.661 | 0.231 | 1.539 | 0.003 | 8 |

从表 9-18 中数据本报告找到要控制的量——克朗巴哈系数的变化情况,可知删掉其中任何一个选项都会使得克朗巴哈系数变小,因此所有选项都应参与因子分析。

表 9-18　删除某一选项后克朗巴哈系数变化

| 改善诉求 | 校正的项总计相关性 | 多相关性的平方 | 项已删除的 Cronbach's Alpha |
|---|---|---|---|
| 加强对无障碍设施的管理 | 0.710 | 0.546 | 0.902 |
| 加大对破坏和占用无障碍设施行为的处罚和教育 | 0.673 | 0.537 | 0.905 |
| 规范使用说明和标识 | 0.693 | 0.495 | 0.903 |
| 完善法律法规,规范无障碍设施建设 | 0.746 | 0.587 | 0.899 |
| 科学设计和改造无障碍设施 | 0.707 | 0.548 | 0.902 |
| 修建时征求无障碍设施需求群体意见 | 0.705 | 0.542 | 0.902 |
| 设施应扩展到更多建筑和场所 | 0.746 | 0.588 | 0.899 |
| 加大宣传力度,提高公民意识 | 0.739 | 0.555 | 0.900 |

如表 9-19 所示,方差分析的结果为 $F=3.495$, $p=0.001<0.05$,则说明被调查者对这 8 个因素之间是有显著差异的。另外,Tukey 的非可加性检验结果显示 $p>0.05$,接受原假设,差异性不显著,说明各因素之间存在交互作用。

表 9-19　ANOVA 以及 Tukey 的非可加性检验

| 统计量 | | | 平方和 | df | 均方 | F | Sig. |
|---|---|---|---|---|---|---|---|
| 项目之间 | | | 1602.829 | 379 | 4.229 | | |
| 项目内部 | 项之间方差 | | 9.021 | 7 | 1.289 | 3.495 | 0.001 |
| | 残差 | 非可加性 | 0.587 | 1 | 0.587 | 1.592 | 0.207 |
| | | 平衡 | 977.642 | 2652 | 0.369 | | |
| | | 小计 | 978.229 | 2653 | 0.369 | | |
| | 合计 | | 987.250 | 2660 | 0.371 | | |
| 总计 | | | 2590.079 | 3039 | 0.852 | | |

由表 9-20 可见,两部分间的相关性系数为 0.760,根据著名统计专家的研究,两部分间的相关系数为 0.6~0.8 是较为理想的。此外,斯皮尔曼-布朗系数和古特曼分半系数均为 0.863,两数值均大于 0.7,说明折半系数很高,进而表明信度很高。

**表 9-20　折半信度系数(可靠性)统计量**

| | | | |
|---|---|---|---|
| 克朗巴哈系数 | 部分 1 | 值 | 0.854 |
| | | 项数 | 4 |
| | 部分 2 | 值 | 0.868 |
| | | 项数 | 4 |
| | 总项数 | | 8 |
| 两部分之间的相关性 | | | 0.760 |
| 斯皮尔曼-布朗系数 | 等长 | | 0.863 |
| | 不等长 | | 0.863 |
| 古特曼分半系数 | | | 0.863 |

接下来开始建立因子分析模型:

利用 SPSS 软件中的 correlate 功能计算相关系数矩阵,计算皮尔森相关系数并进行卡方双尾检验,可以看出变量间存在着很大的相关性,此处省略。

进行相关系数矩阵检验——KMO 测度和 Bartlett's 球形检验,相关资料显示 KMO 值:0.9 以上,非常好;0.8 以上,好;0.7,一般;0.6,差;0.5,很差;0.5 以下,不能接受。Bartlett's 球形检验原假设 $H_0$:相关矩阵为单位阵。

通过观察表 9-21 的计算结果可以知道,KMO 值为 0.921,其值在非常好的范围内;而 Bartlett's 球形检验的 Sig. 值为 0.00,故拒绝原假设,即说明相关矩阵并非单位矩阵,变量的相关系数较为显著。综上分析,我们认为可以进行因子分析。

**表 9-21　KMO 和 Bartlett's 球形检验结果**

| Kaiser-Meyer-Olkin 度量 | | 0.921 |
|---|---|---|
| Bartlett's 球形检验 | 近似卡方 | 1719.031 |
| | df | 28 |
| | Sig. | 0.000 |

通过图 9-16 可以明显看出前 2 个因子可以解释大部分的方差,到第 3 个因子以后,曲线逐渐平缓,解释能力不强。

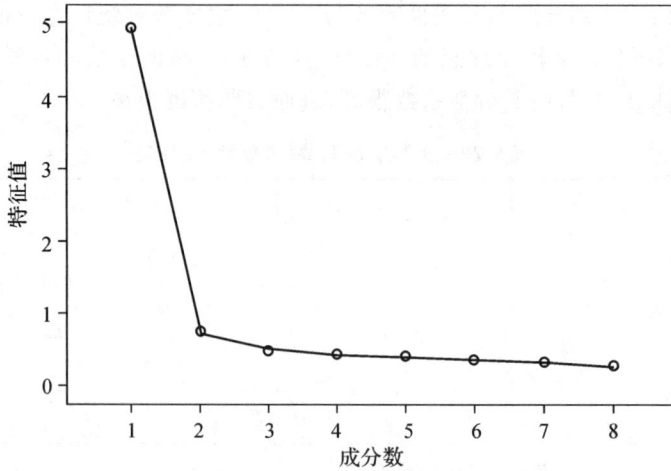

图 9-16　碎石图

为了保证总方差的解释程度达到 80% 以上,通过多次试验,选取前 4 个成分即可以达到 83.005%(见表 9-22),这样能更全面地解释方差,所以提取前 4 个成分。

表 9-22　解释的总方差

| 成分 | 初始特征值 | | | 提取平方和载载荷 | | |
|---|---|---|---|---|---|---|
| | 合计 | 方差的贡献率<br>(%) | 累计贡献率<br>(%) | 合计 | 方差的贡献率<br>(%) | 累计贡献率<br>(%) |
| 1 | 4.970 | 62.123 | 62.123 | 4.970 | 62.123 | 62.123 |
| 2 | 0.727 | 9.088 | 71.211 | 0.727 | 9.088 | 71.211 |
| 3 | 0.508 | 6.353 | 77.563 | 0.508 | 6.353 | 77.563 |
| 4 | 0.435 | 5.442 | 83.005 | 0.435 | 5.442 | 83.005 |
| 5 | 0.398 | 4.976 | 87.981 | | | |
| 6 | 0.365 | 4.567 | 92.548 | | | |
| 7 | 0.320 | 3.997 | 96.545 | | | |
| 8 | 0.276 | 3.455 | 100.000 | | | |

通过因子载荷矩阵(见表 9-23)可以看出,因子的意义并不是十分明确,为了对因子进行解释与说明,进行因子旋转,选取方差最大因子旋转方法,并保留因子得分(见表 9-24)。

表 9-23　旋转前因子载荷矩阵

| 改善诉求 | 成分数 | | | |
|---|---|---|---|---|
| | 1 | 2 | 3 | 4 |
| 加强对无障碍设施的管理 | 0.784 | 0.359 | −0.062 | 0.212 |
| 加大对破坏和占用无障碍设施行为的处罚和教育 | 0.752 | 0.484 | −0.260 | −0.088 |
| 规范使用说明和标识 | 0.770 | 0.100 | 0.498 | 0.303 |

续表

| 改善诉求 | 成分数 | | | |
|---|---|---|---|---|
| | 1 | 2 | 3 | 4 |
| 完善法律法规,规范无障碍设施建设 | 0.815 | 0.175 | 0.124 | −0.422 |
| 科学设计和改造无障碍设施 | 0.781 | −0.342 | 0.223 | −0.256 |
| 修建时征求无障碍设施需求群体意见 | 0.780 | −0.342 | −0.257 | 0.203 |
| 设施应扩展到更多建筑和场所 | 0.814 | −0.258 | −0.237 | −0.013 |
| 加大宣传力度,提高公民意识 | 0.808 | −0.151 | −0.028 | 0.078 |

表 9-24　旋转后的因子载荷矩阵

| 改善诉求 | 成分数 | | | |
|---|---|---|---|---|
| | 1 | 2 | 3 | 4 |
| 加强对无障碍设施的管理 | 0.338 | 0.692 | 0.101 | 0.435 |
| 加大对破坏和占用无障碍设施行为的处罚和教育 | 0.254 | 0.861 | 0.228 | 0.129 |
| 规范使用说明和标识 | 0.262 | 0.269 | 0.277 | 0.851 |
| 完善法律法规,规范无障碍设施建设 | 0.222 | 0.528 | 0.718 | 0.211 |
| 科学设计和改造无障碍设施 | 0.516 | 0.067 | 0.695 | 0.299 |
| 修建时征求无障碍设施需求群体意见 | 0.846 | 0.226 | 0.149 | 0.206 |
| 设施应扩展到更多建筑和场所 | 0.751 | 0.312 | 0.329 | 0.125 |
| 加大宣传力度,提高公民意识 | 0.613 | 0.307 | 0.316 | 0.336 |

第一个成分 f1 在"修建时征求无障碍设施需求群体意见"、"设施应扩展到更多建筑和场所"、"加大宣传力度,提高公民意识"三方面有较大载荷,故可以将其命名为建设与宣传部门责任。

第二个成分 f2 在"加强对无障碍设施的管理"、"加大对破坏和占用无障碍设施行为的处罚和教育"两方面有较大载荷,故可以将其命名为管理部门责任。

第三个成分 f3 在"完善法律法规,规范无障碍设施建设"、"科学设计和改造无障碍设施"两方面载荷较大,故可以将其命名为设计和司法部门责任。

第四个成分 f4 在"规范使用说明和标识"方面载荷较大,故可以将其命名为施工单位责任。

上述四个因子的分析结果如表 9-25 所示。

表 9-25　因子分析结果汇总

| 因子编号 | 因子名称 | 因素名称 | 主因子 | | | |
|---|---|---|---|---|---|---|
| | | | 1 | 2 | 3 | 4 |
| f1 | 建设与宣传部门责任 | 修建时征求无障碍设施需求群体意见 | 0.846 | | | |
| | | 设施应扩展到更多建筑和场所 | 0.751 | | | |
| | | 加大宣传力度,提高公民意识 | 0.613 | | | |
| f2 | 管理部门责任 | 加强对无障碍设施的管理 | | 0.692 | | |
| | | 加大对破坏和占用无障碍设施行为的处罚和教育 | | 0.861 | | |
| f3 | 设计和司法部门责任 | 完善法律法规,规范无障碍设施建设 | | | 0.718 | |
| | | 科学设计和改造无障碍设施 | | | 0.695 | |
| f4 | 施工单位责任 | 规范使用说明和标识 | | | | 0.851 |

综上所述,改善无障碍设施环境就要求以上四个部门认真落实可以完善无障碍设施的措施,主要有:

建设部门要扩大无障碍设施建设范围,在更多的公共场所配备无障碍设施,让残疾人的生活范围扩大;此外,修建无障碍设施之前要经过周密调查,做到无障碍设施发挥其用,不能出现建设有无障碍设施但使用率极低,或者是某地迫切需要无障碍设施但没有无障碍设施的情况。

宣传部门要加大对无障碍设施的正面宣传,同时也要对破坏无障碍设施的负面现象进行曝光。提高公民合理使用无障碍设施的意识非常重要,只有全民都具备这样的意识,建设无障碍设施的道路才会畅通无阻,保护无障碍设施的道理才会畅通无阻,破坏无障碍设施的现象才会减少。

管理部门要加强对无障碍设施的管理,合理地分配责任到具体部门,不能存在模棱两可的管理真空;此外,加大对破坏无障碍设施行为的惩处力度也是一项重要的工作,提高公民保护无障碍设施的意识不能只依靠正面宣传,严厉打击破坏无障碍设施的行为,也从另一方面起到推进无障碍设施完善的作用。

设计部门要科学地设计无障碍设施,制造出来的无障碍设施要能够切实地方便残疾人的生活,符合残疾人的身体情况。

司法部门要加快完善无障碍设施建设的相关法律法规,这也是促进我国民主建设的重要举措。

施工单位是建设无障碍设施的重要环节,直接涉及无障碍设施建设的质量。我国在建设无障碍设施的过程中绝大多数情况下并没有专门管理无障碍设施的施工单位,一般都是效仿别人怎么做自己就怎么做,没有按照标准建设无障碍设施。所以提高无障碍设施施工队伍的科学建设能力至关重要。

## (二)迫切程度影响满意度的 Logistic 分析模型

上文因子分析模型将各个迫切程度的项目归为四个主要成分。此模型则是要分析满意度与迫切程度的线性回归模型,以便于我们发现,可以使满意度大幅提高的首要完善工作。

首先,将满意度李克特量表打分合并为"满意"与"不满意"两类;然后,简单求出三类"无障碍设施整体服务质量"、"无障碍设施建设完备情况"、"无障碍设施的维护和管理"的总平均分,按照公式(Ⅰ1+Ⅰ2+Ⅰ3)/3 计算(编号可参照附录中的编码对照表)。总共得出 13 项新的得分,如图 9-17 所示。

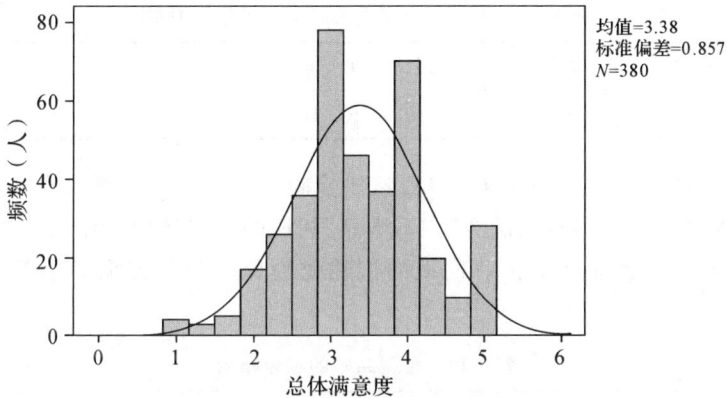

图 9-17　满意程度分布

本报告以 3.333 作为分界点,即≤3 的项目均归为逻辑值"不满意",≥3.333 的则归为逻辑值"满意",得到做 Logistic 回归的因变量。

将迫切程度选项由五级分成三级,即"迫切"、"一般"、"不迫切",得到自变量。

将新得到的满意度名义变量与李克特量表中的迫切程度各项做列联分析,并且计算 Kendall's tau-b 系数(因为是有序变量)。

表 9-26　满意度与各迫切项目的 Kendall's tau-b 系数

| 满意度 | Kendall's tau-b 系数 | 渐进标准误差 | 近似值 T | 近似值 Sig. |
|---|---|---|---|---|
| 加强对无障碍设施的管理 | −0.046 | 0.048 | −0.968 | 0.333 |
| 加大对破坏和占用无障碍设施行为的处罚和教育 | −0.102 | 0.048 | −2.119 | 0.034 |
| 规范使用说明和标识 | −0.009 | 0.048 | −0.196 | 0.845 |
| 完善法律法规,规范无障碍设施建设 | 0.020 | 0.048 | 0.407 | 0.002 |
| 科学设计和改造无障碍设施 | −0.136 | 0.047 | −2.877 | 0.004 |
| 修建时征求无障碍设施需求群体意见 | −0.035 | 0.048 | −0.731 | 0.465 |
| 设施应扩展到更多建筑和场所 | −0.144 | 0.047 | −3.065 | 0.684 |
| 加大宣传力度,提高公民意识 | −0.032 | 0.048 | −0.670 | 0.503 |

根据表 9-26 给出的 $p$ 值结果,本报告认为自变量"科学设计和改造无障碍设施"和"完善法律法规,规范无障碍设施建设"这两个变量对于总体满意度的影响是显著的。

进行 Logistic 回归分析,则:

因变量为"0=不满意"和"1=满意"。

自变量取自李克特量表中的 I7 和 I8,每个自变量都有三个取值。

由表 9-27 可知 $p<0.05$,故可以判断常数项是有效的,具有统计学意义。

**表 9-27　无任何变量进入时常数项预测系数**

| 统计量 | | $B$ | S. E. | Wald | df | Sig. | Exp($B$) |
|---|---|---|---|---|---|---|---|
| 步骤 0 | 常量 | 0.222 | 0.103 | 4.623 | 1 | 0.032 | 1.249 |

由表 9-28 可知,此检验为全局检验(似然比检验):"步骤"统计的是每一步与前一步相比的似然比检验;"块"指的是将"满意"、"不满意"相比的似然比检验结果;"模型"则是上一个模型与现在方程中变量有变化后模型的似然比检验结果。数据显示都是有统计学意义的。

**表 9-28　模型系数的综合检验**

| 统计量 | | 卡方 | df | Sig. |
|---|---|---|---|---|
| | 步骤 | 10.919 | 2 | 0.004 |
| 步骤 1 | 块 | 10.919 | 2 | 0.004 |
| | 模型 | 10.919 | 2 | 0.004 |

由表 9-29 中的参数估计可知,两变量均通过检验,故可得模型:

$$p=\frac{\exp[1.189-0.513X_1-0.233X_2]}{1+\exp[1.189-0.513X_1-0.233X_2]} \tag{9-3}$$

**表 9-29　回归方程中的参数**

| 统计量 | | $B$ | S. E. | Wald | df | Sig. | Exp($B$) |
|---|---|---|---|---|---|---|---|
| | II 7 | −0.505 | 0.234 | 4.655 | 1 | 0.031 | 1.657 |
| 步骤 1 | II 8 | −0.817 | 0.265 | 9.506 | 1 | 0.002 | 0.442 |
| | 常量 | 0.807 | 0.437 | 3.400 | 1 | 0.065 | 2.240 |

由表 9-30 可知,从纵向来看,II8 的取值越高,满意的概率就越低。因为改善的迫切程度越高,则表明在此方面的满意度就越低,即目前此方面做得不够好,这样就使得满意度降低;从横向来看,II7 的取值越高,满意的概率也就越低,同样说明迫切程度越高表明此方面目前做得不够好,进而影响满意度。

| Ⅱ8 | Ⅱ7 | | |
|---|---|---|---|
| | 0 | 1 | 2 |
| 0 | 0.691469854 | 0.57493136 | 0.449423565 |
| 1 | 0.497500021 | 0.374022142 | 0.265027401 |
| 2 | 0.304279778 | 0.208828734 | 0.137406484 |

# 五、实地调查总结

在本次调查过程中,为充分了解杭州市无障碍设施的建设管理情况,本小组进行了实地调查,其中包括公园、公交站、地铁、医院、西湖景区五类地点。通过实地的观测,更为直观地了解了设施的现状,本小组在肯定杭州市无障碍设施方面所做出的努力的同时也发现了一些建设管理方面的问题与疏漏。

## (一)文化设施(公园)

在此次调查中,本小组以公园作为文化设施的代表,对湖滨公园、学士公园、太子湾公园三个公园进行了实地调查。通过对调查表的整理,发现公园外围的盲道、入口处的坡道都较为健全,同时无障碍厕所建设比较到位,标识清晰,能够正常使用。

然而令人比较惋惜的是,三家公园内都没有设置盲道,公园内部无障碍标识也有所欠缺,仅厕所设置有清晰的标识。此外,公园内部坡道很少,许多景观只建造了阶梯,导致轮椅的推行十分不方便。

## (二)交通设施(地铁系统)

杭州市不久前开通了地铁,作为杭州新兴的交通体系,地铁备受人们关注。此次我们对地铁的无障碍设施进行了调查,主要对定安路、西湖文化广场以及龙翔桥三个站点进行了细致的调查。

由于杭州地铁新建不久,对于盲道、坡道、扶手、无障碍厕所、无障碍电梯的建设都较为全面,但是在入口处内、外部无障碍设施的衔接方面做得并不到位。此外,杭州地铁在无障碍设施管理方面的问题更是不容忽视。调查中我们发现盲道被堵的现象十分明显,道路上存在障碍物,管理不到位。无障碍电梯也经常被普通人占用。无障碍标识的设置同样存在问题,并不十分显眼,没有起到应有的作用。由此可以看出,杭州地铁在无障碍设施的管理维护方面还有很大改进的空间。

## (三)交通设施(公交系统)

在公交站方面,我们对耀江广厦公交站、羊坝头公交站、中山八路总站三个站点进行了实地调查。其中最大的问题在于标识设置不够充足,没有专门设置为听力和视力障碍服务的相关标识。语音系统的建设也不完善,更没有设置低位服务。而像盲道、坡道、扶手等的设置相对较为完善,被占用、破坏等现象较少。

### (四)医疗设施(医院)

对于医院,我们实地调查了杭州市第一人民医院、杭州市仁和康复医院以及浙江大学医学院附属妇产科医院(以下简称浙大妇院)三家医院。其中,杭州市第一人民医院和浙大妇院外围的盲道由于年久失修,基本都无法使用,并且存在被占用现象。在电梯方面,浙大妇院有设置专门无障碍电梯,内部设施齐备;而杭州市第一人民医院与杭州市仁和康复医院的电梯内缺乏扶手和语音系统。三家医院在入口处无障碍通道衔接方面都存在一定问题,但是坡道和栏杆的建造都较为合理。在厕所方面,三家医院都设置了无障碍厕所,但是求助按钮都没有设置,其中浙大妇院连低位洗手盆也没有设置。此外,在语音系统和停车位的建设上,三家医院都有一定的缺失。

### (五)旅游景区(西湖景区)

在景区方面,我们对于花港观鱼、平湖秋月、断桥残雪三个景点进行了调查记录。景区的无障碍设施建设都是比较缺乏的,三个景点的内、外均没有设置盲道,各类无障碍标识缺乏,没有语音系统、专用停车位、低位服务等必要设施。在公共厕所方面,断桥残雪景点没有专设无障碍厕所,花港观鱼景点的无障碍厕所内部缺少低位洗手盆。这些设施的缺失都阻碍了特殊人群前往景区游玩。

通过对整个实地调查的记录的整理,我们发现西湖景区和公园的无障碍设施建设最为缺乏。这与此类地点无障碍设施使用率不高、受重视程度不够有一定关系。这也使得残疾人等特殊人群难以享受景区和公园的清新空气和宜人景色。

## 六、访谈调查内容及建议

### (一)杭州市无障碍设施现状

#### 1. 杭州市无障碍设施建设处于全国领先地位,但仍存在较多不足

作为沿海经济发达城市之一,杭州市在无障碍设施建设方面确实投入了很多的心力,也获得了"无障碍设施建设示范城市"的殊荣,走在了全国各个城市的前列。然而即便如此,在访谈过程中,我们仍了解到杭州市在无障碍设施建设方面存在着许多不容忽视的问题。

无障碍设施建造中最主要的问题有两点:其一,相对于其他公共设施的建设,无障碍设施建设受到的重视程度较低。此外,领导层对无障碍设施使用没有切身体会,各方面意见,尤其是残疾人等与无障碍设施密切相关人群的意见得不到充分重视,自然使得在规划建设无障碍设施时有所疏漏。其二,施工单位不够规范,竣工时无相关专业人士验收。有些施工单位本身对于无障碍设施不够了解,缺少相关经验,也对此不够重视,建设时容易出现疏漏,不符合规范,甚至出于降低成本等原因刻意缩减无障碍设施。无障碍设施竣工完成时更没有相关方面的专业人士进行检验。

**2.无障碍设施管理职责不明,惩处力度不够导致设施被损坏、占用等现象频繁**

通过残联工作人员,我们了解到无障碍设施主要由建委、残联、城管委共同管理,城管委是其最直接的管理单位。残联的工作人员表示,残联更多的是起到宣传和督促的作用。此外,残联的工作人员还认为包括业主在内的民众对于无障碍设施的维护也负有一定的责任,如商场、银行、医院、餐馆等建筑内部的无障碍设施基本要靠这些地方的所有者自行维护和管理。这样就导致管理的职责不明确,出现问题时容易产生推诿情况。

同时,没有相关的条例对无障碍设施的非法破坏、占用等现象提出明确的惩处方式,城管等相关管理人员对此类现象不够重视,也是导致盲道被占用、设施被破坏等现象层出不穷的原因之一。只有明确职责,提出严格的惩处措施,严加管理,才能明显地减少无障碍设施的被破坏、占用等现象。

**3.人们的理念不够先进,宣传不到位使得无障碍设施完善发展存在阻力**

无障碍设施建设最大的阻力在于人们的理念。许多人认为无障碍设施仅仅是提供给特殊人群的福利,与自己的生活关系不大,故此对于无障碍设施的建设完善并不报以多大的关注。

**4.无障碍设施是残障人士沟通世界的桥梁,不要让他们与正常人的世界隔离**

残疾人希望融入整个社会,而不想被隔离开来。无障碍设施正是给了他们一个走进正常人世界的机会,很多时候,残疾人并不希望太依赖他人,独立的出行更能带给他们尊严感。正因如此,无障碍设施的建设完善对他们来讲才尤为重要。

很多残疾人仍没有勇气独自离开家门,原因在于现有的条件并不足以保障他们安全的出行。机动车占用盲道,又或者是盲人顺着盲道错误地走到机动车道上,本应该为残疾人能安全便利地出行而建设的无障碍设施,结果却导致了更大的安全隐患。

**5.无障碍设施利用率有待提高,从专用到通用是发展的趋势**

无障碍设施建设是一个城市文明的标志之一,一向被认为是保障残疾人生活权利的重要手段和内容,然而它真正的利用率也一直受到人们的关注。许多设施被长期闲置,这不仅是资源的浪费,同时也给人们带来一种无障碍设施已经建设十分完善甚至建造过多的错觉。纵观整个杭州市,仍有许多地方需要进行改造,加强设施建设。而其中平衡尺度的把握就需要科学的规划,需要决策层的智慧,更需要技术的进步与发展。

## (二)杭州市无障碍设施存在的问题

### 1.建设不规范

杭州市无障碍设施的建设存在不规范现象,尤其是施工单位问题颇多。同时,建设完工方面也没有设立专门的验收机制,导致部分设施能看不能用,从而成为摆设。

### 2.管理不到位

杭州市无障碍设施管理机制混乱,推诿现象频繁。管理方面的执行力度也较低,管理效果并不十分明显。

### 3.宣传力度不够

人们对无障碍设施的了解不充分,关注度较低,没有形成自觉维护无障碍设施的意识,同时人们的理念跟不上无障碍发展的步伐,从而制约其发展。

### 4.法律、法规不完善

杭州市有关无障碍设施的法律、法规仍不健全,有关惩处方面的法规尤为缺乏。

## (三)相关建议

### 1.对于相关政府部门的建议

(1)科学规划,改造无障碍设施。

(2)规范建设,严格把关。

(3)加强领导,提高管理水平。

(4)完善相关法律,加强处罚力度。

(5)积极宣传,加深市民对无障碍设施的了解程度,提高公民意识。

(6)注重民生民意,征求群众意见。

### 2.对于民间团体的建议

在此次调查中,我们与杭州市残疾人无障碍环境促进会进行了专门的访谈,而该协会属于民间团体,由有志于推进无障碍环境的普通民众自发组建。对此,我们希望这类团体能够成为民众与政府沟通的媒介,不仅能够向上反映人们的期望与诉求,也能向民众传达政府部门的态度。

### 3.对于商场、银行、地铁站等公共场所的建议

作为公共场所,建设无障碍设施是必要的,这不仅是人文关怀的体现,也是现代文明的反映。对于商场、银行、地铁等公共场所,应当在建造之初就按《杭州市无障碍设施建设和管理办法》规划好无障碍设施的建设,并且严格按照规划建设完工。在后续的使用中,也应当自觉加以维护和管理,而不能仅仅把无障碍设施作为应付上级的摆设。要从根本上理解无障碍设施建造的意义,真正做到拥护、完善和发展。

### 4.对于媒体的建议

作为无障碍设施主要的宣传渠道,媒体对其发展、完善同样起着极其重要的作用。作为媒体人士,应当积极宣传无障碍设施作为城市文明标识的重要作用及其意义。引导民众关心无障碍设施的发展状况,让更多的人了解无障碍设施,引起民众甚至政府部门的重视。只有当更多人了解无障碍设施,意识到它的重要性,它的发展才能更为迅速。

杭州自古就是一座美丽的城市,素有"人间天堂"的美称,而无障碍设施的建设完善更能为这座城市增添温暖,增加些许的人情味。在这座风景如画的城市里,让我们沉醉的不只是大自然的恩赐,更有人文的关怀。每多一个坡道,每多一条完整的盲道,每多一声悦耳的语音提示,每多一个清晰的标识,每多……每一个都是这座城市独有的关怀,每一个都让这座城市更温暖人心。

## 参考文献

[1] 丁成章.无障碍住区与住所设计[M].北京:机械工业出版社,2004.

[2] 黄群.无障碍通用设计[M].北京:机械工业出版社,2009.

[3] 刘连新,蒋宁山.无障碍设计概论[M].北京:中国建材工业出版社,2004.

[4] 赵文学.浅析老年人居住空间无障碍设计[J].山西建筑,2006,32(9):36-37.

［5］中华人民共和国国务院新闻办公室.中国老龄事业的发展［EB/OL］.（2006-12-12）［2017-12-20］.http://www.gov.cn/jrzg/2006-12/12/content_467201.htm.

［6］中华人民共和国建设部,中华人民共和国发政部,中国残疾人联合会.JGJ 50—2001 城市道路和建筑物无障碍设计规范［M］.北京:中国建筑工业出版社,2001.

# 附录

## 附录1　调查问卷

### 杭州市无障碍设施现状调查(残疾人)

问卷编号:＿＿＿＿＿＿＿

您好! 我们是××大学学生,正在进行一项关于杭州市无障碍设施现状及改善诉求的调查。根据随机抽样,我们选择您作为我们的调查对象,耽误您几分钟的时间,您的如实回答将给我们的工作带来很大的帮助,希望得到您的支持。同时,本问卷采取不记名的形式,对您所提供的信息我们会严格保密、绝对不会用于商业用途!

万分感谢您在百忙之中抽出时间参与我们的调查!

**A. 基本情况**

A1. 您的性别是:□男　　□女

A2. 您的年龄属于:

□25 岁及以下　　□26～35 岁　　□36～45 岁

□46～55 岁　　□56 岁及以上

A3. 您目前的职业是:

□企事业单位人员　　　　□专业技术人员

□商业/服务业人员　　　　□农(工)业生产人员　　□学生

□军人、教师、学生等＿＿＿＿　　□退休人员或无工作

A4. 您的月收入有:

□0～2000 元　　　　□2000～4000 元

□4000～6000 元　　　　□6000 元及以上

**B. 调查问题**

B1. 您对无障碍设施了解程度?

□很熟悉　　　　□知道　　　　□没听过

B2. 以下无障碍设施哪个最能方便您的出行?

□盲道、盲文提示牌、语音提示　　□轮椅坡道、电梯、扶手　　□电子提示牌

B3. 您日常生活中涉及以下哪些地方最多?(多选)

□旅游景区、公园　□医院、康复中心　　□公共交通(公交、地铁)

□居民小区　　□其他

B4. 您的出行频率大概是:

□每月 5 次及以下　　　　□每月 6～15 次

□每月 16～25 次　　　　□每月 26 次及以上

B5.您在生活中使用过哪些无障碍设施？（多选）

☐无障碍厕所　　☐无障碍升降梯（电梯）　　☐无障碍人行天桥　　☐盲道

☐语音提示系统　　☐无障碍病房　　☐无障碍停车位　　☐其他

B6.您认为杭州市哪些无障碍设施存在问题较多？（多选）

☐无障碍厕所　　☐无障碍升降梯（电梯）　　☐无障碍人行天桥　　☐盲道

☐语音提示系统　　☐无障碍病房　　☐停车位　　☐其他

B7.您在使用无障碍设施时碰到过哪些问题？（多选）

☐标识不够明确，用的时候找不到　　☐设计不合理，使用不方便

☐无障碍设施被占用（盲道、公交专座、无障碍厕所等被占用）

☐不会使用　　☐无障碍设施被破坏，无法使用　　☐其他

B8.您认为，杭州哪些地方无障碍设施最需改善？（多选）

☐火车站　　☐公交站　　☐地铁　　☐机场　　☐人行道、过街天桥和地道

☐旅游景区　　☐医院　　☐商场超市　　☐公园　　☐活动中心

☐体育场馆　　☐文化场馆（电影院、音乐厅等）　　☐国家机关单位建筑

☐其他

## 李克特量表

请按照您的自身情况填写，在相应的等级上打"√"。

| Ⅰ.对杭州市无障碍设施的满意度 | 满意 | | | | 不满意 |
| --- | --- | --- | --- | --- | --- |
| 1.无障碍设施整体服务质量 | 5 | 4 | 3 | 2 | 1 |
| 2.无障碍设施建设完备情况 | 5 | 4 | 3 | 2 | 1 |
| 3.无障碍设施的维护和管理 | 5 | 4 | 3 | 2 | 1 |
| Ⅱ.对杭州市无障碍设施的改善期望 | 迫切 | | | | 不迫切 |
| 4.加强对无障碍设施的管理 | 5 | 4 | 3 | 2 | 1 |
| 5.加大对破坏和占用无障碍设施行为的处罚和教育 | 5 | 4 | 3 | 2 | 1 |
| 6.规范使用说明和标识 | 5 | 4 | 3 | 2 | 1 |
| 7.完善法律法规，规范无障碍设施建设 | 5 | 4 | 3 | 2 | 1 |
| 8.科学设计和改造无障碍设施 | 5 | 4 | 3 | 2 | 1 |
| 9.修建时征求无障碍设施需求群体意见 | 5 | 4 | 3 | 2 | 1 |
| 10.设施应扩展到更多建筑和场所 | 5 | 4 | 3 | 2 | 1 |
| 11.加大宣传力度，提高公民意识 | 5 | 4 | 3 | 2 | 1 |

调查地点：＿＿＿＿　　审核人编号：＿＿＿＿　　审核日期：＿＿＿＿　　备注：＿＿＿＿

# 杭州市无障碍设施现状调查（普通人）

问卷编号：＿＿＿＿

　　您好！我们是××大学学生，正在进行一项关于杭州市无障碍设施现状及改善诉求的调查。根据随机抽样，我们选择您作为我们的调查对象，耽搁您几分钟的时间，您的如实回答将给我们的工作带来很大的帮助，希望得到您的支持。同时，本问卷采取不记名的形式，

对您所提供的信息我们会严格保密、绝对不会用于商业用途！

万分感谢您在百忙之中抽出时间参与我们的调查！

### A. 基本情况

A1. 您的性别是：□男　　　　　　　□女

A2. 您的年龄属于：□18～30 岁　　□31～50 岁　　　□51 岁及以上

A3. 您的职业情况：

　　□企事业单位人员　　　　□专业技术人员

　　□商业/服务业人员　　　　□农业/工业生产人员　□学生

　　□军人、教师等其他_____　□退休人员或无工作

A4. 您目前的月收入：□0～3000 元　　□3000～6000 元　　□6000 元及以上

### B. 调查问题

B1. 您对无障碍设施了解程度？

　　□很熟悉　　　　　　　□知道　　　　　　　□没听过

B2. 您日常生活中涉及以下哪些地点最多？（多选）

　　□旅游景区、公园　　　　□医院、康复中心　　　□公共交通（公交、地铁）

　　□居民小区　　　　　　　□工作场所　　　　　　□其他_____

B3. 您的出行频率大概是：

　　□每月 5 次及以下　　　　□每月 6～15 次

　　□每月 16～25 次　　　　　□每月 26 次及以上

B4. 您对政府投资建设无障碍设施的态度如何？

　　□非常赞同　　　　　　　□可以接受　　　　　　□有些浪费

B5. 在日常生活中无障碍设施给您的生活带来便利程度如何？

　　□对我帮助非常大　　　　□一般　　　　　　　　□我用不到

B6. 您觉得以下哪些无障碍设施能够给特殊群体生活带来便利？（多选）

　　□缘石坡道　　　　　　　□垂直电梯　　　　　　□无障碍人行天桥

　　□盲道　　　　　　　　　□语音提示　　　　　　□扶手

　　□无障碍厕所　　　　　　□无障碍停车位　　　　□其他_____

【注意】　①缘石坡道：位于人行道口或人行横道两端方便乘轮椅者进入人行道行使的一种坡道。②无障碍厕所：供残疾人、老年人及妇幼使用的无障碍设施齐全，陪伴人员可陪同进入的男女共用的独立厕所。③无障碍停车位：供残疾人停放专用车辆（是指供下肢残疾者使用的代步工具）的车位。

B7. 您认为杭州市无障碍设施存在哪些问题？（多选）

　　□标识提示不够明确，用的时候找不到　　　　　□设计不合理，使用不方便

　　□无障碍设施被占用（盲道、公交专座、无障碍厕所等被占用）

　　□不会使用　　　□无障碍设施被破坏，无法使用　　　□其他_____

B8. 您认为，杭州哪些地方无障碍设施最需改善？（多选）

　　□交通设施（地铁站、公交站、火车站、人行道）　　　□旅游景点

　　□医疗场所（大型医院、普通专科医院、小区门诊、药店）

　　□商业场所（超市、批发市场、菜市场）

□文化场所(图书馆、博物馆、体育馆、公园)

**李克特量表**

请按照您的自身情况填写,在相应的等级上打"√"。

| Ⅰ.对杭州市无障碍设施的满意度 | 满意 | | →→→ | | 不满意 |
|---|---|---|---|---|---|
| 1.无障碍设施整体服务质量 | 5 | 4 | 3 | 2 | 1 |
| 2.无障碍设施建设完备情况 | 5 | 4 | 3 | 2 | 1 |
| 3.无障碍设施的维护和管理 | 5 | 4 | 3 | 2 | 1 |
| Ⅱ.对杭州市无障碍设施的改善期望 | 迫切 | | →→→ | | 不迫切 |
| 4.加强对无障碍设施的管理 | 5 | 4 | 3 | 2 | 1 |
| 5.加大对破坏和占用无障碍设施行为的处罚和教育 | 5 | 4 | 3 | 2 | 1 |
| 6.规范使用说明和标识 | 5 | 4 | 3 | 2 | 1 |
| 7.完善法律法规,规范无障碍设施建设 | 5 | 4 | 3 | 2 | 1 |
| 8.科学设计和改造无障碍设施设 | 5 | 4 | 3 | 2 | 1 |
| 9.修建时征求无障碍设施需求群体意见 | 5 | 4 | 3 | 2 | 1 |
| 10.设施应扩展到更多建筑和场所 | 5 | 4 | 3 | 2 | 1 |
| 11.加大宣传力度,提高公民意识 | 5 | 4 | 3 | 2 | 1 |

调查人编号:_____　审核人编号:_____　问卷日期:_____　备注:_____

## 附录2　访谈提纲

访谈对象部门:杭州市残联、杭州市残疾人无障碍环境促进会

1.对于目前杭州无障碍设施的建设和管理状态的看法

(1)杭州无障碍设施建设是否完备? 如果有欠缺,哪方面问题较多?

(2)杭州无障碍设施管理状态如何? 是否有盲道被占用、设施不能用等情况?

2.杭州市残疾人对无障碍设施的满意度和需求(杭州市残联常有关于残疾人的就业培训,在此过程中可了解残疾人对杭州市无障碍设施的满意度及需求情况)

(1)残疾人对于杭州市无障碍设施是否满意? 在使用时是否遇到问题?

(2)残疾人对于无障碍设施是否有更多的需求? 如果有,哪些方面的需求提得较多?

(3)残疾人对于杭州市无障碍设施的建设是否有提出建议? 如果有,关于哪方面的建议较多?

3.之前是否有关于杭州市无障碍设施方面的调查?

【注意】 追问方式:如果有过相关调查,则可进一步了解其调查结果(如调查杭州市无障碍设施的具体项目,其结果如何)。

4.在城市无障碍设施规划建设过程中,是否有提出过相关建议(建议具体内容)? 建议有没有被采纳?

5.无障碍设施建设完成后,有没有向相关部门(如杭州市规划局等)提出过改进建议? 如有,是哪方面的建议?